金融科技系列教材

Python

程序设计与量化交易

王生云 ◎ 主编

首都经济贸易大学出版社

Capital University of Economics and Business Press

·北 京·

图书在版编目（CIP）数据

Python 程序设计与量化交易/王生云主编 . --北京：
首都经济贸易大学出版社，2023. 12

ISBN 978-7-5638-3637-6

Ⅰ.①P… Ⅱ.①王… Ⅲ.①软件工具—程序设计—
应用—金融交易 Ⅳ.①F830. 9-39

中国国家版本馆 CIP 数据核字（2023）第 246176 号

Python 程序设计与量化交易
PYTHON CHENGXU SHEJI YU LIANGHUA JIAOYI

王生云　主编

责任编辑	王玉荣	
封面设计	砚祥志远·激光照排 TEL: 010-65976003	
出版发行	首都经济贸易大学出版社	
地　　址	北京市朝阳区红庙（邮编 100026）	
电　　话	(010) 65976483　65065761　65071505（传真）	
网　　址	http://www. sjmcb. com	
E - mail	publish@ cueb. edu. cn	
经　　销	全国新华书店	
照　　排	北京砚祥志远激光照排技术有限公司	
印　　刷	唐山玺诚印务有限公司	
成品尺寸	185 毫米×260 毫米　1/16	
字　　数	510 千字	
印　　张	21. 5	
版　　次	2023 年 12 月第 1 版　2023 年 12 月第 1 次印刷	
书　　号	ISBN 978-7-5638-3637-6	
定　　价	59. 00 元	

前　言

Python 因其功能强大、简单易学等特点，已成为广大应用开发人员喜爱的程序设计语言之一。当前对于金融工程专业人才的需求主要集中在量化交易和金融风险管理等领域，这些领域需要具备高超的金融建模能力、熟练的计算机编程能力和丰富的投资经验。笔者撰写本书的目的在于契合量化投资的功能性需求，利用 Python 语言进行量化投资策略开发、策略回测、策略模拟、风险控制等实战性功能的开发或使用。在量化交易领域，目前已有米筐、聚宽、文华财经、交易开拓者等互联网量化投资平台，可供交易人员编写量化策略，进行策略回测与策略模拟；但作为闭源的各类第三方量化交易平台，则均存在交易策略的安全性以及灵活性等问题。目前业内已出现了一些开源的量化投资平台，主要编写语言为 C++或 Python。由于 C++适用于高频交易，且维护难度大，学习成本高，因此笔者在反复比较中，选择了设计理念先进、扩展灵活、代码开源的 vnpy 作为中低频量化交易初学者学习和使用的量化交易平台。全书共分 15 章，主要内容如下。

第一章 Python 程序设计基础。介绍 Python 的安装、交互模式、主要的代码编辑器、基础语法，以及数值、字符串、列表、元组、字典、集合等数据类型的创建和基本操作。

第二章 Python 程序结构。介绍选择结构、for 循环与 while 循环、嵌套循环、break 与 continue 语句、pass 空语句。

第三章 函数与模块。讲解函数的定义、函数参数、lambda 函数、变量作用域和 range、zip、enumerate、sorted 等常用的 Python 内置函数，以及模块的导入、包的使用等。

第四章 文件与目录操作。讲解文件的打开与关闭，File 对象的属性，读写 txt、Excel、JSON 文件，以及文件目录的创建、修改、获取和删除。

第五章 Python 面向对象。介绍类的定义和使用、修饰器、类的继承。

第六章 Python 数据库编程。介绍数据库编程接口、如何使用 SQLite、如何使用 MySQL。

第七章 Python 量化工具——NumPy。介绍 NumPy 的安装、数组创建、数组操作、数组运算。

第八章 Python 量化工具——Pandas。介绍 Pandas 的安装、Series 一维数组的创建和基本操作、DataFrame 二维数组的创建和基本操作、时间序列函数。

第九章 量化交易数据的获取与清洗。介绍利用通达信和 JoinQuant 获取数据、数据清洗。

第十章 量化交易平台。介绍 vnpy 的安装与基本操作、量化策略回测与参数优化、国内期货 CTA 仿真交易与实盘交易。

第十一章 策略开发与经典 CTA 策略。讲解 CTA 策略模板与数据类、双均线策略开发、Dual Thrust 策略、ArtRsi 策略、金肯特纳通道策略、布林带通道策略、跨时间周期策略、多信号组合策略。

第十二章 统计套利。介绍统计套利模型的建立、vnpy 价差交易模块、统计套利策略开发与回测。

第十三章 多合约组合交易策略。介绍多合约组合交易策略模块的使用、配对交易策略、趋势跟随策略、多合约组合交易策略回测。

第十四章 深度强化学习交易策略。介绍深度强化学习环境的搭建、强化学习的主要算法、智能体的设计与训练、基于 vnpy 平台的深度强化学习交易策略的设计与回测。

第十五章 期权交易。介绍 vnpy 期权交易策略开发、期权交易策略回测、期权仿真交易。

本书中的源代码、PPT 等相关资源可登录首都经济贸易大学出版社微信服务号免费下载。

本书的编写参考了大量的线上和线下文献资料，谨向这些文献资料的作者表示感谢。本书在编写出版过程中，得到了浙江水利水电学院教材出版基金的资助和首都经济贸易大学出版社的大力支持，在此表示衷心感谢。由于作者时间有限，书中的不妥之处，欢迎读者批评指正。

目 录

第一章

Python程序设计基础

Python 是一门开源、易学的语言，本章主要讲述 Python 的安装、代码编辑器和基础语法，并介绍数值、字符串、列表、元组、字典和集合的创建与基本操作。

第一节　Python 安装与基础语法

一、Python 的安装

www. python. org 提供了不同操作系统上的 Python 安装包，并为 Windows 操作系统提供了二进制安装包（exe 版本）。对于 64 位 Windows 而言，可从 Python 官方网站下载与之对应的 64 位安装程序。打开 https：//www. python. org/downloads/官网进入安装包下载页面（见图 1-1）。

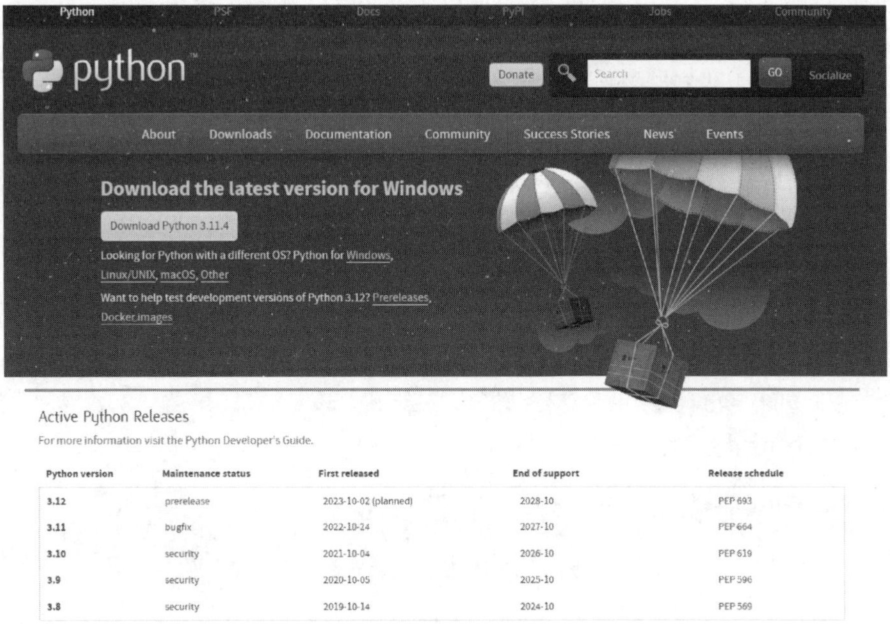

Python version	Maintenance status	First released	End of support	Release schedule
3.12	prerelease	2023-10-02 (planned)	2028-10	PEP 693
3.11	bugfix	2022-10-24	2027-10	PEP 664
3.10	security	2021-10-04	2026-10	PEP 619
3.9	security	2020-10-05	2025-10	PEP 596
3.8	security	2019-10-14	2024-10	PEP 569

图 1-1　官网下载

由图 1-1 可见，网页下面列出了 Python 版本号，由于 Python 3.9 及以上版本不支持 windows7 及以下版本的操作系统，此外有些第三方库的开发也是基于较早版本，因此可以根据实际需要下载 Python 相关版本进行安装，本书建议选择 Maintenance status（维护状态）为 security 的版本。点击后进入如下页面（见图 1-2）。

Version	Operating System	Description
Gzipped source tarball	Source release	
XZ compressed source tarball	Source release	
macOS 64-bit universal2 installer	macOS	for macOS 10.9 and later
Windows embeddable package (32-bit)	Windows	
Windows embeddable package (64-bit)	Windows	
Windows help file	Windows	
Windows installer (32-bit)	Windows	
Windows installer (64-bit)	Windows	Recommended

图 1-2　不同操作系统的 Python 安装包

对于 64 位 windows 操作系统，可选择"Windows x86-64 executable installer"；苹果系统选对应的 macOS 版本。点击下载安装包，然后右键点击安装包，以管理员身份运行进行安装（特别要注意勾上 Add Python 3. x to PATH，这样安装后就不需要再设置 Python 的执行路径），再点击 Install Now 即可完成安装（见图 1-3）。

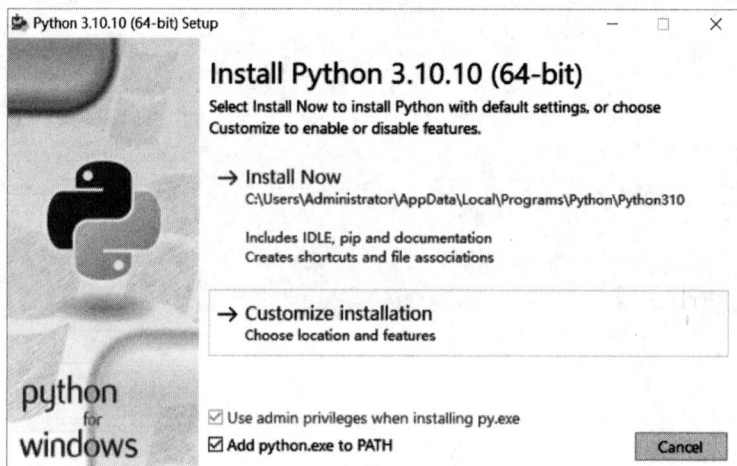

图 1-3　Python 安装界面

安装完成后，在开始菜单会添加如图 1-4 所示的菜单项。其中的 IDLE（Python 3. 10 64-bit）为官方自带的 Python 集成开发环境；Python 3. 10（64-bit），为我们常说的 Python 终端；Python 3. 10Manuals（64-bit），为 CHM 版本的 Python 3. 10 官方使用文档；Python

3.10 Module Docs（64-bit），为模块速查文档，有网页版本。

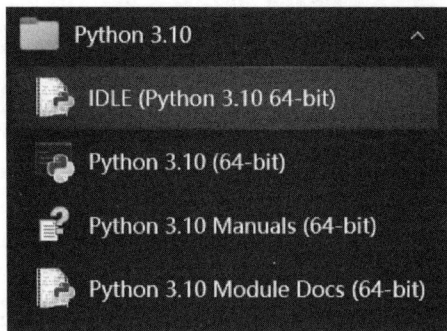

图1-4　Python 的菜单项

二、Python 交互模式

选择 IDLE（Python 3.10 64-bit）进入图1-5所示的交互模式。在交互式环境的提示符（>>>）下，直接输入代码，再按回车键，就可以立刻得到代码执行结果。例如，输入 print（'Hello，world！'），按回车键后，可以输出"Hello，world！"。

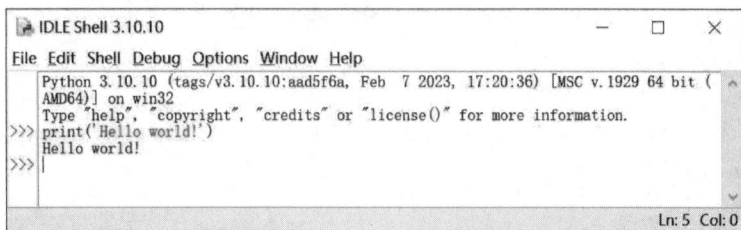

图1-5　Python 交互模式

三、代码编辑器

交互模式的缺点是一旦退出该模式，如果程序没有保存下来，则下次运行时还要再输入一遍代码。所以，实际开发的时候，我们总是使用一个代码编辑器来写代码，写后即将代码保存为一个文件，这样程序就可以反复运行了。这里介绍常用的几款 Python 代码编辑器和 Python 集成开发工具。

（一）Python IDLE

IDE 全称为 Integrated Development Environment，中文名叫做"集成开发环境"，点击 File→New File 会弹出一个新窗口，即可写入多行代码，见图1-6。

新建文件后会弹出一个空白窗口，这就是 Python 的编辑器，也是人们编写程序的地方，在编辑器窗口中输入以下两行代码，见图1-7。

点击 File→save（我们不妨将这个文件命名为 hello. py），将文件保存到桌面，然后用鼠标右键点击所保存的文件，选择 Edit with IDLE 将其打开，如图1-8所示。

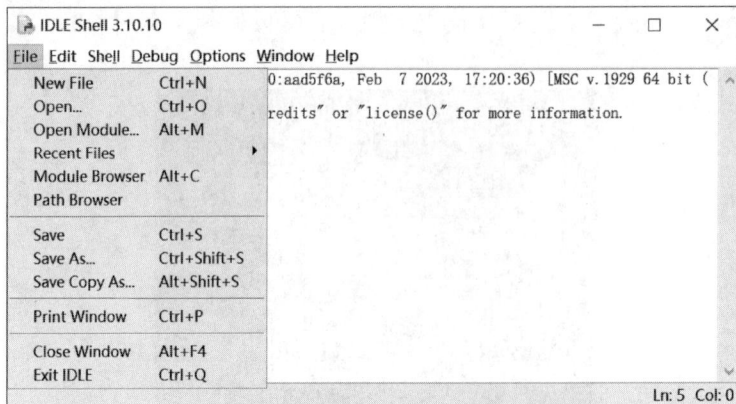

图 1-6　File 菜单中的 New File

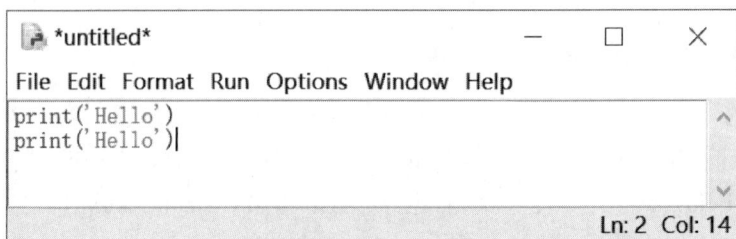

图 1-7　关键字在编辑器中显示的颜色不一样

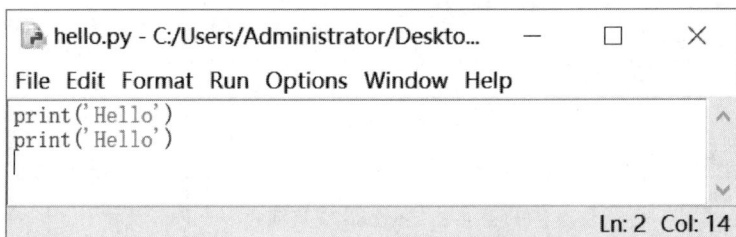

图 1-8　打开名为 hello. py 的文件

然后点击 Run→Run module，就会在 IDLE 中看到程序运行结果，如图 1-9 所示。

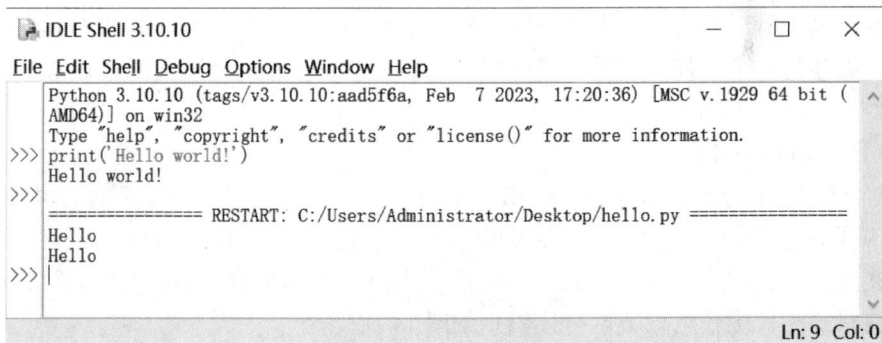

图 1-9　程序运行结果

（二）Visual Studio Code

Visual Studio Code（VS Code）是由微软推出的编程专用开源编辑器。前往 VS Code 首页（https：//code.visualstudio.com），点击 Download for Windows 图标，下载后进行安装，勾选第 1、第 2、第 3 和第 5 个文本框（见图 1-10）。

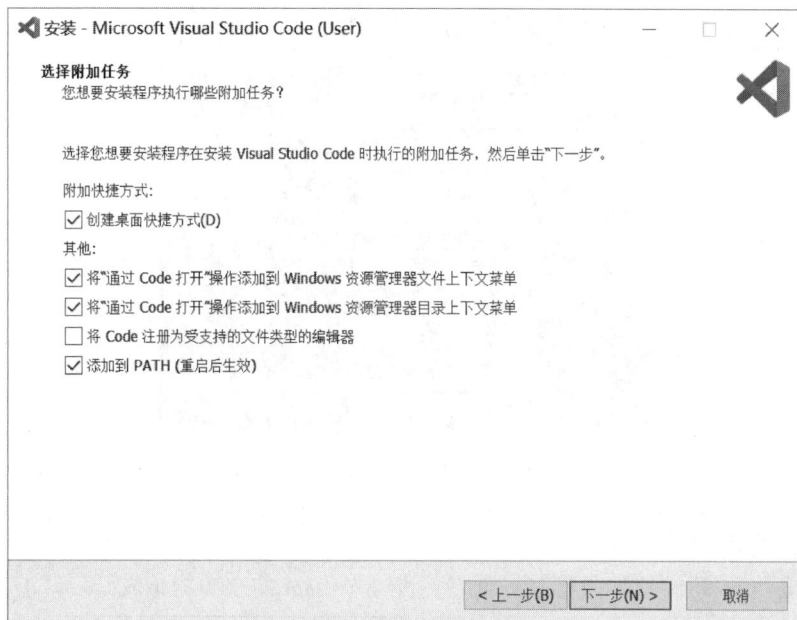

图 1-10　VS Code 安装

安装后运行，可看到图 1-11 界面。在左侧导航栏顶部的 5 个按钮中，点击最下方的按钮进入安装扩展插件的页面。先进行汉化，在搜索框中输入 Chinese 回车，选择简体中文版；再点击 Install 按钮，在弹出的窗口中点击右下角的 Change Language and Restart 按钮，重启软件并完成汉化。

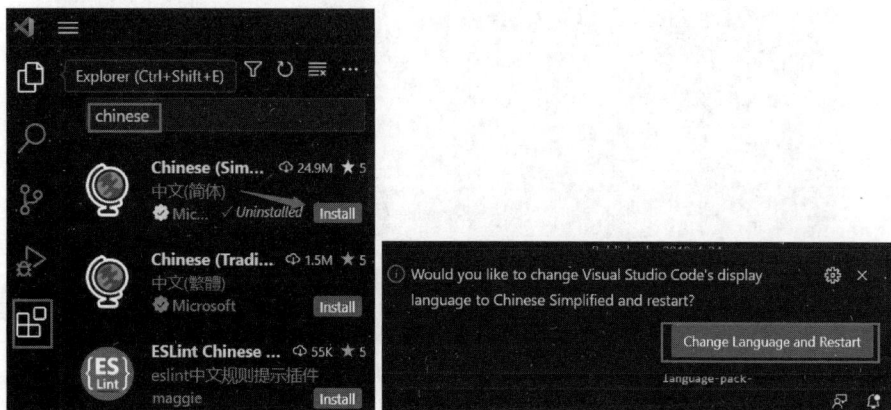

图 1-11　VS Code 汉化

同样，在搜索框中输入 Python 回车，找到微软官方推出的 Python 插件，完成安装即可（见图 1-12）。

图 1-12　VS Code 添加 Python 环境

（三）PyCharm

PyCharm（见图 1-13）是唯一一款专门面向 Python 的全功能集成开发环境，下载时有两种版本可供选择：Professional（专业版，收费）和 Community（社区版，免费）。PyCharm 的官方下载地址为：http：//www.jetbrains.com/pycharm/download。读者可根据自己电脑的操作系统选择相应的安装包。由于 PyCharm 需要的内存较多，建议将其安装在 D 盘或者 E 盘，不建议放在系统盘 C 盘。

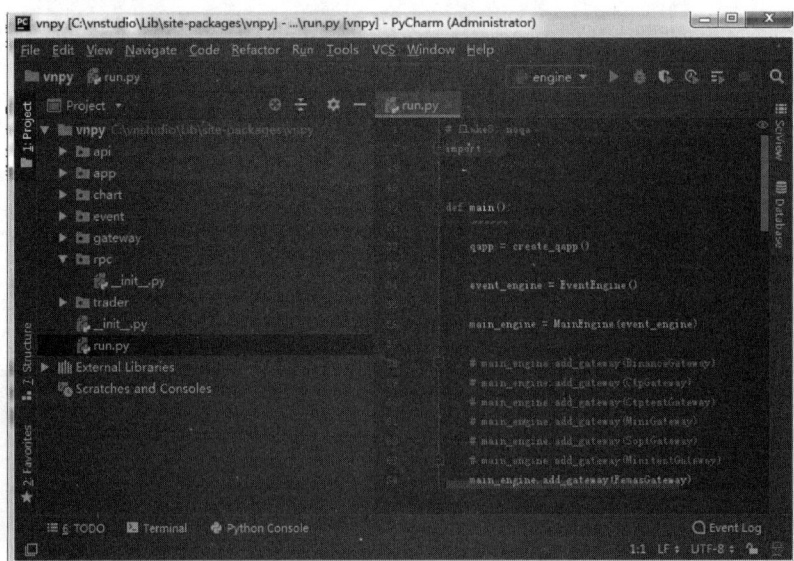

图 1-13　PyCharm 项目界面

四、基础语法

（一）Python 语句与注释

1. Python 语句书写

Python 通常是一行书写一条语句。如果一条语句过长，需要换行书写，可以在语句的外部加上一对圆括号"（）"来实现，也可以使用"\"（反斜杠）来实现分行书写功能。

与写在圆括号中的语句类似，写在中括号［］、大括号 ｛｝ 内的跨行语句也被视为一行语句，即不再需要使用圆括号换行。

【例 1-1】Python 语句的分行书写。

```
>>>total=1+\
2+\
3
>>>total
6
>>>total=['item_one','item_two','item_three',
'item_four','item_five']
>>>total
['item_one','item_two','item_three','item_four','item_five']
```

2. Python 语句注释

注释的目的是便于程序阅读，其不参与程序运行。Python 的注释分为单行注释和多行注释两种。

单行注释以"#"开头，可以是独立的一行，也可以附在语句的后面。

多行注释可以使用 3 个引号（英文的单引号或双引号均可）作为开始和结束的符号。

【例 1-2】Python 语句注释。编写如下语句，并保存为 test.py。

```
#第一个注释
print("Hello, Python!")     #第二个注释
'''
多行注释,使用单引号。
多行注释,使用单引号。
'''
"""
多行注释,使用双引号。
多行注释,使用双引号。
"""
```

运行后输出结果：

```
Hello, Python!
```

（二）代码块与缩进

Python 使用缩进来表示代码块，同一个代码块的语句必须包含相同的缩进空格数，

Python 语言官方建议使用 4 个空格缩进，缩进的空格数不一致，会导致程序运行错误。像 if、while、def 和 class 这样的复合语句，首行以关键字开始，以冒号 "："结束；该行之后的一行或多行代码构成代码块，我们将首行及后面的代码块称为一个子句（clause）。

【例 1-3】Python 语句的缩进和代码块。

```
a=100
if a>=0:
    print(a)
else:
    print(- a)
```

此外，不同文本编辑器中的制表符（Tab 键）表示的空白宽度不一致，如果代码要跨平台使用，不建议使用制表符来缩进。

（三）标识符与保留字

1. 标识符

计算机中的数据（如一个变量、方法、对象等）都需要有名称，以方便程序调用。这些用户定义的由程序使用的符号就是标识符。

- Python 的标识符可以由字母、数字和下划线 "_" 组成，且不能以数字开头。
- 标识符区分大小写，没有长度限制。
- 标识符不能使用计算机语言中预留的、有特殊作用的关键字。
- 标识符的命名应尽量符合见名知义的原则，从而提高代码的可读性。例如，程序中的用户名使用 username 来表示，学生对象使用 student 来表示。

根据上述规则，myVar、_ Varibale 等为合法标识符，2Var、var#able、my name、stu @ lnnu 等为非法标识符。

2. 保留字

保留字即关键字，不能把它们用作任何标识符名称。Python 保留字只包含小写字母（见表 1-1）。

表 1-1 Python 保留字

and	def	exec	if	not
assert	del	finally	import	or
break	elif	for	in	pass
class	else	from	is	print
continue	except	global	lambda	raise

（四）屏幕输入和输出

1. print（）函数

【例 1-4】print（）函数向屏幕输出。

```
>>>print("hello,world")
hello,world        #运行结果
>>>print("The quick brown fox"+"jumps over"+"the lazy dog")        # 用加号"+"连接字符串
The quick brown fox jumps over the lazy dog        #运行结果
```

关键字 end 可用于将结果输出到同一行，或者在输出的末尾添加不同字符。

【例 1-5】输出斐波纳契数列。

```
>>>a,b=0,1
>>>while b<1000:
    print(b,end=',')
    a,b=b,a+b
1,1,2,3,5,8,13,21,34,55,89,144,233,377,610,987,    #输出结果。
```

2. input（）函数

【例 1-6】input（）函数可以让用户输入字符串，并存放到一个变量里。

```
>>>name=input()
56          #用户键盘输入
>>>name
'56'          #运行结果,键盘输入都视作字符串
```

3. format（）函数

【例 1-7】format（）函数用于字符串的格式化。

```
>>>"{} {}". format("hello", "world")      #不设置指定位置,按默认顺序
' hello world'
>>>"{0} {1}". format("hello", "world")      #设置指定位置,0 和 1 为索引位置
' hello world'
>>>"{1} {0} {1}". format("hello", "world")      #设置指定位置
' world hello world'
>>>print("网站名:{name}, 地址 {url}". format(name="网易", url="www. 163. com"))
网站名:网易, 地址 www. 163. com
>>>site = {"name": "网易", "url":"www. 163. com"}
>>>print("网站名:{name}, 地址 {url}". format(* * site))      #通过字典设置参数
网站名:网易, 地址 www. 163. com
# 通过列表索引设置参数
>>>my_list=[' 网易', ' www. 163. com' ]
>>>print("网站名:{0[0]}, 地址 {0[1]}". format(my_list))      #中括号前面 0 是变量 my_list 的索引位置
网站名:网易, 地址 www. 163. com
```

第二节　Python 数据类型

Python 中的标准数据类型有 6 种：Number（数值）表示数据；String（字符串）表示文本；List（列表）表示一组有序的元素，后期可以更改；Tuple（元组）表示一组有序的元素，后期不可以更改；Sets（集合）表示一组无序不重复的元素；Dictionary（字典）用键值对的形式保存一组元素。

对于这 6 种数据类型，按存储方式可划分为原子类型（数值、字符串）和容器类型（列表、集合、元组、字典）；按访问方式可划分为直接访问（数值）、顺序访问（字符串、列表、集合、元组）、映射访问（字典）。

一、数据类型：数值（Number）

（一）数值分类

Python 支持的数值有 int（整型）、float（浮点型）、complex（复数型）、bool（布尔型）这 4 种。

1. 整型

整型（Int）通常被称为整数，包括正整数或负整数，不带小数点，如 2，-6，100 等。

2. 浮点型

浮点型用于表示数学中的实数，是带有小数的数据类型。如 3.14，10.0 等都属于浮点型。浮点型可以用十进制或科学记数法表示（$2.5e2=2.5\times10^2=250$，$10e-2=10\times10^{-2}=0.1$）。

整数和浮点数在计算机内部的存储方式是不同的，整数运算永远是精确的，浮点数运算则可能会有四舍五入的误差。Python 的整数运算结果仍然是整数，浮点数运算结果仍然是浮点数，整数和浮点数混合运算的结果则变成浮点数。

3. 复数型

复数（complex numbers）由实数部分和虚数部分构成，可以用 a+bj 或者 complex（a，b）来表示，实部 a 和虚部 b 都是浮点型。

【例1-8】复数表达式。

```
>>>a＝complex(2,4)
>>>b＝3- 5j
>>>a
(2+4j)
>>>b
(3- 5j)
```

4. 布尔型

布尔型数据只有两个取值：True 和 False。如果将布尔值进行数值运算，则 True 会被当作整型 1，False 会被当作整型 0。

以下对象的布尔值都是 False，包括 None、False、整型 0、浮点型 0.0、复数 0.0+0.0j、空字符串" "、空列表［］、空元组（）、空字典｛｝等，这些数据的值可以用 Python 的内置函数 bool（）来测试。

【例1-9】测试布尔类型。

```
>>>x1＝0
>>>type(x1),bool(x1)
(<class ' int' >, False)
>>>x2＝0. 0
>>>type(x2),bool(x2)
(<class ' float' >, False)
>>>x3＝0. 0+0. 0j
>>>type(x3),bool(x3)
(<class ' complex' >, False)
```

```
>>>x4=" "
>>>type(x4),bool(x4)
(<class ' str' >, False)
>>>x5=[ ]
>>>type(x5),bool(x5)
(<class ' list' >, False)
>>>x6={}
>>>type(x6),bool(x6)
(<class ' dict' >, False)
```

（二）运算符

Python 支持的运算符包括算术运算符、比较运算符、赋值运算符、逻辑运算符、位运算符、成员运算符和身份运算符。

1. 算术运算

Python 中常见的算术运算包括加、减、乘、除、幂运算、整除、取余数等（见表1-2）。

表 1-2　算术运算符

运算符	描述	实例
+、-	加法、减法	2+3, 5-3
*、/	乘法、除法	2*3, 6/2
**	幂运算	2**3
//、%	整除、取余数	5//2, 5%2

【例1-10】使用算术运算符。

```
>>>2+3
5
>>>5- 3
2
>>>2* 3
6
>>>6/2
3. 0
>>>2* * 3
8
>>>5//2
2
>>>5%2
1
```

2. 赋值运算

Python 赋值运算符如表 1-3 所示。

表1-3　赋值运算符

运算符	描述	实例
=	简单的赋值运算符	c＝a+b 将 a+b 的运算结果赋值为 c
+=	加法赋值运算符	c+＝a 等效于 c＝c+a
−=	减法赋值运算符	c−＝a 等效于 c＝c−a
* =	乘法赋值运算符	c * ＝a 等效于 c＝c * a
/ =	除法赋值运算符	c/＝a 等效于 c＝c/a
% =	取模赋值运算符	c%＝a 等效于 c＝c%a
* * =	幂赋值运算符	c * * ＝a 等效于 c＝c * * a
// =	取整除赋值运算符	c//＝a 等效于 c＝c//a

【例1-11】使用赋值运算符。

```
>>>a=21
>>>b=10
>>>c=a+b
>>>print(c)
31
>>>c+=a        #等价于 c=c+a
>>>print(c)
52
>>>c*=a        #等价于 c=c*a
>>>print(c)
1092
>>>c/=a        #等价于 c=c/a
>>>print(c)
52.0
>>>c=2
>>>c%=a        #等价于 c=c%a
>>>print(c)
2
>>>c**=a       #等价于 c=c**a
>>>print(c)
2097152
>>>c//=a       #等价于 c=c//a
>>>print(c)
99864
```

3. 比较运算

Python 常见比较运算符如表 1-4 所示。

表 1-4　比较运算符

运算符	描述
＝＝	等于：比较对象是否相等
！＝	不等于：比较两个对象是否不相等
＞	大于：返回 x 是否大于 y
＜	小于：返回 x 是否小于 y。所有比较运算符返回 1 表示真，返回 0 表示假
＞＝	大于等于：返回 x 是否大于等于 y
＜＝	小于等于：返回 x 是否小于等于 y

【例 1-12】使用比较运算符。

```
>>>a＝21
>>>b＝10
>>>c＝0
>>>1- a＝＝b
False
>>>2- a＝＝b
False
>>>3- a<b
True
>>>4- a>b
False
>>>a＝5
>>>b＝20
>>>5- a<＝b
True
>>>6- b>＝a
False
```

4. 位运算符

位运算符是把数字看作二进制来进行计算的（见表 1-5）。

表 1-5　位运算符

运算符	描述
&	按位与运算符：参与运算的两个值，如果两个相应位都为 1，则该位的结果为 1，否则为 0
|	按位或运算符：只要对应的两个二进位有一个为 1 时，结果位就为 1
^	按位异或运算符：当两个对应的二进位相异时，结果为 1
~	按位取反运算符：对数据的每个二进制位取反，即把 1 变为 0，把 0 变为 1
<<	左移动运算符：运算数的各二进位全部左移若干位，由" <<" 右边的数指定移动的位数，高位丢弃，低位补 0
>>	右移动运算符：把" >>" 左边的运算数的各二进位全部右移若干位，" >>" 右边的数指定移动的位数

【例 1-13】使用位运算符。

```
>>>a=60        #60=00111100
>>>b=13        #13=00001101
>>>c=0
>>>a&b         #12=00001100
12
>>>a|b         #61=00111101
61
>>>a^b         #49=00110001
49
>>>~a          # -61=11000011
-61
>>>a<<2        #240=11110000
240
>>>a>>2        #15=00001111
15
```

5. 逻辑运算

Python 语言支持与、或、非三种逻辑运算符（见表 1-6）。

表 1-6　逻辑运算符

运算符	表达式	描述
and	x and y	布尔 "与"：x、y 有一个为 False，则返回 False
or	x or y	布尔 "或"：x、y 有一个为 True，则返回 True
not	not x	布尔 "非"，x 为 True，则返回 False；x 为 False，则返回 True

【例 1-14】使用逻辑运算符。

```
>>>a=10
>>>b=20
>>>bool(10)
True
>>>bool(20)
True
>>>a and b
20
>>>a or b
10
#修改变量 a 的值
>>>a=0
>>>bool(0)
False
>>>a and b
0
>>>a or b
20
```

6. 成员运算

成员运算符用于测试字符串、列表或元组中是否包含了一系列的成员（见表1-7）。

表1-7　成员运算符

运算符	描述
in	如果在指定序列中找到值，则返回True，否则返回False
not in	如果在指定的序列中没有找到值，则返回True，否则返回False

【例1-15】使用成员运算符。

```
>>>a=10
>>>b=20
>>>list=[1,2,3,4,5]
>>>a in list
False
>>>b not in list
True
>>>a=2        #修改变量a的值
>>>a in list
True
```

7. 身份运算

身份运算符用于比较两个对象的存储单元（见表1-8）。

表1-8　身份运算符

运算符	描述
is	is用以判断两个标识符是不是引用自一个对象，是则返回True，否则返回False
is not	is not用以判断两个标识符是不是引用自不同对象，是则返回True，否则返回False

【例1-16】使用身份运算符。

```
>>>a=20
>>>b=20
>>>a is b
True
>>>id(a)==id(b)        #判断a和b是否为同一对象
True
>>>b=30        #修改变量b的值
>>>a is b
False
>>>id(a)==id(b)        #判断a和b是否为同一对象
False
```

8. 运算优先级

以下表格列出了从最高到最低优先级的所有运算符（见表1-9）。

表1-9　运算优先级

运算符	描述
＊＊	指数（最高优先级）
~ + −	按位取反、一元加号和减号（最后两个的方法名为+@ 和−@）
＊/%//	乘、除、取模和取整除
+ −	加法减法
>> <<	右移、左移运算符
&	位'AND'
^ |	位运算符
<= < > >=	比较运算符
== ！=	等于运算符
= %= /= //= ＊= ＊＊= −= +=	赋值运算符
is is not	身份运算符
in not in	成员运算符
not or and	逻辑运算符

【例1-17】运算符优先级示例。

```
>>>a=20
>>>b=10
>>>c=15
>>>d=5
>>>(a+b)*c/d      #(30*15)/5
90.0
>>>((a+b)*c)/d    #(30*15)/5
90.0
>>>(a+b)*(c/d)    #(30)*(15/5)
90.0
>>>a+(b*c)/d      #20+(150/5)
50.0
```

二、数据类型：字符串（string）

（一）用引号和 str（）函数创建字符串

Python 字符串可以使用以下 4 种方式定义：

（1）单引号（' '）:包含在单引号中的字符串，其中可以包含双引号。

（2）双引号（" "）:包含在双引号中的字符串，其中可以包含单引号。

（3）三单引号（''' '''）:包含在三单引号中的字符串，可以跨行。

（4）三双引号（"""　"""）：包含在三双引号中的字符串，可以跨行。

【例1-18】使用引号或 str（）函数创建字符串。

```
>>>a=' Hello World! '
>>>a
' Hello World! '
>>>b= "Python Runoob"
>>>b
' Python Runoob'
>>>c=''' This is a very long string. It continues here.
And it' s not over yet.  "Hello, world!"
Still here. '''
>>>c
' This is a very long string. It continues here. \nAnd it\' s not over yet.  "Hello, world!"\nStill here. '
>>>str(123)        #使用 str 函数创建字符串
' 123'
```

（二）字符串基本操作

Python 提供了系列字符串的操作符（见表1-10）。

表 1-10　字符串操作符

操作符	描述
+	连接字符串
*	重复输出字符串
[i]	切片操作。通过索取字符串中的字符进行，其中 i 是字符串的索引
[:]	切边操作。截取字符串中的一部分
in	如果字符串中包含给定的字符，则返回 True
not in	如果字符串中不包含给定的字符，则返回 True
r/R	原始字符串。原始字符串用来替代转义字符表示的特殊字符，在原字符串的第一个引号前加上字母 r（R），与普通字符串操作相同
b	返回二进制字符串。在原字符串的第一个引号前加上字母 b，可用于书写二进制文件，如 b"12"
%	格式化字符串操作

【例1-19】使用字符串操作符。

```
>>>str=' Python'
>>>str[0:-1]
' Pytho'
>>>str[0]
' P'
>>>str[2:5]
' tho'
>>>str[2:]
' thon'
```

```
>>>str* 2
' PythonPython'
>>>str+"test"
' Pythontest'
```

Python 内置了一些类的函数，可以对字符串进行操作。字符串常用内置函数如表 1-11 所示。

表 1-11　字符串处理函数

序号	函数	功能
1	lower ()	将字符串所有字符改为小写
2	upper ()	将字符串所有字符改为大写
3	capitalize ()	将字符串的第一个字符转换为大写
4	swapcase ()	将字符串中的大写转换为小写，小写转换为大写
5	find (str [, start [, end]])	检测 str 是否包含在字符串中，如果指定范围为 start 和 end，则检查指定范围。如果包含，则返回 str 的索引值，否则返回-1
6	rfind (str [, start [, end]])	类似于 find () 函数，从右侧开始查找
7	replace (old, new [, count])	将字符串中 old 替换成 new，如 count 指定，则替换不超过 count 次
8	rstrip ()	删除字符串末尾的空格
9	lstrip ()	删除字符串左边的空格
10	strip ([chars])	在字符串上执行 lstrip () 和 rstrip ()
11	len (str)	返回字符串长度
12	max (str)	返回字符串中最大的字符
13	min (str)	返回字符串中最小的字符
14	isalnum ()	如果字符串中至少有一个字符并且所有字符都是字母或数字，则返回 True，否则返回 False
15	isalpha ()	如果字符串中至少有一个字符并且所有字符都是字母，则返回 True，否则返回 False
16	isdecimal ()	字符串中是否只包含十进制字符，是则返回 true，否则返回 false
17	isdigit ()	字符串中是否只包含数字，是则返回 True，否则返回 False
18	islower ()	如果字符串中的字符都是小写，则返回 True，否则返回 False
19	isupper ()	如果字符串中的字符都是大写，则返回 True，否则返回 False
20	isnumeric ()	如果字符串中只包含数字字符，则返回 True，否则返回 False
21	isspace ()	如果字符串中只包含空格，则返回 True，否则返回 False
22	startswith (str [, start [, end]])	检查字符串是否以 str 开头，是则返回 True，否则返回 False。如果 start 和 end 指定值，则在指定范围内检查
23	endswith (str [, start [, end]])	检查字符串是否以 str 结束，是则返回 True，否则返回 False。如果 start 和 end 为指定值，则在指定范围内检查

续表

序号	函数	功能
24	count（sub［, start［, end］］）	返回 sub 在字符串中出现的次数。如果 start 和 end 为指定值，则返回指定范围内 sub 出现的次数
25	center（width, fillchar）	返回一个指定的宽度 width 居中的字符串，fillchar 为填充的字符，默认为空格
26	expandtabs（tabsize＝8）	把字符串 string 中的 tab 符号转为空格，tab 符号默认的空格数是 8
27	join（seq）	以指定字符串作为分隔符，将 seq 中所有元素合并为一个新字符串
28	ljust（width［, fillchar］）	返回一个原字符串左对齐，并使用 fillchar（默认空格）填充至长度 width 的新字符串
29	rjust（width,［, fillchar］）	返回一个原字符串右对齐，并使用 fillchar（默认空格）填充至长度 width 的新字符串
30	zfill（width）	返回长度为 width 的字符串，原字符串右对齐，前面填充 0

【例 1-20】使用字符串处理函数。

```
>>>a="Hello"
>>>b="Python"
>>>a+b
' HelloPython'
>>>c=a+b
>>>c. lower()
' hellopython'
>>>c. count("th")
1
>>>len(c)
11
```

三、数据类型：列表（List）

（一）用［］或 list（）函数创建列表

列表是 Python 中最常用的序列类型，列表中的元素（又称数据项）不需要具有相同的类型。创建列表时，只要把逗号分隔的元素使用方括号" ［］ "括起来即可。列表是可变的，用户可在列表中任意增加元素或删除元素，还可对列表进行遍历、排序、反转等操作。

【例 1-21】创建列表。

```
#用［］创建列表
>>>char=［' a', ' b', ' c'］
>>>char            # 打印 char 变量的内容
［' a', ' c', ' c'］       #运行结果
>>>L=［' a', 100, True］    #列表中元素的类型可以不相同
>>>empty_list=［］     #一个元素也没有的 list,就是空 list
#用列表生成式创建列表
```

```
>>>[x*x for x in range(1,11)]        #用列表生成式创建列表
[1, 4, 9, 16, 25, 36, 49, 64, 81, 100]
>>>L=[i for i in range(10) if i % 2 == 0]        #用列表生成式创建列表
>>>L
[0, 2, 4, 6, 8]
```

（二）list 基本操作

列表的常用操作符（见表 1-12）可以完成列表的切片、检索、计数等基本操作，这些操作也适用于字符串（str）和元组（tuple）。

表 1-12　列表的常用操作符

序号	操作符或方法	功能
1	x in s	如果 x 是 s 的元素，则返回 True，否则返回 False
2	x not in s	如果 x 不是 s 的元素，则返回 True，否则返回 False
3	s+t	连接 s 和 t
4	$s*n$	将 s 复制 n 次
5	$s[i]$	索引，返回序列的第 i 项元素。顺序访问第一个元素从索引 0 开始，第二个元素索引为 1，其余类推。倒序访问最后一个元素索引从 -1 开始，倒数第二个元素索引为 -2，其余类推
6	$s[i:j]$	分片，返回包含序列 s 第 i 项到第 j 项元素的子序列（不包括第 j 项）
7	$s[i:j:k]$	返回包含序列 s 第 i 项到第 j 项元素中以 k 为步长的子序列
8	len（s）	返回序列 s 中的元素个数（长度）
9	min（s）	返回序列 s 中的最小元素
10	max（s）	返回序列 s 中的最大元素
11	s.index$[x[,i[j]]]$	返回序列 s 中第 i 到第 j 项元素中第一次出现元素 x 的位置
12	s.count（x）	返回序列 s 中出现 x 的总次数

【例 1-22】列表基本操作。

```
#索引
>>>L=[1, 2, 3, 4]
>>>L[0]
1
>>>L[4]        #报出错信息,索引超出范围
>>>L[-1]        #倒数第 1 个元素
4
>>>L[-2]        #倒数第 2 个元素
3
>>>L[0]=5        #重写第一个元素的值
>>>L
[5, 2, 3, 4]
#切片
>>>L=[95,85,59,82,93,75]
```

```
>>>L[1:4]        #输出从索引1到索引4(不含)的列表
[85, 59, 82]
>>>L[1:]        #输出从索引1到最后一个(含)元素的列表
[85, 59, 82, 93, 75]
>>>L[1:4:2]        #间隔输出从索引1到索引4(不含)的列表,步长为2
[85, 82]
>>>L[:4]        #输出索引4及之前元素的列表
[95, 85, 59, 82]
>>>L[-2:]        #倒数第2个元素开始到最后一个(含)
[93, 75]
>>>L[:-2]        #第1个元素开始到倒数第2个(不含)元素
[95, 85, 59, 82]
>>>L[-3:-1]        #倒数第3个元素开始到倒数最后一个(不含)元素
[82, 93]
>>>L[-4:-1:2]        #间隔输出倒数第4个元素到最后一个(不含)元素,步长为2
[59, 93]
>>>L
[95, 85, 59, 82, 93, 75]
>>>L[1:3]=[6,7,8]        #修改索引1到索引3(不含)的元素
>>>L
[95, 6, 7, 8, 82, 93, 75]
#四则运算
>>>[1,2,3]+[4,5,6]        #连接列表
[1, 2, 3, 4, 5, 6]
>>>L*2        #复制列表
[95, 6, 7, 8, 82, 93, 75, 95, 6, 7, 8, 82, 93, 75]
>>>L*(-2)
[]
>>>len(L)        #求元素个数
7
>>>max(L)        #求列表中最大值,列表中元素应为相同类型
95
>>>min(L)        #求列表中最小值,列表中元素应为相同类型
6
>>>sum([100,200,300])        #列表元素求和,列表中元素均应为数值型
600
>>>sum(['100','200','300'])        #列表中有字符串时,求和会报错
>>>for x in [1,2,3]:print(x)        #遍历列表
1
2
3
>>>3 in [1,2,3]        #成员运算
True
```

除了使用序列操作符操作列表，列表还有自己特殊的方法，如表 1-13 所示，其主要功能是完成列表元素的增、删、改、查。

表 1-13　列表的常用方法

序号	方法	功能
1	ls $[i]$ $=x$	将列表 ls 的第 i 项元素替换为 x
2	ls $[i: j]$ $=$ lst	用列表 lst 替换列表 ls 中第 i 到第 j 项元素（不含第 j 项）
3	ls $[i: j; k]$ $=$ lst	用列表 lst 替换列表 ls 中第 i 到第 j 项以 k 为步长的元素（不含第 j 项）
4	del ls $[i: j]$	删除列表 ls 第 i 到第 j 项元素
5	del ls $[i: j; k]$	删除列表 ls 第 i 到第 j 项以 k 为步长的元素
6	ls+=lst 或 ls. extend（lst）	将列表 lst 元素追加到列表 ls 中
7	ls $* =n$	更新列表，其元素重复 n 次
8	ls. append（x）	在列表 ls 最后增加一个元素 x
9	ls. clear（）	删除列表 ls 中的所有元素
10	ls. copy（）	复制生成一个包括 ls 中所有元素的新列表
11	ls. insert（i，x）	在列表 ls 中的第 i 位置增加元素 x
12	ls. pop（i）	返回列表 ls 中的第 $i+1$ 项元素并删除该元素
13	ls. remove（x）	删除列表中出现的第一个 x 元素
14	ls. reverse（x）	反转列表 ls 中的元素
15	ls. sort（）	排序列表 ls 中的元素

【例 1-23】列表的常用方法。

```
#追加元素操作
>>>L=['a','b','c']
>>>L. append('d')        #新元素追加到 L 的末尾
>>>L
['a','b','c','d']
>>>L. insert(0,'e')      #新元素追加到 L 的第一位
>>>L
['e','a','b','c','d']
>>>L. insert(2,'f')      #新元素追加到 list 的索引为 2 的位置
>>>L
['e','a','f','b','c','d']
#删除元素操作
>>>L=['a','b','c']
>>>L. pop(2)        #返回列表中的索引为 2 的元素并删除该元素
'c'
>>>L
['a','b']
>>>del L[1]        #用 del 语句删除列表中的索引为 1 的元素,不返回被删除的元素
>>>L
['a']
```

```
>>>L. pop()      #用 pop()删除列表最后一个元素
'd'
>>>L
[ ]
#替换元素操作
>>>L=[' a',' b',' c']
>>>L[0]=' d'
>>>L[2]=' e'
>>>L
[' d',' b',' e']
#嵌套列表
>>>a=[' a',' b',' c']
>>>n=[1,2,3]
>>>x=[a,n]
>>>x
[[' a',' b',' c'],[1,2,3]]      #列表中有两个元素,第1和第2个元素均为列表
>>>x[0]
[' a',' b',' c']
>>>x[0][1]
' b'
#求元素出现次数
>>>L=[100,300,100,400]
>>>L. count(100)       #统计某个元素在列表中出现的次数
2
>>>L=[' 100',' 300',' 100',' 400']
>>>L. count(' 100')
2
>>>L=[' 100',' 300',' 100',' 400',500,100]
>>>L. count(100)
1
>>>L. count(' 100')
2
#求元素位置
>>>L=[' 100',' 300',' 100',' 400',500,100]
>>L. index(' 100')     #从列表中找出某个值的第一个匹配项的索引值
0
>>>L. index(' 100',0,2)
0
>>>L. index(' 100',0,5)
0
>>>L. index(' 100',1,5)
2
```

四、数据类型：元组（tuple）

（一）用（ ）或 **tuple**（ ）函数创建元组

元组（tuple）是包含 0 个或多个元素的不可变序列类型。元组生成后是固定的，其中任意元素都不能被替换或删除，因此元组没有 append（ ）、insert（ ）、pop（ ）等方法。创建元组时，只要将元组的元素用小括号括起来，并使用逗号隔开即可。创建不含元素的空的元组，直接用（ ）表示。

【例 1-24】创建元组。

```
#用( )创建元组
>>>t=(' a', ' b, ' c')
>>>t=(0,1,2,3,4,5,6,7,8,9)
>>>t=()        #空元组
>>>t=(1,)      #元组只有一个元素时,后面的逗号","不可省略
>>>t
(1, )          #显示单元素 tuple 时,也自动添加了一个",",表明这是一个 tuple
>>>t=(1)       #(1)括号被解释为运算符,(1)的运算结果为 1
>>>t
1
#用生成式创建元组
>>>a=(range(1,11))
>>>a
range(1, 11)
>>>b=tuple(a)
>>>b
(1, 2, 3, 4, 5, 6, 7, 8, 9, 10)
```

（二）**Tuple** 的基本操作

元组（tuple）的常用操作符（见表 1-14）可以完成元组的切片、检索、计数等基本操作，这些操作和列表（list）的基本操作是相同的。

表 1-14　元组的常用操作符

序号	操作符或方法	功能
1	x in s	如果 x 是 s 的元素，则返回 True，否则返回 False
2	x not in s	如果 x 不是 s 的元素，则返回 True，否则返回 False。
3	s+t	连接 s 和 t
4	s*n	将 s 复制 n 次
5	s[i]	索引，返回序列的第 i 项元素。顺序访问第一个元素从索引 0 开始，第二个元素索引为 1，其余类推。倒序访问最后一个元素索引从−1 开始，倒数第二个元素索引为−2，其余类推
6	s[$i:j$]	分片，返回包含序列 s 第 i 项到第 j 项元素的子序列（不包括第 j 项）
7	s[$i:j:k$]	返回包含序列 s 第 i 项到第 j 项元素中以 k 为步长的子序列

续表

序号	操作符或方法	功能
8	len（s）	返回序列 s 中的元素个数（长度）
9	min（s）	返回序列 s 中的最小元素
10	max（s）	返回序列 s 中的最大元素
11	s. index $[x [, i [j]]]$	返回序列 s 中第 i 到第 j 项元素中第一次出现元素 x 的位置
12	s. count（x）	返回序列 s 中出现 x 的总次数

【例 1-25】元组的基本操作。

```
#获取元组中的元素
>>>T=('a','b','c','d','e')
>>>T[2]
'c'
>>>T[-2]
'd'
>>>T[1:]
('b','c','d','e')
#顺序切片
>>>T=('a','b','c','d','e')
>>>T[1:4]            #输出从索引1到索引4(不含)的元素
('b','c','d')
>>>T[1:]             #输出从索引1到最后一个(含)元素
('b','c','d','e')
>>>T[:4]             #输出前4个元素
('a','b','c','d')
>>>T[1:4:2]          #间隔输出从索引1到索引4(不含)的元素,步长为2
('b','d')
#倒序切片
>>>T=('a','b','c','d','e')
>>>T[-2:]
('d','e')
>>>T[:-2]
('a','b','c')
>>>T[-3:-1]
('c','d')
>>>T[-4:-1:2]
('b','d')
#求元素个数
>>>T=('a','b','c','d','e')
>>>len(T)
5
#连接
>>>(12,34.56)+('abc','xyz')
```

```
(12, 34. 56, ' abc' , ' xyz' )
#求最大值
>>>T=(' a' ,' b' ,' c' ,' d' ,' e' )        #所有元素要同类型,否则计算出错
>>>max(T)
' e'
#求最小值
>>>min(T)
' a'
#求和
>>>T=(100,200,300)      #所有元素为数值型,否则计算出错
>>>sum(T)
600
>>>sum((' 100' ,' 200' ,' 300' ))      #报出错信息,字符不能相加
#复制
>>>T=(' a' ,' b' ,' c' ,' d' ,' e' )
>>>T*2
(' a' , ' b' , ' c' , ' d' , ' e' , ' a' , ' b' , ' c' , ' d' , ' e' )
#遍历
>>>for x in T:print(x)      #遍历所有元素
a
b
c
d
e
>>>for index, name in enumerate(T):print(index, ' - ' , name)      #同时遍历索引和元素
0 - a
1 - b
2 - c
3 - d
4 - e
>>>for x, y in enumerate(T):print(x, ' - ' , y)
0 - a
1 - b
2 - c
3 - d
4 - e
#成员运算
>>>3 in (1,2,3)
True
```

除了使用操作符操作元组,元组还常有 count, index, del 等操作方法。

【例 1-26】元组的常用方法。

```
#求元素出现次数
>>>T=(100,300,100,400)
>>>T. count(100)      #统计某个元素在元组中出现的次数
```

```
2
>>>T=(' 100',' 300',' 100',' 400')
>>>T. count(' 100')
2
>>>T=(' 100',' 300',' 100',' 400',500,100)
>>>T. count(100)
1
>>>T. count(' 100')
2
#求元素位置
>>>T=(' 100',' 300',' 100',' 400',500,100)
>>>T. index(' 100')        #从元组中找出某个值第一个匹配项的索引值
0
>>>T. index(' 100',0,2)
0
>>>T. index(' 100',0,5)
0
>>>T. index(' 100',1,5)
2
#删除元组
>>>T=(' a',' b',1997,2000)
>>>del T      #元组中元素值不允许修改删除,但可以使用 del 语句删除整个元组
>>>T     #元组被删除后,输出变量会有异常信息
```

五、数据类型：字典（dict)

（一）用 {} 或 dit（）函数创建字典

字典由多个键及其对应的值构成的对组成（键/值对称为项）。字典的每个键/值（key/value）对用冒号"："分割，每个项之间用逗号"，"分割，整个字典包括在大括号"{}"中。空字典（不包括任何项）由两个大括号组成，如 {}。字典格式如下所示：

```
d={key1:value1,key2:value2}
```

键必须是唯一的，但值则不必。也就是说，值可以取任何数据类型，键则必须是不可变的，如字符串、数字或元组等，但是 list 是可变的，否则就不能作为 key。

列表和元组是有序的对象集合，字典是无序的对象集合。其区别在于，字典当中的元素是通过键来存取的，而不是通过索引来存取，列表和元组则是通过索引来存取的。字典的特点是查找速度快，无论字典中有多少个元素，其查找速度都相同；列表的查找速度则随着元素增加而逐渐下降。字典的缺点是占用内存大；列表则正好相反，占用内存小。

【例 1-27】创建字典。

```
#用{}创建字典
>>>d={' a' :95,' b' :85,' c' :59}
#用生成式创建字典
>>>list=[(' name' ,' zhangsan' ),(' age' ,22),(' phone' ,110)]
```

```
    >>>dic = {key:value for key,value in list}        # for 循环遍历列表,将列表中小元组的 key 和 value 取
出,作为字典中的 key:value
    >>>dic
{'name' : 'zhangsan' , 'age' : 22, 'phone' : 110}
#用 dict 函数创建字典
    >>>d = [('name' ,'zhangsan' ), ('age' ,22), ('phone' ,110)]
    >>>dict(d)        # 用 dict 函数通过对键/值序列创建字典
{'name' : 'zhangsan' , 'age' : 22, 'phone' : 110}
    >>>d = dict(name='zhangsan' , age=22, phone=110)        # dict 函数通过关键字参数创建字典
    >>>d
{'name' : 'zhangsan' , 'age' : 22, 'phone' : 110}
```

（二）字典的基本操作

字典的基本操作在很多方面与列表等序列类似，支持修改、删除等操作。

【例 1-28】字典的基本操作。

```
#获取 dict 的 key 或 value
    >>>d = {'a' :1, 'b' :2, 'c' :3}        #定义字典
    >>>d. keys()        #获取所有的 key 值
dict_keys(['a' , 'b' , 'c' ])
    >>d. values()        #获取所有的 value 值
dict_values([1, 2, 3])
#用[ ] 和 get()访问项目
    >>>d['a' ]        #获取特定键的值
1
    >>d['d' ]        #不存在的键,获取值会报错
    >>>d. get('b' )        #用 get 方法获取特定键的值
2
    >>>d. get('d' )        #不存在的键,get 方法获取值不会报错,值为 None
    >>>print(d. get('d' ))
None
#添加新的 key- value
    >>>d = {'a' :1, 'b' :2, 'c' :3}
    >>>d['d' ] =4
    >>>d
{'a' : 1, 'b' : 2, 'c' : 3, 'd' : 4}
#修改 dict 的 key,Python 中字典的键是不能直接修改的,因为键是 hash,只能采取间接修改的
方式。
    >>>d = {'a' :1, 'b' :2}
    >>>d['c' ] =d. pop('a' )        #删除键 a 返回值,键 a 对应的值为 1,作为键 c 对应的值
    >>>d
{'b' : 2, 'c' : 1}
#修改 dict 的 value
    >>>d = {'a' :1, 'b' :2, 'c' :3}
    >>>d['b' ] =4
    >>>d
```

```
{'a' : 1, 'b' : 4, 'c' : 3}
#删除元素(键/值)
>>>d = {'a' :1, 'b' :2, 'c' :3}
>>>del d['a']      #删除键值为'a'的项
>>>d
{'b' : 2, 'c' : 3}
>>>d. clear()      #清空字典
>>>d
{}
>>>del d      #删除字典
#求元素个数
>>>d = {'a' :1, 'b' :2, 'c' :3}
>>>len(d)
3
#字典合并
>>>d1 = {'a' :1, 'b' :2, 'c' :3}
>>>d2 = {'d' :4,'e' :5}
>>>dict(d1,**d2)
{'a' : 1, 'b' : 2, 'c' : 3, 'd' : 4, 'e' : 5}
#求最大值
>>>d = {'a' :1, 'b' :2, 'c' :3}
>>>max(d)      #取出最大 key
'c'
>>>min(d)      #取出最小 key
'a'
>>>max(zip(d. values(),d. keys()))       #用 zip()函数取出最大的 value 及与之相对应的 key
(3, 'c')
>>>min(zip(d. values(),d. keys()))       #用 zip()函数取出最小的 value 及与之相对应的 key
(1, 'a')
>>max(zip(d. keys(),d. values()))        #用 zip()函数取出最大的 key 及与之相对应的 value
('c', 3)
>>>min(zip(d. keys(),d. values()))       #用 zip()函数取出最小的 key 及与之相对应的 value
('a', 1)
#遍历
>>>d = {'a' :1, 'b' :2, 'c' :3}
>>>for key in d:print(key)        #遍历 key
Adam
Lisa
Bart
>>>for v in d. values(): print(v)        #遍历 value
a
b
c
>>>for key, value in d. items():print(key, ':', value)        #遍历 key:value
a : 1
```

29

```
b : 2
c : 3
#成员运算
>>>' a'  in d
True
>>>95  in d
False
```

像其他内建类型一样，字典也有其专属的方法，这些方法非常有用。

【例1-29】字典的基本方法。

```
>>>d = {' a' :1, ' b' :2, ' c' :3}
>>>d. clear()      #清空字典
>>>d
{}
>>>d = {' a' :1, ' b' :2, ' c' :3}
>>>d1 = d. copy()    #复制字典
>>>d1
{' a' : 1, ' b' : 2, ' c' : 3}
>>>d2 = d. fromkeys([' a' ],1)      #生成新字典,键(key)相同,值(value)相同
>>>d2
{' a' : 1}
>>>d3 = d. fromkeys([' a' , ' b' , ' c' , ' d' ],1)      #生成新字典,键(key)不同,值(value)相同
>>>d3
{' a' : 1, ' b' : 1, ' c' : 1, ' d' : 1}
>>>d4 = d. fromkeys([' a' , ' b' ],3)      #生成新字典,键(key)不同,值(value)相同
>>>d4
{' a' : 3, ' b' : 3}
>>>d = {' a' :1, ' b' :2, ' c' :3}
>>>d. pop()     #提示错误,至少需要一个参数
>>>d. pop(' c' )     #删除指定键的键和值
3              #返回删除的值
>>>d
{' a' : 1, ' b' : 2}
>>>d. pop(' d' )      #删除不存在的健,提示错误
>>>d. pop(' d' , ' 不存在' )
' 不存在'
>>>d = {' a' :1, ' b' :2, ' c' :3}
>>>d. setdefault(' d' )      #向字典中加入键- 值对,如果没有指定值,那么默认值为None
>>>d
{' a' : 1, ' b' : 2, ' c' : 3, ' d' : None}
>>>d = {' a' :1, ' b' :2, ' c' :3}
>>>d. setdefault(' d' ,4)      #向字典中加入键- 值对
4
>>>d
{' a' : 1, ' b' : 2, ' c' : 3, ' d' : 4}
```

```
>>>d={'a':1,'b':2,'c':3}
>>>d.update({'d':4})      #添加新的键-值
>>>d
{'a':1,'b':2,'c':3,'d':4}
>>>d.update({'d':5})      #更新字典中的值
>>>d
{'a':1,'b':2,'c':3,'d':5}
>>>d={'a':1,'b':2,'c':3}
>>>d.update({'d':4,'e':5})      #添加新的键-值
>>>d
{'a':1,'b':2,'c':3,'d':4,'e':5}
>>>d={'a':1,'b':2,'c':3}
>>>d.__contains__('a')      #查看字典中是否包含特定的键值对
True
>>>d.__contains__(4)      #查看字典中是否包含特定的键值对
False
>>>d={'a':1,'b':2,'c':3}
```

六、数据类型：集合（set）

（一）用 {} 或 set（）函数创建集合

集合（set）是一个无序的不重复元素序列，通常使用大括号" {} "或者 set（）函数来创建集合。

【例1-30】集合的创建。

```
>>>S={1,2,3,4,5}
>>>S
{1, 2, 3, 4, 5}
>>>S=set('12345')
>>>S
{'5','2','1','4','3'}
```

（二）set 的基本操作

集合常用的操作方法如表1-15所示。

表1-15 集合的常用方法

序号	方法	功能
1	add（）	为集合添加元素
2	clear（）	移除集合中的所有元素
3	copy（）	拷贝一个集合
4	difference（）	返回多个集合的差集
5	difference_update（）	移除集合中的元素，该元素在指定的集合也存在。
6	discard（）	删除集合中指定的元素
7	intersection（）	返回集合的交集

续表

序号	方法	功能
8	intersection_ update（）	返回集合的交集
9	isdisjoint（）	判断两个集合是否包含相同的元素，如果没有则返回 True，否则返回 False
10	issubset（）	判断指定集合是否为该方法参数集合的子集
11	issuperset（）	判断该方法的参数集合是否为指定集合的子集
12	pop（）	随机移除元素
13	remove（）	移除指定元素
14	symmetric_ difference（）	返回两个集合中不重复的元素集合。
15	symmetric_ difference_ update（）	移除当前集合中在另外一个指定集合中相同的元素，并将另外一个指定集合中不同的元素插入当前集合中
16	union（）	返回两个集合的并集
17	update（）	给集合添加元素

【例 1-31】集合的基本操作。

```
>>>S = {1,2,3,4,5}
>>>S. add("6")      #添加新元素到集合中,如果元素已存在,则不进行任何操作
>>>S
{1, 2, 3, 4, 5, '6' }
>>>S. add(6)
>>>S
{1, 2, 3, 4, 5, 6, '6' }
>>>S = set("7", "8")
>>>S. update(S)      #添加元素,且参数可以是列表、元组、字典等
>>>S
{1, 2, 3, 4, 5, 6, '8', '6', '7' }
>>>t=("9","10")
>>>S. update(t)
>>>S
{1, 2, 3, 4, 5, 6, '8', '9', '6', '7', '10' }
>>>S. remove("10")   #移除元素
>>>S
{1, 2, 3, 4, 5, 6, '8', '9', '6', '7' }
>>>S. remove("10")   #不存在会发生错误
>>>S. discard("10")  #不存在不会发生错误
>>>#下面展示两个集合间的运算
>>>a=set(' abracadabra' )
>>>b=set(' alacazam' )
>>>a
{' a', ' r', ' b', ' c', ' d' }
>>>a - b         #集合 a 中包含而集合 b 中不包含的元素
{' r', ' d', ' b' }
```

```
>>>a | b        #集合 a 或 b 中包含的所有元素
{ 'a', 'c', 'r', 'd', 'b', 'm', 'z', 'l' }
>>>a & b        #集合 a 和 b 中都包含的元素
{ 'a', 'c' }
>>>a ^ b        #不同时包含于 a 和 b 的元素
{ 'r', 'd', 'b', 'm', 'z', 'l' }
```

❓ 本章小结

（1）以#开头的语句是注释语句，单行注释以"#"开头，多行注释可以使用 3 个引号作为多行注释。

（2）字符串、列表、元组属于有序序列，采用索引访问其中的元素，0 表示第一个位置的元素，−1 表示最后一个位置的元素。

（3）列表、字典、集合属于可变序列，元组、字符串属于不可变序列。

（4）列表中的元素可以是不同类型的元素，可以在列表中任意位置插入和删除元素，但建议从列表尾部进行元素的增加和删除，这样可以获得更高的速度。

（5）列表、元组、集合和字典都有相应的操作和方法。

❓ 习 题

1. Python 的单行注释和多行注释分别用什么来表示？

2. 合并列表 [1，5，7，9] 和 [2，2，6，8]。

3. 创建一个空列表，命名为 names，要求完成如下操作：

（1）往 names 里面添加 Lihua、Rain、Jack、Xiuxiu、Peiqi 和 Black 元素；

（2）创建新列表 [1，2，3，4，2，5，6，2，]，合并到 names 列表中；

（3）取出 names 列表中索引 4—7 的元素；

（4）取出 names 列表中索引 2—10 的元素，步长为 2；

（5）取出 names 列表中的最后 3 个元素。

4. 已知 dict = { " k1":" v1"," k2":" v2"," k3":" v3" }，要求完成如下操作：

（1）循环遍历出所有的 key；

（2）循环遍历出所有的 value；

（3）循环遍历出所有的 key 和 value；

（4）在字典中增加一个键值对，" k4":" v4"，输出添加后的字典；

（5）删除字典中键值对" k1":" v1"，并输出删除后的结果；

（6）获取字典中与" k2" 对应的值；

（7）获取字典中与" k6" 对应的值，如果不存在，则不报错，并且令其返回 None；

（8）现有 dict2 = { " k1":" v11"," a":" b" }，通过一行操作使 dict2 = { " k1":" v1"," k2":" v2"," k3":" v3"," a":" b" }。

## 第二章

Python 程序结构

Python 程序结构分为三种：顺序结构、分支结构和循环结构。其中，顺序结构语句按照先后顺序执行；分支结构根据条件表达式的值来执行不同的代码；循环结构是指重复执行相同的代码，Python 用 if 语句实现分支结构，用 for 和 while 语句实现循环结构。

第一节 条件判断语句

一、if…else 条件语句

if 语句的格式如下：

```
if 判断条件：
    执行语句1……
else：
    执行语句2……
```

如果表达式的布尔值为真，则执行语句 1；否则，执行语句 2。其中的 else 子句可以省略。应注意，if 判断条件和 else 后面均需要加一个冒号，以使 Python 解释器能识别出 if 和 else 子句对应的代码块。并且，if 和 else 必须对齐，表示它们是同一个语句。

【例 2-1】if 条件语句。

```
num=9
if num>=0 and num <= 10:      #判断值是否在 0 到 10 之间
    print(' hello')        #输出结果: hello
num=10
if num < 0 or num >10:      #判断值是否在小于 0 或大于 10
    print(' hello')
else:
    print(' undefine')        #输出结果: undefine
num=8
if (num>=0 and num <= 5) or (num>=10 and num <= 15):      #判断值是否在 0 到 5 或者 10 到 15 之间
    print(' hello')
else:
    print(' undefine')      #输出结果: undefine
```

此外，Python 还支持如下形式的表达式：表达式 1 if 判断条件 else 表达式 2。

```
>>>a=5
>>>print(6) if a>3 else print(5)
6
>>>print(6 if a>3 else 5)
6
>>>b=6 if a>13 else 9
>>>b
```

二、if…elif…else 判断语句

当程序的条件分支很多时，可以使用 if…elif…else 语句，其中 else 子句可以省略。

```
if 判断条件 1:
    执行语句 1……
elif 判断条件 2:
    执行语句 2……
elif 判断条件 3:
    执行语句 3……
else:
    执行语句 4……
```

【例 2-2】 if…elif 语句。

```
number=23
guess=int(input(' Enter an integer : ' ))
if guess == number:        #条件表达式中不允许使用赋值运算符,而需用==
    print(' Congratulations, you guessed it. ' )
    print(' (but you do not win any prizes!)' )
elif guess < number:
    print(' No, it is a little higher than that' )
else:
    print(' No, it is a little lower than that' )
print(' Done' )
```

第二节　循环语句

一、for 循环

循环语句是指重复执行同一段代码块，Python 中的循环语句有 while 语句等、for 语句等。for 循环用于遍历一个序列，依次访问序列中的每个项目，其格式如下：

```
for 变量 in 变量集合:
    执行语句 1……
else:
    执行语句 2……
```

【例2-3】for 循环语句。

```
for i in range(5, 9):        #使用 range 函数遍历数字序列
    print(i)
else:
    print(' The for loop is over' )
```

输出：

```
5
6
7
8
The for loop is over
```

【例2-4】for 循环语句。

```
for i in range(0, 10, 3) :        #使用 range 函数遍历数字序列,步长为3
    print(i)
```

输出：

```
0
3
6
9
```

【例2-5】已知4位同学的成绩用 list 表示为 L= ［75，92，59，68］，利用 for 循环计算出平均成绩。

```
L=［75,92,59,68］
sum=0
for score in L:
    sum=sum+score
print(sum/4)
```

二、while 循环

while 语句能够在条件为真的前提下重复执行某块语句，格式如下：

```
while 条件表达式:
    执行语句……
else:
    执行语句……
```

while 循环的执行过程：当循环表达式为真时，依次执行 while 中的语句。直到循环表达式的值为 False，程序的流程转到 else 语句。其中 else 子句可以省略。

【例2-6】利用 while 循环计算100以内奇数的和。

```
sum=0
x=1
while x<100:
```

```
        sum=sum+x
        x=x+2
    print(sum)
```

三、循环嵌套

Python 语言允许在一个循环体里面嵌入另一个循环。for 循环嵌套语法如下：

```
for 条件表达式:
    for 条件表达式:
        执行语句……
    执行语句……
```

while 循环嵌套语法如下：

```
while 条件表达式:
    while 条件表达式:
        执行语句……
    执行语句……
```

【例2-7】使用循环嵌套打印 100 以内所有十位数数字比个位数数字小的数。

```
for x in [ '1','2','3','4','5','6','7','8','9' ]:
    for y in [ '1','2','3','4','5','6','7','8','9' ]:
        if x<y:
            print(x+y)
```

【例2-8】使用循环嵌套输出 2 到 100 之间的素数。

```
i=2
while(i < 100): j=2
    while(j <= (i/j)):
        if not(i%j): break
        j=j + 1
    if (j > i/j) : print(i, "是素数")
    i=i + 1
print("Good bye!")
```

四、break 和 continue 语句

break 语句可以使程序跳出整个循环语句，从而执行循环体之外的程序，即 break 语句可以提前结束循环。

continue 语句也是用来跳出循环的语句，但是与 break 不同的是，continue 不会跳出整个循环体，而只是跳出当前的循环，然后继续执行后面的循环。

【例2-9】利用 while True 无限循环配合 break 语句，计算 1+2+4+8+16+…的前 20 项的和。

```
sum=0
x=1
```

```
n=1
while True:
    sum=sum+x
    x=2*x
    n=n+1
    if n>20:
        break
print(sum)
```

【例2-10】对已有的计算0~100的while循环进行改造，通过增加continue语句，使之只计算奇数的和。

```
sum=0
x=1
while True:
    sum=sum + x
    x=x + 1
    if x > 100:
        break
print(sum)
sum=0
x=0
while True:
    x=x + 1
    if x > 100:
        break
    if x%2==0:
        continue
    sum=sum+x
print(sum)
```

五、pass 空语句

pass是空语句，其作用是保持程序结构的完整性。pass不做任何事情，一般用做占位语句。

【例2-11】pass 语句。

```
for letter in ' Python' :
    if letter == ' h' :
        pass
        print(' 这是 pass 块' )
print(' 当前字母 :', letter)
print( "Good bye!" )
```

本章小结

（1）条件判断语句的 if 判断条件和 else 后面均需要加一个冒号。

（2）for 和 while 语句后面也需要加一个冒号。

（3）pass 是空语句，其作用是保持程序结构的完整性。

（4）通过组合和嵌套，可实现各种复杂的程序逻辑结构。

（5）当循环表达式为真时，依次执行 while 中的语句，直至循环表达式的值为 False 时，程序的流程转到 else 语句。

（6）break 语句可以使程序跳出整个循环语句，从而执行循环体之外的程序。

（7）continue 不会跳出整个循环体，而只是跳出当前的循环，然后继续执行后面的循环。

习　题

1. 从键盘输入一个整数，判断该数字能否被 2 和 3 同时整除、能否被 2 整除、能否被 3 整除、是否不能被 2 和 3 整除，并输出相应信息。

2. 计算 0 到 100 之间所有的奇数之和。

3. 用户输入一个整型数，求该数的阶乘。

4. 阿凡提与国王比赛下棋，国王说，要是自己输了的话，阿凡提想要什么他都可以拿给他，阿凡提说那就要点米吧。棋盘一共 64 个小格子，在第一个格子里放 1 粒米，第二个格子里放 2 粒米，第三个格子里放 4 粒米，以此类推，后面每个格子里的米都是前一个格子里的 2 倍，直到把 64 个格子都放满。编写程序，生成一个列表，其中元素为每个棋盘格子里米的粒数，并输出这些数字的和，也就是一共需要多少粒米。

5. 编写程序，输出 200 以内最大的素数。

6. 有两个列表，L1 =［11，22，33］，L2 =［22，33，44］，获取内容相同的元素列表。

7. 有 1，2，3，4，5，6，7，8 八个数字，能组成多少个互不相同且无重复数字的两位数？

8. 输出一份九九乘法表。

## 第三章

函数与模块

函数是需要执行相似或相同指令的代码块，其提高了代码的重复利用率，函数可以返回计算结果。模块是程序代码的封装，模块中定义的变量、函数或类可导入其他文件中使用。

第一节　Python 程序的结构

Python 的程序由模块（module）、包（package）和函数组成。其中，模块是处理某一类问题的集合，由函数和类组成，是一个 . py 程序文件。包是一系列模块（程序文件）的集合。包与普通文件夹的区别是，在包内要创建一个"__init__. py"文件，以标识它不是一个普通文件夹，而是一个包。一个项目可以包含多个包，一个包可以包含多个子包，也可以包含多个模块。图 3-1 描述了包、模块、类和函数之间的关系。

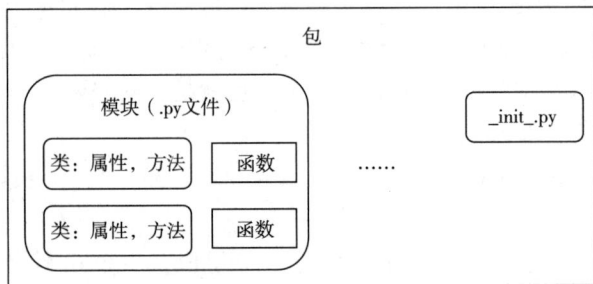

图 3-1　包的组织形式

包是一个完成特定任务的工具箱，Python 提供了许多有用的工具包，如字符串处理、图形用户接口、Web 应用、图形图像处理等。使用 Python 自带的这些工具包，可以提高程序的开发效率，减少编程复杂度，达到代码重复利用的效果。这些自带的工具包和模块安装在 Python 的安装目录下的 Lib 子目录中，如 Lib 目录中的 xml 文件夹。xml 文件夹就是一个包，这个包用于完成 XML 的应用开发。xml 包中有几个子包：dom、sax、etree 和 parsers。文件__init__. py 是 xml 包的注册文件，如果没有该文件，Python 将不能识别 xml 包。

注意，包必须至少含有一个__init__. py 文件。__init__. py 文件的内容可以为空，它用于标识当前文件夹是一个包。

第二节　函　数

函数就是一段可以重复多次调用的代码，通过输入参数值，返回需要的结果。Python 有自己的内置函数，而且使用者还可以自定义一些函数。

一、函数的定义与调用

函数使用关键字 def 定义。函数在使用前必须定义，函数的类型即返回值的类型。函数定义的格式如下所示。

```
def 函数名(参数 1,参数 2,…):
    执行语句……
    return 表达式
```

函数名可以是字母、数字或下划线组成的字符串，但是不能以数字开头。函数的参数放在一对圆括号中，参数的个数可以有一个或多个，参数之间用逗号隔开，这种参数称为形式参数。括号后面以冒号结束，冒号下面就是函数的主体，函数的返回值用 return 语句返回，函数体内部的语句在执行时，一旦执行到 return 时，函数就执行完毕，并将结果返回。如果没有 return 语句，函数执行完毕后也会返回结果，只是结果为 None。也可以用 return［表达式］退出函数，选择性地向调用方返回一个表达式。

【例 3-1】自定义函数。

```
#自定义一个函数,求绝对值。
def my_abs(x):    #自定义函数
    if x>=0:
        return x
    else:
        return - x
#以下调用函数
L=- 5
print(abs(L))    #显示 L 的绝对值为 5
#自定义一个函数,求列表中元素的平方和。
def square_of_sum(L):    #自定义函数,输入参数为列表
    return sum([i*i for i in L])
#以下调用函数
L=[1, 2, 3, 4, 5]
print(square_of_sum(L))
#自定义一个函数,求一元二次方程 ax²+bx+c=0 的两个解。
import math    #导入 Python 内置的 math 包,math 包提供 sqrt()函数,可计算平方根
def quadratic_equation(a, b, c):    #自定义函数
    de=b**2- 4*a*c
    if de>=0:
        x1=(- b+math. sqrt(de))/(2*a)
        x2=(- b- math. sqrt(de))/(2*a)
```

```
            return x1,x2
        else:
            return
#以下调用函数
(x1,x2)= quadratic_equation(1,- 6,5)        #求方程的解
print(x1,x2)    #显示两个解为 5.0 和 1.0
r= quadratic_equation(1,- 6,5)
print(r)      #运行结果为(5.0,1.0),是一个元组,函数返回多值其实就是返回一个元组
```

二、函数参数

(一) 位置参数

位置参数(positional arguments)是比较常用的形式,调用函数时实参和形参的顺序必须严格一致,并且实参和形参的数量必须相同。

【例 3-2】函数的位置参数。

```
>>>def demo(a, b, c):    # a, b, c 为形参
    print(a, b, c)
>>>demo(3, 4, 5)      #3, 4, 5 为实参,按位置传递参数
3 4 5
>>>demo(3, 5, 4)
3 5 4
>>>demo(1, 2, 3, 4)      #程序报错,实参与形参数量必须相同
```

(二) 默认参数

设置默认参数时应注意:非默认参数在前,默认参数在后,任何一个默认值参数右边不能有非默认值参数。调用函数时,默认参数的值如果没有传入,则会被认为是默认值。

【例 3-3】函数的默认参数。

```
>>>def say(message, times=1):
    print(message*times)
>>>say(' hello' )
hello
>>>say(' hello' ,3)
hello hello hello
>>>say(' hi' ,7)
hi hi hi hi hi hi hi
#默认参数只会在函数定义时被解释一次,使用可变序列作为参数默认值时应特别注意
>>>def demo(num, lst=[ ]):
    lst. append(num)
    print(lst)
>>>demo(3)
[3]
>>>demo(5)
[3, 5]
```

42

```
>>>def demo(num, lst=None):        #将默认参数的空集设为 None
    if lst==None:
        lst=[ ]
    lst. append(num)
    print(lst)
>>>demo(3)
[3]
>>>demo(5)
[5]
```

(三) 关键字参数

关键字参数允许传入 0 个或任意个含参数名的参数，这些关键字参数在函数内部自动组装成一个字典（dict），要使用形如"参数名=值"的关键字参数时来调用函数。使用关键字参数时，允许函数调用时的参数顺序与定义时的顺序不一致，因为 Python 解释器能够用参数名匹配参数值。

【例 3-4】函数的关键字参数。

```
>>>def printinfo(name,age ):
    "打印任何传入的字符串"
        print("Name:",name)
        print("Age:",age)
    return
#调用 printinfo 函数
>>>printinfo(age=50,name="miki")        #这里传递参数时用 kwarg=value 形式
Name: miki
Age: 50
```

(四) 可变参数

可变参数就是指传入的参数个数是可变的，可以是 0 个、1 个、2 个到任意个。可变长度参数主要有两种形式：在参数名前加 1 个星号 * 或 2 个星号 **，其中：

* parameter 用来接收多个位置实参并将其放在元组中。

** parameter 用来接收多个关键参数并存放到字典中。

【例 3-5】函数的可变参数。

```
>>>def printinfo(arg1,*vartuple ):
    print(arg1)
    for var in vartuple:
        print(var)
    return
# 调用 printinfo 函数
>>>printinfo(10)
10
>>>printinfo(70,60,50)
70
60
50
```

```
>>>def demo(**p):
    for item in p. items():
        print(item)
>>>demo(x=1,y=2,z=3)
('x', 1)
('y', 2)
('z', 3)
```

三、lambda 函数

匿名函数（lambda）是指没有名字的函数，其主要被应用于一个需要函数但是我们又不想费神去命名这个函数的场合。通常情况下，这样的函数只使用一次。其语法格式如下：

```
lambda 变量 1,变量 2,…表达式
```

其中，变量列表用于表达式的计算。lambda 属于函数，因此变量列表后需要加一个冒号。注意，lambda 也称为表达式。lambda 中只能使用表达式，不能使用判断、循环等多重语句。通常把 lambda 赋值给一个变量，变量可作为函数使用。

【例 3-6】lambda 函数赋值给变量。

```
>>>sum=lambda x,y:x+y
#调用 sum 函数
>>>print(sum(10,20))
    30
```

四、变量作用域

变量起作用的代码范围称为变量的作用域，不同作用域内的变量名可以相同，互不影响。局部变量是指在函数内部定义的普通变量，只在函数内部起作用；当函数运行结束后，局部变量自动删除，不可以再使用。

全局变量可以通过关键字 global 来定义。分为两种情况：第一种情况是一个变量已在函数外有定义，如果在函数内需要为这个变量赋值，并要将这个赋值结果反映到函数外，则可以在函数内使用 global 将其声明为全局变量。第二种情况是如果一个变量在函数外没有定义，在函数内部也可以直接将其定义为全局变量，该函数执行后，将增加一个新的全局变量。

【例 3-7】变量作用域。

```
>>>def func():
    global x
    x=3
    y=4
    print(x,y)
>>>x=5
>>>func()
```

```
>>>func()
3   4
>>>x
3
>>>y #提示出错,变量 y 未定义
```

需要注意的是,在某个作用域内任意位置只要有为变量赋值的操作,该变量在这个作用域内就是局部变量,除非使用 global 进行了声明。

```
>>>x=4
>>>def func():
        print(x)        #本意是先输出全局变量 x 的值,但是不允许这样做
        x=6             #有赋值操作,因此在整个作用域内 x 都是局部变量
        print(x)
>>>func()       #出错,提示 x 未赋值
>>>def func():
        global   x
        print(x)
        x=5
        print(x)
>>>func()
4
5
```

五、range、zip、enumerate、sorted、reversed、map 等内置函数

range 语法格式为 range([start,]end[,step]),返回具有惰性求值特点的 range 对象,其中包含左闭右开区间[start,end)内以 step 为步长的整数。参数 start 默认为 0,step 默认为 1。

zip 函数用来把多个可迭代对象中的元素压缩到一起,返回一个可迭代的 zip 对象,其中每个元素都是包含原来的多个可迭代对象对应位置上元素的元组。

enumerate 函数用来枚举可迭代对象中的元素,返回可迭代的 enumerate 对象,其中每个元素都是包含索引和值的元组。

map 把一个函数 func 依次映射到序列或迭代器对象的每个元素上,并返回一个可迭代的 map 对象作为结果,map 对象中的每个元素都是原序列中元素经过函数 func 处理后的结果。

map,enumerate,zip 等函数不仅具有惰性求值的特点,而且还有另外一个特点,即访问过的元素不可再次访问。

【例 3-8】 Python 内置常用函数。

```
>>>bin(12)      #把数字转换为二进制串
'0b1100'        #转换为八进制串
>>>oct(12)
'0o14'
>>>hex(12)      #转换为十六进制串
```

```
' 0xc'
>>>int(4. 2)          #把实数转换为整数,或把数字字符串按指定进制转换为十进制数。
4
>>>int(4. 6)
4
>>>int(- 4. 2)
- 4
>>>int(- 4. 6)
- 4
>>>int(' 101' , 2)          #二进制
5
>>>int(' 101' , 16)           #十六进制
257
>>>sum([ 1,2,3])
6
>>>sum((1,2,3))
6
>>>sum({1,2,3})
6
>>>max([ 1,2,3])
3
>>>min([ 1,2,3])
1
>>>len([ 1,2,3])       #求列表长度,即列表中元素个数
3
>>>len({"a":5,"b":6,"c":7})       #求字典长度,即字典中元素个数
3
>>>sorted([ 3,8,5,4])       #对列表、元组、字典、集合或其他可迭代的对象进行排序并返回新列表
[ 3, 4, 5, 8]
>>>sorted({3,8,5,4})
[ 3, 4, 5, 8]
>>>sorted((3,8,5,4))
[ 3, 4, 5, 8]
>>>range(5)
range(0, 5)
>>>list(range(5))       #左闭右开区间[ start,end)内以 step 为步长的整数
[ 0, 1, 2, 3, 4]
>>>list(range(1,10,2))
[ 1, 3, 5, 7, 9]
>>>list(range(9,0,- 2))
[ 9, 7, 5, 3, 1]
>>>for i in range(5):
      print(i,end=",")
0,1,2,3,4,
>>>sum(range(1, 11))
```

```
55
>>>a=[1, 2, 3]
>>>b=[4, 5, 6]
>>>c=zip(a, b)        #返回 zip 对象
>>>list(c)
[(1, 4), (2, 5), (3, 6)]
>>>for item in enumerate('abcdef'):
      print(item)

(0, 'a')
(1, 'b')
(2, 'c')
(3, 'd')
(4, 'e')
(5, 'f')
>>>sum([2**i for i in range(64)])

18446744073709551615
>>>a=[x*x for x in range(10)]
>>>a
[0, 1, 4, 9, 16, 25, 36, 49, 64, 81]
>>>import random
>>>data=random. choices(range(50), k=11)
>>>sorted(data)
[4, 8, 11, 16, 18, 27, 29, 32, 34, 37, 47]
>>>data
[37, 18, 11, 47, 27, 34, 29, 4, 8, 32, 16]
>>>reversed(data)
<list_reverseiterator object at 0x0000000002E46F98>
>>>list(reversed(data))
[16, 32, 8, 4, 29, 34, 27, 47, 11, 18, 37]
>>>list(enumerate('abcd'))        #枚举字符串中的元素
[(0, 'a'), (1, 'b'), (2, 'c'), (3, 'd')]
>>>list(enumerate(['Python', 'Great']))        #枚举列表中的元素
[(0, 'Python'), (1, 'Great')]
>>>for index, value in enumerate(range(10, 15)):        #枚举 range 对象中的元素
      print((index, value), end=' ')

(0, 10) (1, 11) (2, 12) (3, 13) (4, 14)
>>>list(map(str, range(4)))        #把列表中的元素转换为字符串
['0', '1', '2', '3']
>>>list=[{'name':'Dong', 'age':57},{'name':'Zhang', 'age':40}]
>>>list
[{'name': 'Dong', 'age': 57}, {'name': 'Zhang', 'age': 40}]
>>>sorted(list, key=lambda x:(x['name'], -x['age']))        #key 指定排序依据,按照先姓名升
序、后年龄降序排序
[{'name': 'Dong', 'age': 57}, {'name': 'Zhang', 'age': 40}]
>>>L=[{'name':'Dong', 'age':57},{'name':'Zhang', 'age':40}]
```

```
>>>dict = {' Dong' :57,' Zhang' :40}
>>>from operator import itemgetter
>>>sorted(dict. items(), key=itemgetter(1))        #按字典中元素的值进行排序
[(' Zhang' , 40), (' Dong' , 57)]
>>>sorted(dict. items(), key=itemgetter(0))        #按字典中元素的键进行排序
[(' Dong' , 57), (' Zhang' , 40)]
>>>result=[{' name' :' Bob' , ' age' :20, ' rating' :75. 0},
               {' name' :' Zhang' , ' age' :13, ' rating' :57. 0}]
>>>sorted(result, key=itemgetter(' age' , ' name' ))      #按' age' 升序,该值相同的按' name' 升序排序
[{' name' : ' Zhang' , ' age' : 13, ' rating' : 57. 0}, {' name' : ' Bob' , ' age' : 20, ' rating' : 75. 0}]
>>>x=map(str, range(5))
>>>x
<map object at 0x0000024099692A10>
>>>list(x)
[' 0' , ' 1' , ' 2' , ' 3' , ' 4' ]
>>>list(x)        #map,filter,enumerate,zip 等对象,访问过的元素不可再次访问
[]
>>>' 2'  in x
True
>>>' 2'  in x
False
>>>' 8'  in x
False
#对初学者而言,dir()和 help() 这两个内置函数最为有用
>>>import math
>>>dir(math)        #查看模块中的可用对象
>>>help(math. sqrt)        #查看指定函数的使用帮助
>>>dir(4+6j)        #查看数字类型对象成员
>>>dir("A")        #查看字符串类型成员
```

第三节　模块和包

在 Python 中一个以"．py"结尾的 Python 文件就是一个模块,不同包下可以有相同名称的模块,模块之间使用"包名．模块名"的方式区分。如果在一个模块中引入其他模块,有多种方法可以实现。

一、模块的创建

模块把一组相关的函数或代码组织到一个文件中,模块由代码、函数或类组成。创建一个名为 myModule. py 的文件,即定义了一个名为 myModule 的模块。在 myModule 模块中定义一个函数 func（）和一个类 MyClass,在 MyClass 类中定义一个方法 myFunc（）。

【例 3-9】自定义模块（保存为 myModule. py）。

```
#自定义模块
def func():
    print("myModule. func()")
class MyClass:
    def myFunc(self):
        print("myModule. MyClass. myFunc()")
```

二、使用 import 语句导入模块

创建模块后，就可以在其他程序中使用该模块了。如果要在一个模块中引入其他模块，有多种方法可以实现（见表3-1）。

表 3-1　引入模块的方法

描述	引入方法
引入单个模块	import model_ name［as alias］
引入多个模块	import model_ name1, model_ name2, …
引入模块中指定的函数或类等	from model_ name import func1, func2, … from model_ name import calss1, calss2, …

在表 3-1 中，module_ name 为要导入模块的名称；［as alias］为给模块起的别名。如果模块名比较长且不容易记住，可以在导入模块时使用 as 关键字为其设置一个别名，然后就可以通过这个别名来调用模块中的变量、函数和类等。

在使用 import 语句导入模块后，在调用该模块中的变量、函数或类时，需要在具体的变量、函数和类名前加上"模块名."这一前缀。

【例 3-10】自定义模块（保存为 call_ myModule. py，与 myModule. py 放在同一个文件夹下）。

```
#调用自定义模块的类和函数
import myModule        #导入模块
myModule. func()    #使用 import 语句导入的模块,在调用模块中的函数或类时,以模块名作为前缀
myClass=myModule. MyClass()
myClass. myFunc()
import myModule as md       #导入模块,并使用别名
md. func()      #调用模块的函数或类时,以模块的别名作为前缀
myClass= md. MyClass()
myClass. myFunc()
```

注意，myModule. py 和 call_ myModule. py 必须放在同一个目录下，或放在 sys. path 所列出的目录下，否则 Python 解释器将找不到自定义的模块。

三、使用 from…import 语句导入模块

使用 from…import 语句导入模块后，不需要再添加前缀，直接通过具体的变量、函数和类名等访问即可。from…import 语句的格式如下所示：

```
from modulename import member［as alias］
```

其中，modelname 为模块名称，应区分字母大小写，即需要和定义模块时设置的模块名称的大小写保持一致。member 用于指定要导入的变量、函数或者类等。可以同时导入多个定义，各个定义之间使用逗号分隔。如果想导入全部定义，也可以使用通配符星号"＊"代替。

注意，在使用 from…import 语句导入模块中的定义时，需要保证所导入的变量、函数或者类在当前的命名空间中是唯一的，否则将出现冲突，即后导入的同名变量、函数或者类会覆盖先导入的。这时，就需要使用 import 语句进行导入。

四、模块的属性

模块有一些内置属性，用于完成特定的任务，如__name__、__doc__等。每个模块都有一个名称，如__name__用于判断当前模块是否是程序的入口，如果当前程序正在被使用，则__name__的值为"__main__"。通常会给每个模块都添加一个条件语句，用于单独测试该模块的功能，如创建一个模块 myModule。

【例 3-11】模块名称（保存为 myModule. py）。

```
if __name__ =='__main__':
    print(' myModule 作为主程序运行')
else:
    print(' myModule 被另一个模块调用')
```

第 1 行代码用以判断本模块是否作为主程序运行。单独运行模块 myModule，其输出结果如下所示：

```
myModule 作为主程序运行
```

在每个模块的定义中都包括一个记录模块名称的变量__name__，程序可以检查该变量，以确定它们在哪个模块中执行。如果一个模块不是被导入其他程序中执行的，那么它可能在解释器的顶级模块中得到执行。顶级模块的__name__变量的值为__main__。

五、Python 的包

使用模块可以避免函数名和变量名重名引发的冲突。那么，如果模块名重复时应该怎么办呢？在 Python 中，提出了包（Package）的概念。包是一个分层次的目录结构，它将一组功能相近的模块组织在一个目录下。这样，既可以起到规范代码的作用，又能避免因模块名重名而引起的冲突。简单理解，包就是"文件夹"，只不过在该文件夹下必须存在一个名称为"__init__ .py"的文件。

（一）创建包

创建包实际上就是创建一个文件夹，并在该文件夹中创建一个名称为"__init__ .py"的 Python 文件。在__init__ .py 文件中，可以不编写任何代码，也可以编写一些 Python 代码。在__init__ .py 文件中所编写的代码，在导入包时会自动执行。包内可以有其他程序文件或包，例如在桌面建立一个名为 event 的文件夹，在该文件夹内分别创建一个空的__init__ .py 文件，另一个 engine. py 文件中输入如下代码：

```
width=800
height=600
```

（二）使用包

创建包以后，就可以在包中创建相应的模块（即用户编写好的各个后缀为".py"的文件），然后再使用 import 语句从包中加载模块。从包中加载通常有以下三种方式。

1. 以"import 包名.模块名"的形式加载指定模块

例如，图 3-2 中的 event 是一个包，在该包下有一个名称为 engine.py 的模块，那么如果要导入 engine 模块，则可以使用下面的代码：

```
import event.engine
```

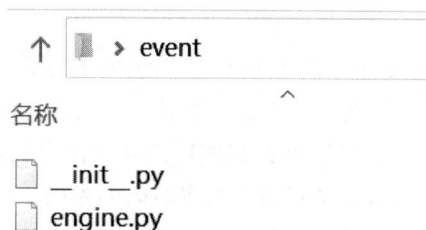

↑ ▮ › event

名称

▯ __init__.py
▯ engine.py

图 3-2　创建 event 包

通过该方式导入模块后，在使用时需要使用完整的名称。假如在调用 engine.py 模块中的 width 和 height 变量时，就需要在变量名前加入"event.engine."前缀。对应的代码如下：

```
import event.engine       #导入 event 包下的 engine.py 模块
print('宽度:', event.engine.width)
print('高度:', event.engine.height)
```

2. 以"from 包名 import 模块名"的形式加载指定模块

例如，图 3-2 中的 event 是一个包，在该包下有一个名称为 engine 的模块，那么如果要导入 engine 模块，则可以使用下面的代码：

```
from event import engine
```

通过该方式导入模块后，在使用时不需要带包前缀，但是需要带模块名。例如，通过"from 包名 import 模块名"形式导入上面已经创建的 engine.py 模块，并且调用 width 和 height 变量，就可以通过下面的代码来实现：

```
from event import engine       #导入 event 包下的 engine.py 模块
print('宽度:', engine.width)
print('高度:', engine.height)
```

3. 以"from 包名.模块名 import 变量名或函数名"的形式加载指定模块中变量或函数

例如，图 3-2 中的 event 是一个包，在该包下有一个名称为 engine 的模块，那么如果要导入 engine 模块中的 width 和 height 变量，可以使用下面的代码：

```
from event. engine import width,height    #导入 event 包下 engine. py 模块中变量、函数或类
```

通过该方式导入模块的函数、变量或类后，使用时直接使用以下函数、变量或类名即可：

```
#导入 event 包下 engine. py 模块中变量 width,height
from event. engine import width,height
print(' 宽度：', width)
print(' 高度：', height)
```

本章小结

（1）Python 中包与普通文件夹的区别是，在包内要创建一个 "__init__. py" 文件，__init__. py 可以是个空文件，里面可以没有任何语句。

（2）函数使用关键字 def 定义，函数在使用前必须定义，函数类型即返回值类型。

（3）关键字参数允许传入 0 个或任意个含参数名的参数，使用形如 kwarg＝value 的关键字参数来调用函数，允许函数调用时的参数顺序与声明时不一致。

（4）设置默认参数时，必须参数在前，默认参数在后。

（5）模块把一组相关的函数或代码组织到一个程序文件中，其由代码、函数或类组成。

（6）引入单个模块时采用"import 模块名"，引入多个模块时采用"import 模块名 1，模块名 2…"。

（7）引入模块中指定的函数时采用的语句形式是"from 模块名 import 函数名 1，函数名 2…"，引入模块中指定的类采用的语句形式是"from 模块名 import 类名 1，类名 2…"。

（8）顶级模块的_name_变量的值为_main_。

（9）包是一个分层次的目录结构，其简单理解就是"文件夹"，在该文件夹下必须存在一个名称为 "__init__. py" 的文件。

（10）从包里面导入模块有三种方式：import 包名 . 模块名、from 包名 import 模块名，以及 from 包名 . 模块名 import 变量名或函数名。

习　题

1. 函数定义包含哪几个部分？

2. 函数定义使用什么关键字？

3. 函数返回数据时使用哪个关键字？

4. 编写一个函数，实现从 1 到 n 共 n 个数的累加。

5. 编写一个函数，实现对指定 r 计算圆的面积。

6. 定义一个函数，判断该数是不是质数。

7. 编写一个函数，找出 10 000 以内能被 5 或 6 整除但不能被两者同时整除的数。

8. 使用函数完成一个 0~n 之间的奇数的积。

第四章

文件与目录操作

在程序设计中，经常需要将数据保存为一个外部文件，或从外部文件中读入相关数据，这就涉及文件与目录的操作。本章主要讲述文件的打开与关闭，以及 txt、CSV、Excel、JSON 等文件的读写。

第一节　文件基本操作

文件通常用于存储应用软件的参数或临时性数据。Python 提供了 os、os.path、shutil 等模块处理文件，其中包括打开文件、读写文件、复制和删除文件等函数。

一、文件打开与关闭：open 与 close

Python 内置了文件（File）对象。在使用文件对象时，需要先通过内置的 open（）方法创建一个文件对象，然后通过该对象提供的方法进行读写操作。

（一）open（）函数

用于在当前目录下打开一个文件，创建一个 file 对象。如果文件不存在，则在当前目录下创建一个新的文件并打开，其语法如下：

```
file object=open(file_name [, access_mode][, buffering])
```

各个参数的细节如下：

file_ name：要访问的文件名称。

access_ mode：打开文件的模式：只读、写入、追加等，具体见表 4-1。默认文件访问模式为只读（r）。

如果 buffering 的值被设为 0，就不会有缓存；若其值取 1，则访问文件时会缓存。如果将 buffering 的值设为大于 1 的整数，表明了这就是缓存区的缓存大小。如果取负值，则缓存区的缓存大小则为系统所默认。

表 4-1　文件打开模式

模式	描述
t	以文本模式打开文件
b	以二进制模式打开文件
U	通用换行模式（不推荐）

模式	描述
r	以只读方式打开文件
r+	以读写方式打开文件
w	打开一个文件只用于写入。如果该文件已存在，则打开文件，并从开头开始编辑，即原有内容会被删除。如果该文件不存在，则创建新文件
w+	打开一个文件用于读写。如果该文件已存在，则打开文件，并从开头开始编辑，即原有内容会被删除。如果该文件不存在，则创建新文件
a	打开一个文件用于追加。如果该文件已存在，文件指针将放在文件的结尾。也就是说，新的内容将会被写入已有内容之后。如果该文件不存在，则创建新文件并进行写入
a+	打开一个文件用于读写。如果该文件已存在，文件指针将放在文件的结尾，文件打开时会是追加模式。如果该文件不存在，则创建新文件用于读写

（二）close（）函数

刷新缓冲区里任何还没写入的信息，并关闭该文件，这之后便不能再进行写入。文件打开后，最终必须用 close 方法来关闭，其语法如下：

```
fileObject. close()
```

【例4-1】文件的打开与关闭。

```
#打开一个文件
>>>fo1=open(r"C:\Users\Administrator\Desktop\foo. txt", "w")        #在桌面打开已有文件或创建
新文件,open 函数返回 1 个 file 对象
>>>fo2=open(r"C:\Users\Administrator\Desktop\foo. xls", "w")        #打开或创建 excel 文件
>>>fo3=open(r"C:\Users\Administrator\Desktop\foo. csv", "w")        #打开或创建 csv 文件
>>>print("文件名: ", fo1. name)
文件名:   C:\Users\Administrator\Desktop\foo. txt
#关闭打开的文件
>>>fo1. close()
>>>fo2. close()
>>>fo3. close()
```

二、File 对象的属性：file. closed、file. mode 与 file. name

一个文件被打开后，就有了一个 file 对象，可以得到有关该文件的各种信息。

【例4-2】File 对象的属性。

```
# 打开一个文件
>>>fo= open(r"C:\Users\Administrator\Desktop\foo. txt", "w")        # open 函数返回 1 个 file 对象
>>>print("文件名: ", fo. name)
文件名:   C:\Users\Administrator\Desktop\foo. txt
>>>print("是否已关闭: ", fo. closed)
是否已关闭:   False
>>>print("访问模式: ", fo. mode)
```

```
访问模式: w
>>>fo. close()
>>>print("是否已关闭: ", fo. closed)
是否已关闭: True
```

三、重命名和删除文件 os 模块：rename 与 remove

Python 的 os 模块提供了执行文件处理操作的方法，如重命名和删除文件。要使用这个模块，必须先导入，然后才可以调用相关的各种功能。

【例 4-3】利用 os 模块重命名和删除文件。

```
>>>import os
>>>os. getcwd()     #获取当前目录
>>>os. chdir(". ./")     #将当前目录改为上一级目录
>>>os. getcwd()     #获取当前目录
>>>os. chdir("C:/Users/Administrator/Desktop")     #改变当前目录, foo. txt 文件所在的目录
>>>os. rename( "foo. txt", "foo2. txt" )     #重命名文件 foo. txt 为 foo2. txt
>>>os. remove("foo2. txt")     #删除一个已经存在的文件 foo2. txt
```

四、读写 txt 文件：open、read、writer

（一）read（）函数读取 txt 文件

从一个打开的文件中读取一个字符串。需要重点注意的是，Python 字符串可以是二进制数据，而不是仅仅是文字，其语法如下：

```
fileObject. read([count])
```

参数 count 是从已打开文件中读取的字节计数。如果没有传入 count，则它会尝试尽可能多地读取更多的内容，很可能是直到文件的末尾。

【例 4-4】read 函数读取 txt 文件（这里我们用到以上创建的 foo. txt 文件，其中输入有 www. runoob. com）。

```
>>>fo=open(r"C:\Users\Administrator\Desktop\foo. txt","r+")
>>>str=fo. read(10)     #读取 10 个字节
>>>print("读取的字符串是:",str)
读取的字符串是: www. runoob
#关闭打开的文件
>>>fo. close()
```

（二）write（）函数写入 txt 文件

将任何字符串写入一个打开的文件。write 函数不会在字符串的结尾添加换行符（'\n'），其语法如下：

```
fileObject. write(string)
```

其中，string 是要写入已打开文件的内容。

【例 4-5】write 函数写入 txt 文件。

```
>>>fo = open(r"C:\Users\Administrator\Desktop\foo. txt", "w")    #打开或创建 txt 文件
```

```
>>>fo. write( "www. runoob. com! \nVery good site! \n")
>>>fo. close( )      #关闭打开的文件
```

上述方法会创建 foo. txt 文件，将收到的内容写入该文件并最终关闭文件。如果打开这个文件，将看到以下内容：

```
www. runoob. com!
Very good site!
```

五、读写 CSV 文件

CSV（Comma-Separated Values）是一种通用的、相对简单的文本文件格式。CSV 文件由多条记录组成，每条记录都由相同的字段序列构成，字段之间通常用逗号、分号等分隔符隔开。CSV 文件可以采用记事本或 Excel 软件打开（默认用 Excel 软件打开），但用 Excel 打开时常常会改变数据格式，因此建议采用记事本打开。可以通过将 Excel 文件另存为 CSV 格式的方式进行保存。

在桌面新建一个 Excel 文件，录入有关数据，另存为 600519.csv 格式文件（见表 4-2）。

表 4-2　600519. csv 文件

date	open	high	close	low
2019-03-22	788. 22	799. 98	784	785
2019-03-21	788	792. 8	785. 75	781. 5
2019-03-20	790	802. 3	792. 8	785
2019-03-19	803	807. 92	792. 61	792. 3
2019-03-18	778. 8	814. 53	810. 09	777
2019-03-15	776	787. 5	777. 3	764. 85

（一）CSV 标准库读取 CSV 文件

【例 4-6】用 CSV 标准库读取 CSV。

```
>>>import csv      #导入 CSV 模块
>>>fo = open(r"C:\Users\Administrator\Desktop\600519. csv", "r+")      #打开 csv 文件,注意 r+读取
>>>csv_file = csv. reader(fo)      #reader 是一个迭代器
>>>for date in csv_file:
      print(date)
[' date\topen\thigh\tclose\tlow' ]
[' 2019- 3- 22\t788. 22\t799. 98\t794\t785' ]      #\t 为横向制表符,区分列
[' 2019- 3- 21\t788\t792. 8\t785. 75\t781. 5' ]
[' 2019- 3- 20\t790\t802. 3\t792. 8\t785' ]
[' 2019- 3- 19\t803\t807. 92\t792. 61\t792. 3' ]
[' 2019- 3- 18\t778. 8\t814. 53\t810. 09\t777' ]
[' 2019- 3- 15\t776\t787. 5\t777. 3\t764. 85' ]
>>>fo. close()      #及时关闭文件
```

```
>>>import csv
>>>fo=open(r"C:\Users\Administrator\Desktop\600519. csv", "r+") #打开 csv 文件,注意 r+读取
>>>csv_file=csv. reader(fo)      #reader 是一个迭代器
>>>next(csv_file)      #输出结果会去掉行头标题
>>>for date in csv_file:
        print(date)
[' 2019- 3- 22\t788. 22\t799. 98\t794\t785' ]
[' 2019- 3- 21\t788\t792. 8\t785. 75\t781. 5' ]
[' 2019- 3- 20\t790\t802. 3\t792. 8\t785' ]
[' 2019- 3- 19\t803\t807. 92\t792. 61\t792. 3' ]
[' 2019- 3- 18\t778. 8\t814. 53\t810. 09\t777' ]
[' 2019- 3- 15\t776\t787. 5\t777. 3\t764. 85' ]
>>>fo. close()      #及时关闭文件
```

（二）CSV 标准库写入 CSV 文件

【例 4-7】用 CSV 标准库写入 CSV。

```
>>>import csv
>>>fo=open(r"C:\Users\Administrator\Desktop\600519. csv", "a", newline='')      #打开 csv 文件,
a 为追加
>>>data=[ "2019- 3- 14", 757, 785, 778, 754]
>>>csv_write=csv. writer(fo,dialect=' excel' )      #定义写入变量 csv_write
>>>csv_write. writerow(data)
>>>fo. close()
```

六、读写 Excel 文件

（一）xlrd 库读取 Excel 文件

xlrd 模块需要安装，可在 windows 命令窗口输入 pip install xlrd 进行安装。需要指出的是，xlrd 2.0.0 以后的版本不支持 xlsx 格式的 Excel 文件，只支持 xls 格式的 Excel 文件，可以在原文件基础上另存为 xls 格式。

【例 4-8】用 xlrd 库读取 Excel 文件。

```
>>>import xlrd
#读取 xlsx 文件内容
>>>rows=[ ]      #创建一个空表以便存储各行数据
#打开 Excel 电子表格作为工作簿
>>>fo=xlrd. open_workbook(r"C:\Users\Administrator\Desktop\600519. xls")
>>>sheet1 =fo. sheet_by_index(0)      #获取第一个 sheet
>>>for data in range(1, sheet1. nrows):  #遍历第 2 行到最后 1 行
        rowdata=sheet1. row_values(data, 0, sheet1. ncols)      #获取行数据
        listdata=list(rowdata)      #转换为列表
        rows. append(listdata)      #将数据放入 rows
>>>print(rows)
[[43546. 0, 788. 22, 799. 98, 794. 0, 785. 0], [43545. 0, 788. 0, 792. 8, 785. 75, 781. 5], [43544. 0,
790. 0, 802. 3, 792. 8, 785. 0], [43543. 0, 803. 0, 807. 92, 792. 61, 792. 3], [43542. 0, 778. 8, 814. 53,
810. 09, 777. 0], [43539. 0, 776. 0, 787. 5, 777. 3, 764. 85]]      #日期型数据变成了浮点型数据
```

（二）xlwt 库写入 Excel 文件

xlwt 模块需要安装，可在 Window 命令窗口输入 pip install xlwt 进行安装。

【例 4-9】 用 xlwt 库写入 Excel 文件。

```
>>>import xlwt
>>>rows1=[['Name','Age'],['fengju','26'],['wuxia','25']]
>>>book1=xlwt. Workbook()        #创建工作簿 book1
>>>sheet1=book1. add_sheet('user')       #创建工作表 sheet1,表名为 user
>>>for i in range(0, 3):
        for j in range(0, len(rows1[i])):
            sheet1. write(i, j, rows1[i][j])
>>>book1. save("C:\Users\Administrator\Desktop\mydata. slx")      #保存为桌面文件
```

七、读写 JSON 文件

JSON（JavaScript Object Notation）采用完全独立于编程语言的文本格式来存储和表示数据，JSON 数据的一般描述方式类似于字典，由键值对构成。JSON 数据多用于不同系统之间的数据传递。JSON 对象是一个无序的"名称/值"对的集合，其数据格式如下：

```
{名称1:值1,  名称2:值2}
```

（一）用记事本建立和编辑 JSON 格式文件

新建一个文本 txt 文件，里面输入 ｛"招商银行":"35.10","工商银行":"5.40"｝，选择保存文件名的后缀为 .json，文件保存类型为所有文件。以后需要编辑 JSON 格式文件时，可以采用右击鼠标的形式，选择用记事本打开该文件（见图 4-1）。

图 4-1　以记事本的形式建立 Json 格式文件

（二）读取 JSON 数据文件

JSON 数据文件是按照 JSON 数据格式存储数据的文本文件。通常将 JSON 数据文件的扩展名设为 .json。图 4-2 所示为 jsondata 文件中的内容。对 JSON 数据文件的处理与对普通文本文件的处理类似。

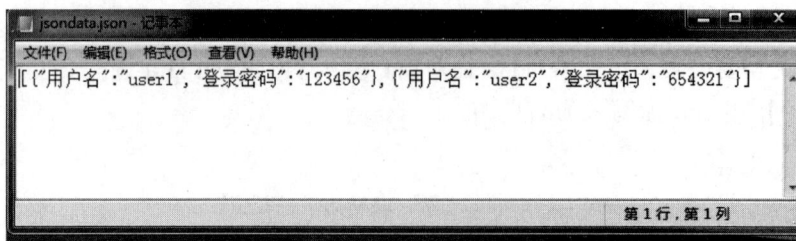

图 4-2 jsondata 文件中的内容

【例 4-10】从桌面文件 jsondata. json 文件中读取数据并显示。

```
import json
with open(r"C:\Users\Administrator\Desktop\jsondata. json","r") as f:
    jsonstr=f. readline()
    Pythonobj=json. loads(jsonstr)        #须用 json. loads 函数将 JSON 字符串解码为 Python 对象
    print(Pythonobj)
    j=len(Pythonobj)
    for i in range(0,j):
        print(Pythonobj[i]["用户名"],Pythonobj[i]["登录密码"])
    print("jsondata"+"中共有"+str(j)+"行数据")
```

输出结果如下：

```
[{'用户名':'user1','登录密码':'123456'},{'用户名':'user2','登录密码':'654321'}]
user1 123456
user2 654321
jsondata 中共有 2 行数据
```

(三) 写入 **JSON** 数据文件

【例 4-11】向桌面文件 jsondata. json 文件中写入数据并显示（见图 4-3）。

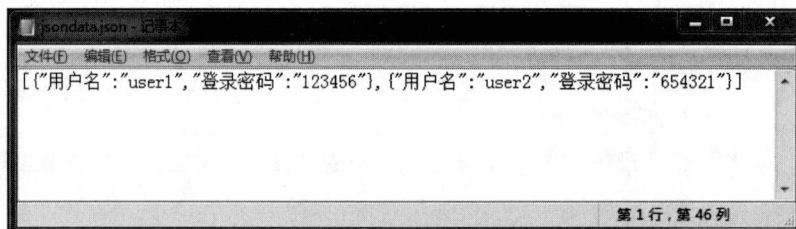

图 4-3 原桌面文件 jsondata. json 文件内容

```
import json
Pythonlist=[{"用户名":"user3","登录密码":"333333"},{"用户名":"user4","登录密码":"444444"}]
jsonstr=json. dumps(Pythonlist,ensure_ascii=False)        #须用 json. dumps 函数将 Python 对象解码为
JSON 字符串后,才可以写入 json 文件
with open(r"C:\Users\Administrator\Desktop\jsondata. json","w") as f:
f. write(jsonstr)
print(f)
```

程序执行后，jsondata. json 数据如图 4-4 所示，会覆盖原文件里的数据。

图 4-4　新桌面文件 jsondata. json 文件内容

第二节　目录操作

一、新建目录：mkdir

可以使用 os 模块的 mkdir（）方法在当前目录下创建新的目录，语法如下：

os. mkdir("newdir")

【例 4-12】在指定目录下创建一个新目录 test。

```
>>>import os
>>>os. getcwd()        #获取当前目录
>>>os. chdir("C:/Users/Administrator/Desktop")        #改变当前目录为桌面目录
>>>os. mkdir("test")        #在当前目录下创建一个新的文件夹
```

二、改变当前目录：chdir

可以用 chdir（）方法来改变当前目录，语法如下：

os. chdir("newdir")

【例 4-13】改变当前目录。

```
>>>import os
#将当前目录改为"C:\Users\Administrator\Desktop"
>>>os. chdir(r"C:\Users\Administrator\Desktop")
```

三、获得当前目录：getcwd

显示当前的工作目录，语法如下：

os. getcwd()

【例 4-14】获得当前目录。

```
>>>import os
```

#获得当前的目录

```
>>>print(os. getcwd())
```

四、删除目录：rmdir

删除目录，目录名称以参数传递。在删除这个目录之前，它的所有内容应该先被清除，语法如下：

```
os. rmdir(' dirname' )
```

【例4-15】删除桌面上的 test 文件夹，必须给出目录之完全合规的名称，否则会在当前目录下搜索该目录。

```
>>>import os
#删除桌面上的 test 文件夹
>>>os. rmdir("C:\Users\Administrator\Desktop\test")
```

❓ 本章小结

（1）在 Excel、CSV、JSON 等文件的读写中，先要用 open 函数打开，然后才能进行读写操作。

（2）文件读写操作完毕，务必及时采用 close 函数关闭已经打开的文件。

（3）读写 csv 文件时，须用 Python 内置的 CSV 标准库。

（4）读写 Excel 文件时，需要安装第三方 xlrd 模块。

（5）读取 JSON 文件时，需要导入 Python 内置的 json 模块，读取出来的数据须用 json. loads 函数将 JSON 字符串解码为 Python 对象；该对象为列表，列表中的元素为字典。

（6）写入 JSON 文件时，需要导入 Python 内置的 json 模块，须用 json. dumps 函数将 Python 对象解码为 JSON 字符串，这样才可以写入 json 文件。

（7）采用 os 模块的相关方法，可以创建、修改、获得和删除目录。

❓ 习　题

1. 尝试在桌面建立一个 CSV 文件，第一行为各列的列名，其后各行为相应数据，完成文件的读写操作。

2. 尝试在桌面建立一个 Excel 文件，第一行为各列的列名，其后各行为相应数据，完成文件的读写操作。

3. 尝试在桌面建立一个 JSON 文件，并在其中创建字典元素，完成文件的读写操作。

第五章

Python 面向对象

Python 从设计之初就已经是一门面向对象的语言，在 Python 中创建一个类和对象是很容易的。本章我们将详细介绍 Python 面向对象的编程。

第一节　面向对象概述

面向对象程序设计由 5 个最基本的概念组成：类（class）、对象（object）、方法（method）、消息（message）和继承（inheritance）。

一、类

类是一种数据结构，可以包含数据成员和函数成员。在程序中可以定义类，并创建和使用其对象实例。

类由类名、属性（变量）、方法三个部分组成。例如，电视机是一个抽象的概念，是个类，是对所有品牌、所有尺寸的电视机的一个抽象；其属性包括屏幕尺寸、能显示图像、能播放声音、各种频道等；其方法则包括：提供调节音量、频道、图像色彩和开关机等操作功能。

二、对象

对象是类的变量，是实际存在的该类事物的每个个体，是类的实例（instance）。一个类可以定义多个对象，对象的属性值可以不同，但它们拥有的方法是相同的。例如，定义了一个列表对象 L=［1，2，3］，就可以调用列表类的方法，如 L. append（），L. insert（）等。在面向对象的程序设计中，对象是构成程序的基本单位，每个对象都属于一个类。

三、方法

方法是指对象所具有的操作功能的代码。每个对象一般包含若干种方法，每个方法都有方法名和与之对应的一组代码。方法是特殊的函数，与类和实例有绑定关系，调用时需要用对象名和函数名来调用。因此类内的函数叫方法，类外的才叫函数。

四、消息

消息即对象之间进行通信，即调用某个对象的某个函数的过程。消息包含了要执行的方法和方法所需的参数值。

五、继承

继承是指在原有类中派生出新的类，新的类叫子类，也叫派生类；原来的类叫父类，也叫超类。子类具有父类的数据属性和方法，还可以增加新的属性和方法。换言之，如果父类中定义了变量及其取值，与之相应，则子类就可以具有父类的变量及其取值、相应的方法，而无须重复写这些方法，从而节省了大量代码。同时，子类里面也可以定义新的变量和取值以及新的方法，并可以改写父类的方法。

第二节　类的定义和使用

一、定义类

在 Python 中，类的定义使用 class 关键字来实现，类常见的结构如下：

```
class 类名(父类):    #没有需要继承的父类名,填写默认的 object 类
    变量名=变量值    #定义类变量(类属性)
    def __init__(self,参数1,参数2):    #定义实例初始化方法,__init__函数不是必需的,参数1
和参数2可不选,函数内第一参数必须为 self,代表实例本身
        self. 变量名=变量值    #定义实例变量(实例属性)
        命令语句          #实现初始化的命令语句
    def 函数名(self,参数1,参数2):    #定义实例方法,函数内第一参数必须为 self,代表实例本身
        self. 变量名=变量值    #定义实例变量,self. 变量名为实例变量的名称
        命令语句          #实现函数功能的命令语句
```

【例 5-1】定义一个 Person 类。

```
class Person(object):    #创建 Person 类,没有需要继承的父类名,填写默认的 object 类
    name=' lin'        #类变量
    age =30           #类变量
    def __init__(self,sex):    #实例方法,定义实例初始化方法,第1个参数 self 为实例本身,
必需
        self. sex="男"    #实例变量,定义于实例方法内,以 self. 变量名的形式,可在本函数外引用
        self. income=1 500    #实例变量,等号左边为实例变量,等号右边为变量值
    def sayhi(self,count=100):    #实例方法,可设置默认参数值
        s=30              #实例变量,只能在本函数内引用,不能在本函数外引用
        self. count=count    #实例变量,等号两边是不同的变量,左边 self. count 为实例变
量,右边的 count 为函数参数
        self. height=160    #实例变量
        print(' hello,how are you? ')
```

由此可以看出，定义一个类的内容，主要包括类的名字、父类名、变量（属性）和实例方法。其中，变量（属性）包括类变量（类属性）和实例变量（实例属性），实例方法包括 __init__()方法和其他方法。

（1）类变量（类属性）：是指定义在类中但在方法外的变量，类变量虽然归类所有，但类的所有实例都可以访问到。类变量可以通过类名读取，也可通过实例对象进行读

取，但不建议通过实例对象来读取。

（2）实例变量（实例属性）：是指在方法（类内的函数）中定义的以 self. 前缀开始的变量，而 self 指向实例化的对象本身。实例属性只能通过实例对象进行读取。需要指出的是，实例变量和类变量不能使用相同的名字，因为相同名称的实例变量将屏蔽掉类变量，从而只能访问实例变量。对于实例变量也可以通过实例名称加以修改。与类变量不同，通过实例名称修改实例变量的值后，并不影响该类另一个实例中相应的实例变量的值。

（3）实例方法：是指在类中定义的函数，但不称之为函数，而称为方法。方法的调用需要绑定到特定对象上，而函数不需要。与 init（）方法一样，实例方法的第一个参数必须是 self，并且必须包含一个 self 参数。

（4）父类：如果在定义类时没有指定父类，Python 解释器就会自动假定这个类派生于 object，则该类就自动继承了 object 类中定义的许多公共的成员方法。因此，在没有父类名时，在括号中的父类名改写为 object。

需要指出的是，Python 中类的定义非常灵活，它可以在类的外面通过"类名."的形式增加类变量，以及通过"实例名."的形式增加实例变量。此外，如果暂时没有确定好类的具体功能，可以在类体中直接使用 pass 语句来代替命令语句。

二、类的实例

实例是类的变量。定义一个类，只是造出了一个类型，这个类型只有实例化成对象（实例）时才有真正的使用意义。class 语句本身并不创建该类的任何实例。所以在类定义完成以后，可以创建类的实例，即实例化该类的对象。在 python 中，只有创建类的实例后才可以使用类中定义的变量和方法。创建类的实例的语法如下：

实例名=类名(参数列表)

【例 5-2】类的实例化。

```
#创建类
class Person(object):          #没有需要继承的父类名,填写默认的 object 类
    name=' lin'          #类变量(类属性)
    age='30'          #类变量(类属性)
    def __init__(self,sex):          #实例初始化方法,类在实例化时,init()方法会自动执行
        self. sex="男"          #实例变量(实例属性),定义于实例方法内的是实例变量
        self. income=1 500          #实例变量(实例属性)
    def sayhi(self,count=100):          #实例方法,可设置默认参数值
        s=30          #实例属性
        self. count=count          #实例属性,等号两边是不同的变量,左边 self. count 为实例的属性
变量,右边的 count 为函数参数
        self. height=160          #实例属性
        print(' hello,how are you? ')
#以下创建类实例
p=Person("女")          #类的实例化,创建了类 person 的一个实例(对象)p,由于__init__函数在传入
sex,因此实例化时须传入参数
```

三、访问属性（变量）与调用实例方法

（一）访问属性（变量）

类只有创建实例（对象）后，才可以使用"."运算符来访问其所属类的类变量（类属性）、实例变量（实例属性）和实例方法。对于类变量，类名或对象名都可以访问。对于实例变量，则只能通过实例名访问。一般格式如下：

```
类名.类变量
实例名.类变量
实例名.实例变量
```

（二）调用实例方法

实例方法创建完成后，可以通过类的实例名称和点（.）操作符进行访问。具体的语法格式如下：

```
实例名.函数名(参数列表)
```

一旦创建了类的实例，就可以通过实例来修改或增加该实例本身的变量，但其他实例访问的类变量和实例变量不会变化。

【例5-3】类的实例化后访问类属性、实例属性和调用实例方法。

```
#创建类
class Person(object):
    name=' lin'        #类属性
    age='40'          #类属性
    def _init_(self,sex):      #实例初始化方法
        self. sex="男"
        self. income=3 000
    def say (self,count):      #实例方法
        s=30
        self. count=200
        self. height=170
        print(' hello,how are you? ')
#以下创建类实例
p1=Person("女")     #创建实例,_init_中有 sex 参数,因此实例中必须传入 sex 的参数值
p2=Person("男")     #创建实例
#访问类属性(实例方法外的变量)
print(Person. name)      #类名.类属性,显示' lin'
print(Person. age)       #类名.类属性,显示' 40'
print(p1. age)         #实例名.类属性(不推荐),显示' 40'
#访问实例属性(实例方法内的变量),必须运行实例方法后才可通过实例访问实例方法内的变量
print(p1. income)      #实例名.实例属性,显示' 3000',创建实例时_init_( )函数已自动运行,可通
过实例名.变量名直接访问实例属性
    p1. say(100)       #实例名.实例方法的形式调用实例方法,注意须传入参数,显示' hello,how are you? '
    print(p1. height)      #实例名.实例属性,显示' 170',带 self. 的变量,可通过实例直接访问,但必须
先运行 p1. say(100)方法后,才能访问该方法内的实例属性
    p1. s=200      #函数体内不带 self. 的变量,必须通过实例 p1 修改后才可访问
```

```
    print(p1. s)      #显示' 200' ,修改后的函数体内属性可访问
    p2. say(200)       #实例 p2 调用方法 say 后,才可以访问或修改 say 下面的实例变量
    print(p2. count)       #显示' 200'
    p1. count=300      #修改实例 p1 的实例变量
    print(p1. count)       #显示' 300'
    print(p2. count)        #显示' 200' , p1 修改实例变量,不影响 p2 的实例变量,本质上 p1. count 和
p2. count 是两个不同的变量名
    p1. n=100       #通过实例 p1 增加实例 p1 的属性,但其他实例如 p2 不会增加该属性
    print(p1. n)       #显示' 100'
    Person. spend=1 000       #通过类名增加类变量,实例 p1、p2 会同步继承
    p1. spend       #显示 1 000
    p2. spend       #显示 1 000
    Person. spend       #显示 1 000
    Person. age=50       #通过类名修改类变量的值,实例 p1、p2 会同步继承
    p1. age       #显示 50
    p2. age       #显示 50
```

以上程序运行结果:

```
lin
40
40
3000
hello,how are you?
170
200
hello,how are you?
200
300
200
100
1 000
1 000
1 000
50
50
```

四、访问限制

在 Python 中,有以下几种方式来定义变量:

xx:没有下划线开头的函数和变量名都是公有的,可以任意访问和使用。

_xx:单下划线开头,为私有化属性或方法,类对象和子类可以访问,from modulename import * 禁止导入,但使用 import modelname 导入时,依然可以使用这些函数和变量。

_ _xx:双下划线开头,为私有化属性或方法,只有内部可以访问,外部不能访问。

_ _xx_ _：前后双下划线，一般是 Python 的内部定义名字，如_init_( )。

xx_：后置单下划线，用于避免与 Python 关键词的冲突。

【例 5-4】双下划线私有变量禁止外部访问。

```
class test(object):
    def _ _init_ _(self):
        self. num=10
        self. _num=20
        self. _ _num=30
t=test()
print(t. num)      #显示 10
print(t. _num)      #显示 20
print(t. _ _num)       #_num 将访问不到,抛出错误信息
```

第三节　修饰器

修饰器（Decorator）也叫装饰器，是用于拓展原来函数功能的一种函数，这个函数的特殊之处在于返回值是一个函数。主要有不带参数修饰器和带参数修饰器两种方式。

一、不带参数的函数修饰器

不带参数的修饰器的语法形式如下：

```
def funA(x):    #定义修饰函数,只有一个参数,该参数用于传递被修饰函数
    语句块 A
    return x    #返回参数 x,这里的 x 实际上是 funB(args),即执行语句块 B,args 与 funB(args)中
的 args 一致
    @funA       #不带参数的修饰器
    def funB():    #被修饰函数,不带参数,若有 renturn 语句,则有返回值
        语句块 B
```

这时候，如果输入 funB（），则其执行顺序为：

```
funA(funB)----执行语句块 A ---return 调用执行 funB ( )----执行语句块 B
```

可见，修饰器@ funA 的作用是，把函数 funB（）用函数名 funB 作为参数传入到funA，即 funA（funB），执行 funA，先执行语句块 A，然后通过 return x 得到 return funB，即执行 funB（），从而执语句块 B。

可见，因为在 funB（）上面增加了修饰器@ funA，这时候执行 funB（），实际上是执行：

```
funA(funB)
```

【例 5-5】不带参数的修饰器。

```
def w1(x):    #定义修饰函数,只有一个参数,该参数用于传递被修饰函数
    print(' Python' )
    return x       #返回参数 x,修饰器函数传入 w1 的参数 x 实际为 f1,因此调用 f1
```

```
@w1          #不带参数的修饰器
def f1():      #被修饰函数,不带参数
    print("hello world")
f1()          #运行 f1()函数
```

运算输出结果：

```
Python
hello world
```

修饰器的添加是不受限制的，可以多层次使用，其结构如下：

```
def funA(x):     #定义修饰函数,只有一个参数,该参数用于传递被修饰函数
    语句块 A
    return x
def funB(y):     #定义修饰函数,只有一个参数,该参数用于传递被修饰函数
    语句块 B
    return y
def funC(z):     #定义修饰函数,只有一个参数,该参数用于传递被修饰函数
    语句块 C
    return z
@funA
@funB
@funC
def funD ():     #被修饰函数,不带参数
语句块 D
```

最终执行 funD（），将变为执行：

```
funA{funB[ funC(funD)]}
```

【例 5-6】不带参数的多层修饰器。

```
def out1(fun1):
    print(' 加载 out1' )
    def wrapper1(*args,**kwargs):
        print(' 执行 wrapper1' )
        res1＝fun1(*args, **kwargs)
        return res1
    return wrapper1
def out2(fun2):
    print(' 加载 out2' )
    def wrapper2(*args, **kwargs):
        print(' 执行 wrapper2' )
        res2＝fun2(*args, **kwargs)
        return res2
    return wrapper2
def out3(fun3):
    print(' 加载 out3' )
```

```
        def wrapper3(*args, **kwargs):
            print('执行 wrapper3')
            res3 = fun3(*args, **kwargs)
            return res3
        return wrapper3
@out1
@out2
@out3
def hello():
    return "hello world"
print(hello())
```

运行输出：

```
加载 out3
加载 out2
加载 out1
执行 wrapper1
执行 wrapper2
执行 wrapper3
hello world
```

二、带参数的函数修饰器

如果被修饰的函数带参数，那么修饰器中的函数也要加上参数。因不同的被修饰函数的参数不同（即不固定），需要用不固定的参数和关键字参数组合形式"*args，**kwargs"来表示修饰器中的函数，这样不管多少个参数、什么类型的参数就都可以返回。

【例5-7】带参数的函数修饰器。

```
def w2(fun):      #修饰器函数
    def wrapper(*args,**kwargs):      #用组合参数"**args,**kwargs"表示修饰器中函数
        print("this is the wrapper head")
        fun(*args,**kwargs)      #调动修饰器函数，参数形式为*args,**kwargs
        print("this is the wrapper end")
    return wrapper
@w2      #修饰器
def hello(name1,name2):      #被修饰函数有 2 个参数
    print("hello"+name1+name2)
hello("world","!!!")
@w2      #修饰器
def hello(name1,name2,name3):      #被修饰函数有 3 个参数
    print("hello"+name1+name2)
hello("Python","world","!!!")
```

运行输出结果：

```
    this is the wrapper head
    helloworld!!!
    this is the wrapper end
    this is the wrapper head
    helloPythonworld
    this is the wrapper end
```

三、类修饰器

类修饰器大体上和函数修饰器差不多，只是类不能直接调用，要加上_call_方法。

【例5-8】类修饰器要用_ call_ 方法调用被修饰函数。

```
class Test(object):
    def _ _init_ _(self, func):
        print(' test init' )
        print(' func name is %s ' % func._name_)
        self._func = func
    def _call_(self, *args, **kwargs):
        print(' this is wrapper' )
        self._func()        #调用被修饰函数 test()
@Test
def test():
    print(' this is test func' )
test()
```

运行输出结果：

```
test init
func name is test
this is wrapper
this is test func
```

四、staticmethod、classmethod、property 等内置修饰器

内置的修饰器有三个，分别是 staticmethod、classmethod 和 property，其作用分别是把类中定义的实例方法变成静态方法、类方法和类属性。

（一）@staticmethod

一般来说，要使用某个类的方法，需要先实例化一个对象再调用方法。如果使用@staticmethod 或@classmethod，则可以不需要实例化，而是可以直接以"类名.方法名"的方式来调用。以下声明一个静态方法：

```
class C(object):
    @staticmethod
    def f(arg1, arg2, …):
```

【例5-9】@staticmethod 修饰器。

```
class A(object):
    def m1(self, n):
        print("输入参数为",n)
    @staticmethod
    def m2(n):
        print("输入参数为",n)
A. m2(2)       #静态方法无须实例化,直接以"类名 . 方法名"的方式来调用
a=A()        #实例化
a. m1(1)      #实例方法须实例化后再调用
a. m2(2)      #静态方法也可在实例化后调用
```

运行输出结果:

```
输入参数为 2
输入参数为 1
输入参数为 2
```

(二) @classmethod

@ classmethod 用来指定一个类的方法为类方法,没有用@ classmethod 指定的类方法为实例方法。classmethod 修饰符对应的函数不需要实例化,不需要 self 参数,但第一个参数需要是表示自身类的 cls 参数,其可以来调用类的变量、类的方法、实例化对象等。以下声明一个类方法:

```
class C(object):
    @classmethod       #声明下面一个函数为类方法,不是实例方法
    def f(cls, arg1, arg2, …):
```

【例 5-10】@ classmethod 修饰器。

```
class Data_test2(object):
    day=0
    month=0
    year=0
    def _ _init_ _(self,year=0,month=0,day=0):
        self. day=day
        self. month=month
        self. year=year
    @classmethod       #声明以下的 def get_date(cls,string_date)方法为类方法
    def get_date(cls,string_date):       #cls 表示当前的类名,不需要第一个参数为 self
        year,month,day=map(int,string_date. split('-'))
        date1=cls(year,month,day)
        return date1       #返回的是一个初始化后的类
    def out_date(self):       #该函数为实例方法,要经过实例化后才可调用
        print("year :")
        print(self. year)
        print("month :")
        print(self. month)
        print("day :")
```

```
        print(self. day)
r=Data_test2. get_date("2019－8－6")        #可像普通函数一样使用,不需要实例化
r. out_date()
```

运行输出结果：

```
func2
1
Foo
```

（三）@**property**

@ property 修饰器在将一个方法转换为类属性（类变量）、将方法转换为类属性（类变量）后，可以直接通过方法名来访问方法，而不需要再添加一对小括号"（）"，这样可以让代码更加简洁。@ property 修饰器还创建了只读属性，即@ property 修饰器会将方法转换为相同名称的只读属性，其可以与所定义的属性配合使用，这样可以防止属性被修改。@ property 创建类属性的语法格式如下：

```
class C(object):
    @property        #声明下面一个函数为类属性,不是实例方法
    def f(self, arg1, arg2, …):
```

【例 5-11】@ property 修饰方法，使方法可以像属性一样进行访问。

```
class DataSet(object):
   @property
   def method_with_property(self):        #含有@property
       return 15
   def method_without_property(self):        #不含@property
       return 15
a = DataSet()        #实例化
print(a. method_with_property )        #@property 修饰,可用调用变量的形式来调用方法,后面不需
要加()
print(a. method_without_property())        #没有@property 修饰,必须使用正常的调用方法,即在后面加()
```

运行输出结果：

```
15
15
```

【例 5-12】@ property 修饰方法与所定义的变量配合使用，以防止变量被修改。

由于 Python 进行变量的定义时，无法设置私有变量（实例不能访问到私有变量），因此要通过@ property 的方法来进行设置。这样可以隐藏属性名，使用户在进行使用的时候无法随意修改。

```
class DataSet(object):
    def _init_(self):
        self. _images=1
        self. _labels=2        #定义实例变量的名称
    @property
```

```
        def images(self):        #@property 修饰后, images 方法相当于一个变量, 这个变量只读
            return self._images
        @property
        def labels(self):
            return self._labels
a=DataSet()        #实例化
#用户进行方法调用的时候, 直接调用 images 即可, 而无法更改实例方法, 从而保护了实例方法
print(a.images)        #@property 修饰后, 可用调用变量的形式来调用方法, 后面不需要加()
```

第四节　继　承

继承又叫泛化，是使一个类获得另一个类所有属性和方法的能力，被继承的类被称为父类或基类（Base class、Super class），继承的类被称为子类或派生类（Subclass）。当要编写的类和另一个已经存在的类之间存在一定的继承关系时，就可以通过继承来达到代码重用的目的，以提高开发效率。

一、单一继承

Python 子类可以有一个或者多个父类，子类会自动获得父类的所有属性和方法。如果一个子类只有一个父类，就叫作单一继承。单一继承使用如下语法格式标注：

```
class 子类名(父类名):
```

假设有一个类为 A，B 类是 A 类的子类，示例如下：

```
class A(object):
class B(A):
```

需要指出的是，如果在类的定义中没有标注出父类，则默认这个类是继承自 object 的，因此 class A（object）和 class A 两者是等价的。

在 Python 中，继承有以下特点：

（1）在继承中，父类的初始化方法（__init__（）方法）不会被自动调用，而是需要在子类的初始化方法中专门调用。

（2）在调用父类的方法时需要加上父类的类名前缀，并带上 self 参数变量。其区别在于，在类中调用普通函数时不需要带 self 参数。

（3）在 Python 中，应先查找对应类型的方法，如果在子类中找不到对应的方法，则再到父类中逐个查找。

【例 5-13】单一继承。

```
class Cat(object):        #定义一个表示猫的类
    def __init__(self, color="白色"):
        self.color =color        #颜色
    def run(self):        #定义用于跑的方法
        print("- - - 跑- - - ")
class PersianCat(Cat):        #定义一个猫的子类:波斯猫
```

```
        pass
cat=PersianCat("黑色")      #实例化
cat. run()      #调用父类方法
print(cat. color)        #调用父类属性
```

上例中，定义了一个 Cat 类，该类中有一个 color 实例属性和 run 方法，然后定义了一个继承自 Cat 类的子类 PersianCat，其内部没有添加任何变量和方法。程序输出运行结果：

```
- - -跑- - -
黑色
```

从程序输出运行结果中可以看出，子类继承了父类的 color 属性和 run 方法，并且在创建 PersianCat 类实例的时候，使用的是继承自父类的初始化方法（_ _ init_ _（）方法）。不过，父类的私有属性和私有方法是不会被子类继承的，更不能被子类访问。下面通过一个例子来讲解继承的注意事项。

【例 5-14】继承的注意事项。

```
class Animal(object):      #定义一个动物类
    def _ _init_ _(self, color="白色"):
        self. _color=color      #私有属性,表示颜色
    def _ _test(self):      #私有方法
        print(self. _color)
    def _test(self):      #测试方法
        print(self. _color)
class Dog(Animal):      #定义一个动物的子类:狗
    def dog1(self):
        print(self. _color)      #访问父类的私有属性
    def dog2(self):
        self. _test()      #访问父类的私有方法
        self. test()      #访问父类的公有方法
dog=Dog("深棕色")
dog. dog1()
dog. dog2()
```

上例中，定义了一个 Animal 类，该类中有一个私有属性_color、私有方法_test 和公有方法 test，然后定义了一个继承自 Animal 类的子类 Dog，然后访问了父类的_color 属性，调用父类的_test 私有方法和 test 公有方法。其运行程序出现错误信息，如下所示。

```
Traceback (most recent call last):
    File "C:\Users\Administrator\Desktop\12. py", line 15, in <module>
        dog. dog1()
    File "C:\Users\Administrator\Desktop\12. py", line 10, in dog1
        print(self._color)      #访问父类的私有属性
AttributeError: ' Dog' object has no attribute ' _Dog _color
```

从上述信息可以看出，子类没有继承父类的私有方法，并且不能访问父类的私有方法。一般情况下，私有的属性和方法都是不对外公布的，只能用来做其内部的事情。

二、多重继承

多重继承是指一个子类有好几个父类，其在子类名称的括号中标注出要继承的多个父类，且多个父类间使用逗号进行分隔。多重继承的语法格式如下：

```
class 子类名(父类 1, 父类 2…):
```

【例 5-15】多重继承。

```
class Bird(object):      #定义表示鸟的类
    def fly(self):      #飞
        print("- - 鸟儿在天空飞翔- - ")
class Fish(object):      #定义表示鱼的类
    def swim(self):      #游
        print("- - 鱼儿在水中遨游- - ")
class Volador(Bird, Fish):      #定义表示飞鱼的类
    pass
vola = Volador()      #实例化
vola. fly()      #调用 fly 方法
vola. swim()      #调用 swim 方法
```

在上例中，定义了一个 Bird 类，该类有一个 fly 方法。然后定义了一个 Fish 类，该类有一个 swim 方法。然后定义了一个继承自 Bird 类和 Fish 类的子类 Volador（飞鱼）类，该类内部没有添加任何方法，但会继承父类 Bird 类和 Fish 类中定义的方法（fly 方法和 swim 方法）。程序运行的结果下：

```
- - 鸟儿在天空飞翔- -
- - 鱼儿在水中遨游- -
```

如果 Bird 类和 Fish 类有一个同名的方法，则由于 Bird 类和 Fish 类是平行关系，Volador 类先继承的是哪个类就会调用哪个类的方法。在上例的 Bird 类和 Fish 类中分别添加 breathe（呼吸）方法，具体如下：

【例 5-16】多个父类中有同名的方法。

```
class Bird(object):      #定义表示鸟的类
    def fly(self):      #飞
        print("- - 鸟儿在天空飞翔- - ")
    def breathe(self):      #呼吸
        print("鸟儿呼吸")
class Fish(object):      #定义表示鱼的类
    def swim(self):      #游
        print("- - 鱼儿在水中遨游- - ")
    def breathe(self):
        print("鱼儿呼吸")      #呼吸
class Volador(Bird, Fish):      #定义表示飞鱼的类
    pass
vola = Volador()      #实例化
vola. breathe()      # Volador 类先继承的父类是 Bird 类,对于同名方法只继承 Bird 类的 breathe 方法
```

程序运行的结果：

鸟儿呼吸

三、子类中调用父类的＿＿init＿＿方法

在子类中定义＿＿init＿＿（）方法时，不会自动调用父类的＿＿init＿＿（）方法。如果要让子类调用父类的＿＿init＿＿（）方法进行必要的初始化，则需要在子类使用 super（）函数时调用父类的＿＿init＿＿（）方法。

【例5-17】子类中调用父类的＿＿init＿＿（）方法（用 super 函数调用）。

```
class Bird(object):        #定义表示鸟的类
    def __init__(self,action="会飞"):
        Bird. action=action      #定义类属性
    def harvest(self):
        print("鸟儿原来是:"+Bird. action+"的!")        #输出的是类属性 action
class Swallow(Bird):        #定义表示燕子的类
    def __init__(self):
        print("我是燕子")
        super().__init__()        #调用父类的__()方法
bd=Swallow()        #实例化
bd. harvest()        #调用 harves 方法
```

运行后将显示以下正常的运行结果。

我是燕子
鸟儿原来是:会飞的!

❓ 本章小结

（1）面向对象程序设计由类（class）、对象（object）、方法（method）、消息（message）和继承（inheritance）这 5 个最基本的概念组成。

（2）类的定义使用 class 关键字来实现，Python 中只有创建类的实例后才可以使用类中定义的属性和方法。

（3）在定义实例方法时，函数内的第一参数必须为 self，代表实例本身。

（4）通过类的实例名称和点（.）操作符进行访问类属性、实例属性、实例方法。

（5）单下划线为私有化属性或方法，类对象和子类可以访问；双下划线开头为私有化属性或方法，只有内部可以访问，外部不能访问；前后双下划线，一般是 Python 的内部定义名字；后置单下划线，用于避免与 Python 关键词的冲突。

（6）修饰器主要有不带参数修饰器和带参数修饰器这两种方式。

（7）Python 内置的修饰器有三个，分别是 staticmethod，classmethod 和 property。

（8）Python 子类可以有一个或者多个父类，子类会自动获得父类的所有属性和方法。

习 题

1. 什么是类？什么是对象？

2. Python 中如何定义一个类的格式？

3. 类（class）由哪三个部分构成？

4. Python 中如何通过类创建对象？

5. 方法中的"self"代表什么？

6. 要想将一个属性私有化，该怎么做？

7. 如果子类重写了 init 方法，那么在实例化对象的时候，你会调用哪个构造方法，是父类的还是子类的？

8. 如果子类重写 init 方法，那么在实例化对象的时候，如果想要调用父类的 init 方法该怎么办？

9. 简单描述什么是多重继承。

第六章

Python 数据库编程

在项目开发中，数据库应用必不可少。数据库的种类有很多，如 SQLite、MySQL、Oracle 等，其基本功能是对数据进行统一操作，本章主要讲述数据库和表的建立、操作以及如何将外部文件数据导入数据库等。

第一节　数据库编程接口

大多数语言都提供了简单的、标准化的数据库接口（API），在 Python Database API 2.0 规范中，定义了 Python 数据库 API 接口的各个部分，如模块接口、连接对象、游标对象、类型对象和构造器等。下面重点介绍一下数据库 API 接口中的连接对象和游标对象。

一、连接对象

数据库连接对象（Connection Object）主要提供获取数据库游标对象和提交/回滚事务的方法，并负责关闭数据库连接。

（一）获取连接对象

要对数据库进行操作，先要建立与数据库的连接，具体方法是使用 connect（）函数。connect（）函数常用的参数及说明如表 6-1 所示。

表 6-1　connect 函数常用的参数及说明

参数	说明
dsn	数据源名称，给出该参数标识数据库依赖
user	用户名
password	用户密码
host	主机名
database	数据库名称

例如，使用 PyMySQL 模块连接 MySQL 数据库，示例代码如下：

```
conn=pymysql. connect(host=' localhost' ,
                      user=' user' ,
                      password=' passwd' ,
                      db=' test' ,
                      charset=' utf8' ,
                      cursorclass=pymaysql. cursors. DictCursor)
```

79

在上述代码中，pymysql. connect（）使用的参数与表6-1中并不完全相同。在使用时，要以具体的数据库模块为准。

（二）连接对象的方法

connect（）函数返回连接对象，利用这个对象可以对数据进行关闭、提交事务、回滚、获取游标对象等操作。连接对象支持的方法如表6-2所示。

表6-2　连接对象的方法

方法名	说明
close（）	关闭数据库连接
commit（）	提交事务，对数据库的修改进行保存
rollback（）	回滚事务，恢复数据到修改之前
cursor（）	获取游标对象，操作数据库，如执行 DML 操作、调用存储过程等

二、游标对象

游标对象（Cursor Object）可以对数据库执行 SQL 语句、调用存储过程、获取查询结果等数据操作。游标对象的方法如表6-3所示。

表6-3　游标对象的方法

方法名	说明
callproc（procname，［，parameters］）	调用存储过程，需要数据库支持
close（）	关闭当前游标
execute（operation［，parameters］）	执行数据库操作、SQL 语句或者数据库命令
executemany（operation，seq_ of_ params）	用于批量操作，如批量更新等
fetchone（）	获取查询结果集中的下一条记录
fetchmany（size）	获取指定数量的记录
fetchall（）	获取结果集的所有记录
nextset（）	跳至下一个可用的结果集
arraysize	指定使用 fetchmany（）获取的行数，默认为1
setinputsize（sizes）	设置在调用 execute（）方法时分配的内存区域大小
setoutputsize（sizes）	设置列缓冲区大小，这对大数据列如 LONGS 和 BLOBS 尤其有用

第二节　使用 SQLite

与许多其他数据库管理系统不同，SQLite 不是一个客户端/服务器结构的数据库引擎，而是一种嵌入式数据库，该数据库就是一个文件。由于 SQLite 本身是用 C 语言写的，所以其体积很小，操作速度快。Python 内置了 SQLite3，直接用 import 语句导入

SQLite3 模块即可使用。

一、用 Python 建立数据库和表

Python 操作数据库的通用流程如图 6-1 所示。

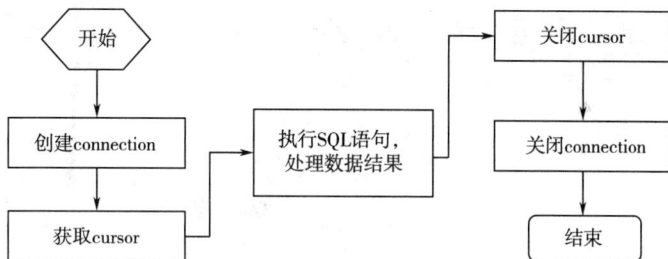

图 6-1 操作数据库流程

【例 6-1】创建 SQLite 数据库文件（test.py）。创建一个 mrsoft.db 的数据库文件，然后执行 SQL 语句创建一个 user（用户表）。user 表包含 id（关键字）和 name、city、customerType、addTime、addFromDepartment、quantity 等字段。具体代码如下：

```
import sqlite3
conn = sqlite3. connect(' mrsoft. db')        #连接到 SQLite 数据库,数据库文件是 mrsoft. db,如果不存
在,会自动在当前目录创建,mrsoft. db 与 test. py 应在同一目录下
cursor = conn. cursor()        #创建一个游标 Cursor
cursor. execute(' create table user(id int(5),name varchar(50),city varchar(50),customerType varchar(50),addTime
date,addFromDepartment  varchar(10),quantity int(10),primary key(id) )')        #执行一条 SQL 数据,创建 user 表
cursor. close()        #关闭游标
conn. close()        #关闭 Connection
```

上述代码中，primary key（id）表示指定 id 字段为关键字，也可以使用组合关键字，如 primary key（id，name）。创建表的各字段的数据类型包括 null（空值）、varchar（字符串）、int（整型）、date（日期型）、real（小数）等。

使用 sqlite3. connect（）方法连接 SQLite 数据库文件 mrsoft. db，由于 mrsoft. db 文件并不存在，所以会在本实例 Python 代码（test. py）同级目录下创建 mrsoft. db 文件，该文件包含了 user 表的相关信息。mrsoft. db 文件所在目录如图 6-2 所示。

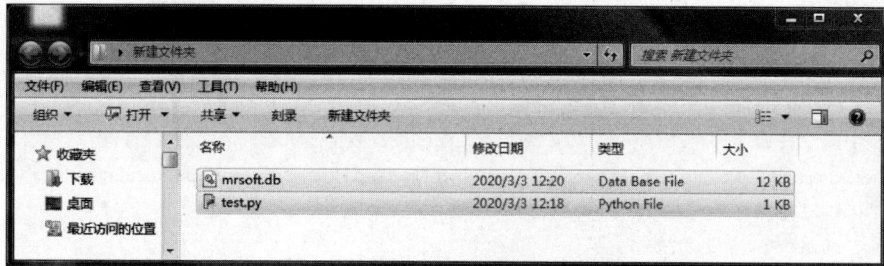

图 6-2 mrsoft. db 文件所在目录

说明：再次运行例 6-1 时，会提示错误信息：sqlite3. OperationalError：table user already exists，这是因为 user 表已经存在。

为了查看 sqlite 数据库中的数据，可以到 www. sqlabs. com 下载 SQLiteManager，或从网络下载 sqlitespy，由图 6-3 可以看出在 mrsoft. db 数据库下面创建了一张 user 表。

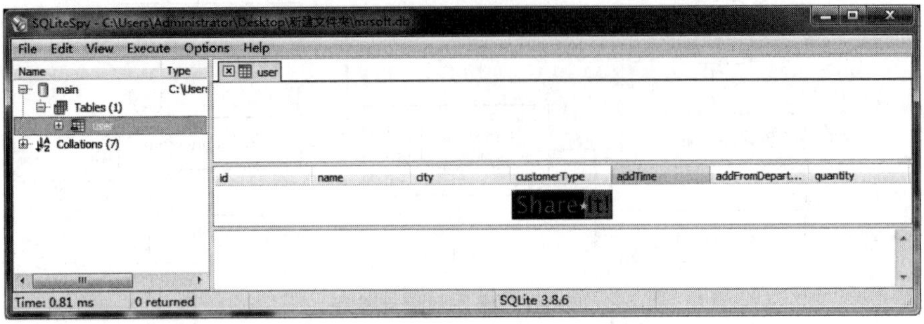

图 6-3　sqlitespy 查看 sqlite 数据库

二、操作 SQLite 数据库表（插入、查询、修改、删除记录）

（一）插入记录

为了向数据表中新增数据，可以使用如下 SQL 语句：

insert into 表名(字段名 1,…,字段名 n) values (字段值 1,…,字段值 n)

下面通过一个实例介绍一下向 SQLite 数据库中插入数据的流程。

由于在例 6-1 中已经创建了 user 表，所以本实例可以直接操作 user 表，向 user 表中插入 3 条用户信息。此外，由于是新增记录，需要使用 commit（）方法提交事务。对于增加、修改和删除等操作，在使用 commit（）方法提交事务后，如果相应操作失败，则可以使用 rollback（）方法回滚到操作之前的状态。插入记录的具体代码如下：

【例 6-2】向 user 表中新增数据（保存为 test. py，与 mrsoft. db 在同一文件夹下）。

```
import sqlite3
conn = sqlite3. connect(' mrsoft. db')    #连接到 SQLite 数据库,数据库文件是 mrsoft. db,如果不存在,会自动在当前目录创建, mrsoft. db 与 test. py 应在同一目录下
cursor = conn. cursor()    #创建一个游标 Cursor
cursor. execute(' insert into user(id,name,city,customerType,addTime,addFromDepartment,quantity) values(1,"张志国","中国","普通客户","2011 - 10 - 22","财务部",3)')    #向 user 表插入记录
cursor. execute(insert into user(id,name,city,customerType,addTime,addFromDepartment,quantity) values(2,"靳红浩","法国","主要客户","2012 - 11 - 1","销售部",2)')    #向 user 表插入记录
cursor. execute(insert into user(id,name,city,customerType,addTime,addFromDepartment,quantity) values(3,"高武明","中国","普通客户","2013 - 5 - 12","编辑部",12)')    #向 user 表插入记录
cursor. execute(insert into user(id,name,city,customerType,addTime,addFromDepartment,quantity) values(4,"王玲菲","德国","特殊客户","2007 - 1 - 12","编辑部",5)')    #向 user 表插入记录
cursor. close()    #关闭游标
conn. commit()    #提交事务,不提交则不能插入、修改、删除记录
conn. close()    #关闭 Connection
```

运行上述代码，会向 user 表中插入 4 条记录。如果再次运行，会提示错误信息（因为 user 表中已经保存了上一次插入的记录，所以再次插入会报错）（见图 6-4）。

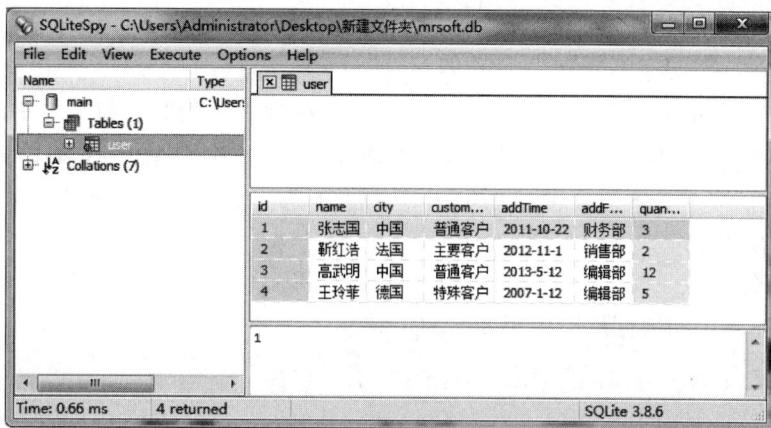

图 6-4　数据库新增记录

（二）查询记录

查询 user 表中的数据可以使用如下 SQL 语句：

> select　字段名 1,字段名 2,…,字段名 n　from 表名 where 查询条件

执行 select 语句后，为了获得查询数据，通常使用如下 3 种方式：

fetchone（）：获取查询结果集中的下一条记录。

fetchmany（size）：获取指定数量的记录。

fetchall（）：获取结果集的所有记录。

【例 6-3】使用上述 3 种方式查询用户数据信息。分别使用 fetchone、fetchmany 和 fetchall 这 3 种方式查询用户信息（保存为 test. py，与 mrsoft. db 在同一文件夹下）。

```
import sqlite3
conn＝sqlite3. connect(' mrsoft. db')    #连接到 SQLite 数据库,数据库文件是 mrsoft. db,如果不存在,会自动在当前目录创建,mrsoft. db 与 test. py 应在同一目录下
cursor＝conn. cursor()    #创建一个游标 Cursor
cursor. execute(' select*from user')    #执行查询语句
result1＝cursor. fetchone()    #获取查询结果,获取查询结果中的一条记录,fetchone()方法返回的 result1 为一个元组
print(result1)
result2＝cursor. fetchmany(2)    #获取查询结果,获取查询结果中的多条记录,fetchone()方法默认为 1,返回的 result2 为一个列表,列表中包含两个元组
print(result2)
result3＝cursor. fetchall()    #获取查询结果,获取查询结果中的所有条记录,fetchall()方法返回的 result3 为一个列表,列表中包含所有查询结果中数据组成的元组
print(result3)
cursor. close()    #关闭游标
conn. close()    #关闭 Connection
```

运行结果如下：

```
(1,'张志国','中国','普通客户','2011-10-22','财务部',3)
[(2,'靳红浩','法国','主要客户','2012-11-1','销售部',2),(3,'高武明','中国','普通客户','
2013-5-12','编辑部',12)]
(4,'王玲菲','德国','特殊客户','2007-1-12','编辑部',5)
```

可以看出，cursor. execute（'select*from user'）执行后，获取了数据表中的所有4条记录，然后经过 fetchone（）取走1条记录后，cursor 中只剩下3条记录，再经过 fetchmany（2）取走2条记录后，cursor 中只剩下1条记录，最后 fetchall（）取走 cursor 中剩下的1条记录。

（三）修改记录

修改 user 表中的数据可以使用如下 SQL 语句：

```
update  表名 set  字段名=字段值 where 查询条件
```

【例6-4】修改用户数据信息，将 sqlite 数据库中 user 表 id 为1的数据 name 字段值"张志国"修改为"张三"，并使用 fetchall 获取表中的所有数据（保存为 test. py，与 mrsoft. db 在同一文件夹下）。

```
import sqlite3
conn=sqlite3. connect('mrsoft. db')   #连接到 SQLite 数据库,数据库文件是 mrsoft. db,如果不存
在,会自动在当前目录创建,mrsoft. db 与 test. py 应在同一目录下
cursor=conn. cursor()    #创建一个游标 Cursor
cursor. execute('update user set name="张三" where id=1')    #执行修改语句
cursor. execute('select*from user')    #执行查询语句
result=cursor. fetchall()   #获取查询结果,获取查询结果中的所有条记录,fetchall()方法返回的
result3 为一个列表,列表中包含所有查询结果中数据组成的元组
print(result)
cursor. close()    #关闭游标
conn. commit()   #提交事务,不提交则不能插入、修改、删除记录
conn. close()    #关闭 Connection
运行结果如下：
[(1,'张三','中国','普通客户','2011-10-22','财务部',3),(2,'靳红浩','法国','主要客户','
2012-11-1','销售部',2),(3,'高武明','中国','普通客户','2013-5-12','编辑部',12),(4,'王玲菲',
'德国','特殊客户','2007-1-12','编辑部',5)]
```

（四）删除记录

删除 user 表中的数据可以使用如下 SQL 语句：

```
delete from 表名 where 查询条件
```

【例6-5】删除用户数据信息，将 sqlite 数据库中 user 表 id 为1的数据删除，并使用 fetchall 获取表中的所有数据，查看删除后的结果（保存为 test. py，与 mrsoft. db 在同一文件夹下）。

```
import sqlite3
conn=sqlite3. connect('mrsoft. db')    #连接到 SQLite 数据库,数据库文件是 mrsoft. db,如果不存
在,会自动在当前目录创建,mrsoft. db 与 test. py 应在同一目录下
```

```
cursor＝conn. cursor()      #创建一个游标 Cursor
cursor. execute(' delete from user where id＝1' )      #执行删除语句
cursor. execute(' select*from user' )      #执行查询语句
result＝cursor. fetchall()      #获取查询结果,获取查询结果中的所有条记录,fetchall()方法返回的
result3 为一个列表,列表中包含所有查询结果中数据组成的元组
print(result)
cursor. close()      #关闭游标
conn. commit()      #提交事务,不提交则不能插入、修改、删除记录
conn. close()      #关闭 Connection
```

运行结果如下：

```
[(2,' 靳红浩',' 法国',' 主要客户',' 2012111',' 销售部', 2), (3,' 高武明',' 中国',' 普通客户',
' 2013512',' 编辑部', 12), (4,' 王玲菲',' 德国',' 特殊客户',' 2007112',' 编辑部', 5)]
```

三、将外部文件数据导入 SQLite 数据库

（一）将 CSV 文件数据导入数据库

现有一个 CSV 文件，第一行为列名，其中数据如图 6-5 所示。要求创建一个名为 stock. db 的数据库，在该数据库中创建一个 data 表，然后将 CSV 文件中的数据导入表中。

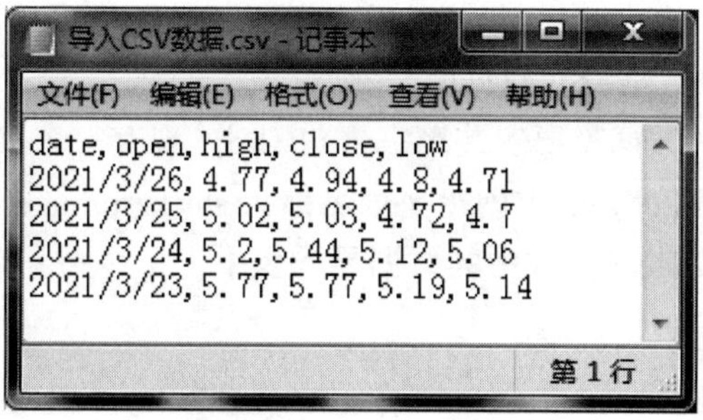

图 6-5　CSV 文件数据

【例 6-6】将 CSV 数据导入数据表。

```
import sqlite3
conn＝sqlite3. connect(' stock. db' )      #连接到 SQLite 数据库,数据库文件是 mrsoft. db,如果不存在,会
自动在当前目录创建,mrsoft. db 与 test. py 应在同一目录下
cursor＝conn. cursor()      #创建一个游标 Cursor
#创建 data 表
cursor. execute(' create table data(date date,open int(7), high int(7),close int(7),low int(7),primary key
(date) )' )
fo＝open(r"C:\Users\Administrator\Desktop\导入 CSV 数据 . csv", "r+")      #打开 CSV 文件
import csv
data＝csv. reader(fo,delimiter＝',' )      #读取 csv 文件中数据,delimiter 是分隔符
data_list＝[ ]
```

```
for x in data:
    data_list. append(tuple(x))    #将读出的csv文件数据转换为元组的列表
del data_list[0]    #删除第一个元素(即字段名称)
cursor. executemany(' insert into data values(?,?,?,?,?)' ,data_list)    #将数据写入数据表
cursor. close()    #关闭游标
conn. commit()    #提交事务,不提交则不能插入、修改、删除记录
conn. close()    #关闭 Connection
```

运行后,可看到数据库的表中已添加了相关数据(见图6-6)。

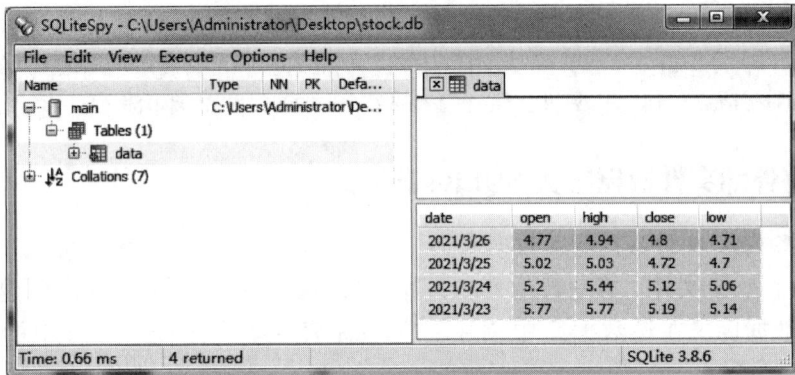

图 6-6   CSV 文件数据导入数据表

(二) 将 **Excel** 文件数据导入数据库

导入 Excel 文件中的数据需要安装第三方包 xlrd。现有一个 Excel 文件,第一行为列名,其中数据如图6-7所示。要求创建一个名称为 stock. db 的数据库,在该数据库中创建一个 data 表,然后将 Excel 文件中的数据导入表中。

	A	B	C	D	E
	date	open	high	close	low
	2021/3/26	4.77	4.94	4.8	4.71
	2021/3/25	5.02	5.03	4.72	4.7
	2021/3/24	5.2	5.44	5.12	5.06
	2021/3/23	5.77	5.77	5.19	5.14

图 6-7   Excel 文件数据

【例6-7】 将 Excel 数据导入数据表 (桌面数据文件为:导入 Excel 数据 . xls),xlrd2. 0. 0 以后的版本不支持 xlsx 格式的 Excel 文件,只支持 xls 格式的 Excel 文件。

```
import sqlite3
conn=sqlite3. connect(' stock. db' )    #连接至 SQLit 数据库,数据库文件是 mrsoft. db,如果不存
在,会自动在当前目录创建,mrsoft. db 与 test. py 应在同一目录下
cursor=conn. cursor()    #创建一个游标 Cursor
#创建 data 表
```

```
cursor. execute(' create table data(date date,open int(7), high int(7),close int(7),low int(7),primary key (date) )' )
import xlrd
fo = xlrd. open_workbook(r"C:\Users\Administrator\Desktop\导入 Excel 数据. xls")        #目录按实际修改
sheet1 = fo. sheet_by_index(0)       #获取第一个 sheet
data_list = [ ]
for data in range(1, sheet1. nrows):       #遍历第 2 行到最后 1 行,跳过第 1 行标题行
        data_list. append(tuple(sheet1. row_values(data, 0, sheet1. ncols)))       #每行转换为元组的列表
cursor. executemany(' insert into data values(?,?,?,?,?)' ,data_list)       #将数据写入数据表
cursor. close()        #关闭游标
conn. commit()        #提交事务,不提交则不能插入、修改、删除记录
conn. close()        #关闭 Connection
```

四、删除数据库表和数据库

(一) 删除数据库表

SQLite 的 drop table 语句用来删除表定义及其所有相关数据。drop table 语句的基本语法如下所示:

```
drop table database_name. table_name
```

【例6-8】删除 mrsoft 数据库中的 user 表（保存为 test. py，与 mrsoft. db 在同一文件夹下）。

```
import sqlite3
conn = sqlite3. connect(' mrsoft. db' )        #连接至 SQLite 数据库
cursor = conn. cursor()        #创建一个游标 Cursor
cursor. execute(' drop table user' )        #删除数据库表
cursor. close()        #关闭游标
conn. close()        #关闭 Connection
```

(二) 删除数据库

【例6-9】删除 mrsoft 数据库（保存为 test. py，与 mrsoft. db 在同一文件夹下）。

```
import os
os. unlink("mrsoft. db")
```

❓ 本章小结

（1）对数据库的操作，先要用 connect（ ）方法创建一个连接对象来连接数据库，如果不存在数据库，则该函数将新建一个数据库。

（2）用连接对象的 cursor（ ）方法建立游标对象，然后可以利用游标对象通过 SQL 语句对数据库表进行操作。

（3）对数据库表进行插入、修改、删除记录等操作后，必须关闭游标、提交事务、

关闭连接。

(4) 将 CSV 文件数据导入 SQLite 数据库时, 需要先读出 CSV 文件数据, 并将其转换为元组的列表, 然后才能写入数据库。

(5) 将 Excel 文件数据导入 SQLite 数据库时, 需要先安装第三方库 xlrd, 然后利用该库打开、读出 Excel 文件数据, 并将其转换为元组的列表, 然后才能写入数据库。

习　题

1. 创建一个学生成绩表, 相关字段为年级、学号、姓名、成绩、名次, 其中学号为关键字段。完成如下操作:

(1) 往表中插入 3 行数据。

(2) 查询成绩小于 60 分的人数。

(3) 把低于 60 分的成绩修改为 60 分。

(4) 查询所有人的成绩, 并按照从高到低的顺序进行排列。

2. 设计一个 Excel 文件, 第一行各列为年级、学号、姓名、成绩、名次, 第二行及以下为相关数据; 将 Excel 文件另存为 CSV 文件, 试编写程序, 分别将 CSV 文件读入数据库 student. db 中的 score 表中。

第七章
Python 量化工具——NumPy

数据分析和机器学习大量使用了科学计算，NumPy（Numerical Python 的简称）提供了大型矩阵计算的方式，而这些是 Python 标准库中所缺少的。本章主要介绍 NumPy 的数组操作与数组运算。

第一节　NumPy 安装与数组创建

一、NumPy 安装

NumPy 函数库是 Python 开发环境中的一个独立模块，Python 官网上的发行版是不包含 NumPy 模块的，我们可以使用以下几种方法来安装。

（一）使用已有的发行版本

对于许多用户，尤其是在 Windows 上，最简单的方法是下载以下的 Python 发行版，它们包含了所有的关键包（包括 NumPy，SciPy，matplotlib，IPython，SymPy 以及 Python 核心自带的其他包），常见的做法是安装 Anaconda 即可。

（二）使用 pip 在线安装

右击电脑桌面左下角的开始图标，选择运行，弹出命令窗口，输入 cmd（见图 7-1）。

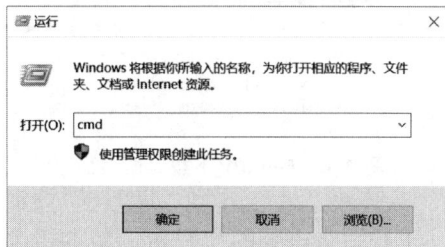

图 7-1　进入 dos 命令窗口

点击【确定】按钮，弹出 dos 命令窗口（见图 7-2），输入 pip install numpy 并回车（保持电脑网络连接状态），即可安装。

（三）下载安装包后离线安装

进入 www. pypi. org，输入 numpy 进行搜索（见图 7-3）。选择最近的版本，例如 numpy1. 25. 2，点击进入如下窗口（见图 7-4）。

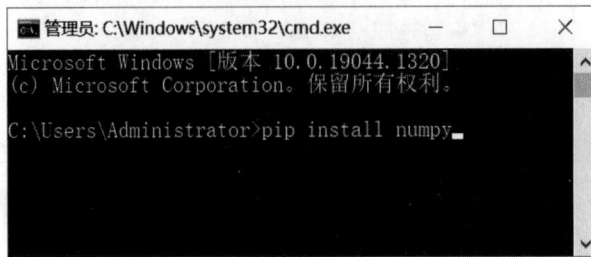

图 7-2   dos 命令窗口

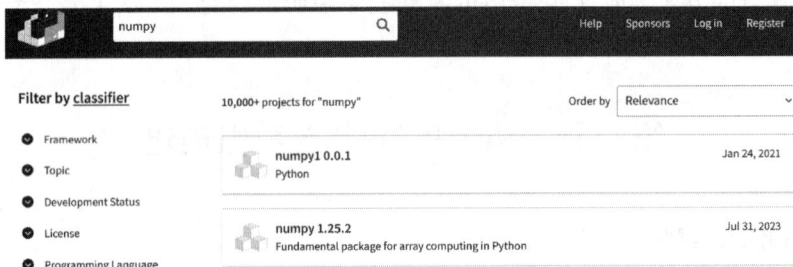

图 7-3   搜索第三方包

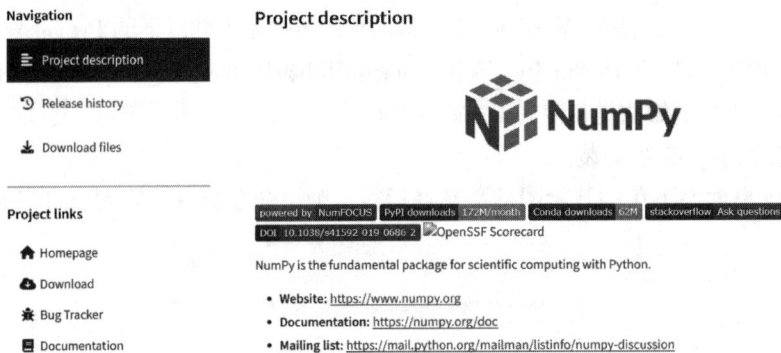

图 7-4   NumPy 下载导航页面

点击 "Download files"，下载适合电脑的与 Python 版本相对应的安装文件。例如，电脑上安装的是 Python 3.10 版本，64 位 windows 系统，所以下载的安装包是 numpy-1.25.2-cp310-cp310-win_ amd64.whl（见图 7-5）。

将下载的安装包拷贝到 Python 安装目录下的 scripts 文件夹下（C：\ Program Files \ Python310 \ Scripts），然后进入命令窗口，输入 cd C：\ Program Files \ Python310 \ Scripts 并回车，改变运行目录；然后输入 pip install numpy-1.25.2-cp310-cp310-win_ amd64.whl 并回车，即可安装成功。

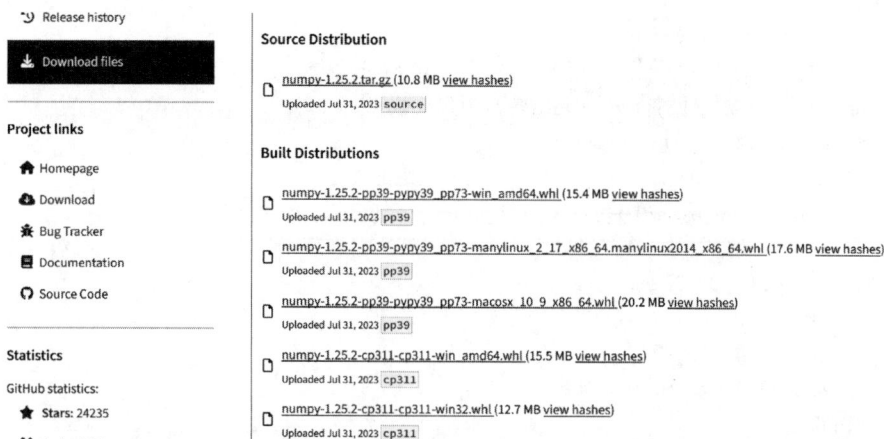

图 7-5 相关操作系统的 NumPy 版本

二、NumPy 创建数组与数组属性

(一) 创建数组

创建一个数组只用调用 NumPy 的相关函数即可，见表 7-1。

表 7-1 NumPy 数组创建函数

函数	说明
np. array（[x, y, z], dtype＝int）	从列表或数组中创建数组
np. arange（x, y, i）	创建一个由 x 到 y，以 i 为步长的数组
np. linspace（x, y, n）	创建一个由 x 到 y，等分成 n 个元素的等差数组
np. indices（（m, n））	创建一个 m 行 n 列的矩阵（三维数组）
np. random. rand（m, n）	创建一个 m 行 n 列的随机数组
np. ones（（m, n）, dtype）	创建一个 m 行 n 列的全 1 数组，dtype 为数据类型
np. zeros（（m, n）, dtype）	创建一个 m 行 n 列的全 0 数组，dtype 为数据类型
np. empty（（m, n）, dtype）	创建一个 m 行 n 列的空数组，dtype 为数据类型
np. identity（n）	创建一个 n 行 n 列的单位矩阵
np. eye（n, M, k, dtype）	创建一个矩阵，对角线元素为 1，其他位置为零。n：返回矩阵的行数；M：返回矩阵的列数，默认为 n；k：对角线的索引；dtype：数据类型

【例 7-1】NumPy 创建数组。

```
>>>import numpy as np
>>>np. array([1,2,3,4,5,6])      #列表转换为一维数组
array([1, 2, 3, 4, 5, 6])
>>>np. array((1,2,3,4,5,6))      #元组转换为一维数组
array([1, 2, 3, 4, 5, 6])
>>>np. array([[1,2,3],[2,3,4],[3,4,5]])      #列表转换为多维数组
```

```
array([[1, 2, 3],
       [2, 3, 4],
       [3, 4, 5]])
>>>np. array([(1,2,3),(4,5)])     #元组转换为多维数组
array([(1, 2, 3), (4, 5)], dtype=object)
>>>np. array([1,2,3],dtype=complex)     #明确数组的类型
array([1. +0. j, 2. +0. j, 3. +0. j])
>>>np. zeros((3,4))     #全 0 二维数组
array([[0., 0., 0., 0.],
       [0., 0., 0., 0.],
       [0., 0., 0., 0.]])
>>>np. zeros((3,1))     #全 0 一维数组
array([[0.],
       [0.],
       [0.]])
>>>np. zeros((1,3))     #全 0 一维数组
array([[0., 0., 0.]])
>>>np. ones((3,3))     #全 1 二维数组
array([[1., 1., 1.],
       [1., 1., 1.],
       [1., 1., 1.]])
>>>np. ones((1,3))     #全 1 一维数组
array([[1., 1., 1.]])
>>>np. identity(3)     #3×3 单位矩阵
array([[1., 0., 0.],
       [0., 1., 0.],
       [0., 0., 1.]])
>>>np. identity(2)
array([[1., 0.],
       [0., 1.]])
```

#用 np. arange(start,stop,step,dtype)创建数组,start 默认为 0;stop(不包含);step 步长,默认为 1;dtype 返回的数据类型,如果没有提供,则会使用输入数据的类型。

```
>>>np. arange(15)     #使用 arange 函数创建数组
array([ 0,  1,  2,  3,  4,  5,  6,  7,  8,  9, 10, 11, 12, 13, 14])
>>>np. arange(5,dtype=float)
array([0., 1., 2., 3., 4.])
>>>np. arange(10,20,2)
array([10, 12, 14, 16, 18])
```

#创建等差数列 np. linspace(start,stop,num=50,endpoint=True,retstep=False,dtype=None),start 默认为 0;stop,如果 endpoint 为 true,终值包含于数列中;num,等步长的样本数量,默认为 50;endpoint,该值为 False 时,数列中不包含 stop 值,默认是 True;retstep,如果为 True 时,生成的数组中会显示间距,反之不显示;dtyp 返回 ndarray 的数据类型。

```
>>>np. linspace(1,10,10)
array([ 1.,  2.,  3.,  4.,  5.,  6.,  7.,  8.,  9., 10.])
>>np. linspace(1,1,10)
```

array([1. , 1. , 1. , 1. , 1. , 1. , 1. , 1. , 1. , 1.])
>>>np. linspace(10,20,5,endpoint=False)   #将 endpoint 设为 False,不包含终值
array([10. , 12. , 14. , 16. , 18.])
>>>np. linspace(1,10,10,retstep=True)
(array([1. , 2. , 3. , 4. , 5. , 6. , 7. , 8. , 9. , 10.]), 1. 0)
#创建等比数列 np. logspace(start, stop, num=50, endpoint=True, base=10. 0, dtype=None), start,序列起始值为 base**start;stop,序列终止值为 base**stop,如果 endpoint 为 true,终值包含于数列中;num,等步长的样本数量,默认为 50;endpoint,该值为 False 时,数列中不包含终值,默认是 True;base,对数 log 的底数,默认底数是 10;dtyp 返回 ndarray 的数据类型。
>>>np. logspace(1. 0,2. 0,num=10)
array([10. , 12. 91549665, 16. 68100537, 21. 5443469 ,
         27. 82559402, 35. 93813664, 46. 41588834, 59. 94842503,
         77. 42636827, 100.])
>>>np. logspace(0,9,10,base=2)   #将对数的底数设置为 2
array([1. ,   2. ,   4. ,   8. , 16. , 32. , 64. , 128. , 256. , 512.])

(二) 数组属性

NumPy 的数组属性见表 7-2。

表 7-2 NumPy 数组属性

属性	说明
ndarray. ndim	返回数组轴的个数,即数组的秩
ndarray. shape	数组的维度,对应矩阵 n 行 m 列
ndarray. size	数组元素的总个数,相当于 . shape 中 $n * m$ 的值
ndarray. dtype	返回数组元素的数据类型
ndarray. itemsize	ndarray 对象中每个元素的大小,以字节为单位,一个元素类型为 float64 的数组 itemsiz 属性值为 8(float64 占用 64 个 bits,每个字节长度为 8,所以 64/8,占用 8 个字节)。又如,一个元素类型为 complex32 的数组 item 属性为 4(32/8)
ndarray. flags	ndarray 对象的内存信息
ndarray. real	ndarray 元素的实部
ndarray. imag	ndarray 元素的虚部

【例 7-2】NumPy 数组属性。

```
>>>import numpy as np
>>>a=np. arange(24)
>>>a. ndim
1
>>>a
array([ 0,  1,  2,  3,  4,  5,  6,  7,  8,  9,10,11,12,13,14,15,16,17, 18, 19, 20, 21, 22, 23])
>>>a. reshape(3,8)
array([[ 0,  1,  2,  3,  4,  5,  6,  7],
       [ 8,  9, 10, 11, 12, 13, 14, 15],
       [16, 17, 18, 19, 20, 21, 22, 23]])
```

```
>>>a
array([ 0,  1,  2,  3,  4,  5,  6,  7,  8,  9, 10, 11, 12, 13, 14, 15, 16, 17, 18, 19, 20, 21, 22, 23])
>>>b = a. reshape(3,8)
>>>b. shape
(3, 8)
>>>a. ndim
1
>>>a. shape
(24,)
>>>a. dtype. name
' int32'
>>>a. dtype
dtype(' int32' )
>>>a. size
24
>>>a. itemsize
4
>>>type(a)
<class ' numpy. ndarray' >
```

第二节　NumPy 数组操作

NumPy 中包含了一些函数用于处理数组，大概分为以下几类：修改数组形状、翻转数组、修改数组维度、连接数组、分割数组、数组元素的添加与删除，主要方法见表 7-3。

表 7-3　NumPy 方法

NumPy 方法	解释
np. isnan（list）	筛选出 nan 值
np. iscomplex（list）	筛选出非复数
~	取补运算符
np. array（数组，dtype＝np. bool）	自定义数组类型
np. astype（np. bool）	转换数组类型
np. mat（）	将 Python 列表转化成矩阵
np. mat（）. getA（）	将 matrix 对象转成 ndarray 对象
np. matrix（）	同上
np. asmatrix（）	将 ndarray 对象转成 matrix 对象
np. tile（）	重复某个数组，如 tile（A，n），其功能是将数组 A 重复 n 次
np. I	矩阵求逆
np. T	矩阵转置
np. tolist（）	转换成 Python 列表
np. multiply（x，y）	矩阵 x 矩阵 y 相乘
np. arange（24）. reshape（（2，3，4））	创建一个 2 维 3 行 4 列的数组

续表

NumPy 方法	解释
np. arange（24）. resize（（2，3，4））	同上，会修改原值
np. full（[x，y]，z）	自定义模板数组，所生成的 x 行 y 列都是 z 的数组
np. flatten（）	数组降维，不改变原值
np. random. randn（x，y）	生成 x 行 y 列的标准正态分布随机数
np. random. randint（low，high，（shape））	整数随机数
np. random. normal（loc，scale，（size））	生成 size 个均值为 loc、标准差为 scale 的正态分布随机数
np. randomunifrom（low，high，（size））	均匀分布的数组，有小数
np. sum（axis＝None）	求和，axis＝0 为列，1 为行
np. argsort（）	矩阵每个元素坐标排序
np. sort（axix＝None）	从小到大排序
np. sort（axis＝None）	从大到小排序
np. sort_ values（'字段'，ascending＝False）	排序，升序排列
np. mean（axis＝None）	平均数。
np. var（axis＝None）	方差：各数与平均数之差的平方的平均数。
np. std（axis＝None）	标准差：方差平方根
np. min（axis＝None）	最小值
np. argmin（axis＝None）	求数组中最小值的坐标
np. median（axis＝None）	中位数
np. ptp（axis＝None）	元素最大值与最小值的差
np. cumsum（）	累加，cumsum，产生一个中间结果组成的数组，默认一维数组
np. cumprod（）	累乘
np. count_ nonzero（arr＞0）	计数非 0 值个数，布尔值会被强制转换为 1 和 0
np. bools. any（）	测试数组中是否存在一个或多个 True
np. bools. all（）	数组中所有值是否都是 True，测试有没有空值
np. bools. all（）	数组中所有值是否都是 True，测试有没有空值
np. bools. all（）	数组中所有值是否都是 True，测试有没有空值

一、获取 NumPy 数组元素

【例 7-3】利用索引获取数组元素。

```
>>>import numpy as np
>>>x=np. array([[ 0, 1, 2],[ 3, 4, 5],[ 9, 10, 11]])
>>>x
array([[ 0,  1,  2],
       [ 3,  4,  5],
       [ 9, 10, 11]])
>>>x[1]      #取出索引为 1 的元素,返回数组
array([3, 4, 5])
>>>x[1][2]
```

```
5
>>>y=x[[0,1,2],[0,1,0]]        #整数数组索引,获取数组中(0,0),(1,1)和(2,0)位置处的元素
>>>y
array([0, 4, 9])
>>>y[0]
0
>>>y[1]
4
>>>x[x > 5]        #布尔索引
array([ 9, 10, 11])
```

二、NumPy 切片

【例7-4】一维数组的切片。

```
>>>import numpy as np
>>>a=np. arange(10)
>>>print(a)
[0 1 2 3 4 5 6 7 8 9]
>>>s=slice(2,8,2)        #返回从2开始到8(不含)的数组,步长为2
>>>print(a[s])
[2 4 6]
>>>a=np. arange(10)
>>>print(a)
[0 1 2 3 4 5 6 7 8 9]
>>>b=a[2:7:2]        #通过 start:stop:step 进行切片操作,从索引2开始到索引7(不含)停止,步长为2
>>>print(b)
[2 4 6]
>>>print(a[2:])        #冒号表示从该索引开始以后的所有项都将被提取
[2 3 4 5 6 7 8 9]
>>>print(a[2:5])
[2 3 4]
```

【例7-5】多维数组的切片。

```
>>>x=np. array([[ 0, 1, 2,4], [ 3, 4, 5,6], [ 9, 10, 11,12]])
>>>x
array([[ 0,  1,  2,  4],
       [ 3,  4,  5,  6],
       [ 9, 10, 11, 12]])
>>>d= x[0,:]        #取出行索引0的行
>>>d
array([[0, 1, 2, 4]])
>>>d= x[:,1]        #取出列索引1的列
>>>d
array([ 1,  4, 10])
>>>d= x[0:2,:]        #取出行索引0,1的行
```

```
>>>d
array([[0, 1, 2, 4],
       [3, 4, 5, 6]])
>>>d= x[:,0:2]      #取出列索引0,1的列
array([[ 0,  1],
       [ 3,  4],
       [ 9, 10]])
>>>d= x[[0,2],:]      #取出行索引0,2的行
>>>d
array([[ 0,  1,  2,  4],
       [ 9, 10, 11, 12]])
>>>d= x[:,[0,2]]      #取出列索引0,2的列
>>>d
array([[ 0,  2],
       [ 3,  5],
       [ 9, 11]])
>>>d= x[0,2:4]      #取出行索引0,列索引2,3的列
>>>d
array([2, 4])
```

切片还可以包括省略号"…"以使选择元组的长度与数组的维度相同。如果在行位置使用省略号,它将返回包含行中元素的 n 维数组。

【例7-6】使用省略号"…"进行切片。

```
>>>import numpy as np
>>>a=np.array([[1,2,3],[3,4,5],[4,5,6]])
>>>print(a)
[[1 2 3]
 [3 4 5]
 [4 5 6]]
>>>print(a[…,1])      #列索引为1的元素
[2 4 5]
>>>print(a[1,…])      #行索引为1的元素
[3 4 5]
>>>print(a[1:,…])      #行索引1及剩下的所有元素
[[3 4 5]
 [4 5 6]]
>>>print(a[…,1:])      #列索引1及剩下的所有元素
[[2 3]
 [4 5]
 [5 6]]
```

三、修改数组中元素的值

【例7-7】修改某行或某个数据。

```
>>>a=np. array([[1,2],[3,4],[5,6]])
>>>a[0,:]=[11,22]        #将行索引0的数组[1,2]修改为[11,22]
>>>a
array([[11, 22],
       [ 3,  4],
       [ 5,  6]])
>>>a[0][0]=111      #将行索引0的数组[11,22]的索引0的元素修改为111
>>>a
array([[111,  22],
       [3,   4],
       [5,   6]])
>>>a[:,1]=[3,5,6]      #将列索引1的数组[22,4,6]修改为[3,5,6]
>>>a
array([[111,   3],
       [ 3,   5],
       [ 5,   6]])
```

四、数组元素的添加与删除

数组元素的添加与删除的主要函数如表7-4所示。

表7-4　NumPy数组元素添加与删除函数

函数	元素及描述
numpy. resize（arr, shape）	返回指定大小的新数组，如果新数组大小大于原始大小，则包含原始数组中的元素的副本。arr：要修改大小的数组；shape：返回数组的新形状
numpy. append（arr, values, axis=None）	将值添加到数组末尾
numpy. insert（）	沿指定轴将值插入指定下标之前
numpy. delete（）	删掉某个轴的子数组，并返回删除后的新数组
numpy. unique（）	查找数组内的唯一元素

（一）numpy. resize（）

【例7-8】numpy. resize函数。

```
>>>a=np. array([[1,2,3],[4,5,6]])
>>>a
array([[1, 2, 3],
       [4, 5, 6]])
>>>a. shape
(2, 3)
>>>b=np. resize(a, (3,2))
```

```
>>>print (b)
array([[1, 2],
       [3, 4],
       [5, 6]])
>>>b. shape
(3, 2)
>>>b=np. resize(a,(3,3))
>>>b
array([[1, 2, 3],
       [4, 5, 6],
       [1, 2, 3]])
```

（二） numpy. append （ ）

numpy. append 函数在数组的末尾添加值。追加操作会分配整个数组，并把原来的数组复制到新数组中。此外，输入数组的维度必须匹配，否则将报错。

append 函数返回的始终是一个一维数组。

numpy. append(arr, values, axis=None)

其中：arr 为输入数组。values 为要向 arr 添加的值，需要和 arr 形状相同（除了要添加的轴）。axis 默认为 None，当 axis 无定义时，是横向加成，返回总是为一维数组；当 axis 为 0 时，数组是添加行（列数要相同）；当 axis 为 1 时，数组是添加列（行数要相同）。

【例 7-9】 numpy. append 函数。

```
>>>import numpy as np
>>>a=np. array([[1,2,3],[4,5,6]])
>>>a
array([[1, 2, 3],
       [4, 5, 6]])
>>>np. append(a, [7,8,9])      # axis 无定义时,为横向加成,返回一维数组,a 未变
array([1, 2, 3, 4, 5, 6, 7, 8, 9])
>>>np. append(a, [[7,8,9]],axis=0)      #沿轴 0 添加行,a 未变
array([[1, 2, 3],
       [4, 5, 6],
       [7, 8, 9]])
>>>np. append(a, [[5,5,5],[7,8,9]],axis=1)      #沿轴 1 添加列,a 未变
array([[1, 2, 3, 5, 5, 5],
       [4, 5, 6, 7, 8, 9]])
```

（三） numpy. insert （ ）

numpy. insert 函数在给定索引之前，沿给定轴在输入数组中插入值。如果未提供轴，则输入数组会被展开。

numpy. insert(arr, obj, values, axis)

其中：arr 为输入数组。obj 为在其之前插入值的索引。values 为要插入的值。axis 为沿着它插入的轴，如果未提供，则输入数组会被展开。

【例7-10】 numpy. insert 函数。

```
>>>import numpy as np
>>>a=np. array([[1,2],[3,4],[5,6]])
>>>a
array([[1,2],
       [3,4],
       [5,6]])
>>>np. insert(a,3,[11,12])     #未传递 Axis 参数,在插入之前输入数组会被展开
array([1, 2, 3, 11, 12, 4, 5, 6])
>>>np. insert(a,1,[11,12],axis=0)     #沿轴 0 插入元素(列数要相同),插入位置行索引 1,a 不变
array([[ 1,  2],
       [11, 12],
       [ 3,  4],
       [ 5,  6]])
>>>np. insert(a,1,[11],axis=0)     #沿轴 0 插入元素(进行广播),插入位置行索引 1,a 不变
array([[ 1,  2],
       [11, 11],
       [ 3,  4],
       [ 5,  6]])
>>>np. insert(a,1,[11,12,13],axis=1)     #沿轴 1 插入元素(行数要相同),插入位置列索引 1,a 不变
array([[ 1, 11,  2],
       [ 3, 12,  4],
       [ 5, 13,  6]])
>>>np. insert(a,1,[11],axis=1)     #沿轴 1 插入元素(进行广播),插入位置列索引 1,a 不变
array([[ 1, 11,  2],
       [ 3, 11,  4],
       [ 5, 11,  6]])
```

(四) numpy. delete ()

numpy. delete 函数返回从输入数组中删除指定子数组的新数组。与 insert () 函数的情况一样, 如果未提供轴参数, 则输入数组将展开。

```
numpy. delete(arr, obj, axis)
```

其中:arr 为输入数组。obj 可以被切片, 为整数或者整数数组, 表明要从输入数组删除的子数组; axis 为沿着它删除给定子数组的轴, 如果未提供, 则输入数组会被展开。

【例7-11】 numpy. delete 函数。

```
>>>import numpy as np
>>>a=np. arange(12). reshape(3,4)
>>>a
array([[ 0,  1,  2,  3],
       [ 4,  5,  6,  7],
       [ 8,  9, 10, 11]])
>>>np. delete(a,5)     #未传递 axis 参数,在删除之前输入数组会被展开
array([ 0,  1,  2,  3,  4,  6,  7,  8,  9, 10, 11])
>>>np. delete(a,1,axis=1)     #删除索引为 1 的列,a 未变
```

```
array([[ 0,  2,  3],
       [ 4,  6,  7],
       [ 8, 10, 11]])
>>>a=np. array([1,2,3,4,5,6,7,8,9,10])
>>>np. delete(a, np. s_[::2])      # 删除切片
array([ 2,  4,  6,  8, 10])
```

（五）numpy. unique（）

numpy. unique 函数用于去除数组中的重复元素。

```
numpy. unique(arr, returnindex, returninverse, returncounts)
```

其中：arr 为输入数组，如果不是一维数组则会展开；return_index 如果为 true，返回新列表元素在旧列表中的位置（下标），并以列表形式存储；return_inverse 如果为 true，返回旧列表元素在新列表中的位置（下标），并以列表形式存储；return_counts 如果为 true，返回去重数组中的元素在原数组中的出现次数。

【例 7-12】numpy. unique 函数。

```
>>>import numpy as np
>>>a=np. array([5,2,6,2,7,5,6,8,2,9])
>>>a
array([5, 2, 6, 2, 7, 5, 6, 8, 2, 9])
>>>u=np. unique(a)        #取掉 a 中重复值,a 未变
>>>u
array([2, 5, 6, 7, 8, 9])
>>>a
array([5, 2, 6, 2, 7, 5, 6, 8, 2, 9])
>>>u,indices=np. unique(a, return_index=True)      #返回新列表元素在旧列表中的位置
>>>u
array([2, 5, 6, 7, 8, 9])
>>>indices
array([1, 0, 2, 4, 7, 9], dtype=int64)
>>>u,indices=np. unique(a,return_inverse=True)      #返回旧列表元素在新列表中的位置
>>>u
array([2, 5, 6, 7, 8, 9])
>>>indices
array([1, 0, 2, 0, 3, 1, 2, 4, 0, 5], dtype=int64)
>>>u[indices]
array([5, 2, 6, 2, 7, 5, 6, 8, 2, 9])
>>>u,indices=np. unique(a,return_counts=True)      #返回去重数组中的元素在原数组中的出现次数
>>>u
array([2, 5, 6, 7, 8, 9])
>>>indices
array([3, 2, 2, 1, 1, 1], dtype=int64)
```

五、修改数组形状

修改数组形状主要包括 reshape、flat、flatten、ravel 等函数。

(一) numpy. reshape ()

numpy. reshape 函数可以在不改变数据的条件下修改形状，其格式如下：

```
numpy. reshape(arr, newshape, order='C')
```

其中：arr 为要修改形状的数组；newshape 为整数或者整数数组，新的形状应当兼容原有形状；order 可选'C'——按行、'F'——按列、'A'——原顺序、'k'——元素在内存中的出现顺序。

【例 7-13】numpy. reshape 函数。

```
>>>import numpy as np
>>>a=np. arange(8)
>>>a
array([0, 1, 2, 3, 4, 5, 6, 7])
>>>b=a. reshape(4,2)
>>>b
array([[0, 1],
       [2, 3],
       [4, 5],
       [6, 7]])
```

(二) numpy. flat ()

numpy. flat 是一个数组元素迭代器，其实例如下：

【例 7-14】numpy. ndarray. flat 函数。

```
>>>import numpy as np
>>>a=np. arange(9). reshape(3,3)
>>>a
array([[0, 1, 2],
       [3, 4, 5],
       [6, 7, 8]])
>>>for row in a: print(row)        #遍历 a 中的行,打印该行
[0 1 2]
[3 4 5]
[6 7 8]
>>>for element in a. flat: print(element)        #遍历 a 中的元素,打印该元素
0
1
2
3
4
5
6
7
8
```

（三）**numpy. ndarray. flatten（）**

numpy. ndarray. flatten 返回一个折叠成一维的数组，但是该函数只能适用于 numpy 对象，即 array 或者 mat，而不适用于普通的 list 列表，其格式如下：

```
ndarray. flatten (order=' C' )
```

其中 order 可选'C'——按行展开，'F'——按列展开，'A'——保留原顺序。

【例 7-15】numpy. ndarray. flatten 函数。

```
>>>import numpy as np
>>>a=np. arange(8). reshape(2,4)
>>>a
array([[ 0, 1, 2, 3],
       [ 4, 5, 6, 7]])
>>>a. flatten()     #按行展开数组
array([ 0, 1, 2, 3, 4, 5, 6, 7])
>>>a. flatten(order=' F' )    #按列展开数组
array([ 0, 4, 1, 5, 2, 6, 3, 7])
>>>a. flatten(order=' A' )      #按原顺序展开数组
array([ 0, 1, 2, 3, 4, 5, 6, 7])
```

想要 list 达到同样的效果，可以使用以下列表表达式：

```
>>>a=[[ 1,2,3],[4,5,6],[ ' a' ,' b' ] ]
>>>a
[[ 1, 2, 3], [ 4, 5, 6], [ ' a' , ' b' ] ]
>>>[ y for x in a for y in x]
[ 1, 2, 3, 4, 5, 6, ' a' , ' b' ]
```

（四）**numpy. ravel（）**

numpy. ravel（）展平数组元素，顺序通常是" C 风格"，返回数组视图，其格式如下：

```
numpy. ravel(a, order=' C' )
```

其中，order：'C' 为按行展开，'F' 为按列展开，'A' 为保留原顺序。该函数只能适用于 numpy 对象，即 array 或者 mat，不适用于普通的 list 列表。

【例 7-16】numpy. ravel 函数。

```
>>>import numpy as np
>>>a=np. arange(8). reshape(2,4)
>>>a       #原数组
array([[ 0, 1, 2, 3],
       [ 4, 5, 6, 7]])
>>>a. ravel()  #调用 ravel 函数
array([ 0, 1, 2, 3, 4, 5, 6, 7])
>>>a. ravel(order=' F' )     #按列展开
array([ 0, 4, 1, 5, 2, 6, 3, 7])
```

六、分割数组

分割数组包括 split、hsplit、vsplit 等函数（见表7-5）。

表 7-5　NumPy 分割数组函数

函数	描述
split	将一个数组分割为多个子数组
hsplit	将一个数组水平分割为多个子数组（按列）
vsplit	将一个数组垂直分割为多个子数组（按行）

（一）numpy. split（）

numpy. split 函数沿特定的轴将数组分割为子数组，其格式如下：

```
numpy. split(ary, indicesorsections, axis)
```

其中：ary：被分割的数组。indices_or_sections：如果是一个整数，就用该数平均切分；如果是一个数组，为沿轴切分的位置（左开右闭）。axis：沿着哪个维度进行切向，默认为0，行切分；为1时，列切分。

【例7-17】numpy. split 函数。

```
>>>import numpy as np
>>>a=np. arange(9)
>>>a
array([0, 1, 2, 3, 4, 5, 6, 7, 8])
>>>b=np. split(a,3)        #将数组分为三个大小相等的子数组
>>>b
[array([0, 1, 2]), array([3, 4, 5]), array([6, 7, 8])]
>>>b=np. split(a,[4,7])       #将数组在一维数组中表明的位置分割
>>>b
[array([0, 1, 2, 3]), array([4, 5, 6]), array([7, 8])]
```

（二）numpy. hsplit（）

numpy. hsplit 函数用于水平分割数组，通过指定要返回的相同形状的数组数量来拆分原数组。

【例7-18】numpy. hsplit 函数。

```
>>>import numpy as np
>>>a=np. floor(10*np. random. random((2, 6)))
>>>a
array([[1., 9., 0., 1., 9., 8.],
       [2., 1., 7., 5., 1., 7.]])
>>>np. hsplit(a, 3)       #拆分
[array([[8., 9.],
        [6., 8.]]), array([[8., 2.],
        [6., 9.]]), array([[9., 0.],
        [6., 6.]])]
```

（三） numpy. vsplit（）

numpy. vsplit 沿着垂直轴分割，其分割方式与 hsplit 用法相同。

【例 7-19】numpy. vsplit 函数。

```
import numpy as np
>>>a＝np. arange(16). reshape(4,4)
>>>a
array([[ 0,  1,  2,  3],
       [ 4,  5,  6,  7],
       [ 8,  9, 10, 11],
       [12, 13, 14, 15]])
>>>b=np. vsplit(a,2)      #竖直分割
>>>b
[array([[0, 1, 2, 3],
       [4, 5, 6, 7]]), array([[ 8,  9, 10, 11],
       [12, 13, 14, 15]])]
```

第三节　NumPy 数组运算

一、数组与数值的数学运算

NumPy 提供了数组与数值的乘、除、整除、相加、求余数等运算。此外还包含简单的加减乘除函数，如 add、subtract、multiply 和 divide 等运算函数（见表 7-6）。

表 7-6　NumPy 数组常用运算函数

NumPy 库中的函数	运算含义	Python 符号表达
np. add（a, b）	加法	$a+b$
np. substract（a, b）	减法	$a-b$
np. multipl（a, b）	乘法	$a*b$
np. divide（a, b）	除法	a/b
np. mod（a, b）	求余数	$a\%b$
np. remainder（a, b）	求余数	$a\%b$
np. power（a, b）	乘方	$a**b$
np. square（a, b）	开平方	

【例 7-20】NumPy 数组与数值运算。

```
>>>import numpy as np
>>>a=np. array([10,20,30,40])    #创建数组对象
>>>a
array([10, 20, 30, 40])
>>>a*2    #数组与数值相乘,所有元素乘以数值
array([20, 40, 60, 80])
```

```
>>>a/2      #数组与数值相除,所有元素除以数值
array([ 5., 10., 15., 20. ])
>>>a//2     #数组与数值整除
array([ 5, 10, 15, 20 ], dtype=int32)
>>>a**2     #幂运算
array([ 100,  400,  900, 1 600], dtype=int32)
>>>a+2      #数组与数值相加
array([ 12, 22, 32, 42 ])
>>>a%3      #余数
array([ 1, 2, 0, 1 ], dtype=int32)
>>>a<35
array([ True,  True,  True, False ])
```

二、数组与数组的数学运算

【例7-21】NumPy两个一维数组之间的数学运算。

```
>>>import numpy as np
>>>a=np. array([ 10,20,30,40 ])
>>>a
array([ 10, 20, 30, 40 ])
>>>b=np. array([ 1,2,3,4 ])
>>>b
array([ 1,2,3,4 ])
>>>a-b      #数组相减,要求相同的形状,下同
array([ 9, 18, 27, 36 ])
>>>a+b      #数组相加
array([ 11, 22, 33, 44 ])
>>>a*b      #数组相乘,a中每个元素与b中对应元素相乘
array([ 10,  40,  90, 160 ])
>>>a/b      #数组相除
array([ 10., 10., 10., 10. ])
```

【例7-22】NumPy多维数组与一维数组之间的数学运算。

```
#多维数组与一维数组数学运算
>>>a=np. arange(9,dtype=np. float). reshape(3,3)
>>>a
array([[ 0., 1., 2. ],
       [ 3., 4., 5. ],
       [ 6., 7., 8. ]])
>>>b=np. array([ 10,10,10 ])
>>>b
array([ 10, 10, 10 ])
>>>a+b      #两个数组相加
array([[ 10., 11., 12. ],
       [ 13., 14., 15. ],
```

```
        [16., 17., 18.]])
>>>a-b      #两个数组相减
array([[-10., -9., -8.],
       [-7., -6., -5.],
       [-4., -3., -2.]])
>>>a*b      #两个数组相乘
array([[ 0., 10., 20.],
       [30., 40., 50.],
       [60., 70., 80.]])
>>>a/b      #两个数组相除
array([[0. , 0.1, 0.2],
       [0.3, 0.4, 0.5],
       [0.6, 0.7, 0.8]])
```

【例7-23】NumPy多维数组与多维数组之间的数学运算。

```
>>>a=np.array([[1,2],[3,4]])
>>>a
array([[1, 2],
       [3, 4]])
>>>b=np.array([[0,1],[0,1]])
>>>b
array([[0, 1],
       [0, 1]])
>>>a*b                #数组相乘,a中每个元素与b中对应元素相乘
array([[0, 2],
       [0, 4]])
>>>np.dot(a,b)        #矩阵乘法
array([[0, 3],
       [0, 7]])
```

三、NumPy 统计函数

NumPy提供了很多统计函数,用于从数组中查找最小元素、最大元素、标准差和方差等,举例说明如下。

【例7-24】NumPy统计函数。

```
>>>a=np.array([[4,8,5,10],[1,2,3,4],[8,3,2,11]])
>>>a
array([[ 4,  8,  5, 10],
       [ 1,  2,  3,  4],
       [ 8,  3,  2, 11]])
>>>np.sum(a)      #所有元素求和
61
>>>np.min(a)      #最小元素
```

```
1
>>>np. max(a)        #最大元素
11
>>>np. std(a)        #所有元素标准差, std=sqrt(mean((x- x. mean())**2))
3. 200477394945253
>>>np. var(a)        #所有元素方差, var=mean((x- x. mean())**2)
10. 243055555555555
>>>np. sum(a)        #行列展开后求和
61
>>>np. sum(a ,axis=0)        #行方向加总, 即求各列的和
array([ 13, 13, 10, 25])
>>>np. sum(a ,axis=1)        #列方向加总, 即求各行的和
array([ 27, 10, 24])
>>>np. min(a ,axis=0)        #行方向求各列最小值
array([ 1, 2, 2, 4])
>>>np. max(a ,axis=0)        #行方向求各列最大值
array([ 8,  8,  5, 11])
>>>np. cumsum(a ,axis=0)        #行方向各列累加
array([[ 4,  8,  5, 10],
       [ 5, 10,  8, 14],
       [ 13, 13, 10, 25]])
>>>np. mean (a ,axis=0)        #行方向求各列算术平均值
array([ 4. 33333333, 4. 33333333, 3. 33333333, 8. 33333333])
>>>weight=[ 0. 2,0. 4,0. 4]        #权重
>>>np. average(a, axis=0,weights=weight)        #行方向求各列加权平均值
array([ 4. 4, 3. 6, 3.  , 8.  ])
>>>np. std (a ,axis=0)        #行方向求各列标准差
array([ 2. 86744176, 2. 62466929, 1. 24721913, 3. 09120617])
>>>np. var (a ,axis=0)        #行方向求各列方差
array([ 8. 22222222, 6. 88888889, 1. 55555556, 9. 55555556])
>>>np. sort (a ,axis=0)        #行方向各列升序排
array([[ 1,  2,  2,  4],
       [ 4,  3,  3, 10],
       [ 8,  8,  5, 11]])
>>>np. sum(a ,axis=1)        #列方向各行加总
array([ 27, 10, 24])
>>>np. min(a ,axis=1)        #列方向各行最小值
array([ 4, 1, 2])
>>>np. max(a ,axis=1)        #列方向各行最大值
array([ 10,  4, 11])
>>>np. cumsum(a ,axis=1)        #列方向各行累加
array([[ 4, 12, 17, 27],
       [ 1,  3,  6, 10],
       [ 8, 11, 13, 24]])
>>>np. mean (a ,axis=1)        #列方向各行求算术平均值
```

```
array([ 6. 75, 2. 5 , 6. ])
>>>weight = [ 0. 2,0. 4,0. 3,0. 1]      #权重
>>>np. average(a, axis = 1,weights = weight)    #列方向各行求加权平均值
array([ 6. 5, 2. 3, 4. 5])
>>>np. std (a ,axis = 1)    #列方向各行求标准差
array([ 2. 384848, 1. 11803399, 3. 67423461])
>>>np. var (a ,axis = 1)    #列方向各行求方差
array([ 5. 6875,  1. 25  , 13. 5])
>>>np. sort (a ,axis = 1)    #列方向各行升序排
array([[ 4,  5,  8, 10],
       [ 1,  2,  3,  4],
       [ 2,  3,  8, 11]])
>>>a = np. array([[ 3,7,5],[8,4,3],[2,4,9]])
>>>a
array([[ 3, 7, 5],
       [ 8, 4, 3],
       [ 2, 4, 9]])
>>>np. ptp(a)    #求元素最大值与最小值的差
7
>>>np. ptp(a,axis = 0)    #求各列元素最大值与最小值的差
array([ 6, 3, 6])
>>>np. ptp(a,axis = 1)    #求各行元素最大值与最小值的差
array([ 4, 5, 7])
>>>np. percentile(a,50)    #所有元素 50% 分位数
4. 0
>>np. percentile(a,50,axis = 0)    #行方向求各列 50% 分位数
array([ 3., 4., 5. ])
>>>np. percentile(a,50,axis = 1)    #列方向求各行 50% 分位数
array([ 5., 4., 4. ])
>>>np. percentile(a,50,axis = 1,keepdims = True)    #保持维度不变
array([[ 5. ],
       [ 4. ],
       [ 4. ]])
>>>a = np. array([[ 30,65,70],[ 80,95,10],[ 50,90,60]])
>>>np. median(a)    #所有元素中位数
4. 0
>>>np. median(a,axis = 0)    #行方向求各列中位数
array([ 3., 4., 5. ])
>>>np. median(a,axis = 1)    #列方向求各行中位数
array([ 5., 4., 4. ])
```

四、NumPy 三角函数

NumPy 提供了标准的三角函数 sin、cos、tan 和反三角函数 arcsin、arccos、arctan 函
数。反三角函数的结果可以通过 numpy. degrees（ ）函数将弧度转换为角度。

【例7-25】NumPy 三角函数。

```
>>>import numpy as np
>>>a=np. array([0,30,45,60,90])
>>>np. sin(a*np. pi/180)    #数组中角度的正弦值,通过乘 pi/180 转化为弧度
array([0., 0.5, 0.70710678, 0.8660254, 1. ])
>>>np. cos(a*np. pi/180)    #数组中角度的余弦值
[1.00000000e+00 8.66025404e-01 7.07106781e-01 5.00000000e-01 6.12323400e-17]
>>np. tan(a*np. pi/180)    #数组中角度的正切值
[0.00000000e+00 5.77350269e-01 1.00000000e+00 1.73205081e+00 1.63312394e+16]
>>>sin=np. sin(a*np. pi/180)
>>>inv= np. arcsin(sin)    #反正弦,返回值以弧度为单位
>>>inv
array([0., 0.52359878, 0.78539816, 1.04719755, 1.57079633])
>>>np. degrees(inv)    #角度制单位
array([ 0., 30., 45., 60., 90. ])
>>>cos=np. cos(a*np. pi/180)
>>>np. arccos(cos)    #反余弦,返回值以弧度为单位
array([0., 0.52359878, 0.78539816, 1.04719755, 1.57079633])
>>>tan=np. tan(a*np. pi/180)    #tan 函数
>>>np. arctan(tan)    #反正切
array([0., 0.52359878, 0.78539816, 1.04719755, 1.57079633])
```

五、NumPy 舍入函数

【例7-26】NumPy 舍入函数。

```
>>>a=np. array([1.0,5.55,123,0.567,25.532])
>>>np. around(a)    #四舍五入
array([1., 6., 123., 1.,26. ])
>>>np. around(a,decimals=1)
array([ 1., 5.6, 123., 0.6, 25.5])
>>>np. around(a,decimals=-1)
array([ 0., 10., 120., 0., 30. ])
>>>a=np. array([-1.7,1.5,-0.2,0.6,10])
>>>np. floor(a)    #下舍整数
array([-2., 1., -1., 0., 10. ])
>>>a=np. array([-1.7,1.5,-0.2,0.6,10])
>>>np. ceil(a)    #上入整数
array([-1., 2., -0., 1., 10. ])
```

六、NumPy 矩阵运算

NumPy 中包含了一个矩阵库 numpy. matlib,该模块中的函数返回的是一个矩阵,而不是 ndarray 对象,矩阵里的元素可以是数字、符号或数学式(见表7-7)。

表 7-7 NumPy 矩阵库函数

函数	描述
matlib. empty（shape，dtype，order）	创建新矩阵，shape：定义新矩阵形状的整数或整数元组；Dtype：可选，数据类型；order：C（行序优先）或者 F（列序优先）
matlib. zeros	创建全 0 矩阵
. matlib. ones	创建全 1 矩阵
matlib. eye（n，M，k，dtype）	创建一个矩阵，对角线元素为 1，其他位置为零。n：返回矩阵的行数；M：返回矩阵的列数，默认为 n；k：对角线的索引；dtype：数据类型
matlib. identity	创建单位矩阵
matlib. rand	创建一个给定值行列数的的随机矩阵
numpy. dot（a，b，out＝None）	两个数组的点积，即普通的矩阵乘法。a：ndarray 数组；b：ndarray 数组；out：ndarray，可选，用来保存 dot（）的计算结果
numpy. inner	两个数组的内积，不是普通的矩阵乘法
numpy. vdot	两个向量的点积
numpy. matmul	两个数组的矩阵积，如果任一参数的维数大于 2，则将其视为存在于最后两个索引的矩阵的栈，并进行相应广播。如果任一参数是一维数组，则通过在其维度上附加 1 将其提升为矩阵，并在乘法之后被去除。对于二维数组而言，则其就是矩阵乘法
numpy. linalg. det	计算矩阵的行列式
numpy. linalg. inv	计算矩阵的乘法逆矩阵
numpy. linalg. solve	求解线性矩阵方程

【例 7-27】NumPy 矩阵运算。

```
>>>import numpy as np
>>>import numpy. matlib
>>>np. matlib. empty((2,2))      #填充为随机数据
matrix([[2. 14321575e- 312, 2. 29175545e- 312],
        [2. 54639495e- 312, 2. 58883487e- 312]])
>>>np. matlib. zeros((2,2))
matrix([[0. , 0. ],
        [0. , 0. ]])
>>>np. matlib. ones((2,2))
matrix([[1. , 1. ],
        [1. , 1. ]])
>>>np. matlib. eye(n=3,M=4,k=0,dtype=float)
matrix([[1. , 0. , 0. , 0. ],
        [0. , 1. , 0. , 0. ],
        [0. , 0. , 1. , 0. ]])
>>>np. matlib. identity(5, dtype=float)      #5×5 单位阵,数据类型为浮点型
matrix([[1. , 0. , 0. , 0. , 0. ],
        [0. , 1. , 0. , 0. , 0. ],
        [0. , 0. , 1. , 0. , 0. ],
```

```
            [0. , 0. , 0. , 1. , 0. ],
            [0. , 0. , 0. , 0. , 1. ]])
>>>np. matlib. rand(3,3)      #3×3 随机矩阵
matrix([[0. 1801334 , 0. 08679109, 0. 45991159],
        [0. 78312601, 0. 40392321, 0. 3759384 ],
        [0. 67365951, 0. 4757255 , 0. 28755104]])
>>>i=np. matrix(' 1,2;3,4')
>>>i
matrix([[1, 2],
        [3, 4]])
>>>j=np. asarray(i)         #矩阵转换为 n 维数组 ndarray
>>>j
array([[1, 2],
       [3, 4]])
>>>k=np. asmatrix(j)        #n 维数组 ndarray 转换为矩阵
>>>k
matrix([[1, 2],
        [3, 4]])
>>>a=np. array([[1,2],[3,4]])
>>>a
array([[1, 2],
       [3, 4]])
>>>b=np. array([[11,12],[13,14]])
>>>b
array([[11, 12],
       [13, 14]])
>>>np. dot(a,b)      #点积(行列相乘),计算式为 1*11+2*13=37, 1*12+2*14=40
array([[37, 40],
       [85, 92]])
>>>np. inner(a,b)    #内积(行行相乘), #计算式为 1*11+2*12=35, 1*13+2*14=41
array([[35, 41],
       [81, 95]])
>>>np. vdot(a,b)   #数组展开,计算式为 1*11 + 2*12 + 3*13 + 4*14=130
130
>>>a =np. array( [[1,0],[0,1]])
>>>b=np. array([[4,1],[2,2]])
>>>np. matmul(a,b)
array([[4, 1],
       [2, 2]])
>>>b=np. array( [1,2])
>>>np. matmul(a,b)      #二维和一维运算
array([1, 2])
>>>np. matmul(b,a)      #二维和一维运算
array([1, 2])
>>>a =np. array( [[1,0],[0,1]])
```

```
>>>b=np. array([[4,1],[2,2]])
>>np. matmul(a,b)        #维度大于二的数组
array([1, 2])
>>>np. linalg. det(a)        #矩阵的行列式
1. 0
>>>np. linalg. inv(a)        #计算矩阵的逆矩阵
array([[1., 0.],
       [0., 1.]])
>>>a=np. array([[1,1,1], [0,2,5], [2,5,-1]])
>>>b=np. array([6,-4,27])
>>>x=np. linalg. solve(a,b)        #线性方程组求解,x+y+z=6,2y+5z=-4,2x+5y-z=27
>>>x
array([5., 3., -2.])
```

七、NumPy 字符串函数

NumPy 可以对 dtype 为 numpy. string 或 numpy. unicode 的数组执行向量化字符串操作,其以 Python 内置库中的标准字符串函数为基础(见表 7-8)。

表 7-8　NumPy 字符串数组类函数

函数	描述
char. add ()	对两个数组的逐个字符串元素进行连接
char. multiply ()	返回按元素多重连接后的字符串
char. center (str, width, fillchar)	字符串居中,并使用指定字符在左侧和右侧进行填充。str: 字符串; width: 长度; fillchar: 填充字符
char. capitalize ()	将字符串中的第一个字母转换为大写
char. title ()	将字符串中每个单词的第一个字母转换为大写
char. lower ()	将每个数组元素转换为小写
char. upper ()	将每个数组元素转换为大写
char. split ()	指定分隔符对字符串进行分割,并返回数组列表,默认分隔符为空格
char. splitlines ()	返回元素中的行列表,以换行符作为分隔符来分割字符串,并返回数组,\ n,\ r 都可用作换行符
char. strip ()	移除元素开头或者结尾处的特定字符
char. join ()	通过指定分隔符来连接数组中的元素
char. replace ()	使用新字符串替换字符串中的所有子字符串
char. decode ()	对编码的元素进行 str. decode () 解码
char. encode ()	数组元素依次调用 str. encode,默认编码是 utf-8,可以使用标准 Python 库中的编解码器

【例7-28】NumPy 字符串函数。

```
>>>import numpy as np
>>>np. char. add(['hello'],['xyz'])       #连接两个字符串
array(['helloxyz'], dtype='<U8')
>>>np. char. add(['hello','hi'],['abc','xyz'])
array(['helloabc', 'hixyz'], dtype='<U8')
>>>np. char. multiply('Runoob ',3)
array('Runoob Runoob Runoob ', dtype='<U21')
>>>np. char. center('Runoob', 20,fillchar='*')
array('******* Runoob*******', dtype='<U20')
>>>np. char. capitalize('runoob')
array('Runoob', dtype='<U6')
>>>np. char. title('i like runoob')
array('I Like Runoob', dtype='<U13')
>>>np. char. lower(['RUNOOB','GOOGLE'])
array(['runoob', 'google'], dtype='<U6')
>>>np. char. upper(['runoob','google'])
array(['RUNOOB', 'GOOGLE'], dtype='<U6')
>>>np. char. split ('i like runoob? ')
array(list(['i', 'like', 'runoob? ']), dtype=object)
>>>np. char. split ('www. runoob. com', sep='.')
array(list(['www', 'runoob', 'com']), dtype=object)
>>>np. char. splitlines('i\nlike runoob? ')
array(list(['i', 'like runoob? ']), dtype=object)
>>>np. char. splitlines('i\rlike runoob? ')
array(list(['i', 'like runoob? ']), dtype=object)
>>>np. char. strip('ashok arunooba','a')       #移除数组元素头尾的 a 字符
array('shok arunoob', dtype='<U14')
>>>np. char. strip(['arunooba','admin','java'],'a')
array(['runoob', 'dmin', 'jav'], dtype='<U8')
>>>np. char. join(':','runoob')       #指定多个分隔符操作数组元素
array('r:u:n:o:o:b', dtype='<U11')
>>>np. char. join([':','-'],['runoob','google'])
array(['r:u:n:o:o:b', 'g-o-o-g-l-e'], dtype='<U11')
>>>np. char. replace ('i like runoob', 'oo', 'cc')
array('i like runccb', dtype='<U13')
>>>np. char. encode('runoob', 'cp500')
array(b'\x99\xa4\x95\x96\x96\x82', dtype='|S6')
>>>np. char. encode('runoob')
array(b'runoob', dtype='|S6')
>>>a=np. char. encode('runoob','cp500')
>>>np. char. decode(a,'cp500')
array('runoob', dtype='<U6')
```

八、NumPy 排序、条件筛选函数

NumPy 提供了多种排序和条件筛选的方法（见表 7-9）。

表 7-9　NumPy 排序、条件筛选主要函数

函数	描述
numpy. sort（a, axis, kind, order）	返回输入数组的排序副本。a：要排序的数组；axis = 0：按列排序，axis = 1：按行排序；kind：默认为'quicksort'（快速排序）；order：如果数组包含字段，则是要排序的字段
numpy. argsort （)	返回数组值从小到大的索引值
numpy. lexsort （)	对多个序列进行排序，排序时优先照顾靠后的列
msort （a）	数组按第一个轴排序，相等于 np. sort（a, axis = 0）
sort_complex （a）	对复数按照先实部后虚部的顺序进行排序
partition （a, kth ［, axis, kind, order］）	指定一个数，对数组进行分区
argpartition （a, kth ［, axis, kind, order］）	可以通过关键字 kind，指定算法沿着指定轴对数组进行分区
numpy. argmax （)	沿给定轴返回最大元素的索引
numpy. argmin （)	沿给定轴返回最小元素的索引
numpy. nonzero （)	返回数组中非零元素的索引
numpy. where （)	返回输入数组中满足给定条件的元素的索引
numpy. extract （)	根据某个条件从数组中抽取元素，返回满足条件的元素

【例 7-29】NumPy 排序、条件筛选函数。

```
>>>import numpy as np
>>>a=np. array([[3,7],[9,1]])
>>>a
array([[3, 7],
       [9, 1]])
>>>np. sort(a)        #默认各行升序排
array([[3, 7],
       [1, 9]])
>>>np. sort(a, axis=0)     #行方向各列升序排
array([[3, 1],
       [9, 7]])
>>>y=np. argsort(a)
>>>y
array([[0, 1],
       [1, 0]], dtype=int32)
>>>a[y]        #以排序后的顺序重构原数组
array([[[3, 7],
        [9, 1]],
       [[9, 1],
        [3, 7]]])
```

```
>>>nm=[2,5,6,3]
>>>dv=[6,8,10,4]
>>>(dv,nm)
((6, 8, 10, 4), (2, 5, 6, 3))
>>>ind=np. lexsort((dv,nm))       #先排nm,顺序为2.3.5.6,排序结果为[0,3,1,2]
>>>ind
array([0, 3, 1, 2], dtype=int32)
>>>[[nm[i], dv[i]] for i in ind]      #使用这个索引来获取排序后的数据
[[2, 6], [3, 4], [5, 8], [6, 10]]
>>>np. sort_complex([5,3,6,2,1])
array([1. +0. j,2. +0. j,3. +0. j,5. +0. j,6. +0. j])
>>>np. sort_complex([1+2j,2- 1j,3- 2j,3- 3j,3+5j])
array([1. +2. j,2. - 1. j,3. - 3. j,3. - 2. j,3. +5. j])
>>>a=np. array([8,4,15,10,2,9,12])
>>>np. partition(a,4)     #小于第4个数的在前面,大于第4个数的在后面,元素顺序会改变
array([ 2, 8, 9, 4, 10, 15, 12])
>>>np. partition(a,5)     #小于第5个数的在前面,大于第5个数的在后面
array([ 2, 8, 9, 4, 10, 12, 15])
>>>arr=np. array([46,57,23,39,1,10,0,120])
>>>arr[np. argpartition(arr,2)[2]]      #找到数组的第3小(index=2)值,通过索引[2]取得
10
>>>arr[np. argpartition(arr,- 2)[- 2]]      #找到数组的第2大(index=- 2)值,通过索引[- 2]取得
57
>>>a=np. array([[30,40,70],[80,20,10],[50,90,60]])
>>>np. argmax(a)    #最大元素索引
7
>>a. flatten()      #展开数组
array([30, 40, 70, 80, 20, 10, 50, 90, 60])
>>>np. argmax(a, axis=0)    #各列最大值的索引
array([1, 2, 0], dtype=int32)
>>>np. argmax(a, axis=1)     #各行最大值的索引
array([2, 0, 1], dtype=int32)
>>>np. argmin(a)     #最小元素索引
5
>>a. flatten()[minindex])     #展开数组中的最小值
10
>>>np. argmin(a, axis=0)     #各列最小值的索引
[0 1 1]
>>>np. argmin(a, axis=1)     #各行最小值的索引
array([0, 2, 0], dtype=int32)
>>>a=np. array([[30,40,0],[0,20,10],[50,0,60]])
>>>a
array([[30, 40,  0],
       [ 0, 20, 10],
       [50, 0, 60]])
```

```
>>>np. nonzero (a)        #非零元素索引
(array([0, 0, 1, 1, 2, 2], dtype=int32), array([0, 1, 1, 2, 0, 2], dtype=int32))
>>>y=np. where(a>30)        #大于 30 的元素的索引
>>>y
(array([0, 2, 2], dtype=int32), array([1, 0, 2], dtype=int32))
>>>a[y]        #使用这些索引来获取满足条件的元素
array([40, 50, 60])
>>>condition=np. mod(a,2)==0        #定义条件,选择偶数元素
>>>condition        #按元素的条件值
array([[ True,   True,   True],
       [ True,   True,   True],
       [ True,   True,   True]])
>>>np. extract(condition,a)        #使用条件提取元素
array([30, 40,   0,   0, 20, 10, 50,   0, 60])
```

九、NumPy 位运算

NumPy 以"bitwise_ "开头的函数是位运算函数,NumPy 位运算包括以下几个函数(见表7-10)。

表 7-10   NumPy 位运算函数

函数	描述
numpy. bitwise_ and ()	对数组中整数的二进制形式执行位与运算
numpy. bitwise_ or ()	对数组中整数的二进制形式执行位或运算
numpy. invert ()	按位取反,即0变成1,1变成0。对于有符号整数,取该二进制数的补码,然后+1。二进制数,最高位为0表示正数,最高位为1表示负数
numpy. left_ shift ()	数组元素的二进制形式向左移动到指定位置,右侧附加相等数量的0
numpy. right_ shift ()	数组元素的二进制形式向右移动到指定位置,左侧附加相等数量的0

注: 也可以使用" &"、" ~"、" | " 和" ^"等操作符进行计算。

【例7-30】NumPy 位运算。

```
>>>import numpy as np
>>>a,b=13,17
>>>bin(a),bin(b)        #13 和 17 的二进制形式
('0b1101' , '0b10001')
>>>np. bitwise_and(13,17)        #13 和 17 的位与,0b 1101&0b 10001=0b00001
1
>>>np. bitwise_or(13,17)        #13 和 17 的位或,0b 1101|0b 10001=0b11101
29
>>>np. binary_repr(13,width=8)        #13 的二进制表示
'00001101'
>>>np. invert(np. array([13],dtype=np. uint8))        #13 的位反转 11110010,其中 ndarray 的 dtype 是 uint8
array([242], dtype=uint8)
>>>np. binary_repr(242,width=8)        #242 的二进制表示
```

```
    '11110010'      #比较 13 和 242 的二进制表示,发现了位的反转
    >>>np. binary_repr(- 7,width=8)      #- 7 的二进制表示,7 原码是 10000111 然后取反(最高位是符
号不用取反)得 11111000,加 1 得 11111001
    '11111001'
    >>>np. invert(np. array([ - 7],dtype=np. uint8))      #- 7 的位反转 0000110
    array([6], dtype=uint8)
    >>>np. binary_repr(10,width=8)      #10 的二进制表示
    '00001010'
    >>>np. left_shift(10,2)      # 将 10 左移两位 00101000
    40
    >>>np. right_shift(10,2)      #将 10 右移两位 00000010
    2
```

本章小结

（1）NumPy 属于第三方库，需要安装后才能导入使用。

（2）利用 NumPy 的相关函数可以创建数组，其中的 np. array（）函数用以将列表或元组转换为数组。

（3）可以利用行索引和列索引获取 NumPy 数组中的元素。

（4）可以利用切片的方式获取 NumPy 数组中的元素。

（5）NumPy 提供了一系列函数，可进行数组元素的添加与删除、数组形状修改、数组分割等操作。

（6）NumPy 数组运算包括数组与数值、数组与数组之间的数学运算，以及借助统计函数、三角函数、舍入函数等数学函数而进行的数学运算。

习　题

1. 创建一个长度为 10 的一维全为 0 的数组，然后让第 5 个元素等于 1。

2. 生成一个一维数组，起始值为 5，终点值为 15，样本数为 10 个。

3. 使用 np. random. random 创建一个 10×10 的数组，并打印出最大最小元素。

4. 创建一个长度为 10 的随机数组并排序。

5. 创建一个 5×5 的随机矩阵，并将矩阵归一化到 0~1，即最小值变成 0，最大值变成 1，最小值与最大值之间等比缩放。

6. 创建一个 5×5 随机矩阵 a，通过索引，求其 a [4]，a [：2，3：]，a [3] [2] 分别是多少。

7. 创建 1 个包含 10 个元素的正态分布一维数组。

## 第八章

Python 量化工具——Pandas

Pandas 是基于 NumPy 的数学分析工具，最初是作为金融数据分析工具而被开发出来的，因此，Pandas 为时间序列分析提供了很好的支持。Pandas 的名称来自面板数据（Paneldata）和数据分析（Data analysis）两个名称的缩写。在处理实际的金融数据时，一个条数据通常包含了多种类型的数据。例如，股票的代码是字符串，收盘价是浮点型，而成交量是整型等。在 Python 中，Pandas 包含了高级的数据结构 Series（序列，一维列表）、DataFrame（数据框，二维表）和 Panel（面板，三维表），从而使得在 Python 中处理数据变得非常方便、快速和简单。本章主要介绍 DataFrame 数据结构，并在此基础上进行数据处理。

第一节　Pandas 安装

一、使用 pip 在线安装

Pandas 安装过程与 NumPy 的安装过程类似，在线安装可以点击电脑桌面左下角的开始图标，选择运行，弹出如下命令窗口，输入 cmd（见图 8-1）。

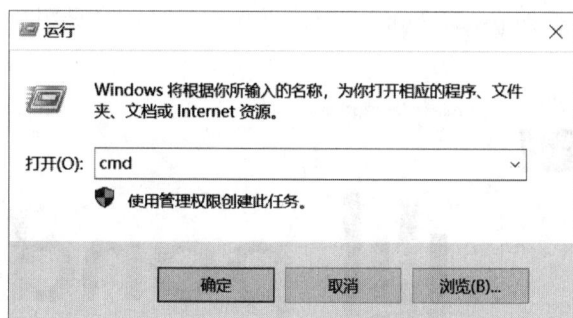

图 8-1　进入 dos 命令窗口

点击【确定】按钮，弹出 dos 命令窗口，输入 pip install pandas，并回车（保持电脑网络连接状态）即可安装（见图 8-2）。

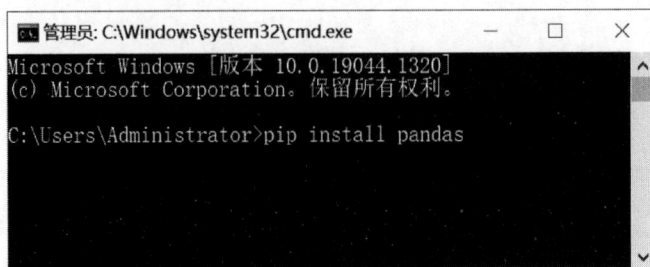

图 8-2　dos 命令窗口

二、下载安装包后离线安装

进入 www. pypi. org，输入 pandas 进行搜索（见图 8-3）。

图 8-3　搜索第三方包

选择最近的版本，如 pandas2.0.3，点击进入如下窗口（见图 8-4）。

图 8-4　pandas 下载导航页面

点击"Download files"，下载适合你电脑的 Python 版本对应的安装文件。例如，电脑上安装的是 Python 3.10 版本、64 位 windows 系统，所以下载的安装包是 pandas-2.0.3-cp310-cp310-win_ amd64.whl（见图 8-5）。

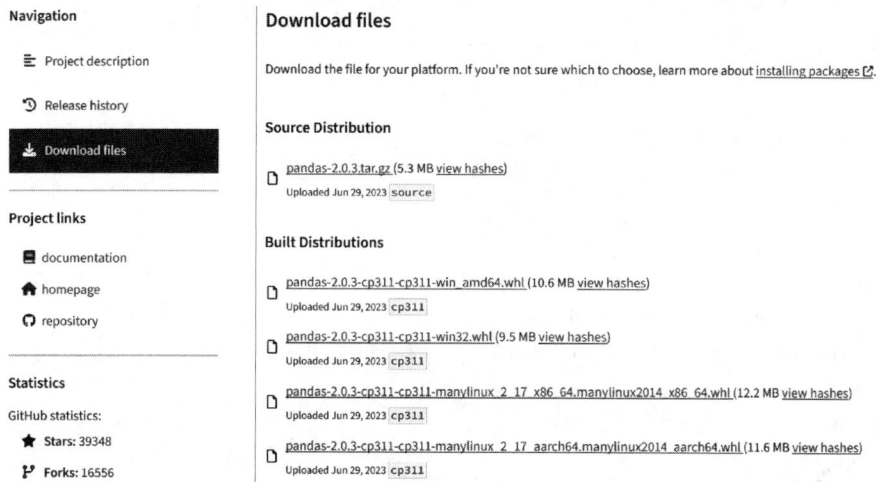

图 8-5　相关操作系统的 pandas 版本

将下载的安装包拷贝到 Python 安装目录下的 scripts 文件夹下（C：\Program Files\Python310\Scripts），然后进入命令窗口，输入 cd C：\Program Files\Python310\Scripts 并回车，改变运行目录，然后输入 pip install pandas-2.0.3-cp310-cp310-win_amd64.whl 并回车，即可安装成功。

第二节　Series 一维数组

Series 是一维数组，与 NumPy 中的一维 array 类似。二者与 Python 基本的数据结构 List 也很相近，其区别是 List 中的元素可以是不同的数据类型，而 array 和 Series 中则只允许存储相同的数据类型，这样可以更有效地使用内存，提高运算效率。Series 类型可以构建索引（index）。

一、Series 的创建

Series 可以使用以下构造函数创建：

```
pandas. Series( data, index, dtype, copy)
```

其中，data：各种形式数据，如 ndarray，list，constants 等。index：索引值必须是唯一的和离散的，与数据的长度相同，默认 np. arange（n）。dtype：数据类型，如果没有，将推断数据类型。copy：复制数据，默认为 false。

【例 8-1】创建一个空的 Series。

```
>>>import pandas as pd
>>>import numpy as np
>>>s=pd. Series()        #创建一个空 Series
```

```
>>>print(s)
Series([ ], dtype: float64)
>>>s=pd. Series([ 1,3,5,7,6,8])        #通过列表创建 Series
>>>s
0    1
1    3
2    5
3    7
4    6
5    8
dtype: int64
>>>data=np. array([ ' a' ,' b' ,' c' ,' d' ])
>>>s=pd. Series(data)        #从 ndarray 创建 Series, 分配从 0 到 len(data)-1 的索引
>>>s
0    a
1    b
2    c
3    d
dtype: object
>>>s=pd. Series(data,index=[ 100,101,102,103])        #自定义索引
>>>s
100    a
101    b
102    c
103    d
dtype: object
>>>data={' a' :0. ,' b' :1. ,' c' :2. }
>>>s=pd. Series(data)        #从字典创建 Series,没有指定索引,字典键用于构建索引
>>>s
a    0. 0
b    1. 0
c    2. 0
dtype: float64
>>>s=pd. Series(data,index=[ ' b' ,' c' ,' d' ,' a' ])        #自定义索引
>>>s
b    1. 0
c    2. 0
d    NaN
a    0. 0
dtype: float64        #索引顺序保持不变,缺少的元素使用 NaN(不是数字)填充
>>>s=pd. Series(data,index=[ ' p' ,' q' ,' r' ,' s' ])        #自定义索引
>>>s
p    NaN
q    NaN
r    NaN
s    NaN
```

```
dtype: float64
>>>s=pd. Series(5,index=[0,1,2,3])      #标量值创建 Series,必须提供索引
>>>s
0    5
1    5
2    5
3    5
dtype: int64
```

二、Series 数据的访问

Series 中的数据可以使用类似于访问 ndarray 中数据的方式来访问。

【例 8-2】访问 Series 中的数据。

```
>>>import pandas as pd
>>>s=pd. Series([1,2,3,4,5],index=['a','b','c','d','e'])
>>s[0]      #检索第一个元素
1
>>>s[:3]      #检索前元素
a    1
b    2
c    3
dtype: int64
>>>s[-3:]        #检索最后三个元素
c    3
d    4
e    5
dtype: int64
>>>s[1:3]        #检索第 2 个、第 3 个元素
b    2
c    3
dtype: int64
>>>s=pd. Series([1,2,3,4,5],index=['a','b','c','d','e'])
>>>s['a']      #通过索引标签获取单个元素
1
>>>s[['a','c','d']]        #通过索引标签获取多个元素
a    1
c    3
d    4
dtype: int64
>>>s['f']      #不包含标签,出现异常
KeyError: 'f'
```

三、Series 的添加、修改、插入

【例 8-3】Series 添加、修改、插入数据。

```
>>>import pandas as pd
>>>s＝pd. Series([1,2,3,4,5])
>>>s2＝pd. Series([3,5])
>>>s＝s. _append(s2)     #添加
>>>s
0    1
1    2
2    3
3    4
4    5
0    3
1    5
dtype: int64
>>>s[0]＝5      #修改第一个元素为5
>>>s
0    5
1    2
2    3
3    4
4    5
0    5
1    5
dtype: int64
>>>s[0:2]＝[1,4]       #修改索引为0和1的两个元素
>>>s
0    1
1    4
2    3
3    4
4    5
0    5
1    5
dtype: int64
```

四、Series 转换为 list

【例 8-4】Series 转换为 list。

```
>>>s＝pd. Series([1,2,3,4,5,6])
>>>s. values. tolist()      # Series 转换为 list,s 未变
[1, 2, 3, 4, 5, 6]
```

五、Series 转换为 dict

【例 8-5】Series 转换为 dict。

```
>>>s=pd. Series([1,2,3,4,5,6])
>>>s. to_dict()      # Series 转换为 dict,s 未变
{0: 1, 1: 2, 2: 3, 3: 4, 4: 5, 5: 6}
```

六、Series 的运算函数

Series 包括一系列运算函数，具体可用 dir（pd. Series）查看 Series 的主要函数。

【例 8-6】Series 主要运算函数。

```
>>>import pandas as pd
>>>dir(pd. Series)      #查看 Series 的运算函数
>>>s=pd. Series([1,2,3,4,5])
>>>s. max()
5
>>>s. cumsum()
0    1
1    3
2    6
3    10
4    15
dtype: int64
>>>s. skew()      #偏度
0. 0
>>>s. skew()
0. 0
>>>s. kurt()    #峰度
- 1. 2000000000000002
>>>s. sum()      #求和
15
>>>s. mean()      #均值
3. 0
>>>s. median()      #中位数
3. 0
>>>s. min()    #最小值
>>>s. std()    #标准差
1. 5811388300841898
>>>s. var()    #方差
2. 5
```

第三节 DataFrame 二维数组

DataFrame 是由一组数据与一对索引（行索引和列索引）组成的表格型数据结构。

一、DataFrame 的创建

【例 8-7】 创建 DataFrame。

```
>>>import pandas as pd
>>>import numpy as np
>>>df=pd. DataFrame()        #创建空的 DataFram
>>>df
Empty DataFrame
Columns: [ ]
Index: [ ]
>>>data=[1,2,3,4,5]
>>>df1=pd. DataFrame(data)        #从列表创建 DataFrame
>>>df1
    0
0   1
1   2
2   3
3   4
4   5
>>>df2=pd. DataFrame(data, columns=[' age' ])        #从列表创建 DataFram,指定列名
>>>df2
    Age
0   1
1   2
2   3
3   4
4   5
>>>data=[[' math' ,80],[' Python' ,75],[' chemistry' ,85]]
>>>df3=pd. DataFrame(data,columns=[' course' ,' score' ])        #从列表创建 DataFram,指定列名
列序
>>>df3
        course      score
0       math        80
1       Python      75
2       chemistry   85
>>>dic={' course' :[' math' ,' Python' ,' chenistry' ],' score' :[ 80,75,85]}
>>>df4=pd. DataFrame(dic)        #使用字典创建 DataFrame
>>>df4
        course      score
0       math        80
1       Python      75
2       chenistry   85
>>>df5=pd. DataFrame(dic,columns=[' score' , ' course' ])        #创建 DataFrame 时指定列序
>>>df5
```

```
      score      course
0     80         math
1     75         Python
2     85         chenistry
>>>ind=['one','two','three']
>>>df6=pd. DataFrame(dic,columns=['score','course'],index=ind)    #指定列序,指定索引
>>>df6
        score      course
one     80         math
two     75         Python
three   85         chenistry
>>>df6. reset_index()      #重置索引,原索引成为新列,新索引从0开始重新编号,df6 未变
       index    score      course
0      one      80         math
1      two      75         Python
2      hree     85         chenistry
>>>df7. drop(columns=['index'],axis=1)     #删除 index 列,df7 未变
       score    course
0      80       math
1      75       Python
2      85       chenistry
>>>data=[{'a':1,'b':2},{'a':5,'b':10,'c':20}]       #通过字典列表创建 DataFrame
>>>df8 = pd. DataFrame(data)
>>>df8
       a        b        c
0      1        2        NaN
1      5        10       20. 0
>>>df9=pd. DataFrame(data,index=['first','second'],columns=['a','b'])     #指定索引
>>>df9
          a        b
first     1        2
second    5        10
#通过系列的字典创建 DataFrame
>>>data={'one':pd. Series([1,2,3],index=['a','b','c']),'two':pd. Series([1,2,3,4],index=['a','b','c','d'])}
>>>df10= pd. DataFrame(data)
>>>df10
          one      two
a         1. 0     1
b         2. 0     2
c         3. 0     3
d         NaN      4
>>>data=pd. DataFrame(np. random. randn(4,4),index=list('0123'),columns=list('ABCD'))
>>>data
```

	A	B	C	D
0	- 0. 787720	- 0. 297187	1. 083184	0. 037822
1	0. 112774	- 1. 817670	0. 462447	- 1. 319018
2	0. 723078	0. 403912	- 0. 093245	1. 436906
3	- 1. 054541	0. 991487	0. 816119	- 0. 567431

二、DataFrame 数据的提取

【例 8-8】 DataFrame 数据的提取。

```
>>>import pandas as pd
>>>import numpy as np
>>>dic = {' course' :[' math' ,' Python' ,' chenistry' ],' score' :[ 80,75,85 ]}
>>>df = pd. DataFrame(dic,columns = [' course' , ' score' ])
>>>df
        course     score
0       math       80
1       Python     75
2       chenistry  85
>>>df[' course' ]        #取 course 列
0       math
1       Python
2       chenistry
Name: course, dtype: object
>>>df[' course' ][ 1 ]        #取 course 列,按索引取出值
' Python'
>>>df[ [' course' , ' score' ] ]        #取 course、score 列
        course     score
0       math       80
1       Python     75
2       chenistry  85
>>>df[ 0: ]        #行切片,索引 0 之后的行,相当于 df 的全部数据,注意冒号是必须的
        course     score
0       math       80
1       Python     75
2       chenistry  85
>>>df[ :2 ]        #行切片,索引 0 到索引 2(不含)之间的数据
        course     score
0       math       80
1       Python     75
>>>df[ 0:1 ]        #行切片,索引 0 到索引 1(不含)之间的数据
        course     score
0       math       80
>>>df[ 1:3 ]        #行切片,索引 1 到索引 3(不含)之间的数据
        course     score
1       Python     75
2       chenistry  85
```

```
>>>df[-1:]        #行切片,索引为-1的行(倒数第一行)
      course        score
2     chenistry     85
>>>df[-2:-1]       #行切片,索引为-2到-1(不含)的行(倒数第二行)
      course        score
1     Python        75
>>>df.loc[0]       #取索引0的行,loc函数能用index或columns来取
course  math
score   80
Name: 0, dtype: object
>>>df.loc[0][1]      #取索引0的行,再按索引取出值
80
>>>df.loc[0:1]       #行切片,取索引0到1(含)的行
      course        score
0     math          80
1     Python        75
>>>df[0:1]       #行切片,取索引0到1(不含)的行
      course        score
0     math          80
>>>df.loc[0:1,'score']        #取索引0到1(含)行的name列
0     80
1     75
Name: score, dtype: int64
>>>df.iloc[0]        #取索引0的行,iloc函数只能用数字索引,不能用索引名
course  math
score   80
Name: 0, dtype: object
>>>df.iloc[1:2]        #取索引1到2(不含)的行,
      course        score
1     Python        75
>>>df
      course        score
0     math          80
1     Python        75
2     chenistry     85
>>>df.iloc[0:2,0:2]        #取行索引0到2(不含),列索引0到2(不含)
      course        score
0     math          80
1     Python        75
>>>df.iloc[[0,2],[1,2]]        #取行索引0到2(不含),列索引1到2(不含),会提示索引超界
>>>df.iloc[[0,2],[0,1]]
      course        score
0     math          80
2     chenistry     85
```

三、DataFrame 值修改

【例 8-9】DataFrame 值修改。

```
>>>import pandas as pd
>>>import numpy as np
>>>dic={' course' :[' math' ,' Python' ,' chenistry' ],' score' :[80,75,85]}
>>>df=pd. DataFrame(dic,columns=[' course' , ' score' ])
>>>df
      course      score
0     math        80
1     Python      75
2     chenistry   85
>>>df. loc[1,' score' ]=65      #修改索引 1 行 age 列的值
>>>df
      course      score
0     math        80
1     Python      65
2     chenistry   85
>>>df. loc[1:2,' score' ]=[30,35]      #修改索引 1 到 2(含)行 age 列的值
>>>df
      course      score
0     math        80
1     Python      30
2     chenistry   35
>>>df. loc[1]=[' English' ,80]      #修改索引 1 行的所有值
>>>df
      course      score
0     math        80
1     English     80
2     chenistry   35
>>>df. loc[1,[' course' ,' score' ]]=[' physics',75]      #修改索引 1 行, course 列值为 math, age 列
值为 75
>>>df
      course      score
0     math        80
1     physics     75
2     chenistry   35
>>>df. iloc[:,1]=[60,70,80]      #修改列索引 1 列的所有值
>>>df
      course      score
0     math        60
1     physics     70
2     chenistry   80
>>>df. iloc[2,1]=50      #修改行索引 2 列索引 1 的单元格
>>>df
```

```
        course      score
0       math        60
1       physics     70
2       chenistry   50
>>>df. iloc[1,:]=['English',75]        #修改一整行
>>>df
        course      score
0       math        60
1       English     75
2       chenistry   50
```

四、DataFrame 添加行或列

【例 8-10】 DataFrame 添加行或列。

```
>>>df=pd. DataFrame([['Snow','M',22],['Tyrion','M',32],['Sansa','F',18],['Arya','F',14]],
columns=['name','gender','age'])
>>>df
            name        gender      age
0           Snow        M           22
1           Tyrion      M           32
2           Sansa       F           18
3           Arya        F           14
#新增列
>>>df['score']=[80,98,67,90]        #增加列的元素个数要与原数据列的个数一样
>>>df
        name    gender    age    score
0       Snow    M         22     80
1       Tyrion  M         32     98
2       Sansa   F         18     67
3       Arya    F         14     90
#新增行,用来增加是数据必须为 DataFrame
>>>new=pd. DataFrame({'name':'lisa','gender':'F','city':'北京','age':19,'score':100},index=[0])
>>>new
        name    gender    city    age    score
0       lisa    F         北京     19     100
>>>df=df._append(new,ignore_index=True)        #若 ignore_index 不为 True,则新数据索引不会重
新排列
>>>df
        name    gender    age    score    city
0       Snow    M         22     80       NaN
1       Tyrion  M         32     98       NaN
2       Sansa   F         18     67       NaN
3       Arya    F         14     90       NaN
4       lisa    F         19     100      北京
```

五、DataFrame 插入行或列

【例 8-11】 DataFrame 插入行或列。

```
>>>df=pd.DataFrame([['Snow','M','北京',22],['Tyrion','M','山西',32],['Sansa','F','湖北',
18],['Arya','F','澳门',14]],columns=['name','gender','city','age'])
>>>df
      name    gender    city    age
0     Snow    M         北京     22
1     Tyrion  M         山西     32
2     Sansa   F         湖北     18
3     Arya    F         澳门     14
#插入行
>>>new=pd.DataFrame({'name':'lisa','gender':'F','city':'北京','age':19},index=[0])
>>>new
      name    gender    city    age
0     lisa    F         北京     19
#对 df 进行切割,如要插入第3行,则前2行为一块,后2行为一块。
>>>above=df.loc[:1]       #取索引0到1(含)的行
>>>below=df.loc[2:]       #取索引2之后的所有行
>>>above
      name    gender    city    age
0     Snow    M         北京     22
1     Tyrion  M         山西     32
>>>below
      name    gender    city    age
2     Sansa   F         湖北     18
3     Arya    F         澳门     14
>>>df2= pd.concat([above, new,below],ignore_index=True)
>>>df2
      name    gender    city    age
0     Snow    M         北京     22
1     Tyrion  M         山西     32
2     lisa    F         北京     19
3     Sansa   F         湖北     18
4     Arya    F         澳门     14
>>>df
      name    gender    city    age
0     Snow    M         北京     22
1     Tyrion  M         山西     32
2     Sansa   F         湖北     18
3     Arya    F         澳门     14
#插入列
>>>df.insert(1,'score',[56,68,70,85])      # score 插入第2列
>>>df
```

	name	score	gender	city	age
0	Snow	56	M	北京	22
1	Tyrion	68	M	山西	32
2	Sansa	70	F	湖北	18
3	Arya	85	F	澳门	14

六、DataFrame 删除行或列

【例 8-12】 DataFrame 删除行或列。

```
>>>import pandas as pd
>>>import numpy as np
>>>dic={' course' :[' math' ,' Python' ,' chenistry' ],' score' :[80,75,85],' grade' : [1,2,3]}
>>>df=pd. DataFrame(dic,columns=[' course' ,' score' ,' grade' ])
>>>df
      course      score      grade
0     math        80         1
1     Python      75         2
2     chenistry   85         3
#删除行
>>>df. drop([1,2],axis=0)     #删除索引为 1、2 的两行(axis=0),df 本身未变
      course      score      grade
0     math        80         1
>>>df
      course      score      grade
0     math        80         1
1     Python      75         2
2     chenistry   85         3
>>>df. drop([1,2],axis=0, inplace=True)     #删除索引为 1、2 的两行(axis=0),df 改变
>>>df
      course      score      grade
0     math        80         1
#删除列
>>>df. drop([' score' ],axis=1)     #删除 score 列(axis=1),df 本身未变
      course      grade
0     math        1
>>>df
      course      score      grade
0     math        80         1
>>>del df[' score' ]     #删除 score 列,df 改变
>>>df
      course      grade
0     math        1
>>>ndf=df. pop(' grade' )     #删除 grade 列,df 本身已改变,并返回给了 ndf
>>>ndf
0     1
```

```
Name: grade, dtype: int64
>>>df
course
0math
```

七、DataFrame 数据的保存、读取和索引

（一）用 pandas 读写 CSV 文件

【例 8-13】用 pandas 读取 CSV。在桌面建立文件名为 600519. csv 的 CSV 格式文件，其中数据如表 8-1 所示。

表 8-1　600519. csv 中的数据

date	open	high	close	low
2019-03-22	788.22	799.98	794.00	785.00
2019-03-21	788.00	792.80	785.75	781.50
2019-03-20	790.00	802.30	792.80	785.00
2019-03-19	803.00	807.92	792.61	792.30
2019-03-18	778.80	814.53	810.09	777.00
2019-03-15	776.00	787.50	777.30	764.85
2019-03-14	757.00	785.00	778.00	754.00

```
>>>import pandas as pd
>>>df=pd. read_csv(r"C:\Users\Administrator\Desktop\600519. csv",parse_dates=["date"])      #
parse_dates 表示将 date 列设置为时间索引
>>>df
        date      open     high     close    low
0 2019-03-22    788.22   799.98   794.00   785.00
1 2019-03-21    788.00   792.80   785.75   781.50
2 2019-03-20    790.00   802.30   792.80   785.00
3 2019-03-19    803.00   807.92   792.61   792.30
4 2019-03-18    778.80   814.53   810.09   777.00
5 2019-03-15    776.00   787.50   777.30   764.85
6 2019-03-14    757.00   785.00   778.00   754.00
>>>df. sort_values("date",inplace=True)      #按 date 升序排,True 为替换原数据
>>>df
        date      open     high     close    low
6 2019-03-14    757.00   785.00   778.00   754.00
5 2019-03-15    776.00   787.50   777.30   764.85
4 2019-03-18    778.80   814.53   810.09   777.00
3 2019-03-19    803.00   807.92   792.61   792.30
2 2019-03-20    790.00   802.30   792.80   785.00
1 2019-03-21    788.00   792.80   785.75   781.50
0 2019-03-22    788.22   799.98   794.00   785.00
```

```
>>>df=pd. read_csv(r"C:\Users\Administrator\Desktop\600519. csv",parse_dates=["date"])
>>>df. sort_values("date",inplace=False)        # inplace=False 排序后原数据不被覆盖
```

	date	open	high	close	low
6	2019 − 03 − 14	757. 00	785. 00	778. 00	754. 00
5	2019 − 03 − 15	776. 00	787. 50	777. 30	764. 85
4	2019 − 03 − 18	778. 80	814. 53	810. 09	777. 00
3	2019 − 03 − 19	803. 00	807. 92	792. 61	792. 30
2	2019 − 03 − 20	790. 00	802. 30	792. 80	785. 00
1	2019 − 03 − 21	788. 00	792. 80	785. 75	781. 50
0	2019 − 03 − 22	788. 22	799. 98	794. 00	785. 00

```
>>>df
```

	date	open	high	close	low
0	2019 − 03 − 22	788. 22	799. 98	794. 00	785. 00
1	2019 − 03 − 21	788. 00	792. 80	785. 75	781. 50
2	2019 − 03 − 20	790. 00	802. 30	792. 80	785. 00
3	2019 − 03 − 19	803. 00	807. 92	792. 61	792. 30
4	2019 − 03 − 18	778. 80	814. 53	810. 09	777. 00
5	2019 − 03 − 15	776. 00	787. 50	777. 30	764. 85
6	2019 − 03 − 14	757. 00	785. 00	778. 00	754. 00

```
>>>df. set_index("open",inplace=True)        #重新设置 open 列为索引,inplace=True 替换原数据
>>>df
```

	date	high	close	low
open				
788. 22	2019 − 03 − 22	799. 98	794. 00	785. 00
788. 00	2019 − 03 − 21	792. 80	785. 75	781. 50
790. 00	2019 − 03 − 20	802. 30	792. 80	785. 00
803. 00	2019 − 03 − 19	807. 92	792. 61	792. 30
778. 80	2019 − 03 − 18	814. 53	810. 09	777. 00
776. 00	2019 − 03 − 15	787. 50	777. 30	764. 85
757. 00	2019 − 03 − 14	785. 00	778. 00	754. 00

```
>>>df. sort_values("open",inplace=True)
>>>df
```

	date	high	close	low
open				
757. 00	2019 − 03 − 14	785. 00	778. 00	754. 00
776. 00	2019 − 03 − 15	787. 50	777. 30	764. 85
778. 80	2019 − 03 − 18	814. 53	810. 09	777. 00
788. 00	2019 − 03 − 21	792. 80	785. 75	781. 50
788. 22	2019 − 03 − 22	799. 98	794. 00	785. 00
790. 00	2019 − 03 − 20	802. 30	792. 80	785. 00
803. 00	2019 − 03 − 19	807. 92	792. 61	792. 30

【例 8 − 14】 用 pandas 写入 CSV。

```
>>>import pandas as pd
>>>data=[2019 − 3 − 14, 757, 785, 778, 754]
```

```
>>>df=pd. read_csv(r"C:\Users\Administrator\Desktop\600519. csv",parse_dates=["date"])
>>>df. loc[1,:]=data
>>>df. to_csv(r"C:\Users\Administrator\Desktop\600519. csv",ignore_index=True)#保存至桌面
```

pandas 写入 CSV 没有直接插入行的方法，只能将 CSV 文件上下分割，然后拼接。

（二）用 pandas 读写 Excel

【例 8-15】用 pandas 读 Excel。

```
>>>import pandas as pd
>>>df=pd. read_excel(r"C:\Users\Administrator\Desktop\600519. xlsx",parse_dates=["date"])
#parse_dates 表示将 date 列设置为时间索引,如果提示需要安装 openpyxl,请用 pip 安装 openpyxl
>>>df
          date      open      high      close     low
0  2019 - 03 - 22   788. 22   799. 98   794. 00   785. 00
1  2019 - 03 - 21   788. 00   792. 80   785. 75   781. 50
2  2019 - 03 - 20   790. 00   802. 30   792. 80   785. 00
3  2019 - 03 - 19   803. 00   807. 92   792. 61   792. 30
4  2019 - 03 - 18   778. 80   814. 53   810. 09   777. 00
5  2019 - 03 - 15   776. 00   787. 50   777. 30   764. 85
6  2019 - 03 - 14   757. 00   785. 00   778. 00   754. 00
```

八、DataFrame 的数据合并

Pandas 提供了大量的方法能够对 Series、DataFrame 和 Panel 对象进行符合各种逻辑关系的合并操作，以下主要介绍四个常用操作。

concat 函数：可以沿一条轴将多个对象堆叠到一起。

append 函数：将一行连接到一个 DataFrame 上。

merge 函数：将不同数据集依照某些字段（属性）进行合并操作。

duplicated 函数：移除重复数据。

【例 8-16】DataFrame 数据合并。

```
>>>import pandas as pd
>>>import numpy as np
>>>df1=pd. DataFrame({'a':[1,2],'b':[3,4],'x':[5,6]})
>>>df1
   a  b  x
0  1  3  5
1  2  4  6
>>>df2=pd. DataFrame({'a':[1,2,3],'b':[3,4,5],'y':[6,7,8]})
>>>df2
   a  b  y
0  1  3  6
1  2  4  7
2  3  5  8
>>>pd. concat([df1,df2],axis=1)      #按索引横向拼接,如果 index 对不上,则会用 NaN 来填充
```

```
      a     b     x    a  b  y
0   1.0   3.0   5.0   1  3  6
1   2.0   4.0   6.0   2  4  7
2   NaN   NaN   NaN   3  5  8
```
>>>pd. concat([df1, df2], axis=1, join=' inner')   #合并交集
```
   a  b  x  a  b  y
0  1  3  5  1  3  6
1  2  4  6  2  4  7
```
>>>d=pd. Series([9, 9], name=' z')
>>>pd. concat([df1, z], axis=1)   # 将序列加到新列
```
   a  b  x  z
0  1  3  5  9
1  2  4  6  9
```
>>>df1
```
   a  b  x
0  1  3  5
1  2  4  6
```
>>>df2
```
   a  b  y
0  1  3  6
1  2  4  7
2  3  5  8
```
>>>pd. concat([df1, df2])   #纵向拼接,多个 DataFrame 合并
```
   x   y   z
   a  b  x     y
0  1  3  5.0   NaN
1  2  4  6.0   NaN
0  1  3  NaN   6.0
1  2  4  NaN   7.0
2  3  5  NaN   8.0
```
>>>pd. concat([df1, df2]). reset_index()   #重置索引,原来的 index 变成数据列,保留在数据框中,不想保留原来的 index 的话,可以使用参数 drop=True,默认 False
```
   index  a  b  x     y
0    0    1  3  5.0   NaN
1    1    2  4  6.0   NaN
2    0    1  3  NaN   6.0
3    1    2  4  NaN   7.0
4    2    3  5  NaN   8.0
```
>>>pd. merge(df1, df2, left_index=True, right_index=True)   #根据左表和右表的共有索引进行连接
```
   a_x  b_x  x  a_y  b_y  y
0   1    3   5   1    3   6
1   2    4   6   2    4   7
```
>>>pd. merge(df3, df4, on=[' a' ,' b'])   #根据指定的关键词进行共有连接

```
     a  b  x  y
0  1  3  5  6
1  2  4  6  7
>>>pd. merge(df3, df4,how=' left' )     #以左表为基表
     a  b  x  y
0  1  3  5  6
1  2  4  6  7
>>>pd. merge(df3, df4,how=' right' )        #以右表为基表
     a  b   x  y
0  1  3  5.0  6
1  2  4  6.0  7
2  3  5  NaN  8
>>>df1. combine(df2, lambda s1, s2: np. where(s1>s2, s1, s2))      #返回 s1 和 s2 对应位置上的较
大值
     a    b    x    y
0  1.0  3.0  NaN  6
1  2.0  4.0  NaN  7
2  3.0  5.0  NaN  8
```

九、DataFrame 的运算函数

DataFrame 包括一系列运算函数，可用 dir（pd. DataFrame）查看 DataFrame 的主要函数。

【例 8-17】DataFrame 的运算函数。

```
>>>import pandas as pd
>>>import numpy as np
>>>dir(pd. DataFrame)      #查看 DataFrame 的函数
>>>data= {
         ' date' :pd. date_range(' 20230101' ,periods=10),
         ' open' :np. random. randint(10,20,size=10),
         ' close' :np. random. randint(10,20,size=10),
         ' volume' :np. random. randint(150,180,size=10)
     }    #随机产生 20230101 开始 10 个周期的 open,close,volume
>>>df=pd. DataFrame(data)
>>>df
         date     open  close  volume
0 2023－01－01     15     18    153
1 2023－01－02     16     15    157
2 2023－01－03     12     19    170
3 2023－01－04     15     19    157
4 2023－01－05     15     14    165
5 2023－01－06     14     12    165
6 2023－01－07     11     17    158
7 2023－01－08     16     11    172
8 2023－01－09     18     10    171
9 2023－01－10     13     12    157
```

```
>>>df['change']=df['close'].pct_change(periods=1)        #计算价格涨幅
>>>df
```

	date	open	close	volume	change
0	2023 – 01 – 01	15	18	153	NaN
1	2023 – 01 – 02	16	15	157	– 0. 166667
2	2023 – 01 – 03	12	19	170	0. 266667
3	2023 – 01 – 04	15	19	157	0. 000000
4	2023 – 01 – 05	15	14	165	– 0. 263158
5	2023 – 01 – 06	14	12	165	– 0. 142857
6	2023 – 01 – 07	11	17	158	0. 416667
7	2023 – 01 – 08	16	11	172	– 0. 352941
8	2023 – 01 – 09	18	10	171	– 0. 090909
9	2023 – 01 – 10	13	12	157	0. 200000

```
>>>df['change_shift_1']=df['change'].shift(-1)        #价格涨幅列向上平移一行
>>>df
```

	date	open	close	volume	change	change_shift_1
0	2023 – 01 – 01	15	18	153	NaN	– 0. 166667
1	2023 – 01 – 02	16	15	157	– 0. 166667	0. 266667
2	2023 – 01 – 03	12	19	170	0. 266667	0. 000000
3	2023 – 01 – 04	15	19	157	0. 000000	– 0. 263158
4	2023 – 01 – 05	15	14	165	– 0. 263158	– 0. 142857
5	2023 – 01 – 06	14	12	165	– 0. 142857	0. 416667
6	2023 – 01 – 07	11	17	158	0. 416667	– 0. 352941
7	2023 – 01 – 08	16	11	172	– 0. 352941	– 0. 090909
8	2023 – 01 – 09	18	10	171	– 0. 090909	0. 200000
9	2023 – 01 – 10	13	12	157	0. 200000	NaN

```
>>>bins=[-10000,0,10000]        #设置价格涨幅分割区间,下跌(-1000,0],上涨(0,1000]
>>>df['changegroup']=pd.cut(df['change_shift_1'],bins,labels=[1,2])        #上涨为第1组,下跌
为第2组
>>>df
```

	date	open	close	volume	change	change_shift_1	changegroup
0	2023 – 01 – 01	15	18	153	NaN	– 0. 166667	1
1	2023 – 01 – 02	16	15	157	– 0. 166667	0. 266667	2
2	2023 – 01 – 03	12	19	170	0. 266667	0. 000000	1
3	2023 – 01 – 04	15	19	157	0. 000000	– 0. 263158	1
4	2023 – 01 – 05	15	14	165	– 0. 263158	– 0. 142857	1
5	2023 – 01 – 06	14	12	165	– 0. 142857	0. 416667	2
6	2023 – 01 – 07	11	17	158	0. 416667	– 0. 352941	1
7	2023 – 01 – 08	16	11	172	– 0. 352941	– 0. 090909	1
8	2023 – 01 – 09	18	10	171	– 0. 090909	0. 200000	2
9	2023 – 01 – 10	13	12	157	0. 200000	NaN	NaN

```
>>>df1=df.dropna()        #删除有缺失值的行,但df本身没变
>>>df1
```

	date	open	close	volume	change	change_shift_1	changegroup
1	2023 − 01 − 02	16	15	157	− 0. 166667	0. 266667	2
2	2023 − 01 − 03	12	19	170	0. 266667	0. 000000	1
3	2023 − 01 − 04	15	19	157	0. 000000	− 0. 263158	1
4	2023 − 01 − 05	15	14	165	− 0. 263158	− 0. 142857	1
5	2023 − 01 − 06	14	12	165	− 0. 142857	0. 416667	2
6	2023 − 01 − 07	11	17	158	0. 416667	− 0. 352941	1
7	2023 − 01 − 08	16	11	172	− 0. 352941	− 0. 090909	1
8	2023 − 01 − 09	18	10	171	− 0. 090909	0. 200000	2

```
>>>df['close_shift_down']=df['close'].shift(1)    #收盘价向下平移一行
>>>df
```

	date	open	close	...	change_shift_1	changegroup	close_shift_down
0	2023 − 01 − 01	15	18	...	− 0. 166667	1	NaN
1	2023 − 01 − 02	16	15	...	0. 266667	2	18. 0
2	2023 − 01 − 03	12	19	...	0. 000000	1	15. 0
3	2023 − 01 − 04	15	19	...	− 0. 263158	1	19. 0
4	2023 − 01 − 05	15	14	...	− 0. 142857	1	19. 0
5	2023 − 01 − 06	14	12	...	0. 416667	2	14. 0
6	2023 − 01 − 07	11	17	...	− 0. 352941	1	12. 0
7	2023 − 01 − 08	16	11	...	− 0. 090909	1	17. 0
8	2023 − 01 − 09	18	10	...	0. 200000	2	11. 0
9	2023 − 01 − 10	13	12	...	NaN	NaN	10. 0

```
>>>df.set_index('date')    #设置日期为索引
```

date	open	close	volume	...	change_shift_1	changegroup	close _shift_down
				...			
2023 − 01 − 01	15	18	153	...	− 0. 166667	1	NaN
2023 − 01 − 02	16	15	157	...	0. 266667	2	18. 0
2023 − 01 − 03	12	19	170	...	0. 000000	1	15. 0
2023 − 01 − 04	15	19	157	...	− 0. 263158	1	19. 0
2023 − 01 − 05	15	14	165	...	− 0. 142857	1	19. 0
2023 − 01 − 06	14	12	165	...	0. 416667	2	14. 0
2023 − 01 − 07	11	17	158	...	− 0. 352941	1	12. 0
2023 − 01 − 08	16	11	172	...	− 0. 090909	1	17. 0
2023 − 01 − 09	18	10	171	...	0. 200000	2	11. 0
2023 − 01 − 10	13	12	157	...	NaN	NaN	10. 0

```
>>>corr=df.corr()[u'close']    #close 与其他列的相关系数
>>>corr
date                 − 0. 739160
open                 − 0. 497571
close                  1. 000000
volume               − 0. 487778
change                 0. 538255
change_shift_1       − 0. 559463
changegroup          − 0. 577350
close_shift_down       0. 383065
```

```
>>>df=df. drop(['change','change_shift_1','changegroup','close_shift_down'],axis=1)     #删除
```
有关列
```
>>>df['rolling_sum']=df['volume'].rolling(3).sum()     # volume 列的滚动 3 日的累计值
>>>df
```

	date	open	close	volume	rolling_sum
0	2023 − 01 − 01	15	18	153	NaN
1	2023 − 01 − 02	16	15	157	NaN
2	2023 − 01 − 03	12	19	170	480. 0
3	2023 − 01 − 04	15	19	157	484. 0
4	2023 − 01 − 05	15	14	165	492. 0
5	2023 − 01 − 06	14	12	165	487. 0
6	2023 − 01 − 07	11	17	158	488. 0
7	2023 − 01 − 08	16	11	172	495. 0
8	2023 − 01 − 09	18	10	171	501. 0
9	2023 − 01 − 10	13	12	157	500. 0

```
>>>df['rolling_mean']=df['volume'].rolling(3).mean()     # volume 列的滚动 3 日的平均值
>>>df
```

	date	open	close	volume	rolling_sum	rolling_mean
0	2023 − 01 − 01	15	18	153	NaN	NaN
1	2023 − 01 − 02	16	15	157	NaN	NaN
2	2023 − 01 − 03	12	19	170	480. 0	160. 000000
3	2023 − 01 − 04	15	19	157	484. 0	161. 333333
4	2023 − 01 − 05	15	14	165	492. 0	164. 000000
5	2023 − 01 − 06	14	12	165	487. 0	162. 333333
6	2023 − 01 − 07	11	17	158	488. 0	162. 666667
7	2023 − 01 − 08	16	11	172	495. 0	165. 000000
8	2023 − 01 − 09	18	10	171	501. 0	167. 000000
9	2023 − 01 − 10	13	12	157	500. 0	166. 666667

```
>>>df['rolling_var']=df['volume'].rolling(5).var()     # volume 列的滚动 5 日的样本方差
>>>df
```

	date	open	close	volume	rolling_sum	rolling_mean	rolling_var
0	2023 − 01 − 01	15	18	153	NaN	NaN	NaN
1	2023 − 01 − 02	16	15	157	NaN	NaN	NaN
2	2023 − 01 − 03	12	19	170	480. 0	160. 000000	NaN
3	2023 − 01 − 04	15	19	157	484. 0	161. 333333	NaN
4	2023 − 01 − 05	15	14	165	492. 0	64. 000000	47. 8
5	2023 − 01 − 06	14	12	165	487. 0	162. 333333	32. 2
6	2023 − 01 − 07	11	17	158	488. 0	162. 666667	29. 5
7	2023 − 01 − 08	16	11	172	495. 0	165. 000000	37. 3
8	2023 − 01 − 09	18	10	171	501. 0	167. 000000	31. 7
9	2023 − 01 − 10	13	12	157	500. 0	166. 666667	49. 3

```
>>>df['rolling_std']=df['volume'].rolling(5).std()     # volume 列的滚动 5 日的样本标准差
>>>df
```

	date	open	close	⋯	rolling_mean	rolling_var	rolling_std
0	2023 − 01 − 01	15	18	⋯	NaN	NaN	NaN
1	2023 − 01 − 02	16	15	⋯	NaN	NaN	NaN
2	2023 − 01 − 03	12	19	⋯	160. 000000	NaN	NaN
3	2023 − 01 − 04	15	19	⋯	161. 333333	NaN	NaN
4	2023 − 01 − 05	15	14	⋯	164. 000000	47. 8	6. 913754
5	2023 − 01 − 06	14	12	⋯	162. 333333	32. 2	5. 674504
6	2023 − 01 − 07	11	17	⋯	162. 666667	29. 5	5. 431390
7	2023 − 01 − 08	16	11	⋯	165. 000000	37. 3	6. 107373
8	2023 − 01 − 09	18	10	⋯	167. 000000	31. 7	5. 630275
9	2023 − 01 − 10	13	12	⋯	166. 666667	49. 3	7. 021396

```
>>>df['open_close_corr']=df['open'].rolling(5).corr(df['close'])    #open 与 close 滚动 5 日相
```
关系数
```
>>>df
```

	date	open	close	⋯	rolling_var	rolling_std	open_close_corr
0	2023 − 01 − 01	15	18	⋯	NaN	NaN	NaN
1	2023 − 01 − 02	16	15	⋯	NaN	NaN	NaN
2	2023 − 01 − 03	12	19	⋯	NaN	NaN	NaN
3	2023 − 01 − 04	15	9	⋯	NaN	NaN	NaN
4	2023 − 01 − 05	15	4	⋯	47. 8	6. 913754	− 0. 562322
5	2023 − 01 − 06	14	12	⋯	32. 2	5. 674504	− 0. 349329
6	2023 − 01 − 07	11	17	⋯	29. 5	5. 431390	− 0. 326986
7	2023 − 01 − 08	16	11	⋯	37. 3	6. 107373	− 0. 409832
8	2023 − 01 − 09	18	10	⋯	31. 7	5. 630275	− 0. 911924
9	2023 − 01 − 10	13	12	⋯	49. 3	7. 021396	− 0. 883562

```
>>>df=df.drop(['rolling_sum','rolling_mean','rolling_var','rolling_std','open_close_corr'],axis=1)
>>>df
```

	date	open	close	volume
0	2023 − 01 − 01	15	18	153
1	2023 − 01 − 02	16	15	157
2	2023 − 01 − 03	12	19	170
3	2023 − 01 − 04	15	19	157
4	2023 − 01 − 05	15	14	165
5	2023 − 01 − 06	14	12	165
6	2023 − 01 − 07	11	17	158
7	2023 − 01 − 08	16	11	172
8	2023 − 01 − 09	18	10	171
9	2023 − 01 − 10	13	12	157

```
>>>df.describe()        #描述统计,输出的是 DataFrame 格式的统计量
```

	date	open	close	volume
count	10	10.000000	10.00000	10.000000
mean	2023 − 01 − 05 12:00:00	14.500000	14.70000	162.500000
min	2023 − 01 − 01 00:00:00	11.000000	10.00000	153.000000
25%	2023 − 01 − 03 06:00:00	13.250000	12.00000	157.000000
50%	2023 − 01 − 05 12:00:00	15.000000	14.50000	161.500000
75%	2023 − 01 − 07 18:00:00	15.750000	17.75000	168.750000
max	2023 − 01 − 10 00:00:00	18.000000	19.00000	172.000000
std	NaN	2.068279	3.40098	6.932211

```
>>>[column for column in df]      #获取列名
['date', 'open', 'close', 'volume']
>>>df.columns.tolist()      #获取列名
['date', 'open', 'close', 'volume']
>>>list(df)      #获取列名
['date', 'open', 'close', 'volume']
>>>df
```

	date	open	close	volume
0	2023 − 01 − 01	15	18	153
1	2023 − 01 − 02	16	15	157
2	2023 − 01 − 03	12	19	170
3	2023 − 01 − 04	15	19	157
4	2023 − 01 − 05	15	14	165
5	2023 − 01 − 06	14	12	165
6	2023 − 01 − 07	11	17	158
7	2023 − 01 − 08	16	11	172
8	2023 − 01 − 09	18	10	171
9	2023 − 01 − 10	13	12	157

```
>>>df.drop(['date'],axis=1).corr()      #删除非数字列后计算相关系数
```

	open	close	volume
open	1.000000	− 0.497571	0.259610
close	− 0.497571	1.000000	− 0.487778
volume	0.259610	− 0.487778	1.000000

```
>>>df.corr().loc["open","close"]      #用列名获取 open 与 close 的相关系数
− 0.4975707295068043
>>>df.corr().iloc[0,1]      #用索引获取 open 与 close 的相关系数
0.026615456534960048
>>>df.drop(['date'],axis=1).cov()      #计算协方差
```

	open	close	volume
open	4.277778	− 3.500000	3.722222
close	− 3.500000	11.566667	− 11.500000
volume	3.722222	− 11.500000	48.055556

```
>>>df.cummax()      #累比最大值
```

```
          date      open    close    volume
0 2023 − 01 − 01     15      18       153
1 2023 − 01 − 02     16      18       157
2 2023 − 01 − 03     16      19       170
3 2023 − 01 − 04     16      19       170
4 2023 − 01 − 05     16      19       170
5 2023 − 01 − 06     16      19       170
6 2023 − 01 − 07     16      19       170
7 2023 − 01 − 08     16      19       172
8 2023 − 01 − 09     18      19       172
9 2023 − 01 − 10     18      19       172
>>>df. max()     #各列最大值
date        2023 − 01 − 10 00:00:00
open                         18
close                        19
volume                     1726
>>>df. cummin()     #累比最小值
          date      open    close    volume
0 2023 − 01 − 01     15      18       153
1 2023 − 01 − 01     15      15       153
2 2023 − 01 − 01     12      15       153
3 2023 − 01 − 01     12      15       153
4 2023 − 01 − 01     12      14       153
5 2023 − 01 − 01     12      12       153
6 2023 − 01 − 01     11      12       153
7 2023 − 01 − 01     11      11       153
8 2023 − 01 − 01     11      10       153
9 2023 − 01 − 01     11      10       153
>>>df[ "open"]. cumsum()     #某列累计和
0       15
1       31
2       43
3       58
4       73
5       87
6       98
7      114
8      132
9      145
df[ [ "open",' close' ] ]. cumsum()     #若干列累计求和
     open   close
0     15      18
1     31      33
2     43      52
3     58      71
```

4	73	85
5	87	97
6	98	114
7	114	125
8	132	135
9	145	147

```
>>>df["open"]. cumprod()     #某列累计乘积
```

0	15
1	240
2	2880
3	43200
4	648000
5	9072000
6	99792000
7	1596672000
8	-1324675072	#数据超出 pandas 所能表达的范围,得到错误结果
9	-40906752

```
>>>df["open"]. astype(' float'). cumprod()     #转换为浮点型数据再计算累计成绩
```

0	1. 500000e+01
1	2. 400000e+02
2	2. 880000e+03
3	4. 320000e+04
4	6. 480000e+05
5	9. 072000e+06
6	9. 979200e+07
7	1. 596672e+09
8	2. 874010e+10
9	3. 736212e+11

```
>>>df[["open",' close']]. astype(' float'). cumprod()     #多列数据累计乘积
```

	open	close
0	1. 500000e+01	1. 800000e+01
1	2. 400000e+02	2. 700000e+02
2	2. 880000e+03	5. 130000e+03
3	4. 320000e+04	9. 747000e+04
4	6. 480000e+05	1. 364580e+06
5	9. 072000e+06	1. 637496e+07
6	9. 979200e+07	2. 783743e+08
7	1. 596672e+09	3. 062118e+09
8	2. 874010e+10	3. 062118e+10
9	3. 736212e+11	3. 674541e+11

```
>>>df. diff(periods=1,axis=0)     #本行(列)减去上 periods 行(列)的差分,axis=0 为行,1 为列
```

	date	open	close	volume
0	NaT	NaN	NaN	NaN
1	1 days	1.0	−3.0	4.0
2	1 days	−4.0	4.0	13.0
3	1 days	3.0	0.0	−13.0
4	1 days	0.0	−5.0	8.0
5	1 days	−1.0	−2.0	0.0
6	1 days	−3.0	5.0	−7.0
7	1 days	5.0	−6.0	14.0
8	1 days	2.0	−1.0	−1.0
9	1 days	−5.0	2.0	−14.0

```
>>>df.diff(periods=1,axis=0).dropna()    #删除存在 NaN 的行,df 本身没变
```

	date	open	close	volume
1	1 days	1.0	−3.0	4.0
2	1 days	−4.0	4.0	13.0
3	1 days	3.0	0.0	−13.0
4	1 days	0.0	−5.0	8.0
5	1 days	−1.0	−2.0	0.0
6	1 days	−3.0	5.0	−7.0
7	1 days	5.0	−6.0	14.0
8	1 days	2.0	−1.0	−1.0
9	1 days	−5.0	2.0	−14.0

```
>>>df["open"].diff(periods=1)
```

0	NaN
1	1.0
2	−4.0
3	3.0
4	0.0
5	−1.0
6	−3.0
7	5.0
8	2.0
9	−5.0

```
>>>df.drop(['date'],axis=1).divide(5)    #所有元素除以 5
```

	open	close	volume
0	3.0	3.6	30.6
1	3.2	3.0	31.4
2	2.4	3.8	34.0
3	3.0	3.8	31.4
4	3.0	2.8	33.0
5	2.8	2.4	33.0
6	2.2	3.4	31.6
7	3.2	2.2	34.4
8	3.6	2.0	34.2
9	2.6	2.4	31.4

```
>>>df.head(2)    #显示前 2 行
```

	date	open	close	volume
0	2023 − 01 − 01	15	18	153
1	2023 − 01 − 02	16	15	157

```
>>>ndf= df. drop(['date'],axis=1)      #只保留数值列
>>>ndf
```

	open	close	volume
0	15	18	153
1	16	15	157
2	12	19	170
3	15	19	157
4	15	14	165
5	14	12	165
6	11	17	158
7	16	11	172
8	18	10	171
9	13	12	157

```
>>>ndf. skew(axis=0)     #行方向求各列偏度
open      − 0. 188374
close       0. 045757
volume      0. 198871
>>>ndf. kurt(axis=0)     #行方向求各列峰度
open      − 0. 109727
close     − 1. 709139
volume    − 1. 701753
>>>ndf. kurt(axis=0)[1]     #取 close 的峰度
− 1. 709138970390205
>>>ndf. kurt(axis=0)     #行方向求各列峰度
open      − 0. 109727
close     − 1. 709139
volume    − 1. 701753
>>>ndf. mean()     #各列均值
open      14. 5
close     14. 7
volume    162. 5
>>>(ndf − ndf. mean()). abs()     #绝对偏差
```

	open	close	volume
0	0. 5	3. 3	9. 5
1	1. 5	0. 3	5. 5
2	2. 5	4. 3	7. 5
3	0. 5	4. 3	5. 5
4	0. 5	0. 7	2. 5
5	0. 5	2. 7	2. 5
6	3. 5	2. 3	4. 5
7	1. 5	3. 7	9. 5
8	3. 5	4. 7	8. 5
9	1. 5	2. 7	5. 5

```
>>>(ndf - ndf. mean()). abs(). mean()        #平均绝对离差
open        1.6
close       2.9
volume      6.1
>>>ndf. where(df['close']>15)
     open    close   volume
0    15.0    18.0    153.0
1    NaN     NaN     NaN
2    12.0    19.0    170.0
3    15.0    19.0    157.0
4    NaN     NaN     NaN
5    NaN     NaN     NaN
6    11.0    17.0    158.0
7    NaN     NaN     NaN
8    NaN     NaN     NaN
9    NaN     NaN     NaN
>>>ndf. mask(df['close']>15)
     Open    close   volume
0    NaN     NaN     NaN
1    16.0    15.0    157.0
2    NaN     NaN     NaN
3    NaN     NaN     NaN
4    15.0    14.0    165.0
5    14.0    12.0    165.0
6    NaN     NaN     NaN
7    16.0    11.0    172.0
8    18.0    10.0    171.0
9    13.0    12.0    157.0
>>>ndf. max()      #各列最大值
open        18
close       19
volume      172
>>>ndf. max(axis=1, skipna=True)      #列方向求各行最大值
0      153
1      157
2      170
3      157
4      165
5      165
6      158
7      172
8      171
9      157
>>>ndf. median()      #各列中位数
```

```
open      15.0
close     14.5
volume    161.5
>>>ndf. mod(3)        #除 3 的余数
     open   close   volume
0    0      0        0
1    1      0        1
2    0      1        2
3    0      1        1
4    0      2        0
5    2      0        0
6    2      2        2
7    1      2        1
8    0      1        0
9    1      0        1
>>>ndf['sum_open_close']=ndf['open']+ndf['close']         #计算 open+close,作为新列的 sum_
open_close
>>>ndf
     open   close   volume   sum_open_close
0    15     18      153          33
1    16     15      157          31
2    12     19      170          31
3    15     19      157          34
4    15     14      165          29
5    14     12      165          26
6    11     17      158          28
7    16     11      172          27
8    18     10      171          28
9    13     12      157          25
>>>ndf. drop(['sum_open_close'],axis=1,inplace=True)       #True 表示改变原数据
>>>ndf
     open   close   volume
0    15     18      153
1    16     15      157
2    12     19      170
3    15     19      157
4    15     14      165
5    14     12      165
6    11     17      158
7    16     11      172
8    18     10      171
9    13     12      157
>>>ndf. quantile(0.1)        #各列的 10%分位数
open      11.9
close     10.9
volume    156.6
```

```
>>>ndf. quantile([0. 1,0. 3,0. 6])
     open    close    volume
0. 1    11. 9    10. 9    156. 6
0. 3    13. 7    12. 0    157. 0
0. 6    15. 0    15. 8    165. 0
>>>ndf. open. quantile(0. 1)     #open 列 10% 分位数
11. 9
>>>df. open. quantile([0. 1,0. 3,0. 6])
0. 1      11. 9
0. 3      13. 7
0. 6      15. 0
>>>ndf. astype(' float' ). product(axis = 1, skipna = True)     #各列连乘积,先转换为 float 防止数据
溢出
0      41310. 0
1      37680. 0
2      38760. 0
3      44745. 0
4      34650. 0
5      27720. 0
6      29546. 0
7      30272. 0
8      30780. 0
9      24492. 0
>>>ndf. astype(' float' ). product(axis = 0, skipna = True)     #各行连乘积
open        3. 736212e+11
close       3. 674541e+11
volume      1. 273470e+22
>>>ndf. sort_index()     #按索引升序排列
     open    close    volume
0     15     18     153
1     16     15     157
2     12     19     170
3     15     19     157
4     15     14     165
5     14     12     165
6     11     17     158
7     16     11     172
8     18     10     171
9     13     12     157
>>>ndf. sort_values(by = "open")     #按 open 升序
     open    close    volume
6     11     17     158
2     12     19     170
9     13     12     157
5     14     12     165
0     15     18     153
```

3	15	19	157
4	15	14	165
1	16	15	157
7	16	11	172
8	18	10	171

\>>>ndf. sort_values(by=["open","close"])   #按 open 升序,open 相同按 close 升序

	open	close	volume
6	11	17	158
2	12	19	170
9	13	12	157
5	14	12	165
4	15	14	165
0	15	18	153
3	15	19	157
7	16	11	172
1	16	15	157
8	18	10	171

\>>>df. corr()   #各列之间相关系数

	date	open	close	volume
date	1. 000000	0. 026615	− 0. 739160	0. 389105
open	0. 026615	1. 000000	− 0. 497571	0. 259610
close	− 0. 739160	− 0. 497571	1. 000000	− 0. 487778
volume	0. 389105	0. 259610	− 0. 487778	1. 000000

\>>>df1 = df. iloc[0:3,1:4]

\>>>df1

	open	close	volume
0	15	18	153
1	16	15	157
2	12	19	170

\>>>df. corr()[u' close']   #计算 close 与 df 中各列相关系数

date	− 0. 739160
open	− 0. 497571
close	1. 000000
volume	− 0. 487778

\>>>df. groupby(by="open"). size()   #按 open 的值分组,并统计每组频数

11	1
12	1
13	1
14	1
15	3
16	2
18	1

\>>>ndf. to_numpy()   #转换为 numpy 数组

```
array([[ 15,  18, 153],
       [ 16,  15, 157],
```

```
            [ 12,   19, 170],
            [ 15,   19, 157],
            [ 15,   14, 165],
            [ 14,   12, 165],
            [ 11,   17, 158],
            [ 16,   11, 172],
            [ 18,   10, 171],
            [ 13,   12, 157]])
>>>ndf["open"]        #取出某列仍为 DataFrame 格式
0      15
1      16
2      12
3      15
4      15
5      14
6      11
7      16
8      18
9      13
>>>ndf["open"].to_numpy()        #转换为 numpy 数组
array([ 15, 16, 12, 15, 15, 14, 11, 16, 18, 13])
```

十、DataFrame 的时间函数

几个常见的时间概念如下。

GMT 时间: 格林尼治时间——基准时间。

UTC 时间: 全球协调时间——更精准的基准时间, 与 GMT 基本等同。

CST 中国基准时间: 为 UTC 时间+8 小时, 即 UTC 时间的 0 点对应于中国基准时间的 8 点, 即一般被称为东八区的时间。

时间戳 (timestamp): 1970 年 1 月 1 日 00:00:00UTC+00:00 时区的时刻称为 epoch time, 记为 0, 当前的时间戳即为从 epoch time 到现在的秒数, 一般叫做 timestamp; 一个时间戳一定对应于一个特定的 UTC 时间, 同时也对应于其他时区的一个确定的时间, 因此时间戳可以被认为是一个相对安全的时间表示方法。

【例 8-18】时间函数。

```
>>>import time
>>>from datetime import datetime
>>>import pandas as pd
>>>import pytz
>>>from datetime import datetime
>>>pytz.all_timezones
>>>pytz.all_timezones[:5]
['Africa/Abidjan', 'Africa/Accra', 'Africa/Addis_Ababa', 'Africa/Algiers', 'Africa/Asmara']
>>>pytz.all_timezones[-5:]
['UTC', 'Universal', 'W-SU', 'WET', 'Zulu']
```

```
>>>local_time =pd. Timestamp. now()
>>>local_time
Timestamp(' 2023 − 08 − 16 11:02:23. 433435' )
>>>local_time=pd. Timestamp(datetime. now()). tz_localize(' Asia/Shanghai' )
>>>local_time
Timestamp(' 2023 − 08 − 16 11:04:24. 365606+0800' , tz=' Asia/Shanghai' )
>>>NY_time=local_time. tz_convert(' America/New_York' )
>>>NY_time
Timestamp(' 2023 − 08 − 15 23:04:24. 365606 − 0400' , tz=' America/New_York' )
>>>sh=(pd. Timestamp(' 2023 − 08 − 16 11:04:24' )). tz_localize(' Asia/Shanghai' )
>>>sh
Timestamp(' 2023 − 08 − 16 11:04:24+0800' , tz=' Asia/Shanghai' )
>>>ny=sh. tz_convert(' America/New_York' )
>>>ny
Timestamp(' 2023 − 08 − 15 23:04:24 − 0400' , tz=' America/New_York' )
>>>la=sh. tz_convert(' America/Los_Angeles' )
>>>la
Timestamp(' 2023 − 08 − 15 20:04:24 − 0700' , tz=' America/Los_Angeles' )
>>>ty=sh. tz_convert(' Asia/Tokyo' )
>>>ty
Timestamp(' 2023 − 08 − 16 12:04:24+0900' , tz=' Asia/Tokyo' )
```

❓ 本章小结

（1）使用 import pandas as pd 导入 pandas 库。

（2）使用 pd. DataFrame（）函数创建 DataFrame 二维数组。

（3）使用列名提取 DataFrame 列，使用行索引提取 DataFrame 行和行切片。

（4）iloc 函数只能用数字索引，不能用索引名。

（5）GMT 时间为格林尼治时间；UTC 时间为全球协调时间，其与 GMT 基本等同但更精确；CST 为中国基准时间，为 UTC 时间+8 小时。

（6）时间戳是指 1970 年 1 月 1 日 00：00：00UTC+00：00 时区的时刻，记为 0。

（7）DataFrame 时间序列操作包括 shift（）函数、计算涨幅的 pct_ change（）函数、rolling（）滚动函数、计算相关系数函数 corr（）等。

❓ 习　题

1. 已知 arr＝［0，1，2，3，4］，d＝｛'a'：1，'b'：2，'c'：3，'d'：4，'e'：5｝，分别将其创建为 Series 和 DataFrame。

2. 获取当前的系统时间，并转换为 UTC 时间。

3. 利用 pandas 读取一个 CSV 文件，并计算某一列的涨幅，以及 5 天滚动期的均值、标准差。

第九章
量化交易数据的获取与清洗

量化交易中，基本面数据和行情数据是交易策略设计的基础，不同的接口提供了不同性质的量化交易数据，本章主要介绍常用的几个免费接口获取数据。

第一节　通达信获取数据

一、获取数据

（一）盘后数据下载

登录官网 www.tdx.com.cn，点击下载中心，下载支持 Windows 平台的通达信金融终端。安装后打开通达信金融终端，点击【游客登录】，登录后点击菜单栏的【选项】→【盘后数据下载】，选择【扩展市场行情分钟线】，勾选 1 分钟线数据（见图 9-1）。

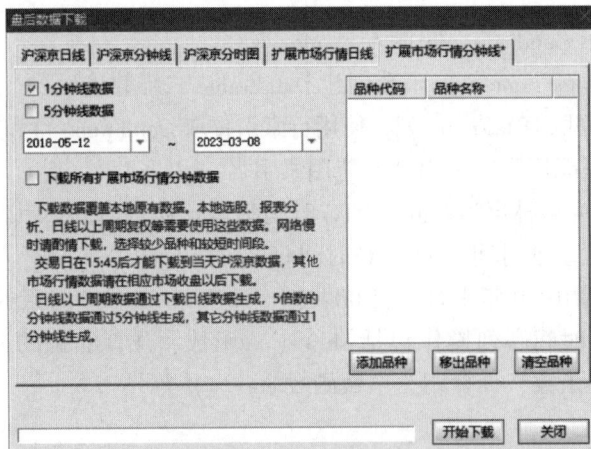

图 9-1　盘后下载 1 分钟历史数据页面

点击【添加品种】，可选取不同交易市场的交易品种，这里以选择中金所的中证 2303 股指期货 1 分钟数据下载为例进行说明，选中中证 2303 股指期货合约品种，点击【确定】（见图 9-2）。

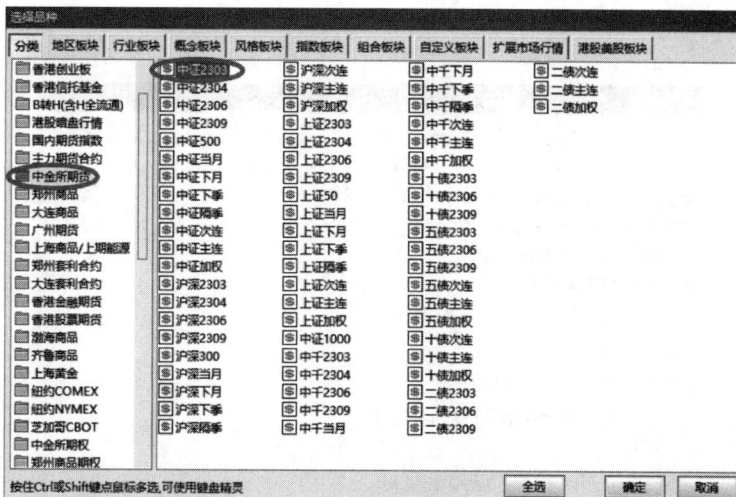

图 9-2　选择下载的合约品种

设置盘后数据下载的起止时间，起始时间可早于合约品种上市时间，如图 9-3
所示。

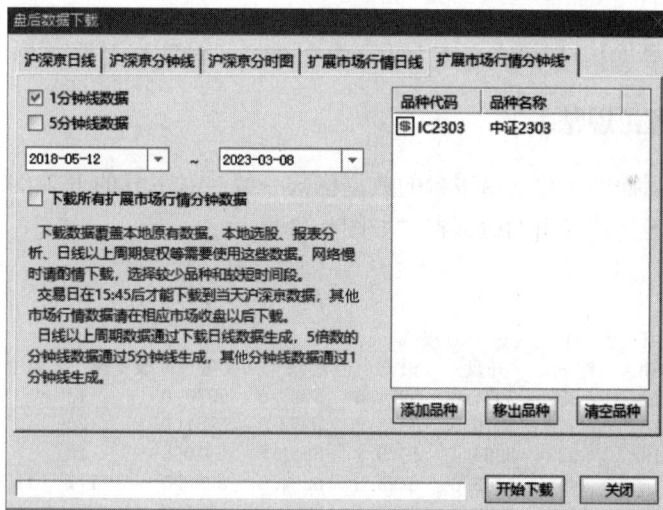

图 9-3　设置下载的起止时间

点击【开始下载】，将指定的合约品种 1 分钟数据下载到本地电脑，然后点击
【关闭】。

（二）数据导出

点击菜单栏【选项】→【数据导出】，点击【高级导出】，选择 1 分钟线，导出
目录选择电脑桌面路径。点击【添加品种】，选择已下载的盘后数据的合约品种中证
2303，文件名修改为品种代码 IC2303.csv，表明下载的文件为 csv 格式的数据文件。勾
选"生成导出头部"，期货和期权品种选择不复权，股票品种可以选择后复权和前复权。

为便于后面的数据规范处理，分隔格式选择"逗号"，日期格式选择"YYYY/MM/DD"的格式（见图9-4）。

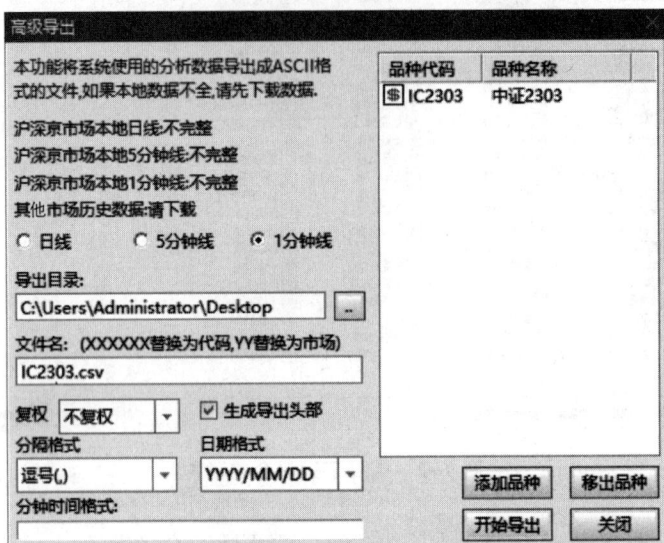

图9-4　设置数据导出的文件名和数据格式

点击【开始导出】，即可在桌面上生成 IC2303.csv 的数据文件。

二、数据格式规整

为了使之与后面的量化交易平台的数据格式一致，对下载的 IC2303.csv 的数据文件进行格式规整。通达信导出的数据格式如图9-5所示。

	A	B	C	D	E	F	G	H	I
1	IC2303 中证2303 1分钟线 不复权								
2	日期	时间	开盘	最高	最低	收盘	成交量	持仓量	结算价
3	2022/7/18	931	5974.6	5974.6	5968.6	5970.0	13	13	0
4	2022/7/18	932	5970.0	5973.2	5959.0	5961.0	36	49	0
5	2022/7/18	933	5964.4	5970.8	5961.2	5970.8	20	69	0
6	2023/3/8	1455	6293.6	6293.8	6291.6	6292.6	177	112805	0
7	2023/3/8	1456	6292.4	6292.4	6290.4	6291.2	206	112875	0
8	2023/3/8	1457	6291.4	6291.8	6289.4	6290.8	290	112968	0
9	2023/3/8	1458	6290.8	6291.6	6288.0	6288.0	244	113016	0
10	2023/3/8	1459	6287.8	6289.8	6287.6	6289.0	319	113078	0
11	2023/3/8	1500	6289.0	6290.8	6288.0	6288.0	362	113225	0
12	数据来源:通达信								

图9-5　通达信导出的数据格式

通达信导出的数据格式中前2行的表头和最后一行的数据来源需要进行修改。先删除前2行和最后一行，然后删除持仓量和结算价等其他列数据，最后修改表头如图9-6所示。

A	B	C	D	E	F	G
date	time	open	high	low	close	volume
2022/7/18	931	5974.6	5974.6	5968.6	5970.0	13
2022/7/18	932	5970.0	5973.2	5959.0	5961.0	36
2022/7/18	933	5964.4	5970.8	5961.2	5970.8	20
2022/7/18	934	5970.8	5975.2	5968.0	5973.0	12
2022/7/18	935	5972.4	5972.4	5969.2	5970.4	6
2022/7/18	936	5970.4	5973.8	5970.0	5973.8	23
2022/7/18	937	5976.4	5976.4	5970.0	5974.2	16
2022/7/18	938	5971.6	5973.2	5969.8	5971.4	18
2022/7/18	939	5971.4	5972.2	5954.6	5954.6	16
2022/7/18	940	5959.4	5959.4	5952.6	5957.6	19

图 9-6　初步处理后的数据格式

保存初步处理后的 CSV 数据文件，并放置在电脑桌面上，然后运行如下 Python 程序代码，对数据文件进行最后规整。

【例 9-1】通达信数据规整。

```
import pandas as pd
import numpy as np
from datetime import datetime
data=pd. read_csv(' C:/Users/Administrator/Desktop/IC2303. csv', sep=',',encoding=' gbk')        #获取桌面数据文件,文件名和桌面路径根据实际情况进行修改
data["time"] = data['time'].astype(str)    #时间列转换为字符型
d=data["date"]+" "+data["time"].str[-4:-2]+":"+data["time"].str[-2:]    #构造字符型时间格式,如"2020/9/23 9:31"
data["datetime"]=pd. to_datetime(d)    #转换为日期时间格式
data=data[['datetime','open','high','low','close','volume']]
data. to_csv(' C:/Users/Administrator/Desktop/IC2303. csv',index=False)        #保存到桌面,覆盖原数据文件
```

运行上述程序，得到规整后的 IC2303.csv 的数据文件如图 9-7 所示，该数据文件可用于导入后文的量化交易平台的数据库中。

A	B	C	D	E	F
datetime	open	high	low	close	volume
2022/7/18 9:31	5974.6	5974.6	5968.6	5970.0	13
2022/7/18 9:32	5970.0	5973.2	5959.0	5961.0	36
2022/7/18 9:33	5964.4	5970.8	5961.2	5970.8	20
2022/7/18 9:34	5970.8	5975.2	5968.0	5973.0	12

图 9-7　数据规整后的数据格式

第二节　JoinQuant 获取数据

一、安装 JQData

(一) 申请试用账号

聚宽量化交易平台（JoinQuant）提供免费使用 15 日的试用账号，可提供沪深 A 股行情数据、上市公司财务数据、指数数据、场内基金数据、期货数据、期权数据和宏观经济数据等。先到官网 www. joinquant. com 用手机号注册，然后登录 www. joinquant. com/default/index/sdk#jq-sdk-apply 申请试用账号（见图 9-8）。

图 9-8　申请试用账号

(二) 安装 JQData

点击电脑桌面左下角的开始图标，选择运行，弹出如下命令窗口，输入 cmd，点击确定进入 dos 命令窗口（见图 9-9）。

图 9-9　dos 命令窗口

输入 cd C:\Program Files\Python310\Scripts 并回车，改变运行目录；然后输入 pip installjqdatasdk 并回车（保持电脑网络连接状态）（见图 9-10）。

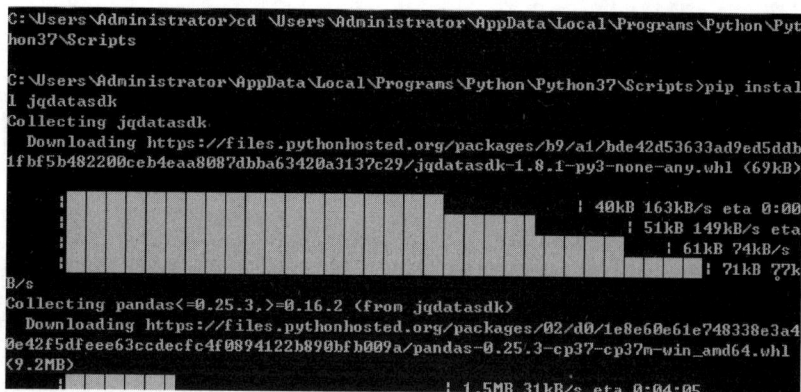

图 9-10　安装 jqdatasdk

（三）升级 **JQData**

JQData 会不定时发布迭代版本，以增加更多维度的基础数据以及因子类数据，已有 Python 环境的用户可以使用如下语句完成升级：

```
pip install - U jqdatasdk
```

二、JQData 获取数据

（一）**JQData** 证券代码标准格式（后缀）

由于同一代码可能代表不同的交易品种，JQData 给每个交易品种后面都添加了该市场特定的代码后缀。用户在调用 API 时，需要给参数 security 赋予带有该市场后缀的证券代码，如 security = '600519. XSHG'，以便于区分实际调用的交易品种。以下列出了每个交易市场的代码后缀和示例代码（见表 9-1）。

表 9-1　聚宽证券代码后缀

交易市场	代码后缀	示例代码	证券简称
上海证券交易所	. XSHG	' 600519. XSHG'	贵州茅台
深圳证券交易所	. XSHE	' 000001. XSHE'	平安银行
中金所	. CCFX	'IC9999. CCFX'	中证 500 主力合约
大商所	. XDCE	' A9999. XDCE'	豆一主力合约
上期所	. XSGE	' AU9999. XSGE'	黄金主力合约
郑商所	. XZCE	' CY8888. XZCE'	棉纱期货指数
上海国际能源期货交易所	. XINE	' SC9999. XINE'	原油主力合约

（二）登录 **JQData**

打开代码编辑器（第三方编辑器请指定运行环境为已安装 JQData 的 Python 环境），输入如下代码认证用户身份。认证完毕后显示 "auth success" 即可开始调用数据：

```
>>>from jqdatasdk import *
>>>auth(' ID' ,' Password' )      #ID 是申请时所填写的手机号;Password 为聚宽官网登录密码
```

注：JQData支持开启三个连接数，即登录一次账号算一个连接；如遇到连接数超限情况，可使用logout（）函数退出已有连接后再开启新的连接。

(三) 获取历史数据

由于内容较多，读者可登录聚宽网址查看更多获取数据的操作命令。这里只对获取历史交易数据进行举例。

【例9-2】JQData获取历史数据。

```
>>>from jqdatasdk import*
>>>auth(' usename',' password' )    #usename更换为注册的手机号,password为注册时的密码
auth success
>>>df1=get_price(' IO2303- C- 4300. CCFX' ,end_date=' 2022 - 12 - 28 12:00:00' ,start_date=' 2022 - 01 - 01
12:00:00' ,frequency=' 1m' ,fields=［' open' , ' high' , ' low' ,' close' , ' volume' ］)    #获取中金所沪深300
看涨期权IO2303－C－4300的1分钟K线数据
>>>df1
```

	open	high	low	close	volume
2022 - 01 - 04 09:31:00	NaN	NaN	NaN	NaN	NaN
2022 - 01 - 04 09:32:00	NaN	NaN	NaN	NaN	NaN
2022 - 01 - 04 09:33:00	NaN	NaN	NaN	NaN	NaN
2022 - 01 - 04 09:34:00	NaN	NaN	NaN	NaN	NaN
2022 - 01 - 04 09:35:00	NaN	NaN	NaN	NaN	NaN
...	...	...	...	...	...
2022 - 12 - 28 11:26:00	26. 2	26. 2	26. 2	26. 2	0. 0
2022 - 12 - 28 11:27:00	26. 2	26. 2	26. 2	26. 2	0. 0
2022 - 12 - 28 11:28:00	26. 2	26. 2	26. 2	26. 2	0. 0
2022 - 12 - 28 11:29:00	26. 2	26. 2	26. 2	26. 2	0. 0
2022 - 12 - 28 11:30:00	26. 2	26. 2	26. 2	26. 2	0. 0

```
［57480 rows x 5 columns］
>>>df2=get_price(' IO2303 - P - 4300. CCFX' ,end_date=' 2022 - 12 - 28 12:00:00' ,start_date=' 2022
- 01 - 01 12:00:00' ,frequency=' 1m' ,fields=［' open' , ' high' , ' low' ,' close' , ' volume' ］)    #获取中金所
沪深300看涨期权IO2303－P－4300的1分钟K线数据
>>>df2
```

	open	high	low	close	volume
2022 - 01 - 04 09:31:00	NaN	NaN	NaN	NaN	NaN
2022 - 01 - 04 09:32:00	NaN	NaN	NaN	NaN	NaN
2022 - 01 - 04 09:33:00	NaN	NaN	NaN	NaN	NaN
2022 - 01 - 04 09:34:00	NaN	NaN	NaN	NaN	NaN
2022 - 01 - 04 09:35:00	NaN	NaN	NaN	NaN	NaN
...	...	...	...	...	
2022 - 12 - 28 11:26:00	406. 2	406. 2	406. 2	406. 2	0. 0
2022 - 12 - 28 11:27:00	406. 2	406. 2	406. 2	406. 2	0. 0
2022 - 12 - 28 11:28:00	406. 2	406. 2	406. 2	406. 2	0. 0
2022 - 12 - 28 11:29:00	406. 2	406. 2	406. 2	406. 2	0. 0
2022 - 12 - 28 11:30:00	406. 2	406. 2	406. 2	406. 2	0. 0

```
>>>df3=get_price(' IF2303. CCFX' ,end_date=' 2022 - 12 - 28 12:00:00' ,start_date=' 2022 - 01 - 01
12:00:00' ,frequency=' 1m' ,fields=［' open' , ' high' , ' low' ,' close' , ' volume' ］)    #获取中金所沪深300
看涨期权IO2303－C－4300的1分钟K线数据
```

```
>>>df3
```

	open	high	low	close	volume
2022 − 01 − 04 09:31:00	NaN	NaN	NaN	NaN	NaN
2022 − 01 − 04 09:32:00	NaN	NaN	NaN	NaN	NaN
2022 − 01 − 04 09:33:00	NaN	NaN	NaN	NaN	NaN
2022 − 01 − 04 09:34:00	NaN	NaN	NaN	NaN	NaN
2022 − 01 − 04 09:35:00	NaN	NaN	NaN	NaN	NaN
...	...	...	...	...	...
2022 − 12 − 28 11:26:00	3916.6	3916.8	3915.0	3915.0	11.0
2022 − 12 − 28 11:27:00	3915.0	3915.8	3915.0	3915.6	19.0
2022 − 12 − 28 11:28:00	3915.0	3916.4	3915.0	3916.4	18.0
2022 − 12 − 28 11:29:00	3915.8	3916.8	3915.4	3916.8	14.0
2022 − 12 − 28 11:30:00	3915.6	3916.0	3913.4	3914.2	58.0

[57480 rows x 5 columns]

```
>>>df1. dropna()
```

	open	high	low	close	volume
2022 − 03 − 21 09:31:00	303.0	303.0	303.0	303.0	0.0
2022 − 03 − 21 09:32:00	303.0	303.0	303.0	303.0	0.0
2022 − 03 − 21 09:33:00	303.0	303.0	303.0	303.0	0.0
2022 − 03 − 21 09:34:00	303.0	303.0	303.0	303.0	0.0
2022 − 03 − 21 09:35:00	303.0	303.0	303.0	303.0	0.0
...	...	...	...	...	...
2022 − 12 − 28 11:26:00	26.2	26.2	26.2	26.2	0.0
2022 − 12 − 28 11:27:00	26.2	26.2	26.2	26.2	0.0
2022 − 12 − 28 11:28:00	26.2	26.2	26.2	26.2	0.0
2022 − 12 − 28 11:29:00	26.2	26.2	26.2	26.2	0.0
2022 − 12 − 28 11:30:00	26.2	26.2	26.2	26.2	0.0

[45720 rows x 5 columns]

```
>>>df2. dropna()
```

	open	high	low	close	volume
2022 − 03 − 21 09:31:00	507.6	507.6	507.6	507.6	1.0
2022 − 03 − 21 09:32:00	507.6	507.6	507.6	507.6	0.0
2022 − 03 − 21 09:33:00	507.6	507.6	507.6	507.6	0.0
2022 − 03 − 21 09:34:00	507.6	507.6	507.6	507.6	0.0
2022 − 03 − 21 09:35:00	507.6	507.6	507.6	507.6	0.0
...	...	...	...	...	...
2022 − 12 − 28 11:26:00	406.2	406.2	406.2	406.2	0.0
2022 − 12 − 28 11:27:00	406.2	406.2	406.2	406.2	0.0
2022 − 12 − 28 11:28:00	406.2	406.2	406.2	406.2	0.0
2022 − 12 − 28 11:29:00	406.2	406.2	406.2	406.2	0.0
2022 − 12 − 28 11:30:00	406.2	406.2	406.2	406.2	0.0

[45720 rows x 5 columns]

```
df3. dropna()
```

	open	high	low	close	volume
2022 - 07 - 18 09:31:00	4180.8	4180.8	4165.8	4171.8	8.0
2022 - 07 - 18 09:32:00	4167.4	4167.4	4165.0	4165.0	3.0
2022 - 07 - 18 09:33:00	4164.0	4164.8	4160.0	4163.0	12.0
2022 - 07 - 18 09:34:00	4166.0	4168.0	4160.8	4163.0	12.0
2022 - 07 - 18 09:35:00	4163.0	4165.4	4163.0	4165.4	7.0
...	...	...	...	...	...
2022 - 12 - 28 11:26:00	3916.6	3916.8	3915.0	3915.0	11.0
2022 - 12 - 28 11:27:00	3915.0	3915.8	3915.0	3915.6	19.0
2022 - 12 - 28 11:28:00	3915.0	3916.4	3915.0	3916.4	18.0
2022 - 12 - 28 11:29:00	3915.8	3916.8	3915.4	3916.8	14.0
2022 - 12 - 28 11:30:00	3915.6	3916.0	3913.4	3914.2	58.0

```
[26760 rows x 5 columns]
#统一有数据的起止时间
>>>df1 = df1[df1.index>"2022 - 07 - 18 09:30:00"]
>>>df2 = df2[df1.index>"2022 - 07 - 18 09:30:00"]
>>>df3 = df3[df1.index>"2022 - 07 - 18 09:30:00"]
>>>df.to_csv('C:/Users/Administrator/Desktop/IO2303 - C - 4300.csv')    #保存为桌面文件
>>>df2.to_csv('C:/Users/Administrator/Desktop/IO2303 - P - 4300.csv')    #保存为桌面文件
>>>df3.to_csv('C:/Users/Administrator/Desktop/IF2303.csv')    #保存为桌面文件
```

第三节　数据清洗

数据清洗的目的有两个：一是通过清洗让数据可用；二是让数据变得更适合进行后续的分析工作。这里简单介绍使用 pandas 进行数据清洗的流程。

一、数据读取

读取 IF2303，并将部分数据赋值为 NAN，假设为缺失部分。

【例 9 - 3】读取 CSV 数据，缺失值赋值为 NAN。

```
>>>import numpy as np
>>>import pandas as pd
>>>data=pd.read_csv(r'C:/Users/Administrator/Desktop/IF2303.csv')
>>>df1 = data.iloc[:,0]       #提取第 1 列
>>>df2 = data.iloc[:,1:-1]     #提取第 2 列至最后一列
>>>df2[df2>4000]=np.nan    #将部分数据赋值为 NAN,假设为缺失部分。
>>>df3 = pd.concat([df1,df2],axis=1)    #连接 df1,df2
>>>df3
```

	datetime	open	high	low	close
0	2022 - 07 - 18 09:31:00	NaN	NaN	NaN	NaN
1	2022 - 07 - 18 09:32:00	NaN	NaN	NaN	NaN
2	2022 - 07 - 18 09:33:00	NaN	NaN	NaN	NaN
3	2022 - 07 - 18 09:34:00	NaN	NaN	NaN	NaN
4	2022 - 07 - 18 09:35:00	NaN	NaN	NaN	NaN

...	...	...	...	...	...
26755	2022 − 12 − 28 11:26:00	3916.6	3916.8	3915.0	3915.0
26756	2022 − 12 − 28 11:27:00	3915.0	3915.8	3915.0	3915.6
26757	2022 − 12 − 28 11:28:00	3915.0	3916.4	3915.0	3916.4
26758	2022 − 12 − 28 11:29:00	3915.8	3916.8	3915.4	3916.8
26759	2022 − 12 − 28 11:30:00	3915.6	3916.0	3913.4	3914.2

二、删除重复值

pandas 中有两个函数是专门用来处理重复值的，其中之一是 duplicated 函数。duplicated 函数用来查找并显示数据表中的重复值。下面是使用这个函数对数据表进行重复值查找后的结果。这里有两点需要说明：第一，数据表中两个条目间所有的对应内容都相等时，duplicated 才会判断为重复值；第二，duplicated 支持从前向后（first）和从后向前（last）两种重复值查找模式，默认是从前向后进行重复值的查找和判断，即将后出现的相同条件判断为重复值。此外，Pandas 中的 drop_duplicates 函数用来删除数据表中的重复值，判断标准和逻辑与 duplicated 函数一样。使用 drop_duplicates 函数后，Python 将返回一个只包含唯一值的数据表，如下所示：

```
>>>df3. drop_duplicates(inplace=True)
```

三、处理缺失值

在 Python 中空值被显示为 NaN。Pandas 中查找数据表中空值的函数有两个：一个是函数 isnull，如果是空值就显示 True；另一个函数 notnull 正好相反，如果是空值就显示 False，如下所示：

```
>>>df3. isnull()
>>>df3. notnull()
```

对于空值有两种处理方法：一是使用 fillna 函数对空值进行填充，可以选择填充 0 值或者其他任意值；二是使用 dropna 函数直接将包含空值的数据删除。

【例 9-4】处理缺失值。

```
>>>import numpy as np
>>>import pandas as pd
>>>data=pd. read_csv(r' C:/Users/Administrator/Desktop/IF2303. csv ')
>>>df1 = data. iloc[:,0]          #提取第 1 列
>>>df2=data. iloc[:,1:-1]      #提取第 2 列至最后一列
>>>df2[df2>4000]=np. nan   #将部分数据赋值为 NAN，假设为缺失部分。
>>>df3=pd. concat([df1,df2],axis=1)      #连接 df1,df2
>>>df3
>>>df3. fillna(0, inplace=True)
>>>df3
```

	datetime	open	high	low	close
0	2022-07-18 09:31:00	0.0	0.0	0.0	0.0
1	2022-07-18 09:32:00	0.0	0.0	0.0	0.0
2	2022-07-18 09:33:00	0.0	0.0	0.0	0.0
3	2022-07-18 09:34:00	0.0	0.0	0.0	0.0
4	2022-07-18 09:35:00	0.0	0.0	0.0	0.0
...	...	...	...	...	...
26755	2022-12-28 11:26:00	3916.6	3916.8	3915.0	3915.0
26756	2022-12-28 11:27:00	3915.0	3915.8	3915.0	3915.6
26757	2022-12-28 11:28:00	3915.0	3916.4	3915.0	3916.4
26758	2022-12-28 11:29:00	3915.8	3916.8	3915.4	3916.8
26759	2022-12-28 11:30:00	3915.6	3916.0	3913.4	3914.2

```
>>>df3. fillna(df3. median, inplace=True)
>>>df3. fillna(df3. mean, inplace=True)
>>>df3. dropna()      #对于缺失值,一般采用本方法进行删除
```

四、处理异常和极端值

发现异常值和极端值的方法是对数据进行描述性统计。使用 describe 函数可以生成描述统计结果。其中,我们主要关注最大值(max)和最小值(min)情况。

【例 9-5】统计描述。

```
>>>import numpy as np
>>>import pandas as pd
>>>df=pd. read_csv(r' C:/Users/Administrator/Desktop/IF2303. csv ' )
>>>df. describe()
```

	open	high	low	close	volume
count	26760.000000	26760.000000	26760.000000	26760.000000	26760.000000
mean	3929.464410	3930.828632	3928.168737	3929.492451	31.093535
std	165.324441	164.975843	165.656179	165.319815	46.627977
min	3491.000000	3496.000000	3486.600000	3490.800000	0.000000
25%	3804.400000	3806.150000	3802.600000	3804.400000	6.000000
50%	3929.400000	3930.600000	3928.000000	3929.200000	16.000000
75%	4059.800000	4060.800000	4058.800000	4059.800000	38.000000
max	4237.400000	4238.400000	4236.200000	4237.400000	1376.000000

对于异常值数据我们这里选择使用 replace 函数对异常值进行替换,这里替换值选择为均值。下面是具体的代码和替换结果。这里以 open 最大值 4237.4 和 high 最大值 4238.4 假设为异常值。

【例 9-6】处理异常和极端值。

```
>>>df. replace([4237.4, 4238.4],[df[' open' ]. mean(),df[' high' ]. mean()], inplace=True)
>>>df. describe()
```

	open	high	low	close	volume
count	26760. 000000	26760. 000000	26760. 000000	26760. 000000	26760. 000000
mean	3929. 452902	3930. 805631	3928. 168737	3929. 480944	31. 093535
std	165. 313723	164. 954481	165. 656179	165. 309098	46. 627977
min	3491. 000000	3496. 000000	3486. 600000	3490. 800000	0. 000000
25%	3804. 400000	3806. 150000	3802. 600000	3804. 400000	6. 000000
50%	3929. 400000	3930. 600000	3928. 000000	3929. 200000	16. 000000
75%	4059. 800000	4060. 800000	4058. 800000	4059. 800000	38. 000000
max	4237. 000000	4237. 600000	4236. 200000	4236. 800000	1376. 000000

五、数据分组

假设我们以涨跌幅对数据进行分组，上涨的为第一组，下跌的为第二组。先设置各个组涨跌幅的上下界，第一组为［-99, 0），第二组为［0, 99）。以下是具体代码和处理结果。

【例9-7】数据分组。

```
>>>import numpy as np
>>>import pandas as pd
>>>df=pd. read_csv(r' C:/Users/Administrator/Desktop/IF2303. csv ')
>>>df[' p_change' ]=df[' close' ]. pct_change(periods=1)      #计算价格涨幅
>>>bins＝[－99,0,99]
>>>group_names＝[' 跌',' 涨']
>>>df[' categories' ]=pd. cut(df[' p_change' ], bins, labels=group_names)
>>>df
df
```

	datetime	open	high	...	volume	p_change	categories
0	2022- 07- 18 09:31:00	4180. 8	4180. 8	...	8. 0	NaN	NaN
1	2022- 07- 18 09:32:00	4167. 4	4167. 4	...	. 0	- 0. 001630	跌
2	2022- 07- 18 09:33:00	4164. 0	4164. 8	...	12. 0	- 0. 000480	跌
3	2022- 07- 18 09:34:00	4166. 0	4168. 0	...	12. 0	0. 000000	跌
4	2022- 07- 18 09:35:00	4163. 0	4165. 4	...	7. 0	0. 000577	涨
...	...	...	...	...	...	...	...
26755	2022- 12- 28 11:26:00	3916. 6	3916. 8	...	11. 0	- 0. 000409	跌
26756	2022- 12- 28 11:27:00	3915. 0	3915. 8	...	19. 0	0. 000153	涨
26757	2022- 12- 28 11:28:00	3915. 0	3916. 4	...	18. 0	0. 000204	涨
26758	2022- 12- 28 11:29:00	3915. 8	3916. 8	...	14. 0	0. 000102	涨
26759	2022- 12- 28 11:30:00	3915. 6	3916. 0	...	58. 0	- 0. 000664	跌

六、数据标准化

（一）min-max 标准化（Min-Max Normalization）

这种方法也称为离差标准化，是对原始数据的线性变换，使结果值映射到［0, 1］之间。转换函数如下：

$$x^* = \frac{x - min}{max - min}$$

其中 max 为样本数据的最大值，min 为样本数据的最小值。这种方法有个缺陷，就是当有新数据加入时，可能会造成 max 和 min 的变化，因此需要重新定义。

【例 9-8】数据 min-max 标准化。

```
>>>import pandas as pd
>>>df['open']=(df.open- df. open. min())/(df. open. max()- df. open. min())
>>>df
```

	datetime	open	high	⋯	volume	p_change	categories
0	2022－07－18 09:31:00	0.924169	4180.8	⋯	8.0	NaN	NaN
1	2022－07－18 09:32:00	0.906217	4167.4	⋯	3.0－0.001	630	跌
2	2022－07－18 09:33:00	0.901661	4164.8	⋯	12.0－0.000	480	跌
3	2022－07－18 09:34:00	0.904341	4168.0	⋯	12.0－0.000	000	跌
4	2022－07－18 09:35:00	0.900322	4165.4	⋯	7.0－0.000	577	涨
⋯	⋯	⋯	⋯		⋯	⋯	⋯
26755	2022－12－28 11:26:00	0.570204	3916.8	⋯	11.0－0.000	409	跌
26756	2022－12－28 11:27:00	0.568060	3915.8	⋯	19.0－0.000	153	涨
26757	2022－12－28 11:28:00	0.568060	3916.4	⋯	18.0－0.000	204	涨
26758	2022－12－28 11:29:00	0.569132	3916.8	⋯	14.0－0.000	102	涨
26759	2022－12－28 11:30:00	0.568864	3916.0	⋯	58.0－0.000	664	跌

（二）Z-score 标准化方法

这种方法对原始数据的均值（mean）和标准差（standard deviation）进行标准化。即经过处理的数据符合标准正态分布，即均值为 0，标准差为 1，转化函数为：

$$x^* = (x - \mu)/\sigma$$

其中，μ 为所有样本数据的均值，σ 为所有样本数据的标准差。该种归一化方式要求原始数据的分布可以近似为正态分布，否则处理的效果会变差。

【例 9-9】数据 Z-score 标准化。

```
>>>df['close']=(df. close- df. close. mean())/df. close. std()
>>>df
```

	datetime	open	high	⋯	volume	p_change	categories
0	2022-07-18 09:31:00	0.924169	4180.8	⋯	8.0	NaN	NaN
1	2022-07-18 09:32:00	0.906217	4167.4	⋯	3.0－0.001	630	跌
2	2022-07-18 09:33:00	0.901661	4164.8	⋯	12.0－0.000	480	跌
3	2022-07-18 09:34:00	0.904341	4168.0	⋯	12.0－0.000	000	跌
4	2022-07-18 09:35:00	0.900322	4165.4	⋯	7.0－0.000	577	涨
⋯	⋯	⋯	⋯		⋯	⋯	⋯
26755	2022-12-28 11:26:00	0.570204	3916.8	⋯	11.0－0.000	409	跌
26756	2022-12-28 11:27:00	0.568060	3915.8	⋯	19.0－0.000	153	涨
26757	2022-12-28 11:28:00	0.568060	3916.4	⋯	18.0－0.000	204	涨
26758	2022-12-28 11:29:00	0.569132	3916.8	⋯	14.0－0.000	102	涨
26759	2022-12-28 11:30:00	0.568864	3916.0	⋯	58.0－0.000	664	跌

七、保存结果

完成数据清洗之后，一般会把结果再以 csv 的格式保存下来，以便后续其他程序的处理。同样，Pandas 提供了非常易用的方法：

```
df. to_csv(' C:/Users/Administrator/Desktop/IF2303. csv' )        #保存到桌面
```

本章小结

（1）通达信和 JoinQuant 是可以免费获取行情历史数据的平台，其下载的数据可以保存在本地，用于后续的量化交易策略的研究。

（2）drop_ duplicates 函数用于删除重复的行。

（3）对于空值有两种处理的方法：一是使用 fillna 函数填充；二是使用 dropna 函数直接将包含空值的数据行删除。

（4）使用 replace 函数对异常值进行替换。

（5）数据标准化方法包括 min-max 标准化和 Z-score 标准化。

习　题

1. 利用通达信获取沪深 300 指数的 1 分钟历史行情数据，进行数据规整，并将结果以 CSV 文件格式保存到桌面。

2. 利用通达信获取上海或深圳证券市场某只股票的 1 分钟历史行情数据，进行数据规整，完成如下操作。

（1）将结果以 CSV 文件格式保存到桌面。

（2）读取 CSV 数据，设置某列的部分数据为缺失值（赋值为 NAN），采用 fillna 函数选择相关方法对空值进行填充。

（3）对收盘价列采用 Z-score 标准化法进行标准化处理。

（4）将处理好的数据保存为桌面的 CSV 文件。

第十章

量化交易平台

对于大多数个人投资者和中小机构而言，难以独立开发一个强大的交易平台。同时，量化交易策略的安全性是首要需求。为此，本章主要讲述开源的 vnpy 量化交易系统的安装、主交易界面功能、策略回测、仿真交易和实盘交易。

第一节　vnpy 安装及其操作

一、vnpy 安装

vnpy 是基于 Python 语言的开源量化交易系统，其源代码完全公开，交易者可以自行开发交易策略，并运行于本地，确保策略安全。vnpy 版本目前支持 Python 3. 10 版本，并且要求 Windows 10 以上版本。

打开官网 https：//www. vnpy. com，点击安装按钮，下载最新版本 veighna_studio 进行安装，安装目录推荐选择默认的 C：\veighna_studio。

二、vnpy 启动

（一）基于 VeighNa Station（VN Station）的图形化启动

安装完成后，双击桌面上 VeighNa Station 的快捷方式即可登录。对于首次使用的用户，须点击微信登录，扫描二维码注册账号，记住用户名和密码（见图 10-1）。

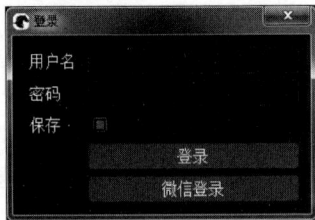

图 10-1　vnpy 登录界面

登录后进入 veighna_ studio 主界面（见图 10-2）。主界面左边的五个功能如下。

社区：打开浏览器访问社区论坛。

交易：支持灵活配置加载交易接口和策略模块的专业版 VeighNa Trader（VN Trader）。

投研：启动 Jupyter Notebook 交互式研究环境。

图 10-2　VeighNa Station 主界面

加密：用于将 .py 策略文件编译成 .pyd 文件，对策略进行加密操作。

更新：傻瓜式更新 vnpy 和 VeighNa Station，有更新时点击该按钮可更新版本。

点击图 10-2 的【交易】按钮后弹出的第一个对话框（见图 10-3）。

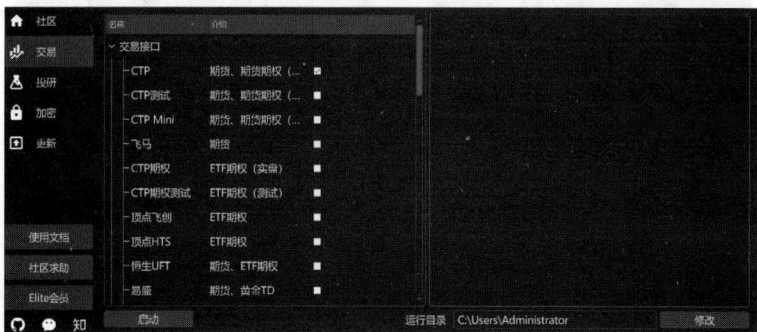

图 10-3　选择 VN Trader 交易接口

交易接口主要用于连接相关券商的交易服务器和行情服务器，进行实盘交易结算、仿真交易结算和实时行情服务。应用模块主要用于策略的仿真、实盘交易和历史数据管理等功能。

交易接口方面如下所示。

CTP 接口：可连接上海期货交易所（模拟交易服务器、行情服务器）进行期货模拟交易和行情服务，也可连接相关期货公司柜台（实盘交易服务器、行情服务器）进行期货实盘交易。

CTP 测试：只用于期货公司做穿透式认证，不能与 CTP 接口同时加载。仿真交易和实盘交易只加载 CTP 接口，不加载 CTP 测试接口，也不加载 CTPMini 接口。

其他接口：各类券商平台，可进行其他相关品种的实盘交易和行情服务，以及 TTS、掘金等仿真交易接口。

需要注意的是，这些交易接口大部分都不提供历史行情数据，而是需要连接专门的数据服务商，对此后文会有介绍。

应用模块方面：CTA 自动交易模块主要提供 CTA 期货交易策略的仿真、实盘，CTA 回测研究模块主要提供 CTA 期货策略的回测，历史数据管理模块用于存储交易品种的历史数据，多合约价差套利模块是用于多合约价差套利，多合约组合策略模块用于一个策略同时交易多个合约品种。

运行目录 C：\Users\Administrator，vnpy 对 Python 源代码和运行时文件进行了分离，VN Trader 运行过程中所有产生的配置文件、临时文件、数据文件（使用 SQLite 数据库），都会放置在 C：\Users\Administrator 目录下的 . vntrader 文件夹中。当 VN Trader 启动时，会检查当前目录是否存在 . vntrader 文件夹，若有就直接使用当前目录作为运行时的目录，找不到时则会使用默认的用户目录，并创建 . vntrader 文件夹。

初学者可勾选 CTP、CTA 自动交易模块、CTA 回测研究模块、历史数据管理模块，配置 VN Trader（见图 10-4）。

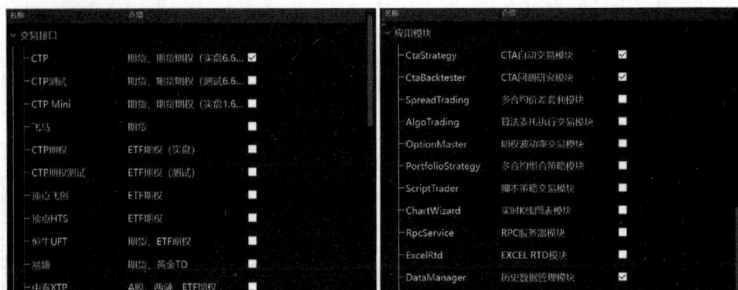

图 10-4　配置 VN Trader

vnpy 应用模块的主要功能如下（见表 10-1）。

表 10-1　vnpy 策略应用模块

功能模块	模块名称	应用领域
vnpy_ ctastrategy	CTA 策略模块	策略模板、历史回测、参数优化、实盘交易
vnpy_ ctabacktester	CTA 回测模块	基于图形界面实现 CTA 策略投研功能
vnpy_ spreadtrading	价差交易模块	自定义价差、价差盘口计算、价差执行算法
vnpy_ optionmaster	期权交易模块	波动率跟踪、希腊值风控、电子眼算法
vnpy_ portfoliostrategy	组合策略模块	多标的组合策略的开发、回测和实盘
vnpy_ algotrading	算法交易模块	算法交易执行：TWAP，Sniper，Iceberg
vnpy_ scripttrader	脚本策略模块	命令行 REPL 交互式交易、脚本化策略交易
vnpy_ paperaccount	本地仿真模块	本地模拟撮合、委托成交推送、持仓数据记录
vnpy_ chartwizard	K 线图表模块	K 线历史数据显示、实时 Tick 推送更新
vnpy_ portfoliomanager	组合管理模块	策略委托成交记录、仓位跟踪、实时盈亏计算
vnpy_ rpcservice	RPC 服务模块	跨进程 RPC 服务端、标准化 RPC 接口
vnpy_ datamanager	数据管理模块	历史数据下载、CSV 数据读写、数据库管理

续表

功能模块	模块名称	应用领域
vnpy_ datarecorder	行情录制模块	Tick 数据录制、K 线合成录制
vnpy_ excelrtd	Excel RTD 模块	基于 pyxll 的 Excel 数据实时推送更新
vnpy_ riskmanager	风险管理模块	交易流控制、单笔上限控制、撤单数量控制
vnpy_ webtrader	Web 服务模块	提供 Web 服务的 REST API，Websocket 推送

点击【启动】按钮后，稍等几秒就会看到图 10-5 所示的 VN Trader 主界面，下面就可以连接登录交易接口，开始执行交易。

图 10-5　VN Trader 主界面

整个 VN Trader 的窗口分为以下组件。

（1）菜单栏：主要实现 3 类功能，包括连接交易接口；启动 CTA 策略模块、价差交易模块和风控管理模块；合约查询，编辑配置和还原窗口。

（2）交易组件：适用于手动干预交易。除了在行情订阅中输入的交易所和合约代码以外，还需要填写以下 5 个字段：委托方向、开平仓类型、委托类型、委托价格和委托数量（若委托类型为市价单，委托价格可不填）。

（3）行情组件：显示订阅实时行情的数据推送。

（4）委托组件：显示委托回报相关的数据推送。其委托状态可以是提交中、已撤销、部分成交、全部成交、拒单等。对于处于可撤状态的委托，均可双击该笔委托的单元格来实现手动撤单的功能（鼠标放置其上时会有文字提示）。也可以通过交易组件上的单击【全撤】按钮，实现一键手动全撤当前所有可撤委托（见图 10-6）。

（5）活动组件：只显示当前处于可撤状态（提交中、未成交、部分成交）的委托信息。在该组件中鼠标双击任一委托即可以完成撤单操作（见图 10-7）。

（6）成交组件：显示成交相关的数据推送，在此需要注意 3 个字段信息：价格、数量、时间。他们都是交易所推送过来的成交信息，而不是委托信息。注意，在实盘中每笔委托可能和多笔反向来自其他投资者的委托发生成交，即一笔委托对应有多笔成交记录。成

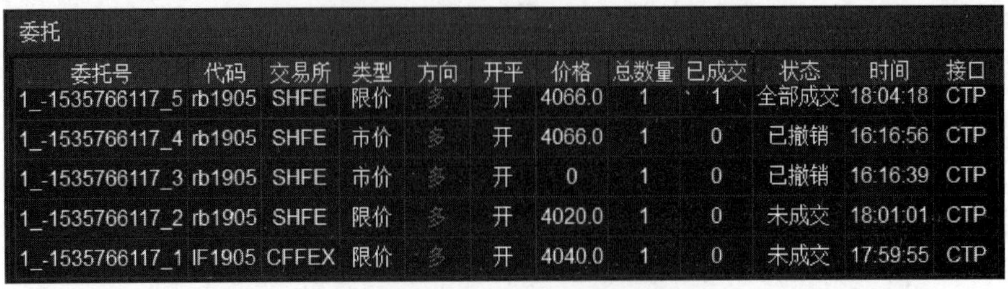

委托

委托号	代码	交易所	类型	方向	开平	价格	总数量	已成交	状态	时间	接口
1_-1535766117_5	rb1905	SHFE	限价	多	开	4066.0	1	1	全部成交	18:04:18	CTP
1_-1535766117_4	rb1905	SHFE	市价	多	开	4066.0	1	0	已撤销	16:16:56	CTP
1_-1535766117_3	rb1905	SHFE	市价	多	开	0	1	0	已撤销	16:16:39	CTP
1_-1535766117_2	rb1905	SHFE	限价	多	开	4020.0	1	0	未成交	18:01:01	CTP
1_-1535766117_1	IF1905	CFFEX	限价	多	开	4040.0	1	0	未成交	17:59:55	CTP

图 10-6　VN Trader 委托窗口

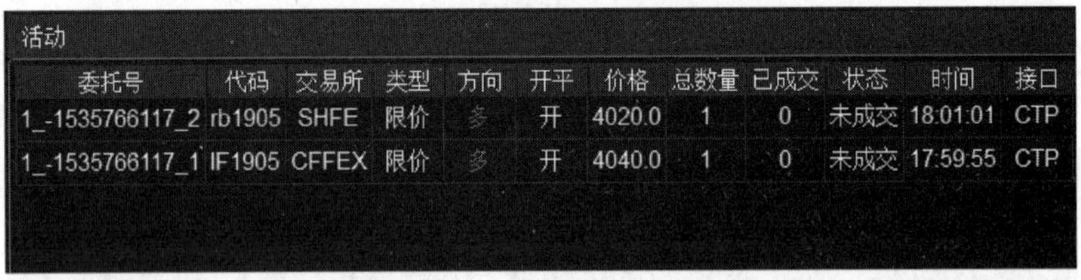

活动

委托号	代码	交易所	类型	方向	开平	价格	总数量	已成交	状态	时间	接口
1_-1535766117_2	rb1905	SHFE	限价	多	开	4020.0	1	0	未成交	18:01:01	CTP
1_-1535766117_1	IF1905	CFFEX	限价	多	开	4040.0	1	0	未成交	17:59:55	CTP

图 10-7　VN Trader 活动窗口

交组件可用鼠标右键选择“调整列宽”，或者选择“保存数据”（csv 格式）（见图 10-8）。

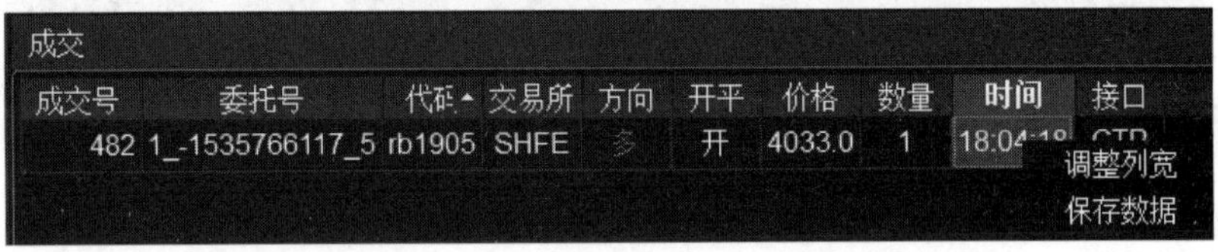

图 10-8　VN Trader 成交窗口

（7）日志组件：调用底层接口时由于操作失败触发的错误信息推送，以及来自系统内各个组件发出的日志信息。

（8）持仓组件：用于记录其历史持仓。持仓信息同样采用 6 秒刷新的频率。注意，对于国内的期货市场，多头和空头的持仓情况分开计算。因此在某一合约上，可能既有多头持仓，又有空头持仓，双向持仓均会存在各自的保证金占用。同时由于上期所（包括能源交易中心）今昨仓分离的规则，平仓时需要分别发出对应的委托指令，如果想要平掉昨天（7 手）和今天（1 手）共 8 手多头持仓，则需要分别发出平昨 7 手的指令，加上平今 1 手的指令。其他交易所则不受此影响，直接选择平仓指令 8 手即可（见图 10-9）。

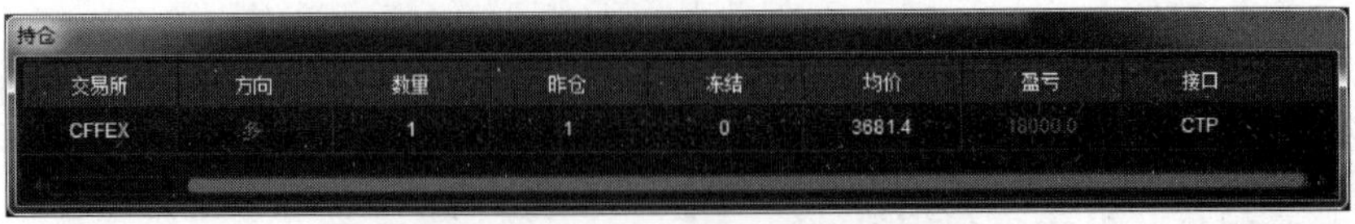

持仓

交易所	方向	数量	昨仓	冻结	均价	盈亏	接口
CFFEX	多	1	1	0	3681.4	18000.0	CTP

图 10-9　VN Trader 持仓窗口

（9）资金组件：显示持仓数据信息和账户资金查询的数据结果（见图10-10）。

图 10-10　VN Trader 资金窗口

可用资金：可以用于委托的现金。

冻结：委托操作冻结的金额（与保证金不是一个概念）。

余额：总资金，即可用资金、保证金、浮动盈亏的总和。

注意：若全部平仓，浮动盈亏变成实际盈亏，保证金和浮动盈亏清零，总资金等于可用资金。

（二）脚本模式启动

除了基于 VN Station 的图形化启动方式外，也可以在任意目录下创建 run. py，在run. py 所在目录下打开 CMD（按住 Shift→点击鼠标右键→在此处打开 powershell 窗口）后，运行下列命令启动 VN Trader：

```
python run. py
```

【例 10-1】vnpy 脚本启动代码（run. py），其中带#的接口根据需要进行加载。

```
from vnpy. event import EventEngine
from vnpy. trader. engine import MainEngine
from vnpy. trader. ui import MainWindow, create_qapp
# from vnpy_ctp import CtpGateway
# from vnpy_ctptest import CtptestGateway
# from vnpy_mini import MiniGateway
# from vnpy_femas import FemasGateway
# from vnpy_sopt import SoptGateway
# from vnpy_sec import SecGateway
# from vnpy_uft import UftGateway
# from vnpy_esunny import EsunnyGateway
# from vnpy_xtp import XtpGateway
# from vnpy_tora import ToraStockGateway
# from vnpy_tora import ToraOptionGateway
# from vnpy_comstar import ComstarGateway
# from vnpy_ib import IbGateway
# from vnpy_tap import TapGateway
# from vnpy_da import DaGateway
# from vnpy_rohon import RohonGateway
# from vnpy_tts import TtsGateway
# from vnpy_ost import OstGateway
# from vnpy_hft import GtjaGateway
```

```python
from vnpy_ctastrategy import CtaStrategyApp
from vnpy_ctabacktester import CtaBacktesterApp
from vnpy_spreadtrading import SpreadTradingApp
from vnpy_algotrading import AlgoTradingApp
from vnpy_optionmaster import OptionMasterApp
from vnpy_portfoliostrategy import PortfolioStrategyApp
from vnpy_scripttrader import ScriptTraderApp
from vnpy_chartwizard import ChartWizardApp
from vnpy_rpcservice import RpcServiceApp
from vnpy_excelrtd import ExcelRtdApp
from vnpy_datamanager import DataManagerApp
from vnpy_datarecorder import DataRecorderApp
from vnpy_riskmanager import RiskManagerApp
from vnpy_webtrader import WebTraderApp
from vnpy_portfoliomanager import PortfolioManagerApp
from vnpy_paperaccount import PaperAccountApp


def main():
    qapp = create_qapp()
    event_engine = EventEngine()
    main_engine = MainEngine(event_engine)
    # main_engine. add_gateway(CtpGateway)
    # main_engine. add_gateway(CtptestGateway)
    # main_engine. add_gateway(MiniGateway)
    # main_engine. add_gateway(FemasGateway)
    # main_engine. add_gateway(SoptGateway)
    # main_engine. add_gateway(SecGateway)
    # main_engine. add_gateway(UftGateway)
    # main_engine. add_gateway(EsunnyGateway)
    # main_engine. add_gateway(XtpGateway)
    # main_engine. add_gateway(ToraStockGateway)
    # main_engine. add_gateway(ToraOptionGateway)
    # main_engine. add_gateway(OesGateway)
    # main_engine. add_gateway(ComstarGateway)
    # main_engine. add_gateway(IbGateway)
    # main_engine. add_gateway(TapGateway)
    # main_engine. add_gateway(DaGateway)
    # main_engine. add_gateway(RohonGateway)
    # main_engine. add_gateway(TtsGateway)
    # main_engine. add_gateway(OstGateway)
    # main_engine. add_gateway(NhFuturesGateway)
    # main_engine. add_gateway(NhStockGateway)
    main_engine. add_app(PaperAccountApp)
    main_engine. add_app(CtaStrategyApp)
    main_engine. add_app(CtaBacktesterApp)
```

```
        main_engine. add_app(SpreadTradingApp)
        main_engine. add_app(AlgoTradingApp)
        main_engine. add_app(OptionMasterApp)
        main_engine. add_app(PortfolioStrategyApp)
        main_engine. add_app(ScriptTraderApp)
        main_engine. add_app(ChartWizardApp)
        main_engine. add_app(RpcServiceApp)
        main_engine. add_app(ExcelRtdApp)
        main_engine. add_app(DataManagerApp)
        main_engine. add_app(DataRecorderApp)
        main_engine. add_app(RiskManagerApp)
        main_engine. add_app(WebTraderApp)
        main_engine. add_app(PortfolioManagerApp)
        main_window=MainWindow(main_engine, event_engine)
        main_window. showMaximized()
        qapp. exec()
if _name_ == "_main_":
        main()
```

第二节 策略回测与参数优化

一、准备历史数据

对于量化投资策略，不能直接接入实盘，而是需要通过历史价格数据（K 线或者 Tick）对策略进行检验，也就是回测，其中的 tick 数据是指每秒两条的分笔数据。vnpy 的策略开发详见后面的章节。这里我们先就已开发好的策略进行回测。需要注意的是，回测效果好的策略，并不能代表实盘交易就一定盈利，而是可能存在交易成本误差、参数过度拟合、策略买卖逻辑有未来函数或者市场特征变化等原因，但就回测效果差的策略而言，实盘交易基本可以确认会更差。

回测的第一步就是需要历史数据。vnpy 准备回测历史数据有两种方式：一是基于本地 CSV 数据进行回测，通过手动导入 CSV 到 SQlite 数据库中；二是基于数据服务商下载的数据进行回测。

（一）从本地 CSV 文件导入历史数据

先删除 C：\Users\Administrator\. vntrader 下的 database. db，如果第一次运行，则不存在 . vntrader 文件夹，就不存在 database. db，也就无所谓删除。如果存在 database. db，就可以删除，以确保清空历史数据。

由于第九章已讲述过下载历史数据，这里我们以 "IF8888 沪深股指期货 1 分钟历史数据 . csv" 为例（2016-01-05 09：30：00 至 2018-12-28 14：59：00）来加以说明。由于 vnpy 导入 CSV 数据时要求各列名称依次为 datetime，open，high，low，close，volume，因此我们要先对下载的 CSV 文件表头进行修改。右击鼠标 "用记事本打开该文件" 打开

CSV 文件，将文件表头进行修改，注意表头需要在英文输入法状态下用双引号（" "）标注，并且表头之间的逗号也是英文输入法输入，修改如图 10-11 所示，然后保存即可。

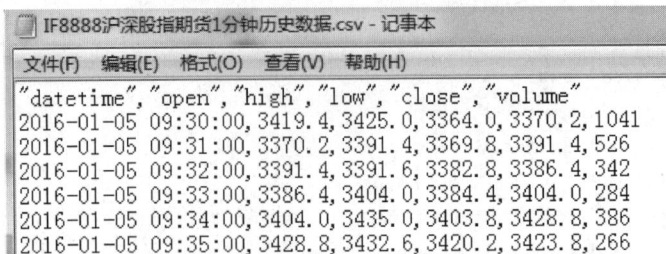

图 10-11　修改 CSV 文件表头

有了 CSV 数据文件，则先启动 vnpy（见图 10-12）。

图 10-12　启动 vnpy

勾选"历史数据管理模块"，启动后进入 VN Trade 界面，然后点击"功能-数据管理"进入数据管理界面，点击【导入数据】，弹出如图 10-13 界面。

选择文件，选择本地电脑用于回测的 CSV 文件（这里为 IF8888 沪深股指期货 1 分钟历史数据 .csv）。合约代码填入 IF8888，交易所代码填写 CFFEX。

注意，每个交易所的合约命名规则有所区别。

中金所 CFFEX：字母部分大写，年份数字为 2 位，举例 IF1908。

上期所 SHFE：字母部分小写，年份数字为 2 位，举例 rb1910。

能源交易所 INE：字母部分小写，年份数字为 2 位，举例 sc1910。

大商所 DCE：字母部分小写，年份数字为 2 位，举例 m1911。

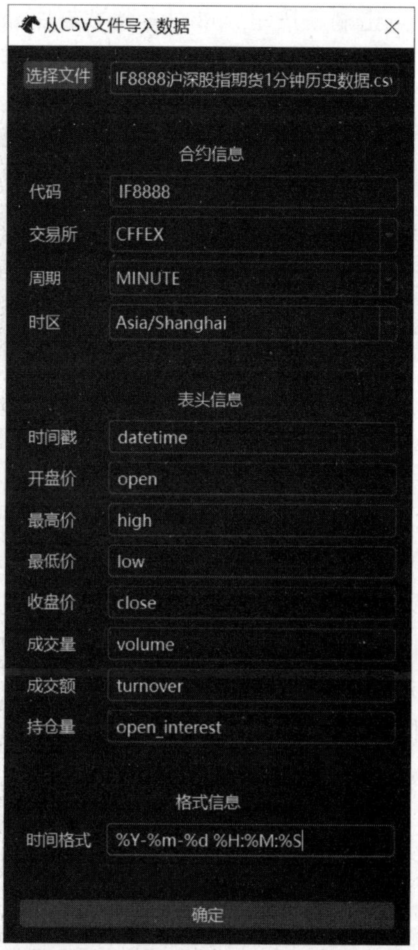

图 10-13　CSV 载入模块信息输入

郑商所 CZCE：字母部分大写，年份数字为 1 位，举例 TA910。

各个交易所交易的期货合约品种可通过互联网查询。选择好回测的 CSV 文件，输入合约代码和交易所代码，点击【确定】，数据载入完成后会弹出如下对话窗口（见图 10-14）。

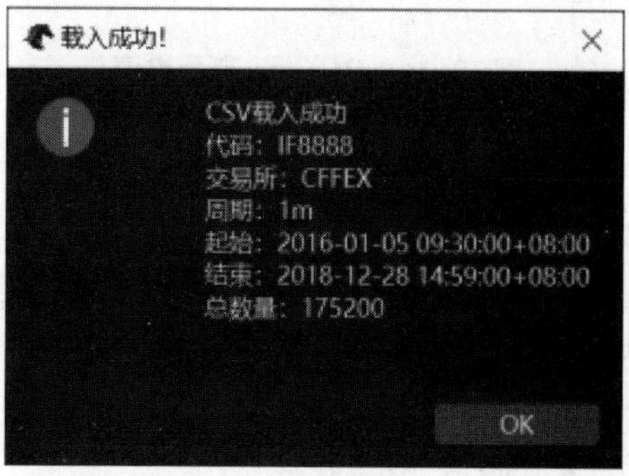

图 10-14　CSV 数据载入完成

在数据管理模块界面，点击刷新按钮，可以看到数据库 database.db 中已经存在的数据（见图 10-15）。

图 10-15　用 DataManager 模块查看 database.db 中的数据

(二) 通过数据服务商下载历史数据

历史数据也可以通过相关付费数据服务商提供的数据接口进行下载，vnpy 目前对接了米筐 RQData、恒有数 UData、TuShare、天勤 TQSDK 等数据下载服务接口。在实盘交易中，基本上通过数据服务商获取历史数据。

需要指出的是，不同的数据提供商都提供一些免费试用服务，如 RQData、天勤 TQSDK 目前给一般用户提供 15 天的免费试用权限，如果需要长期数据服务则需要购买。TuShare 则以积分来确定不同的下载权限，具体可查看数据服务商网站上的有关说明。

1. 通过数据服务商申请账号和密码

这里我们以米筐 RQData 为例，RQData 目前给一般用户提供 15 天的免费试用权限，前往 RQData 主页 https：//www. ricequant. com/purchase，进入如下界面（见图 10-16）。

图 10-16　RQData 产品申请

找到上图中的免费申请按钮，完成试用申请，一般申请 1 个工作日后能收到邮件，邮件中会给出一串长达 344 个字符的 password（密码），用户名则默认为"license"。

2. 数据服务账号配置与数据库配置

申请成功数据服务商的账号后，运行 VN Station，点击 VN Trader Pro，在主界面顶部的菜单栏，找到"配置"按钮，点击后打开 VN Trader 的全局配置对话框，完成数据服务商账号配置和数据库配置（见图 10-17）。

（1）数据服务账号配置。

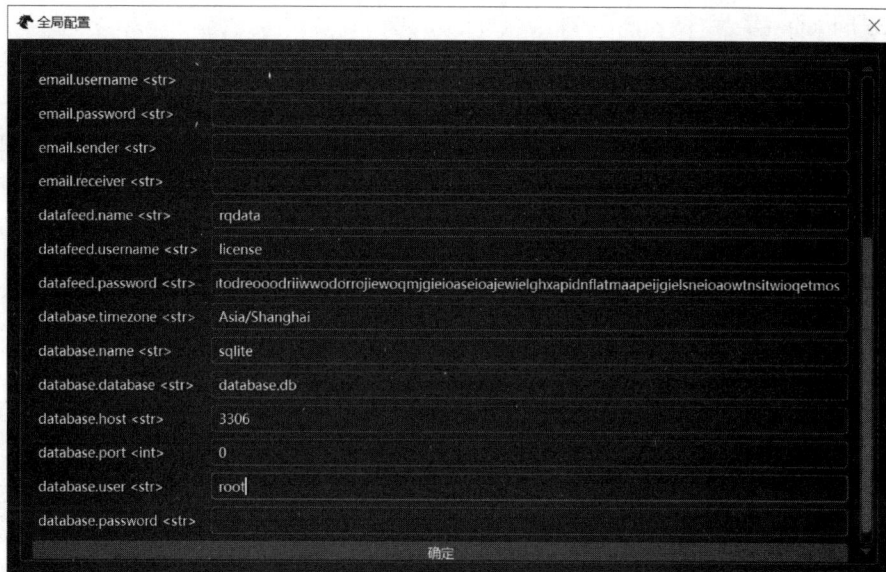

图 10-17　VN Trader 数据服务商接口配置（RQData 为例）

datafeed. name：数据服务接口的名称。

datafeed. username：数据服务的用户名。

datafeed. password；数据服务的密码。

以上三个字段为选择相应的数据服务商时需要填写的信息，如果是 token 方式授权，则将提供的 token 填写在 database. password 字段中，相关数据服务商字段配置如表 10-2 所示。

表 10-2　数据服务商字段配置

	米筐 RQData	恒有数 UData	TuShare	天勤 TQSDK
datafeed. name	rqdata	udata	tushare	tqsdk
datafeed. username	license	注册账号	注册账号	注册账号
datafeed. password	注册后邮件提供	注册密码	注册密码	注册密码
数据分类	股票、期货、期权、基金等	股票、期货	股票、期货	期货
数据周期	日线、小时线、分钟线、TICK（实时更新）	分钟线（盘后更新）	日线、分钟线（盘后更新）	分钟线（实时更新）
注册地址	www. ricequant. com	udata. hs. net	tushare. pro	shinnytech. com/tianqin

（2）数据库配置。

database. timezone：数据库时区，考虑到大部分用户都在国内，一般无须修改。

database. name：数据库适配器接口的名称，通常采用数据库全称的小写英文字母。

database. database：数据库中用于保存 vnpy 相关数据的实例，如 SQLite 的文件名、

MySQL 的 Schema 等。

database. host：数据库服务器程序所在的 IP 地址，如果安装于本地电脑则直接使用 localhost。

database. port：数据库服务器程序监听的 IP 端口，不同数据库的默认端口不同。

database. user：数据库的登录用户名。

database. password：数据库的登录密码。

vnpy 提供了几种数据库存储方式，具体相关字段填写要求如下。

SQLite 数据库：这是 vnpy 默认的存储数据库，也是 Python 内置的数据库，无须额外安装，所有字段采用默认设置即可。

DolphinDB 数据库：DolphinDB 是商业软件，但也提供免费的社区版，在安装时注意要选择 2.0 的 Beta 版本。

Arctic（MongoDB）数据库：Arctic 底层使用的是 MongoDB 数据库服务器，安装时直接前往 MongoDB 官网下载最新版本安装即可。目前不支持自定义端口、用户名、密码等修改，因此须按默认配置。

LevelDB 数据库：是 Google 推出的高性能 Key/Value 数据库。

此外，vnpy 还支持 mysql、PostgreSQL、InfluxDB 等数据库存储方式（见表 10-3）。

表 10-3　不同数据数据库字段配置

字段名称	DolphinDB	MongoDB	LevelDB	MySQL	PostgreSQL
database. name	dolphindb	mongodb	leveldb	mysql	postgresql
database. database	vnpy_ data	默认配置	vnpy_ data	vnpy	vnpy
database. host	localhost	localhost	默认配置	localhost	localhost
database. port	8848	默认配置	默认配置	3306	5432
database. user	登录用户名	默认配置	默认配置	root	postgres
database. password	登录密码	默认配置	默认配置	默认配置	postgres

vnpy 不会主动为关系型数据库创建数据库，因而要确保所填的 database. database 字段对应的数据库已经创建好了。若未创建数据库，则须手动连上数据库并运行以下命令：

create database < database. database 的数据库名>

3. 通过数据服务商下载历史数据

启动 VN Trader，点击菜单栏"功能"→"CTA 回测"，启动 CTA 策略回测界面（见图 10-18）。

如果 RQData 账号密码配置正确，此时可以在中间底部的日志输出框中看到"RQData 数据接口初始化成功"的信息。RQData 初始化完毕，然后填写图 10-18 中相关回测信息（这里以下载 IF88. CFFEX 为例）。

点击【下载数据】按钮，CtaBacktester 模块就会自动从 RQData 服务器下载历史数据，并在完成数据结构转化后存储到 VN Trader 的数据库中（默认使用 SQLite，数据文件位于 . vntrader 目录下的 database. db）。下载后在日志输出框中可看到相应信息（见图 10-19）。

图 10-18　通过 RQData 下载历史数据

图 10-19　RQData 下载历史数据

二、进行策略回测

下载完历史数据或通过 CSV 导入数据后，我们就可以进行策略回测，点击 VN Trade 窗口菜单栏的"功能→CTA 回测"，弹出 CTA 策略回测界面，填写图 10-20 中的相关回测信息。

图 10-20　CTA 回测参数输入

交易策略：下拉框选择相应的策略，这里我们可以选择 DoubleMaStrategy（双均线策略），也可以用自己编写的策略，具体策略的编写详见后面的章节内容。

本地代码：本地代码必须以"合约代码．交易所代码"的形式填写，如 IF18888. CFFEX。

K 线周期：根据数据库中历史数据的 K 线周期，下拉框选择相应的周期（1m，1h，d，w），本例为 1m（1 分钟）。

开始日期和结束日期：策略回测的时间段，格式为 yyyy/mm/dd。

本例回测的 IF18888 是中金所股指期货的 IF 合约，回测时的参数要设置为股指期货所对应的属性。手续费率编辑框中输入 0.000025，交易滑点输入 0.2（即单边成交 1 跳的滑点成本），合约乘数为 300（300 元每点），价格跳动也是 0.2（股指期货最小价格变动），回测资金我们使用 100 万。

点击【开始回测】按钮，弹出参数配置对话框（见图 10-21）。

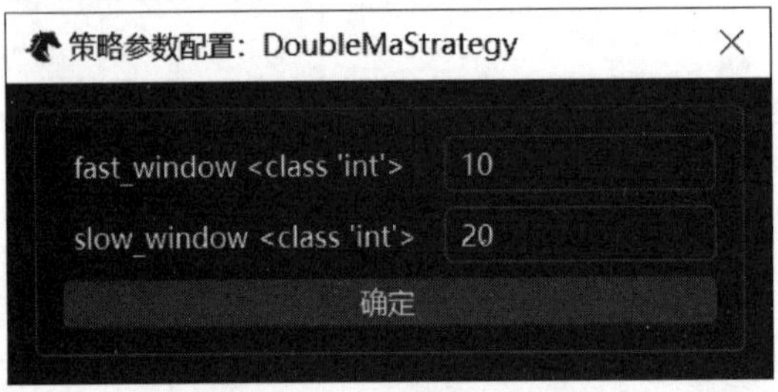

图 10-21　策略参数设置

这里显示的 fast_window 和 slow_window 就是 DoubleMaStrategy（双均线策略）源代码中 parameters 列表中的参数名称（具体见后面章节中策略设计）。在此我们直接使用默认数值，点击【确定】按钮后，回测引擎就会自动开始执行策略回测并汇报结果（见图 10-22）。

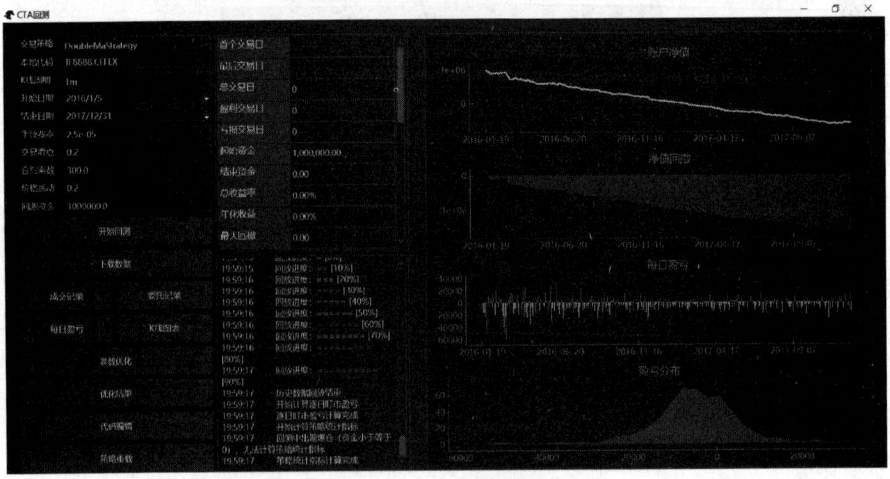

图 10-22　策略回测结果

182

右侧图表的 4 个子图分别表示如下。

子图 1：资金变化曲线，笔直向下说明稳定亏损；

子图 2：最大回撤曲线，越来越大说明策略亏损越来越多；

子图 3：每日盈亏统计，红绿分布平均，但绿色密度更大（亏损）；

子图 4：盈亏的概率分布图。

同时，点击左侧的"成交记录""委托记录""每日盈亏""K 线图表"按钮，可以看到回测过程中的每一笔成交记录、委托记录、当日整体盈亏情况和 K 线图表。

三、策略参数优化

假设我们想要看看 fast_window，从 2 到 20（步进 2），slow_window，从 20 到 100（步进 10），参数分别两两组合出来的回测效果，看看能不能找到更好的均线组合，通过遍历两个参数的各种可能排列组合，然后针对每组组合，跑完回测并记录其中的关键结果，也就是所谓的"参数优化"。CtaBacktester 模块已经内置了策略参数优化的功能，点击左侧下方的【参数优化】按钮，可见图 10-23。

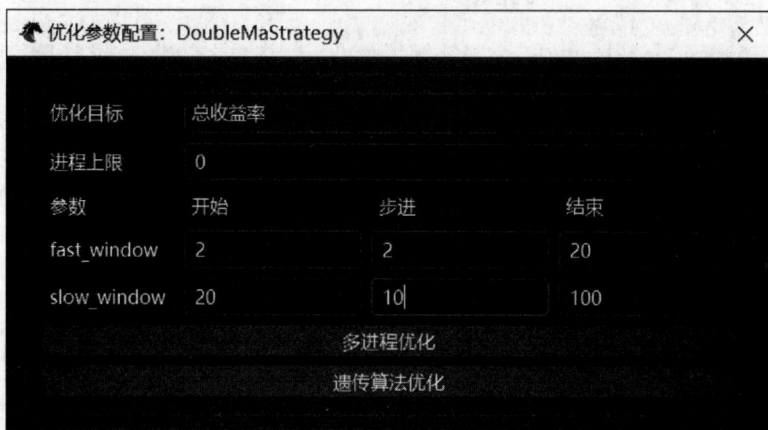

图 10-23　策略参数优化

vnpy 提供 2 种参数优化的解决方案：多进程优化（穷举算法）、遗传算法。多进程优化会汇报各种参数组合的回测效果，遗传算法只汇报最优参数组合。

本例选择多进程优化，这样可以看出各种组合的结果，从而看出参数组合的稳定性，防止过拟合。优化完成后，点击【优化结果】可查看每组参数组合的优化结果（见图 10-24）。

效果最好的是 fast_window 为 16，slow_window 为 90，带入策略回测中运行后的情况见图 10-25。

图 10-24　参数优化结果

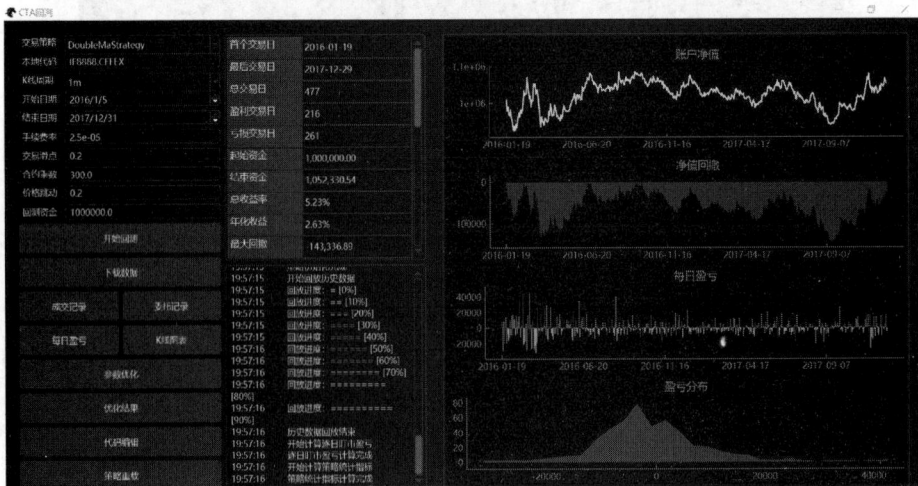

图 10-25　参数优化后的策略回测效果

第三节　国内期货 CTA 交易

一、CTA 仿真交易

CTA 的英文全称为 Commodity Trading Advisors，即期货交易策略。如果一个交易策略回测效果比较满意，那么下一步就可以用这个策略先进行仿真交易，仿真交易后，如果该策略比较理想，则能将该策略投入实盘交易。

目前 vnpy 的仿真交易有以下两种方式。

（一）连接 CTP、TTS 等提供仿真交易的接口进行仿真交易

这种方式是通过连接 CTP（即 simnow）或其他仿真接口（如 TTS 等），并配置数据服务商（一般是 RQdata）提供历史数据（也可以利用 vnpy 的实盘行情记录模块，每天录制行情数据到数据库）。其中，CTP 负责提供行情数据和模拟交易结算。CTP 是由上海期货交易所的上海期货信息技术有限公司开发的期货模拟仿真交易平台。

（二）连接其他接口（实盘交易接口）和本地仿真交易模块进行仿真交易

这种方式是通过连接其他接口（一般是券商的实盘交易接口），配合本地仿真交易模块，配置数据服务商（一般是 RQdata）提供历史数据（也可以利用 vnpy 的实盘行情记录模块，每天录制行情数据到数据库）。其中，实盘交易接口提供行情，本地仿真交易模块负责模拟交易的成交结算。

需要指出的是，所有仿真交易都应在交易时间内进行，期货交易时间如表 10-4、表 10-5 所示，因此仿真交易也应选择在日市或夜市交易时间，周六、周日、节假日期货交易不开盘。

表 10-4　期货日市交易时间

交易所	集合竞价	连续交易
上海期货交易所、大连商品交易所、郑州商品交易所	8：55—9：00	09：00—10：15　10：30—11：30 13：30—15：00
中国金融期货交易所	9：25—9：30	09：30—11：30 13：00—15：15

表 10-5　期货夜市交易时间

交易所	品种类别	集合竞价	连续交易
上海期货交易所	贵金属	20：55—21：00	21：00—次日 02：30
上海期货交易所	有色金属，黑色金属，沥青	20：55—21：00	21：00—次日 01：00
上海期货交易所	天然橡胶	20：55—21：00	21：00—23：00
郑州商品交易所 大连商品交易所	所有品种	20：55—21：00	21：00—23：30

下面以方式一介绍利用 CTP 或 TTS 进行仿真交易。

（三）准备 **CTP** 仿真交易账号或 **TTS** 仿真交易账号

1. 注册 CTP 仿真交易账号

第一步，SimNow 官网注册。打开 SimNow 官网 www.simnow.com.cn，点击右上角的"注册账号"进行注册。注册时间，请选择白天的期货交易时段，即 9：00—11：30，13：00—15：00，其他时段注册系统可能各种出现各种问题。

注册完成后，回到 SimNow 首页点击点右上角的"投资者登录"，输入手机号和密码登录进去，请牢记页面中的 investorId，这才是 SimNow 环境的 CTP 用户名，而不是登录网站用的手机号。同时，CTP 密码就是登录网站用的密码。

第二步，修改密码。接下来需要修改一次密码才能使用 API 进行交易，具体修改办法是，在 SimNow 官网首页右上角点击"忘记密码"，在页面上通过手机验证码来修改，注意需要修改为一个新的密码，请记住 investorId 和修改后的新密码。

2. 注册 TTS 仿真交易账号

TTS 系统是 CTP 开放平台推出的一款采用 CTPAPI 兼容接口的模拟交易系统，基本可以替代 Simnow 进行 CTP 程序的开发、测试以及策略验证，CTP 开放平台提供了跟Simnow 一样用途的两套模拟环境：一套为仿真环境，与实盘交易时段一致；另一套为7×24 环境的模拟账号，不间断轮播最近一段时间的行情。TTS 模拟账号只要关注公众号"CTP 开放平台"即可自动获得，并且可以免费注册多个模拟账号。

（四）准备 **RQData** 账号或其他数据提供商账号

由于交易策略需要历史数据，这里我们选择通过米筐的 RQData 来获取历史数据（也可以利用 vnpy 的实盘行情记录模块，每天录制行情数据到数据库）。启动 VN Trader，加载 CTP 接口或 TTS 接口，应用模块勾选 CTA 自动交易模块，其他应用模块根据需要选择，但不要勾选本地仿真交易模块（见图 10-26）。

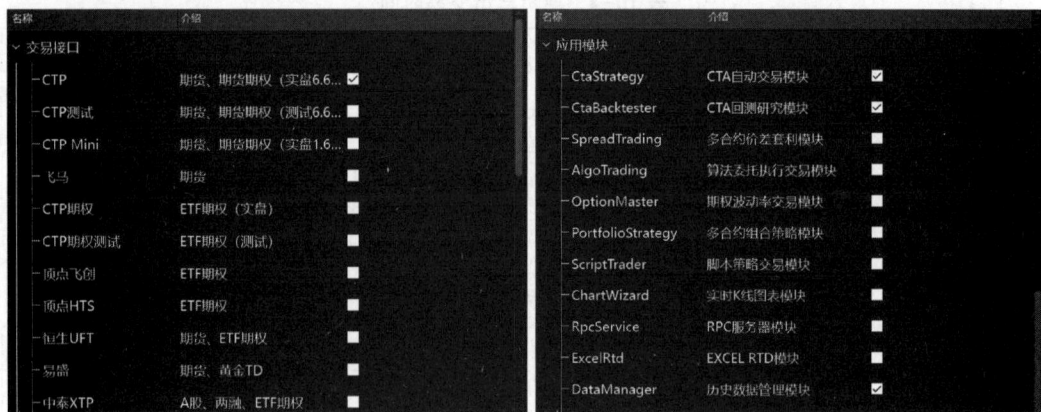

图 10-26　VN Trader 加载 CTP 接口

进入主界面后，点击菜单栏的"配置"，填写 RQData 账号和密码，其中 datafeed.name填入 rqdata，datafeed.username 填入 license，datafeed.password 填入密码（见图 10-27）。

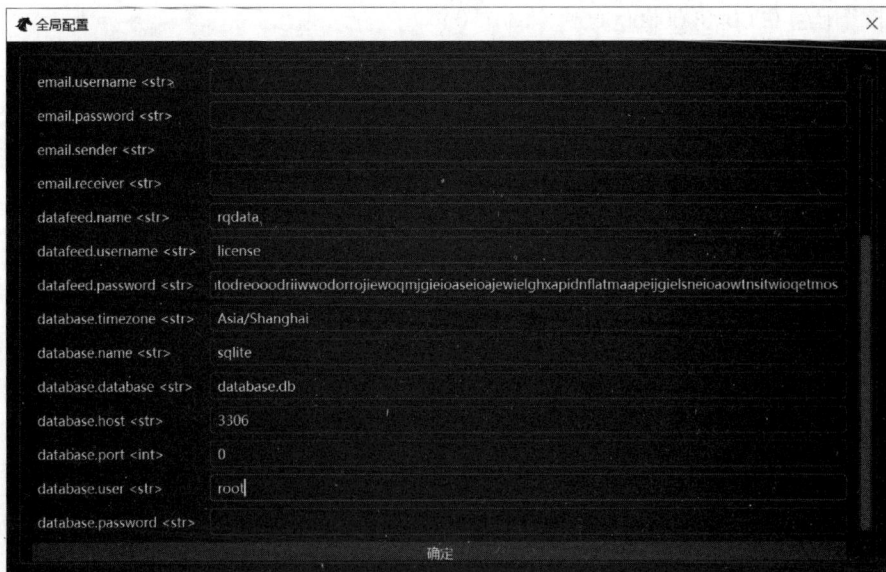

图 10-27　数据服务商接口配置（以 **RQData** 为例）

（五）连接 **CTP** 或 **TTS**

点击菜单栏的"系统"→"连接 CTP"或"连接 TTS"，看到对话框（见图 10-28）。

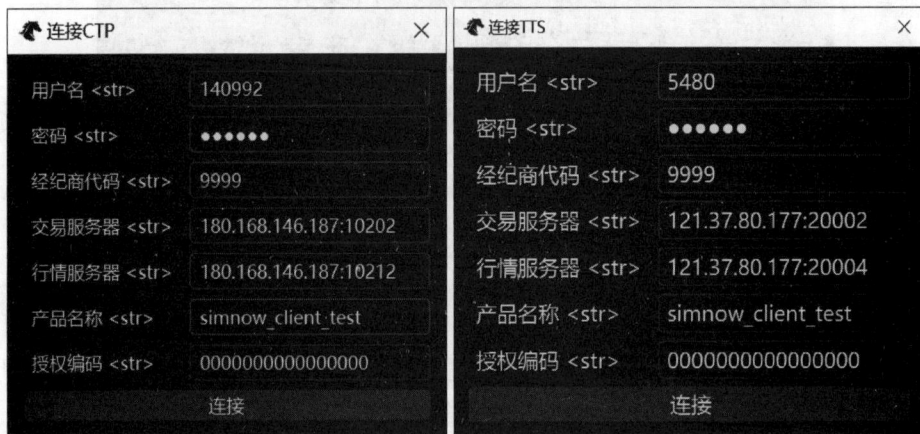

图 10-28　VN Trader 连接 CTP 接口或 TTS 接口

1. 如果是连接 CTP，各个字段的填写

用户名：填写 SimNow 注册的 investorId；

密码：填写 SimNow 的密码；

经纪商代码：9999；

交易服务器：180. 168. 146. 187：10202；

行情服务器：180. 168. 146. 187：10212；

产品名称：simnow＿ client＿ test；

授权编码：0000000000000000（16 个 0）。

其中，交易和行情服务器一共有三组选择。其中，前两组只能在交易时段登录（周一到周五，日盘和夜盘时段），提供和实盘环境一致的行情和撮合，具体可查看 http：//www. simnow. com. cn/product. action。

2. 如果是连接 TTS，各个字段的填写

用户名：填写 TTS 的模拟账号（或仿真账号）；

密码：填写 TTS 的密码；

经纪商代码：9999；

交易服务器：121. 37. 80. 177：20002（或 121. 36. 146. 182：20002）；

行情服务器：121. 37. 80. 177：20004（或 121. 36. 146. 182：20004）；

产品名称：simnow_ client_ test；

授权编码：0000000000000000（16 个 0）。

以上都填好后，点击【连接】按钮开始登录 CTP 或 TTS 服务器并进行相关初始化操作，在右下角的日志监控组件中，可以看到初始化相关的日志信息输出（见图 10-29）。

时间	信息	接口
14:01:28.22	合约信息查询成功	CTP
14:01:27.590	结算信息确认成功	CTP
14:01:27.180	交易服务器登录成功	CTP
14:01:27.155	行情服务器登录成功	CTP
14:01:27.126	交易服务器授权验证成功	CTP
14:01:27.60	交易服务器连接成功	CTP
14:01:27.54	行情服务器连接成功	CTP

图 10-29　VN Trader 连接 CTP 日志信息

登录初始化过程中有任何异常情况，日志信息中都会看到相应的文字输出，可以根据内容自行排查。看到"合约信息查询成功"这条日志后，说明已经成功完成初始化操作。

(六) 查看合约

点击菜单栏"帮助"→"查询合约"，或者左侧功能导航栏的导数第二个放大镜按钮，打开合约查询对话框，可以确定我们要交易的品种（见图 10-30）。

点击右上角的【查询】按钮，显示当前 VN Trader 内部已连接的交易接口（CTP）上支持的所有可交易合约。以下为几个需要关注的字段。

合约代码 symbol：该合约在某家交易所的唯一标识。

交易所代码 exchange：该交易所在 VN Trader 内的唯一标识。

本地代码 vt_ symbol：由合约代码以及交易所代码共同组成，代表该合约在 VN Trader 内的唯一标识符，需要交易所代码是因为跨交易所的代码可能存在重复，比如

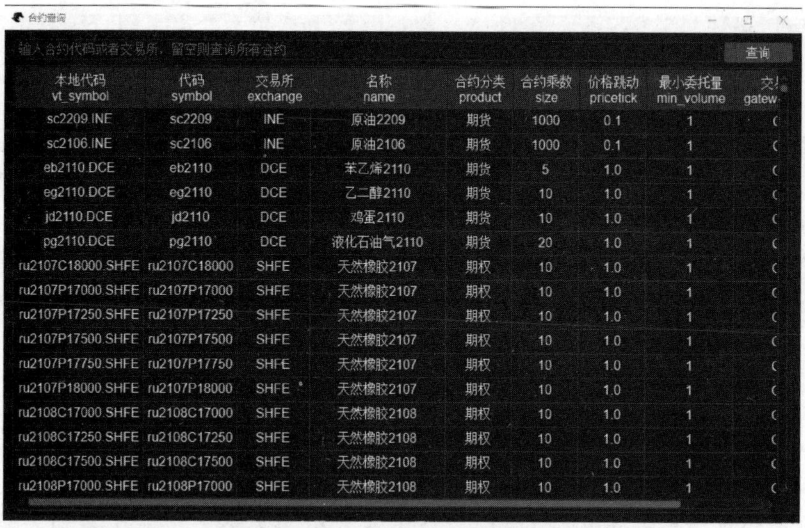
合约查询

输入合约代码或者交易所，留空则查询所有合约 查询

本地代码 vt_symbol	代码 symbol	交易所 exchange	名称 name	合约分类 product	合约乘数 size	价格跳动 pricetick	最小委托量 min_volume	交 gatew
sc2209.INE	sc2209	INE	原油2209	期货	1000	0.1	1	
sc2106.INE	sc2106	INE	原油2106	期货	1000	0.1	1	
eb2110.DCE	eb2110	DCE	苯乙烯2110	期货	5	1.0	1	
eg2110.DCE	eg2110	DCE	乙二醇2110	期货	10	1.0	1	
jd2110.DCE	jd2110	DCE	鸡蛋2110	期货	10	1.0	1	
pg2110.DCE	pg2110	DCE	液化石油气2110	期货	20	1.0	1	
ru2107C18000.SHFE	ru2107C18000	SHFE	天然橡胶2107	期权	10	1.0	1	
ru2107P17000.SHFE	ru2107P17000	SHFE	天然橡胶2107	期权	10	1.0	1	
ru2107P17250.SHFE	ru2107P17250	SHFE	天然橡胶2107	期权	10	1.0	1	
ru2107P17500.SHFE	ru2107P17500	SHFE	天然橡胶2107	期权	10	1.0	1	
ru2107P17750.SHFE	ru2107P17750	SHFE	天然橡胶2107	期权	10	1.0	1	
ru2107P18000.SHFE	ru2107P18000	SHFE	天然橡胶2107	期权	10	1.0	1	
ru2108C17000.SHFE	ru2108C17000	SHFE	天然橡胶2108	期权	10	1.0	1	
ru2108C17250.SHFE	ru2108C17250	SHFE	天然橡胶2108	期权	10	1.0	1	
ru2108C17500.SHFE	ru2108C17500	SHFE	天然橡胶2108	期权	10	1.0	1	
ru2108P17000.SHFE	ru2108P17000	SHFE	天然橡胶2108	期权	10	1.0	1	

图 10-30　VN Trader 查看合约

000001 在上交所代表的是上证指数，在深交所代表的则是平安银行。

价格跳动 pricetick：交易委托时价格的最小变动单位，若精度不对会造成委托失败。

表 10-6 为 vnpy 中各交易所代码。

表 10-6　vnpy 中各交易所代码

序号	简写字母	具体名称
1	SSE	上海证券交易所
2	SZSE	深圳证券交易所
3	CFFEX	中国金融期货交易所
4	SHFE	上海期货交易所
5	CZCE	郑州商品交易所
6	DCE	大连商品交易所
7	INE	国际能源交易中心
8	SGE	上海黄金交易所
9	HKEX	香港交易所
10	SMART	IB 的智能路由（股票、期权）
11	GLOBEX	芝加哥商品交易所的电子交易平台
12	IDEALPRO	IB 的外汇 ECN 平台
13	OANDA	OANDA 外汇平台
14	UNKNOWN	未知（即以上以外的交易所）

（七）加载一个实例

点击菜单栏的“功能”→“CTA 策略”，或者左侧导航栏里国际象棋棋子的图标，弹出 CTA 策略交易窗口（见图 10-31）。

图 10-31　CTA 策略交易窗口

此时，在右下方的日志监控组件中可以看到"RQData 数据接口初始化成功"的信息，如果没有的话，请配置 RQData 数据服务。

接下来要添加策略的实例（对象），点击右上角的策略下拉框，找到需要添加的策略，这里以 DoubleMaStrategy 为例（见图 10-32）。

图 10-32　添加 CTA 策略

点击【添加策略】按钮，出现策略参数配置的对话框（见图 10-33）。

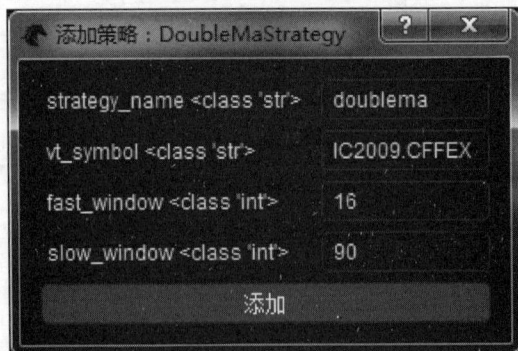

图 10-33　添加策略

每个参数字段，后面的"< >"中说明了该字段对应的数据类型，注意必须根据要求填写，否则实例创建会出错。

strategy_name 字段：需要先给策略实例一个名字，因为有可能同一个策略用于不同品种交易，因此每个实例的名称必须唯一，不能重复。

vt_ symbol 字段：定策略具体要交易的合约代码，采用"合约代码 . 交易所名称"格式来命名。假设我们要交易的合约为中金所的 IFC2009，则 vt_ symbol 字段为 IFC2009.CFFEX。注意每个交易所的合约命名规则有所区别。

中金所 CFFEX：字母部分大写，年份数字为 2 位，举例 IF1908。

上期所 SHFE：字母部分小写，年份数字为 2 位，举例 rb1910。

能源交易所 INE：字母部分小写，年份数字为 2 位，举例 sc1910。

大商所 DCE：字母部分小写，年份数字为 2 位，举例 m1911

郑商所 CZCE：字母部分大写，年份数字为 1 位，举例 TA910。

fast_ window 和 slow_ window 是策略里写在 parameters 列表中的参数名，这里填入前面优化后的结果 16 和 90。

点击【添加】按钮后，在左侧的策略监控组件中，就能看到该策略实例了（见图 10-34）。

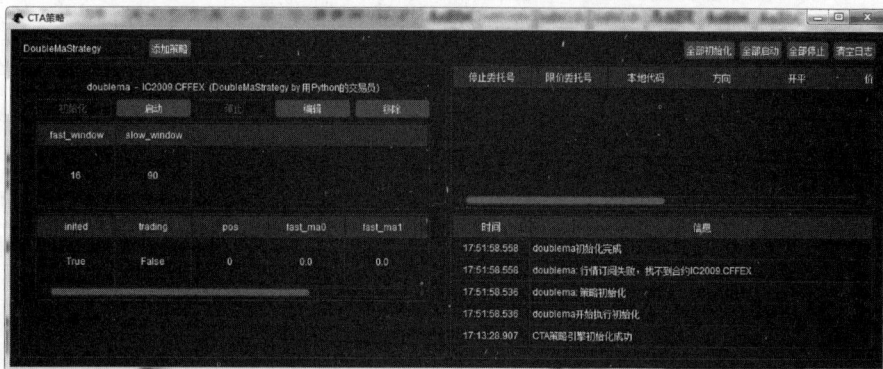

图 10-34　实例化后的策略

顶部按钮用于控制和管理策略实例，第一行表格显示了策略内部的参数信息，第二行表格则显示了策略运行过程中的变量信息（变量名需要写在策略的 variables 列表中，见后文章节）。inited 字段表示当前策略的初始化状态（是否已经完成了历史数据回放），trading 字段表示策略当前是否开始交易。

注意，上方显示的所有变量信息需要在策略中调用 put_event 函数（见后文章节），这样界面上才会进行数据刷新。有时用户会发现自己写的策略，不论跑多久这些变量信息都不动，这种情况请检查策略中是否漏掉了对 put_event 函数的调用。

（八）策略初始化

点击监控组件顶部的【初始化】按钮，此时内部的 CTA 策略引擎会先调用策略的 on_init 函数，运行用户定义的逻辑，随后按照顺序完成以下三步任务。

1. 获取历史数据

先载入该合约最新的历史数据，具体载入数据的长度，通过策略内部的 load_bar 函数的参数控制。数据载入后会以逐根 K 线（或者 Tick）的方式推送给策略，实现内部变量的初始化计算，如缓存 K 线序列、计算技术指标等。

在载入时，CTA 策略引擎会优先通过已经配置的数据服务商（本例是 RQData）来获取历史数据，RQData 的数据服务提供盘中 K 线实时更新。因此即使在 9：45 分才启动策略，也能获取到之前从 9：30 开盘到 9：45 分之间的 K 线数据所提供的策略进行初始化计算，而不用担心数据缺失问题。

如果 RQData 不支持该合约，则 CTA 策略引擎会尝试使用交易接口进行获取。对于 IB 接口来说，交易的服务端系统都提供了相应的历史数据下载功能。

如果交易接口也获取不到，那么 CTA 策略引擎会访问本地数据库来加载历史数据。这种情况下，用户需要自己来保证数据库中的数据完整性（满足需求），如每天通过"实盘行情记录模块"来录制合约的行情信息，或者从 CSV 文件导入历史数据。

2. 载入缓存变量

量化策略在每天仿真或实盘运行过程中，有些变量纯粹只和行情数据相关，这一类变量通过上一步的加载历史数据回放就能得到正确的数值。另一类变量则可能和交易状态相关，如策略的持仓、移动止损的最高价跟踪等，这类变量需要缓存在硬盘上（退出程序时），第二天回放完历史数据后再读取还原，才能保证和之前交易状态的一致性。

在 CtaStrategy 中这每次关闭程序时会自动将每个策略的 variables 列表对应的变量写入 json 文件（缓存在 .vntrader 目录下的 cta_strategy_data.json 中），并在下一次策略初始化时自动载入。

注意，在某些情况下可能缓存的数据会出现偏差（比如手动平仓了），此时可以通过手动修改 json 文件来调整。

3. 订阅行情推送

接下来是获取该策略所交易合约的信息（基于 vt_symbol），并订阅该合约的实时行情推送。如果找不到该合约的信息，如没有登录接口或者 vt_symbol 写错了，则会在日志模块中输出相应的报错信息。

注意，对于 IB 接口来说，因为登录时无法自动获取所有的合约信息，只有在用户手动订阅行情时才能获取，因此需要在主界面上先行手动订阅该合约行情，然后再点击【初始化】按钮。

以上三个步骤全部完成后，策略的 inited 状态会变为 True，且变量也都有了对应的数值（不再为 0），则说明初始化已经完成（见图 10-35）。

（九）策略的启动

完成策略初始化后（inited 状态为 True 时），才可以点击【启动】按钮启动策略的自动交易功能（见图 10-36）。

当 trading 状态为 True 时，策略内部的交易请求类函数（buy/sell/short/cover/cancel_order 等），以及信息输出类函数（write_log/send_email 等），才会真正执行并发出对应的请求指令至底层接口中（真正执行交易）。

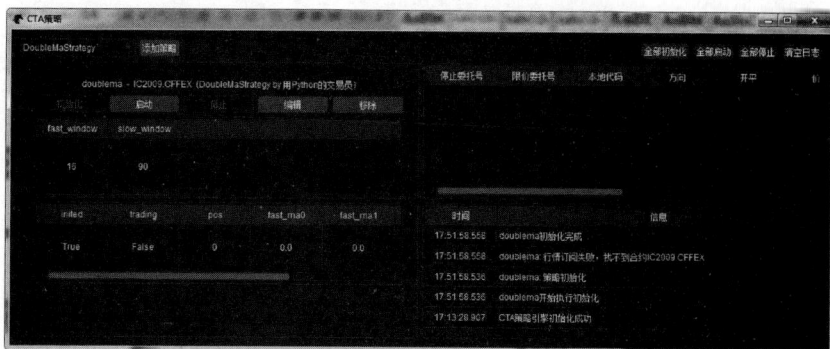

图 10-35 策略完成初始化

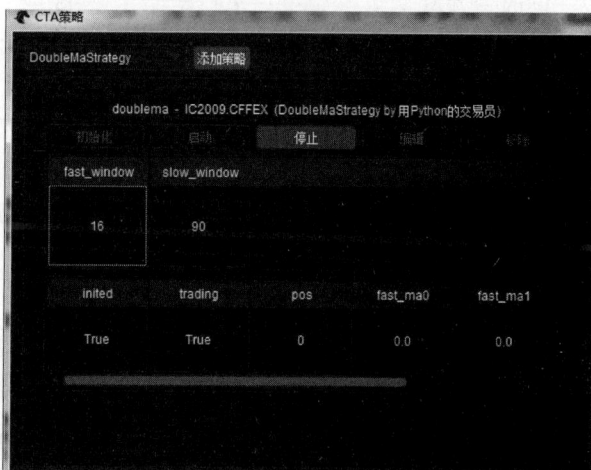

图 10-36 启动策略开始仿真交易

在上一步策略初始化的过程中，尽管策略同样在接收（历史）数据，并调用对应的功能函数，但因为 trading 状态为 False，所以并不会有任何真正的委托下单操作或者日志信息输出。

（十）策略的停止

到了市场收盘时间，或当盘中遇到紧急情况时，点击【停止】按钮即可停止策略的仿真或实盘交易。CTA 策略引擎会自动将该策略之前发出的所有活动委托全部撤销（保证在策略停止后不会有失去控制的委托存在），同时执行上面提到过的变量缓存操作。

这两步都完成后，策略的 trading 状态会变为 False，此时可以关闭程序了。

在 CTA 策略的实盘交易过程中，正常情况下，应该让策略在整个交易时段中都自动运行，而尽量不要有额外的暂停或重启类操作。对于国内期货市场来说，应该在夜盘时段开始前启动策略的自动交易，直到第二天下午收盘后再关闭自动交易，中间的夜盘收盘属于同一交易日内，无须停止策略。

（十一）编辑和移除

在跑量化策略的过程中，有时可能需要调整策略的参数，点击策略监控组件上的

【编辑】按钮，即可在弹出的参数编辑对话框中任意修改参数（见图10-37）。

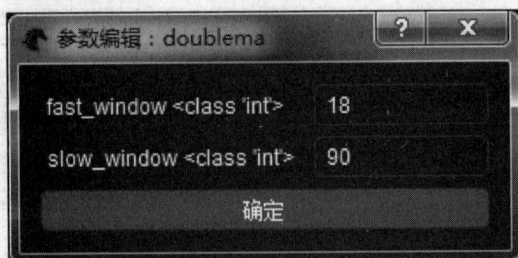

图 10-37　策略参数修改

　　点击【确定】按钮后，相应的修改会立即更新在参数表格中。注意，策略实例的交易合约代码无法修改，同时修改完后也不会重新执行初始化操作。

　　为了安全起见，请一定要在 trading 状态为 False 时（自动交易停止），才进行参数的编辑操作。

　　想要删除某个策略实例时，点击【移除】按钮，则 CTA 策略引擎会自动完成该策略实例的对象销毁和内存释放；并在 GUI 图形界面上移除其监控组件，此时该策略的名称（strategy_name）也可以再次使用。注意，只能移除 trading 状态为 False 的策略实例，如果策略已经启动了，自动交易功能则需要先停止。

　　另外，在每天的实盘交易中，如果存在比较多的策略实例，则可以通过右上角的【全部初始化】、【全部启动】和【全部停止】三个按钮，一次性对所有的策略实例进行相应的操作管理。

　　当日志监控组件中的信息条数过多时，可以点击右上角的【清空日志】按钮来清空其中已有的信息。

二、CTA 实盘交易

（一）实盘接入

　　如果策略经过较长时间仿真后盈利稳定，即可进行实盘交易。实盘交易和仿真交易的步骤相同，只不过进行实盘交易时需要联系开户期货公司的客户经理进行穿透式认证后才能接入期货公司交易服务器。所谓穿透式认证，是指监控中心为了方便监管，需要采集所有通过期货公司入场交易的客户的本地终端信息。

　　完成申请穿透式认证后，实盘交易时，在连接 CTP 对话窗口中会呈现以下内容（见图10-38）。

　　用户名、密码，就是实盘交易账号和交易密码。

　　经纪商代码和交易行情服务器地址，可以联系开户期货公司的客户经理获取。

　　产品名称和授权编码，需要完成穿透式认证后从期货公司获取 AppID 和 AuthCode。

（二）实盘人工干预

　　如果需要在实盘交易中进行人工干预，则可以按如下步骤操作。

1. 订阅行情

　　根据自己目前实盘的合约代码，在 VN Trader 界面左上角的交易组件框中选择交易所、

图 10-38　实盘的 CTP 连接配置

接口后，在代码框中输入合约代码后回车，即可订阅行情。注意，国内期货普遍只提供 1 档买卖价，部分期货公司的上期所和能源交易所品种可以获取 5 档买卖价（见图 10-39）。

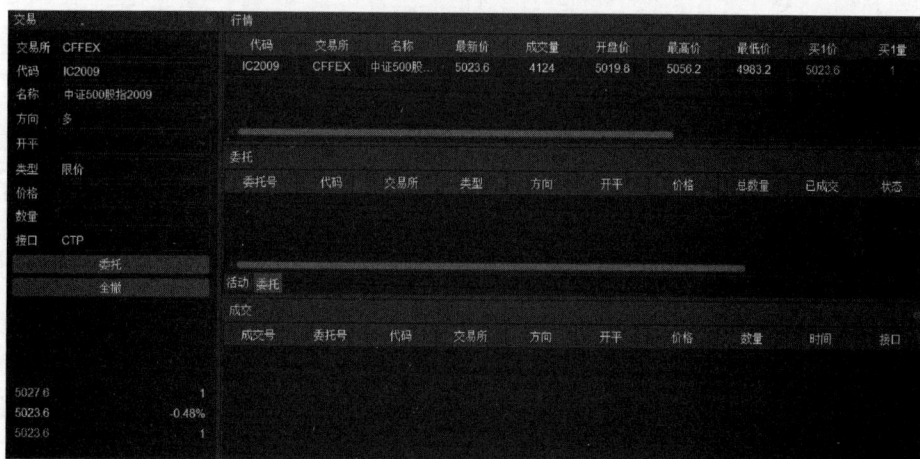

图 10-39　VnTrader 订阅行情

注意，每个交易所的合约命名规则有所区别，如下所示。

中金所 CFFEX：字母部分大写，年份数字为 2 位，举例 IF1908。

上期所 SHFE：字母部分小写，年份数字为 2 位，举例 rb1910。

能源交易所 INE：字母部分小写，年份数字为 2 位，举例 sc1910。

大商所 DCE：字母部分小写，年份数字为 2 位，举例 m1911

郑商所 CZCE：字母部分大写，年份数字为 1 位，举例 TA910。

如果在订阅行情时日志监控输出说找不到合约信息，请先检查是否正确命名。

2. 手工交易下单

有了最新行情的价格后，就可以进行手工交易买卖下单（见图 10-40）。

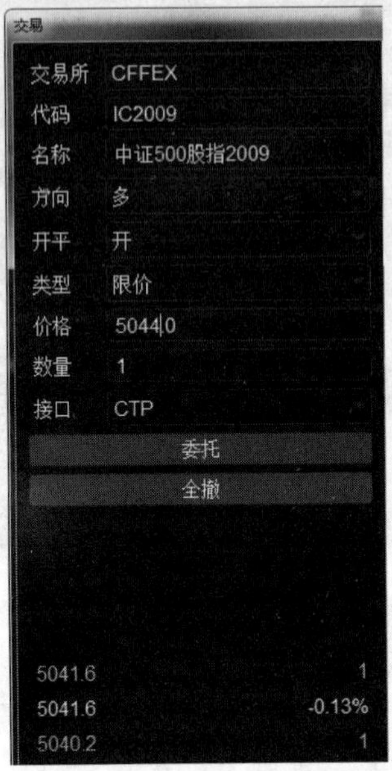

图 10-40　VN Trader 人工下单窗口

交易方向：要买（多）还是要卖（空）。

交易开平：要开仓还是平仓，对于上期所合约则需要具体选择是平今还是平昨（选错则无法平仓会被拒单）。

价格类型：CTP 接口支持限价、市价、FAK（Fill-and-Kill）、FOK（Fill-or-Kill）这四种委托类型。注意，SimNow 环境不支持市价单。其中，FAK 订单（Fill-And-Kill orders）为立即成交和撤销，当所委托的手数不能全部成交时，将能成交的部分手数全部成交，不能成交的立即撤单，如果能全部成交也是立即全部成交。FOK 订单（Fill-Or-Kill orders）为全部成交，当所委托的手数不能全部成交时就全部不成交，交易所系统自动撤单；如果能够全部成交则立即成交。此外，非 CTP 接口的报价单类型需要根据接口的要求进行选择。

输入价格和数量后，点击【委托】按钮即可发出交易请求。

3. 移仓换月

期货合约有到期时间，同一个品种有不同的到期时间并且交易量有差异，我们把同一个品种中成交量最大的合约叫主力合约。当主力合约交割日越来越近时，交易者通常会将持仓转移到下一个主力合约。vnpy 的自动移仓助手可以实现期货合约的自动移仓换月。

在完成策略初始化之后，点击【移仓助手】按钮，则会弹出移仓助手对话框，如图 10-41 所示。

选择需要移仓的老合约，输入需要移仓的目标合约，即新开仓的合约，点击【移仓】即可进行移仓，同时 VeighNa Trader 主界面，也可以查看到详细的移仓委托和成交

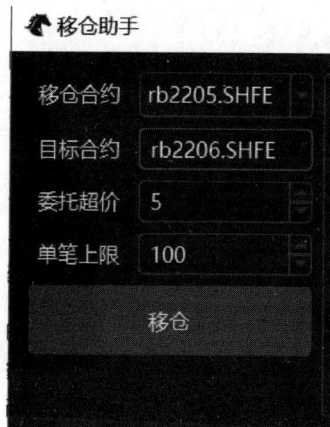

图 10-41　期货移仓换月

记录。系统自动将交易对象为移仓合约的老策略实例删除，并创建以目标合约为交易标的同名新策略实例。

（三）**CTP** 穿透式认证

期货要实盘，须进行穿透式认证，穿透式认证操作流程如图 10-42 所示。

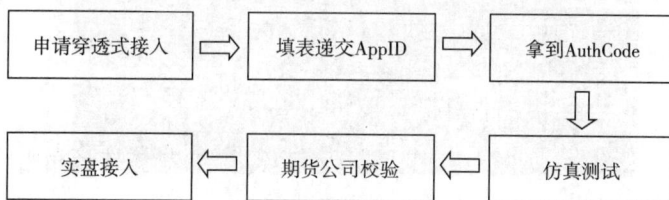

图 10-42　期货申请实盘穿透式接入

第一步：申请穿透式接入。联系客户经理，向期货公司申请穿透式接入测试。

第二步：填表提交 AppID。填写申请表，不同期货公司有所区别，但整体上需要提供的信息可能包括 CPU 序列号、硬盘序列号、硬盘主分区盘符和大小、网卡 MAC 地址、内网 IP 和外网 IP、交易程序的 AppID 等。

（1）CPU 序列号：先点击桌面"此电脑"，右键属性—高级系统设置—高级—环境变量—Path—编辑，在后面添加"C:\WINDOWS\system32\wbem"（见图 10-43）。

然后进入 cmd，输入以下命令获取 CPU 序列号：wmic CPU get ProcessorID（见图 10-44）。

（2）硬盘序列号、硬盘主分区盘符和大小：逐条输入以下命令，获取硬盘序列号、主分区盘符和大小（见图 10-45）。

```
diskpart
select disk 0
detail disk
```

（3）网卡 MAC 地址、内网 IP 和外网 IP：输入以下命令，"以太网适配器"下的"物

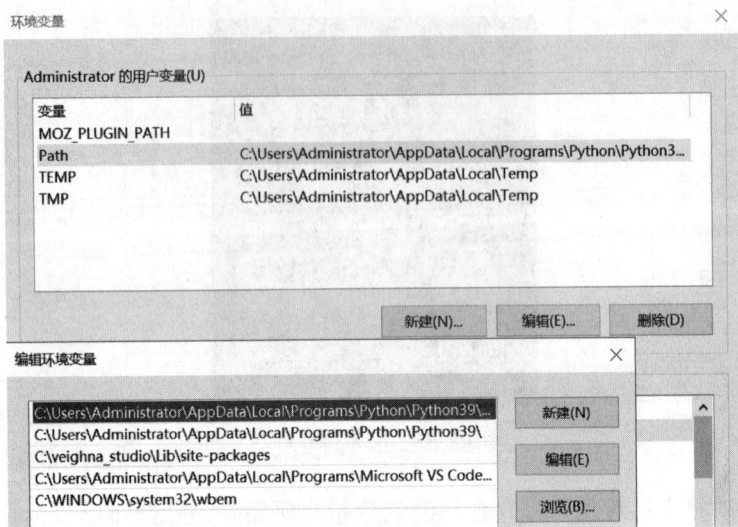

图 10-43 添加环境变量

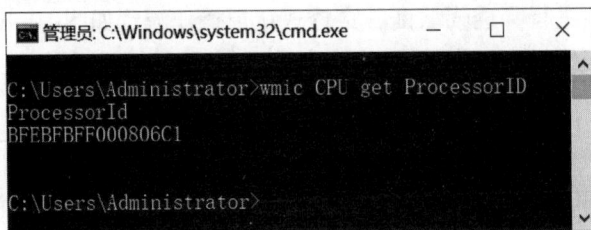

图 10-44 获取 CPU 序列号

理地址"就是 MAC 地址,"IPv4 地址"就是内网 IP(见图 10-46)。

```
ipconfig /all
```

访问 www.ip138.com 获取外网 IP。

(4)交易程序的 AppID:是一个由用户提供的交易程序代码,以个人身份申请时,格式为:

client_xxxx_yyyy

其中,xxxx 是量化交易软件名称,yyyy 是版本号,这两个字段都是客户自己填的信息(没有固定规则),以 vnpy 的 v3.0 版本为例,AppID 可能为:

client_vnpy888_3.0

其中,888 的部分,是自定义的一个字符串,主要为了避免 AppID 和其他人重复。

第三步:拿到 AuthCode。提交申请表后,期货公司会针 AppID 提供的测试账号信息,包括用户名、密码、经纪商代码、仿真测试服务器地址(交易、行情)、产品名称(AppID)、授权编码(AuthCode)等。

第四步:只勾选 CTP 测试接口进行仿真测试。双击桌面的 VN Station 图标,注意只勾选加载 CTP 测试接口,不要同时勾选加载 CTP 接口,否则会因为 dll 冲突导致后续测

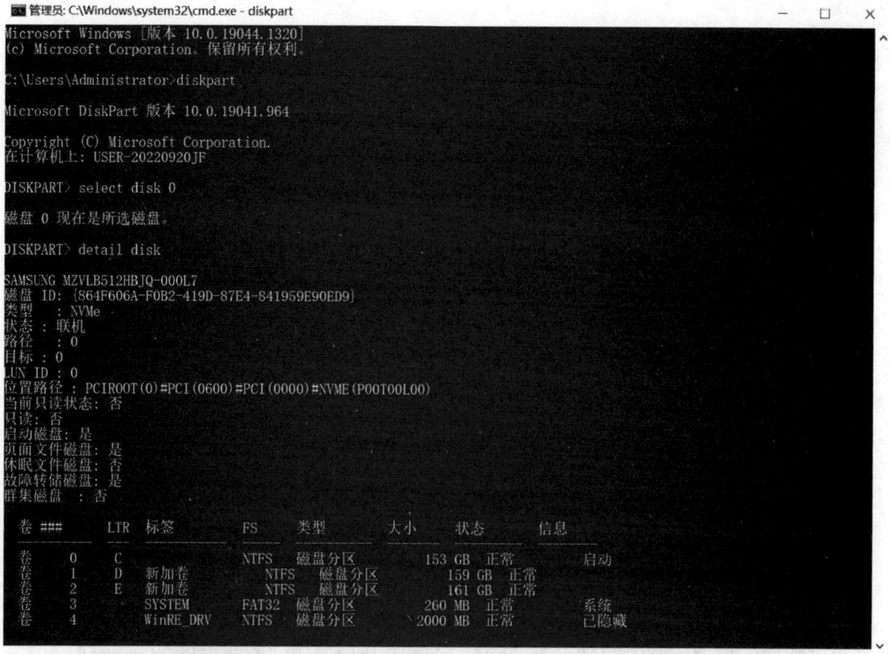

图 10-45　获取硬盘序列号、硬盘主分区盘符和大小

图 10-46　获取网卡 MAC 地址、内网 IP

试失败（见图 10-47）。

　　在 VN Trader 主界面上，点击左上角的"系统"→"连接 CTPTEST"，在弹出的登录配置对话框中输入期货公司提供的测试账号信息（产品名称就是 AppID），点击连接按钮后登录 CTP 穿透式测试用服务器（见图 10-48）。

　　当 VN Trader 左下角的日志监控组件中，看到"合约信息获取成功"的时候，即已经完成测试了。

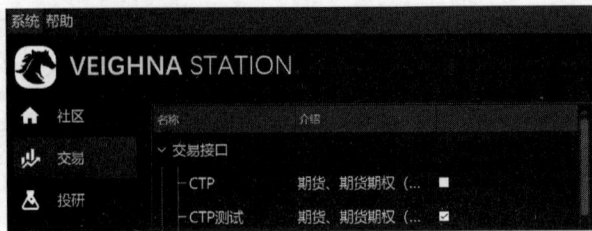

图 10-47   期货接入仿真测试接口

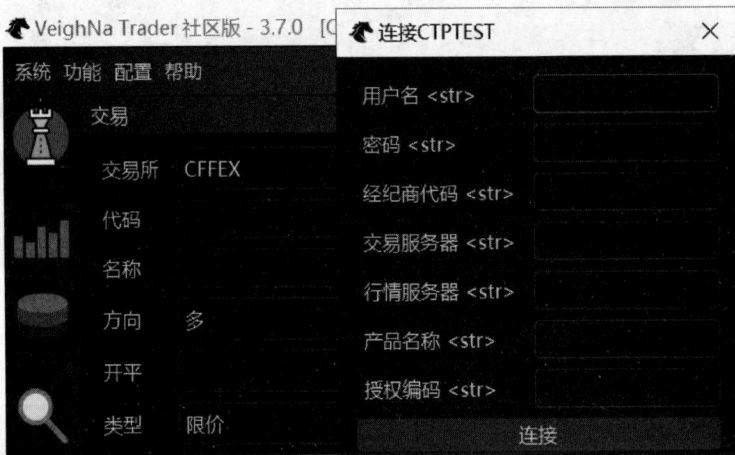

图 10-48   登录 CTP 穿透式测试用服务器

第五步：期货公司校验。完成测试服务器连接登录后，就可以联系期货公司进行校验工作，通常可以一次性直接通过。

本章小结

（1）vnpy 是一个开源量化交易系统，通过连接相应的券商柜台，可以交易各类金融投资品。

（2）vnpy 策略回测可以支持本地 CSV 数据导入数据库后进行回测。

（3）一个策略经过回测后，如果结果理想，则还需要经过仿真交易后才能投入实盘交易。

（4）CTP 是进行期货仿真交易的一个重要交易接口。

（5）进行期货实盘交易时，需要进行穿透式认证。

（6）vnpy 的本地合约代码格式是由交易所代码和合约代码组成的。

习　题

1. 下载某个股指期货 1 分钟历史数据，将其导入 vnpy 数据库中。

2. 以 vnpy 自带的某个策略进行策略回测。

3. 以 vnpy 自带的某个策略进行策略参数优化，并选择合理稳健的参数组合。

第十一章

策略开发与经典CTA策略

CTA 策略有很多种，本章先介绍 vnpy 中开发一个新策略时需要的主要步骤，然后介绍由 vnpy 提供的一些经典 CTA 策略。

第一节　CTA 策略模板与数据类

一、CTA 策略模块构成

CTA 策略交易模块位于 C:\veighna_studio\Lib\site-packages\vnpy_ctastrategy 文件夹下面，主要由 6 部分构成，如图 11-1 所示。

名称	修改日期	类型
__pycache__	2023/8/16 15:57	文件夹
strategies	2023/8/16 15:57	文件夹
ui	2023/8/16 15:57	文件夹
__init__.py	2023/8/16 15:57	PY 文件
backtesting.py	2023/8/16 15:57	PY 文件
base.py	2023/8/16 15:57	PY 文件
engine.py	2023/8/16 15:57	PY 文件
template.py	2023/8/16 15:57	PY 文件

图 11-1　vnpy_ctastrategy 包

（1）ui：CTA 交易界面图形插件，主要形成如下的 CTA 策略交易界面（见图 11-2）。

图 11-2　CTA 策略交易界面

（2）strategies：用于存放各类 CTA 策略文件，包括 AtrRsi 策略（atr_rsi_strategy.py）、布林通道策略（boll_channel_strategy.py）、双均线策略（double_ma_strategy.py）、Dual Thrust 策略（dual_thrust_strategy.py）、金肯特纳通道策略（king_keltner_strategy.py）、多信号组合策略（multi_signal_strategy.py）、跨时间周期策略（multi_timeframe_strategy.py）、海龟交易策略（turtle_signal_strategy.py）等。

（3）backtesting：CTA 策略回测引擎，使用该引擎可进行 CTA 策略回测。文件中的 backtesting 类定义了设置策略参数 set_parameters、添加策略 add_strategy、载入历史数据 load_data、运行回测 run_backtesting、计算回测结果 calculate_statistics、显示回测结果图 show_chart、多进程优化函数 run_bf_optimization，以及遗传算法优化 run_ga_optimization 等函数。

（4）base：定义了 CTA 交易模块中需要的各种常量和对象，包括停止单状态 StopOrderStatus（等待中、已撤销、已触发），引擎类型 EngineType（实盘、回测）、回测模式 BacktestingMode（Bar 或 Tick 模式）、停止单 StopOrder 等类。

（5）engine：CTA 策略引擎，使用该引擎可进行 CTA 策略交易。文件中定义了 CtaEngine 类，该类中定义了从数据服务商处获取 bar 历史数据 query_bar_from_datafeed、处理新到 tick 事件 process_tick_event，以及处理各种委托或成交单、向交易所服务器发送订单、取消委托单、载入历史数据等函数。

（6）CtaTemplate：定义了两个类，一个是 CTA 策略必须继承的父类——CtaTemplate 类，用户可以基于该模板自行开发 CTA 策略；另一个是目标仓位模板 TargetPosTemplate 类。TargetPosTemplate 基于 CtaTemplate 实现，增加了一个 setTargetPos 函数，用户只需在交易信号出现后指定目标仓位，具体的挂撤单操作会由策略自动执行。

二、CTA 策略模板类（CtaTemplate）

所有 vnpy 框架中的 CTA 策略（项目自带的或者用户开发的），都是基于 CTA 策略模板类（CtaTemplate）来实现的子类。CTA 策略模板提供完整的信号生成和委托管理功能，用户可以基于该模板自行开发策略。因此在讲述双均线策略之前，先要弄清楚策略父类 CTA 策略模板类。

在 C:\veighna_studio\Lib\site-packages\vnpy_ctastrategy 目录下的 template.py 定义了所有 CTA 策略需要继承的父类，即 CtaTemplate 类，在此分析 template.py 模块源代码如下：

```
#从 Python 内置模块导入相关类和函数
from abc import ABC        #从 Python 内置模块 abc 导入抽象类 ABC 类
from copy import copy      #从 Python 内置模块 copy 导入 copy 函数
from typing import Any, Callable     #从 Python 内置模块 typing 导入 Any, Callable 类型注释

#从 vnpy 导入相关数据类和修饰器
from vnpy.trader.constant import Interval, Direction, Offset     #导入 K 线周期、交易方向、开平仓等常量类数据
from vnpy.trader.object import BarData, TickData, OrderData, TradeData      #导入 K 线、Tick、委托单、成交单等变量类数据
from vnpy.trader.utility import virtual      #导入修饰器函数
from .base import StopOrder, EngineType      #导入停止单类，引擎类型类

class CtaTemplate(ABC):    #CTA 策略模板类
    …………( 节省篇幅，这里省略源代码，下同)
class CtaSignal(ABC):      #信号模板类:负责产生信号，不参与具体交易事务
    …………
class TargetPosTemplate(CtaTemplate):    #目标仓位模板类
    …………
```

可以看出，template. py 模块先从 Python 内置模块导入相关类和函数，然后从 vnpy 内部导入相关数据类和修饰器，最后定义了 3 个类。其中，CTA 策略模板类 CtaTemplate 类是所有 CTA 策略需要继承的父类。有关 CtaTemplate 类的具体代码在后文中会有详细分析。

这里我们重点分析从 vnpy 中调用的一些自定义的数据类，如 Interval（K 线周期类）、Direction（交易方向类）、Offset（开平仓类）、BarData，（K 线类数据）TickData（tick 类数据）、OrderData（委托单类数据）、TradeData（成交单类数据）、StopOrder（停止单类数据）、EngineType（引擎类型类数据）等，以及修饰器函数 virtual。这些数据类定义了各类常量和变量。这些常量和变量在进行策略设计的时候也需要用代码导入，以便于传递给有关函数。

同时，在开发 CTA 交易策略时，为了合成 K 线还需要导入 BarGenerator 类，用于将 tick 数据（每秒两条的快照）合成为 1 分钟 K 线数据，进而合成 N 分钟 K 线数据。为了计算一些交易指标如 MACD，RSI 等，还需要导入 K 线时间序列容器类——ArrayManager 类，用于存放 K 线时间序列。

三、交易变量数据类（TickData、BarData、TradeData、OrderData 等)

C：\veighna_studio\Lib\site-packages\vnpy\trader\object. py 中定义了交易变量数据类，这些变量均为数据类，包括 BarData（K 线类数据）、TickData（tick 类数据）、OrderData（委托单类数据）、TradeData（成交单类数据）、PositionData（持仓类数据）、AccountData（账户类数据）、LogData（日志类数据）、ContractData（合约类数据）、SubscribeRequest（合约订阅请求类数据）、OrderRequest（委托请求类数据）、CancelRequest（撤单请求类数据）、HistoryRequest（历史数据查询请求类数据）等。各数据类均继承了父类 BaseData，父类 BaseData 中通过 gateway_name 定义了接口名称。也就是说这些数据类均有属性变量 gateway_name，其值为相关交易接口，如 CTP 接口，XTP 接口等。

（一）TickData（tick 类数据)

```
@dataclass      #声明 TickData 类为数据类
class TickData(BaseData):      #tick 类数据
symbol: str      #合约代码,字符型
exchange: Exchange      #交易所代码,Exchange 数据类变量。其中,Exchange 类在 vnpy\trader\
constant. py 中定义了各个交易所的代码,如中金所 CFFEX、上交所 SSE、深交所 SZSE 等
datetime: datetime      #成交时间,datetime 类型
name: str=""      #合约名称,字符型,初始值为空
volume: float=0      #成交量,浮点型,初始值为 0
open_interest: float=0      #未平仓量,浮点型,初始值为 0
last_price: float=0      #最近 1 笔成交价格,浮点型,初始值为 0
last_volume: float=0      #最近 1 笔成交量,浮点型,初始值为 0
limit_up: float=0      #涨停板价格,浮点型,初始值为 0
```

```
    limit_down: float=0        #跌停板价格,浮点型,初始值为0
    open_price: float=0        #开盘价
    high_price: float=0        #最高价
    low_price: float=0         #最低价
    pre_close: float=0         #上1笔收盘价
    bid_price_1: float=0       #买一价
    bid_price_2: float=0       #买二价
    bid_price_3: float=0       #买三价
    bid_price_4: float=0       #买四价
    bid_price_5: float=0       #买五价
    ask_price_1: float=0       #卖一价
    ask_price_2: float=0       #卖二价
    ask_price_3: float=0       #卖三价
    ask_price_4: float=0       #卖四价
    ask_price_5: float=0       #卖五价
    bid_volume_1: float=0       #买一量
    bid_volume_2: float=0       #买二量
    bid_volume_3: float=0       #买三量
    bid_volume_4: float=0       #买四量
    bid_volume_5: float=0       #买五量
    ask_volume_1: float=0       #卖一量
    ask_volume_2: float=0       #卖二量
    ask_volume_3: float=0       #卖三量
    ask_volume_4: float=0       #卖四量
    ask_volume_5: float=0       #卖五量
    def post_init__(self):
        self. vt_symbol=f"{self. symbol}. {self. exchange. value}"    #本地代码:合约代码. 交易所代码
```

（二）BarData（K 线类数据）

```
@dataclass        #声明 BarData 类为数据类
class BarData(BaseData):     #K 线数据类
symbol: str    #合约代码,字符型
exchange: Exchange      #交易所代码,Exchange 数据类变量
datetime: datetime      #成交时间,datetime 类型
interval: Interval=None       #K 线周期, Interval 数据类变量。其中, Interval 类在 vnpy \ trader \
constant. py 中定义了 TICK="tick",MINUTE="1m",HOUR="1h",DAILY="d",WEEKLY="w",即分别
为 tick、1 分钟 K 线、60 分钟 K 线、日 K 线、周 K 线
    volume: float=0      #成交量,浮点型,初始值为0
    open_interest: float=0      #未平仓量,浮点型,初始值为0
    open_price: float=0      #未平仓价格,浮点型,初始值为0
    high_price: float=0       #最高价,浮点型,初始值为0
    low_price: float=0       #最低价,浮点型,初始值为0
    close_price: float=0       #收盘价,浮点型,初始值为0
    def post_init_(self):
        self. vt_symbol=f"{self. symbol}. {self. exchange. value}"    #本地代码:合约代码. 交易所代码
```

（三）OrderData（委托单类数据）

```
@dataclass        #声明 OrderData 类数据类
class OrderData(BaseData):     #委托数据类
    symbol: str      #合约代码,字符型
    exchange: Exchange      #交易所代码,Exchange 数据类变量
    orderid: str      #委托单号,字符型
    type: OrderType=OrderType. LIMIT      #委托单类型,OrderType 数据类变量,值为 LIMIT 限价
单。其中,OrderType 类在 vnpy\trader\constant. py 中定义了 LIMIT="限价",MARKET="市价",STOP="
STOP",FAK="FAK",FOK="FOK"
    direction: Direction=""      #交易方向,Direction 数据类变量,初始值为空。其中,Exchange 类
在 vnpy\trader\constant. py 中定义了 LONG="多",SHORT="空",NET="净"
    offset: Offset=Offset. NONE      #开平仓,Offset 类变量,初始值为空值。NONE="",OPEN="
开",    CLOSE="平",CLOSETODAY="平今",CLOSEYESTERDAY="平昨"
    price: float=0      #委托价格,浮点型,初始值为 0
    volume: float=0      #委托数量,浮点型,初始值为 0
    traded: float=0      #成交数量,浮点型,初始值为 0
    status: Status = Status. SUBMITTING      #委托单状态,Status 数据类变量,初始值为
SUBMITTING。其中, Status 类在 vnpy \ trader \ constant. py 中定义了 SUBMITTING="提交中",
NOTTRADED="未成交",PARTTRADED="部分成交",ALLTRADED="全部成交",CANCELLED="已
撤销",REJECTED="拒单"
    datetime: datetime=None      #委托时间,日期型
    reference: str=""
    def _post_init_(self):
        self. vt_symbol=f"{self. symbol}. {self. exchange. value}"      #本地代码=合约代码. 交易所代码
        self. vt_orderid=f"{self. gateway_name}. {self. orderid}"      #本地委托单号=交易接口. 委托序号
    def  is_active(self):   #是否为尚未成交的活动委托单
        if self. status in ACTIVE _ STATUSES:      # 活动委托单状态 ACTIVE _ STATUSES =
{Status. SUBMITTING, Status. NOTTRADED, Status. PARTTRADED},即"提交中""未成交""部分成交"
            return True   #存在上述情况,委托单为活动委托单
        else:
            return False   #不存在上述情况,委托单不是活动委托单
    def create_cancel_request(self):      #生成取消订单请求
        req=CancelRequest(orderid=self. orderid, symbol=self. symbol, exchange=self. exchange)
        #创建数据类 CancelRequest 类的对象 req
        return req
```

（四）TradeData（成交单类数据）

```
@dataclass        #声明 TradeData 类为数据类
class TradeData(BaseData):     #成交数据类
    symbol: str      #合约代码,字符型
    exchange: Exchange      #交易所代码,Exchange 数据类变量
    orderid: str      #委托单序号,字符型
    tradeid: str      #成交单序号,字符型
    direction: Direction=""      #交易方向,Direction 数据类变量,初始值为空
    offset: Offset=Offset. NONE      #开平仓,Offset 类变量,初始值为空值
```

```
        price: float=0      #成交价格,浮点型,初始值为 0
        volume: float=0      #成交量,浮点型,初始值为 0
        time: str=""      #成交时间,字符型,初始值为空
    def _post_init_(self):    #完成初始化后自动生成如下变量
        self. vt_symbol=f"{self. symbol}. {self. exchange. value}"     #本地代码=合约代码. 交易所代码
        self. vt_orderid=f"{self. gateway_name}. {self. orderid}"     #本地委托单号=交易接口. 委托序号
        self. vt_tradeid=f"{self. gateway_name}. {self. tradeid}"     #本地成交单号=交易接口. 成交序号
```

(五) PositionData (持仓类数据)

```
@dataclass    #声明 PositionData 类为数据类
class PositionData(BaseData):    #持仓数据类
    symbol: str    #合约代码,字符型
    exchange: Exchange      #交易所代码,Exchange 类
    direction: Direction     #方向:Direction 类(多、空、净)
    volume: float=0     #持仓数量,浮点型
    frozen: float=0    #冻结仓位数量,浮点型
    price: float=0     #持仓价格
    pnl: float=0    #盈亏金额,浮点型
    yd_volume: float=0    #昨日仓位,浮点型
    def _post_init_(self):    #完成初始化后自动生成如下变量
        self. vt_symbol=f"{self. symbol}. {self. exchange. value}"     #本地合约代码=合约代码.
交易所代码
        self. vt_positionid=f"{self. vt_symbol}. {self. direction. value}"     #本地持仓代码=合约代码.
开或平
```

(六) AccountData (账户类数据)

```
@dataclass    #声明 AccountData 类为数据类
class AccountData(BaseData):    #账户数据类
    accountid: str    #账户号,字符型
    balance: float=0     #资金,浮点型
    frozen: float=0    #冻结资金,浮点型
    def _post_init_(self):    #完成初始化后自动生成如下变量
        self. available=self. balance − self. frozen     #可用资金=资金-冻结资金
        self. vt_accountid=f"{self. gateway_name}. {self. accountid}"     #本地账户号=交易接口. 账户号
```

(七) LogData (日志类数据)

```
@dataclass    #声明 LogData 类为数据类
class LogData(BaseData):    #日志数据类
    msg: str    #日志消息
    level: int=INFO     #日志级别为 INFO 级别
    def _post_init_(self):    #完成初始化后自动生成如下变量
        self. time=datetime. now()    #日志时间为当前时间
```

(八) ContractData (合约类数据)

```
@dataclass    #声明 ContractData 类为数据类
class ContractData(BaseData):    #合约数据类
```

```
    symbol: str      #合约代码
    exchange: Exchange      #交易所代码,Exchange 数据类变量
    name: str      #合约名称
    product: Product      #合约品种
    size: int      #合约乘数,如 1 手 100 股,1 手 10 吨
    pricetick: float      #价格跳动,即价格的最小变动
    min_volume: float=1      #合约最小交易单位,如股票是 100 股一手
    stop_supported: bool=False      #证券交易所是否支持停止单
    net_position: bool=False      #交易接口是否采用净持仓量
    history_data: bool=False      #交易接口是否提供历史 bar 数据
    option_strike: float=0      #期权执行价格
    option_underlying: str=""      #vnpy 中的期权合约代码
    option_type: OptionType=None      #期权类型(看涨或看跌)
    option_expiry: datetime=None      #期权到期时间
    option_portfolio: str=""      #期权投资组合
    option_index: str=""      #期权指数
    def _post_init_(self):      #完成初始化后自动生成如下变量
        self. vt_symbol=f"{self. symbol}. {self. exchange. value}"      #本地代码=合约代码. 交易所代码
```

(九) **SubscribeRequest** (合约订阅请求类数据)

```
@dataclass      #声明 SubscribeRequest 类为数据类
class SubscribeRequest:      #合约订阅请求数据类
    symbol: str      #合约代码
    exchange: Exchange      #交易所代码,Exchange 数据类变量
    def _post_init_(self):      #完成初始化后自动生成如下变量
        self. vt_symbol=f"{self. symbol}. {self. exchange. value}"      #本地代码=合约代码. 交易所代码
```

(十) **OrderRequest** (委托请求类数据类)

```
@dataclass      #声明 OrderRequest 类为数据类
class OrderRequest:      #委托请求数据类
    symbol: str      #合约代码
    exchange: Exchange      #交易所代码,Exchange 数据类变量
    direction: Direction      #方向(多、空、净)
    type: OrderType      #请求类型为委托单请求
    volume: float      #委托量
    price: float=0      #委托价格
    offset: Offset=Offset. NONE      #开平,默认无
    reference: str=""
    def _post_init_(self):      #完成初始化后自动生成如下变量
        self. vt_symbol=f"{self. symbol}. {self. exchange. value}"      #本地代码=合约代码. 交易
所代码
    def create_order_data(self, orderid: str, gateway_name: str)- > OrderData:      #创建委托单
```

```
            order : OrderData=OrderData
                (symbol=self. symbol,    #合约代码
                exchange=self. exchange,    #交易所代码
                orderid=orderid,    #委托单号
                type=self. type,    #类型为委托单
                direction=self. direction,    #交易方向
                offset=self. offset,    #开平方向
                price=self. price,    #委托价格
                volume=self. volume,    #委托量
                gateway_name=gateway_name,    #交易接口名称)
            #委托单 order 为委托数据类 OrderData 类的实例化
        return order
```

（十一）**CancelRequest**（撤单请求类数据）

```
@dataclass    #声明 CancelRequest 类为数据类
class CancelRequest:    #撤单请求数据类
    orderid: str    #委托单号
    symbol: str    #合约代码
    exchange: Exchange    #交易所代码
    def _post_init (self):    #完成初始化后自动生成如下变量
        self. vt_symbol=f"{self. symbol}. {self. exchange. value}"    #本地代码=合约代码. 交易所代码
```

（十二）**HistoryRequest**（历史数据查询请求类数据）

```
@dataclass    #声明 HistoryRequest 类为数据类
class HistoryRequest:    #历史数据查询请求数据类
    symbol: str    #合约代码
    exchange: Exchange    #交易所代码
    start: datetime    #查询数据开始时间
    end: datetime=None    #查询数据结束时间,默认无
    interval: Interval=None    #查询数据周期,1 分钟数据,小时数据等,默认无
    def _post_init (self):    #完成初始化后自动生成如下变量
        self. vt_symbol=f"{self. symbol}. {self. exchange. value}"    #本地代码=合约代码. 交易所代码
```

四、交易常量数据类（Direction，Offset，Interval 等）

vnpy\trader\constant. py 中定义的交易常量数据类，包括 Direction（交易方向类）、Offset（开平仓类）、Status（委托单状态类）、Product（交易品种类）、OrderType（委托单类型类）、OptionType（期权类型类）、Exchange（交易所代码类）、Currency（货币类）、Interval（k 线周期类）等，各个类中的常量均用大小字母表示。

```
class Direction(Enum):    #交易方向类
    LONG="多"    #多单
    SHORT="空"    #空单
    NET="净"    #多单空单差值,差值大于 0 为净多头,差值小于 0 为净空头
class Offset(Enum):    #开平仓类
```

```
            NONE=""
            OPEN="开"
            CLOSE="平"
            CLOSETODAY="平今"
            CLOSEYESTERDAY="平昨"
    class Status(Enum):        #委托单状态类
            SUBMITTING="提交中"
            NOTTRADED="未成交"
            PARTTRADED="部分成交"
            ALLTRADED="全部成交"
            CANCELLED="已撤销"
            REJECTED="拒单"
    class Product(Enum):        #交易品种类
            EQUITY="股票"
            FUTURES="期货"
            OPTION="期权"
            INDEX="指数"
            FOREX="外汇"
            SPOT="现货"
            ETF="ETF"
            BOND="债券"
            WARRANT="权证"
            SPREAD="价差"
            FUND="基金"
    class OrderType(Enum):        #委托单类型类
            LIMIT="限价"
            MARKET="市价"
            STOP="STOP"
            FAK="FAK"
            FOK="FOK"
            RFQ="询价"
    class OptionType(Enum):        #期权类型类
            CALL="看涨期权"
            PUT="看跌期权"
    class Exchange(Enum):            #交易所代码类
            CFFEX="CFFEX"            #中国金融期货交易所
            SHFE="SHFE"            #上海期货交易所
            CZCE="CZCE"            #郑州商品交易所
            DCE="DCE"            #大连商品交易所
            INE="INE"            #上海国际能源中心
            SSE="SSE"            #上海证券交易所
            SZSE="SZSE"            #深圳证券交易所
            SGE="SGE"            #上海黄金交易所
            ......
    class Currency(Enum):            #货币类
```

```
        USD="USD"              #美元
        HKD="HKD"              #港币
        CNY="CNY"              #人民币
    class Interval(Enum):       #k 线周期类
        MINUTE="1m"            #1 分钟周期
        HOUR="1h"             #1 小时周期
        DAILY="d"             #1 天周期
        WEEKLY="w"            # 1 周周期
```

五、停止单类数据（StopOrder），引擎类型类数据（EngineType）

C：\veighna_studio\Libsite-packages\vnpy_ctastrategy\base. py 模块定义了 StopOrder（停止单类）和 EngineType 类（引擎类型类）。

```
    class StopOrderStatus(Enum):        #停止单状态类
        WAITING="等待中"
        CANCELLED="已撤销"
        TRIGGERED="已触发"
    class EngineType(Enum):             #引擎类型类
        LIVE="实盘"                    #CTA 实盘引擎,字符型
        BACKTESTING="回测"            #CTA 回测引擎,字符型
    class BacktestingMode(Enum):        #回测模式类
        BAR=1    #K 线回测模式
        TICK=2    #Tick 回测模式
    @dataclass      #声明 StopOrder 类为数据类
    class StopOrder:        #停止单类
        vt_symbol: str    #合约代码,字符型
        direction: Direction      #交易方向,Direction 数据类变量,初始值为空
        offset: Offset      #开平仓,Offset 类变量,初始值为空值
        price: float      #价格,浮点型,初始值为 0
        volume: float      #数量,浮点型,初始值为 0
        stop_orderid: str      #停止单号,字符型
        strategy_name: str      #策略名称,字符型
        lock: bool=False      #是否锁仓,默认否
        vt_orderids: list=field(default_factory=list)        #合约单号列表
        status: StopOrderStatus=StopOrderStatus. WAITING        #停止单状态,StopOrderStatus 类中的
    WAITING 变量的值。其中,StopOrderStatus 类在 vnpy\trader\cta_atrategy\ui\base. py 中定义为:
    WAITING="等待中", CANCELLED="已撤销", TRIGGERED="已触发"
```

六、修饰器 virtual 函数

vnpy\trader\utility. py 中定义了修饰器函数 virtual 函数，该函数用于修饰其他函数为虚函数，被 virtual 修饰的函数是需要用户自定义的。

```
    def virtual(func: Callable) -> Callable:        #定义回调的函数
        return func      #返回所修饰的函数
```

七、K 线合成器 BarGenerator 类

vnpy\trader\utility. py 模块定义了 K 线合成器 BarGenerator 类，该类中 update_tick 函数用于将 tick 数据合成为 1 分钟 bar，update_bar 函数用于将 1 分钟 bar 合成 N 分钟 bar。

```
class BarGenerator     #K 线合成器类
"""
用于将 tick 数据合成为 1 分钟 bar 数据,进而合成 N 分钟 bar 数据。注意,对于合成分钟数据而言,N
必须能被 60 整除,即只能合成 2、3、5、6、10、15、20、30 分钟的数据。对于合成小时而言,bar 数据可以
合成任何整数小时的 bar 数据。例如,BarGenerator(self. on_bar, 5, self. on_5min_bar)合成 5 分钟 bar 后,
调用策略中的 on_5min_bar 函数
"""
    def __init__(
        self,
        on_bar: Callable,        #bar 合成完毕,调用策略中的 on_bar 函数
        window: int = 0,         #可选参数,合成 window 分钟的 bar,初始值为为 0
        on_window_bar: Callable = None,   #调用 on_window_bar 函数,初始值为无
        interval: Interval = Interval. MINUTE   #传入 bar 数据周期 interval,默认为 1 分钟
        daily_end: time = None     #每日收盘时间,默认为无
    ):
        self. bar: BarData = None    #创建 bar 实例变量,为 BarData 数据类变量,初始值为无
            self. on_bar: Callable = on_bar     #创建实例回调函数 self. on_bar,回调函数为策略中的
on_bar 函数
            self. interval: Interval = interval    #创建实例变量 self. interval,为 1 分钟周期
            self. interval_count: int = 0     #创建小时数计数变量,初始值为 0
            self. hour_bar: BarData = None     #1 小时 bar 变量,为 BarData 数据类变量,初始值为无
            self. daily_bar: BarData = None    #日线 bar 变量,为 BarData 数据类变量,初始值为无
            self. window: int = window      #创建合成要合成的 bar 周期,初始值为 window 周期
            self. window_bar: BarData = None    #合成的 window 周期的 bar 实例变量 self. window_bar,
为 BarData 数据类变量,初始值为无
            self. on_window_bar: Callable = on_window_bar    #创建实例回调函数变量 self. on_window_
bar,为 Callable 变量,其回调函数为 on_window_bar
            self. last_tick: TickData = None    #变量 last_tick 记录上一个 tick,为 TickData 类变量,初始值为无
            if self. interval == Interval. DAILY and not self. daily_end:
                raise RuntimeError("合成日 K 线必须传入每日收盘时间")

    def update_tick(self, tick: TickData):    #接收到新的 tick,合成 1 分钟 bar;对于合成的 1 分钟 bar 而
言,马上调用策略的 on_bar 函数
        new_minute: bool = False     #是否为新的 1 分钟开始,默认为否
        if not tick. last_price:    #如果最近 1 笔 tick 无成交价格,即 tick 时段没有发生成交
            return      #返回继续等待新的 tick 数据
        if not self. bar:    #如果尚未有 1 分钟 bar
            new_minute=True     #设置这里是新的 1 分钟 bar 开始
```

```python
        elif (
            (self. bar. datetime. minute ! = tick. datetime. minute)    #新 tick 与当前 bar 分钟不同,1 分
钟 bar 完成
            or (self. bar. datetime. hour ! = tick. datetime. hour)     #新 tick 与当前 bar 小时不同,1 分钟 bar 完成
        ):
            self. bar. datetime = self. bar. datetime. replace(
                second=0, microsecond=0
            )    #合成完毕的 1 分钟 bar 进行时间处理,合成时间的秒分设为 0,毫秒设为 0
            self. on_bar(self. bar)    #1 分钟 bar 合成,调用策略中 on_bar 函数,传入的参数为刚合成的
1 分钟 bar

            new_minute = True    #因新到 tick 为下一分钟 bar 的开始,设置新的 1 分钟开始为 True
        if new_minute:    #如果新的 1 分钟开始为 True,即新 1 分钟的 bar 开始
            self. bar = BarData(
                symbol=tick. symbol,    #1 分钟 bar 的合约代码
                exchange=tick. exchange,    # 1 分钟 bar 的交易所代码
                interval=Interval. MINUTE,    #1 分钟 bar 的时间间隔为 1 分钟
                datetime=tick. datetime,    #1 分钟 bar 的时间为 tick 的成交时间
                gateway_name=tick. gateway_name,    #1 分钟 bar 的交易接口
                open_price=tick. last_price,    # 1 分钟 bar 的开盘价,为第 1 个 tick 的价格
                high_price=tick. last_price,    #1 分钟 bar 刚开始的最高价,为第 1 个 tick 的价格
                low_price=tick. last_price,    #1 分钟 bar 刚开始的最低价,为第 1 个 tick 的价格
                close_price=tick. last_price,    #1 分钟 bar 刚开始的收盘价,为第 1 个 tick 的价格
                open_interest=tick. open_interest    #1 分钟 bar 刚开始的未平仓量,为第 1 个 tick 未平仓量
            )    #新的 1 分钟 bar 刚开始合成
        else:    #新的 1 分钟 bar 合成中,利用新到的 tick 更新合成中的 bar
            self. bar. high_price = max(self. bar. high_price, tick. last_price)    #用收盘价更新 1 分钟 bar 的最高价
            if tick. high_price > self. last_tick. high_price:    #再用新 tick 和上一个 tick 最高价更新 bar 的最高价
                self. bar. high_price = max(self. bar. high_price, tick. high_price)

                self. bar. low_price = min(self. bar. low_price, tick. last_price)    #用收盘价更新 1 分钟
bar 的最低价
            if tick. low_price < self. last_tick. low_price:    #再用新 tick 和上一个 tick 最低价更新 bar 的最低价
                self. bar. low_price = min(self. bar. low_price, tick. low_price)

            self. bar. close_price = tick. last_price    #更新 1 分钟 bar 的收盘价
            self. bar. open_interest = tick. open_interest    #更新 1 分钟 bar 的未平仓量
            self. bar. datetime = tick. datetime    #更新 1 分钟 bar 的时间

        if self. last_tick:    #如果上一个 tick 不为空,即有上一个 tick
            volume_change: float = tick. volume - self. last_tick. volume    #成交量环比变化=新到 tick
成交量-上一个 tick 成交量
            self. bar. volume += max (volume_change, 0)    #计算 bar 的成交量,由于夜盘开盘
lastTick. volume 为昨日收盘数据,导致成交量变化为负,故用 max 过滤掉负的成交量
            turnover_change: float = tick. turnover - self. last_tick. turnover    #成交金额环比变化
            self. bar. turnover += max(turnover_change, 0)    #计算 bar 的成交金额
        self. last_tick = tick    #更新 last_tick,新到的 tick 赋值给 last_tick,变为上一个 tick
```

```python
    def update_bar(self, bar: BarData):        #将 1 分钟 bar 合成为 N 分钟 bar 或日、周线 bar
        if self. interval == Interval. MINUTE:      #如果合成的 K 线周期为分钟,即合成 N 分钟 bar
            self. update_bar_minute_window(bar)     #调用 update_bar_minute_window 函数
        elif self. interval == Interval. HOUR:      #若合成的是 1 小时 bar
            self. update_bar_hour_window(bar)       #调用 update_bar_hour_window 函数合成 1 小时 bar
        else:        #合成的是日线、周线 bar
            self. update_bar_daily_window(bar)      #调用 update_bar_daily 函数合成日线 bar

    def update_bar_minute_window(self, bar: BarData):      #合成 N 分钟 bar
        if not self. window_bar:    #如果 window_bar 为空,说明 N 分钟 bar 刚开始合成
            dt: datetime=bar. datetime. replace(second=0, microsecond=0)      #N 分钟 bar 时间的秒和毫秒
为 0
            self. window_bar=BarData(
                symbol=bar. symbol,      #N 分钟 bar 的合约代码=1 分钟 bar 的合约代码
                exchange=bar. exchange,      #N 分钟 bar 的交易所代码=1 分钟 bar 的交易所代码
                datetime=dt,       #N 分钟 bar 的时间=dt
                gateway_name=bar. gateway_name,       #N 分钟 bar 的接口名称=1 分钟 bar 的接口名称
                open_price=bar. open_price,       #N 分钟 bar 的开盘价=1 分钟 bar 的开盘价
                high_price=bar. high_price,      #N 分钟 bar 的最高价=1 分钟 bar 的最高价
                low_price=bar. low_price      #N 分钟 bar 的最低价=1 分钟 bar 的最低价
            )        # N 分钟 bar 变量 window_bar 刚开始合成
        else:      #否则 N 分钟 bar 正在合成中
            self. window_bar. high_price = max(
                self. window_bar. high_price,
                bar. high_price
            )     #更新 N 分钟 bar 的最高价
            self. window_bar. low_price = min(
                self. window_bar. low_price,
                bar. low_price
            )     #更新 N 分钟 bar 的最低价
        self. window_bar. close_price = bar. close_price     #更新 N 分钟 bar 的收盘价
        self. window_bar. volume += int(bar. volume)      #更新 N 分钟 bar 的成交量
        self. window_bar. open_interest = bar. open_interest     #更新 N 分钟 bar 的未平仓量
        #检查 N 分钟 bar 是否合成完毕
        if not (bar. datetime. minute + 1) % self. window:      #如果 bar. datetime. minute + 1 能整除
window,例如 bar. datetime. minute=2020−4−10 13:14,即 2020 年 4 月 10 日 13 时 14 分,如果是合成 5
分钟 K 线,则 window=5,则(14+1)%5=0,则 not(14+1)%5=True
            self. on_window_bar(self. window_bar)     #调用策略中的 on_window_bar 函数
            self. window_bar = None      #设置 window_bar 为空,新的 N 分钟 bar 刚开始合成

    def update_bar_hour_window(self, bar: BarData):      #合成 1 小时 bar
        if not self. hour_bar:       #如果 hour_bar 为空,说明 1 小时 bar 刚开始合成
            dt: datetime = bar. datetime. replace(minute=0, second=0, microsecond=0)       #设置 1 小时
bar 时间
            self. hour_bar=BarData(
```

```
            symbol=bar. symbol,        #合约代码
            exchange=bar. exchange,        #交易所代码
            datetime=dt,      #1 小时 bar 时间
            gateway_name=bar. gateway_name,        #交易接口
            open_price=bar. open_price,        #1 小时 bar 开盘价为 1 分钟 bar 的开盘价
            high_price=bar. high_price,        #1 小时 bar 最高价为 1 分钟 bar 的最高价
            low_price=bar. low_price,        #1 小时 bar 最低价为 1 分钟 bar 的最低价
            close_price=bar. close_price,        #1 小时 bar 收盘价为 1 分钟 bar 的收盘价
            volume=bar. volume,        #1 小时 bar 成交量为 1 分钟 bar 的成交量
            turnover=bar. turnover,        #1 小时 bar 成交金额为 1 分钟 bar 成交金额
            open_interest=bar. open_interest        #1 小时 bar 未平仓量为 1 分钟 bar 未平仓量
        )
        return        #返回继续合成 1 小时 bar
    finished_bar: BarData=None      #设置合成完毕的 1 小时 bar 为 None
    #如果分钟时间已是 59 分,完成 1 小时 bar 合成并进行推送
    if bar. datetime. minute == 59:
        self. hour_bar. high_price=max(
            self. hour_bar. high_price,
            bar. high_price
        )   #更新 1 小时 bar 最高价
        self. hour_bar. low_price=min(
            self. hour_bar. low_price,
            bar. low_price
        )   #更新 1 小时 bar 最低价
        self. hour_bar. close_price=bar. close_price      #更新 1 小时 bar 的收盘价
        self. hour_bar. volume += bar. volume        #更新 1 小时 bar 的成交量价,为 1 小时内成交量的累加
        self. hour_bar. turnover += bar. turnover       #更新 1 小时 bar 的成交金额
        self. hour_bar. open_interest=bar. open_interest       #更新 1 小时 bar 的未平仓量
        finished_bar=self. hour_bar        #设置最后一个 1 小时 bar 为最新的 hour_bar
        self. hour_bar=None       #清空当前的 1 小时 bar
    elif bar. datetime. hour != self. hour_bar. datetime. hour:        #新 1 分钟 bar 的小时时间与当前
1 小时 bar 的小时时间不同,新的小时 bar 开始合成
        finished_bar=self. hour_bar        #设置合成完毕的 1 小时 bar 为当前 hour_bar
        dt: datetime=bar. datetime. replace(minute=0, second=0, microsecond=0)        #设置 1 小时 bar 时间
        #创建新的 1 小时 bar
        self. hour_bar=BarData(
            symbol=bar. symbol,
            exchange=bar. exchange,
            datetime=dt,
            gateway_name=bar. gateway_name,
            open_price=bar. open_price,
            high_price=bar. high_price,
            low_price=bar. low_price,
```

```
                close_price=bar. close_price,
                volume=bar. volume,
                turnover=bar. turnover,
                open_interest=bar. open_interest
            )
        else:      #否则,继续更新 1 小时 bar Otherwise only update minute bar
            self. hour_bar. high_price=max(
                self. hour_bar. high_price,
                bar. high_price
            )     #更新 1 小时 bar 的最高价
            self. hour_bar. low_price=min(
                self. hour_bar. low_price,
                bar. low_price
            )     #更新 1 小时 bar 的最低价
            self. hour_bar. close_price=bar. close_price     #更新 1 小时 bar 的收盘价
            self. hour_bar. volume += bar. volume     #更新 1 小时 bar 的成交量
            self. hour_bar. turnover += bar. turnover     #更新 1 小时 bar 的成交金额
            self. hour_bar. open_interest=bar. open_interest     #更新 1 小时 bar 的未平仓量
        if finished_bar:     #如果完成 1 小时 bar 的合成
            self. on_hour_bar(finished_bar)     #调用 on_hour_bar 函数,传入的为最新合成的 1 小时 bar


    def on_hour_bar(self, bar: BarData):
        if self. window == 1:     #如果合成的是 1 小时 bar
            self. on_window_bar(bar)     #调用策略里的 on_window_bar 函数
        else:     #如果合成的是 N 小时 bar
            if not self. window_bar:     #如果 window_bar 为空,说明 N 小时 bar 刚开始合成
                self. window_bar=BarData(
                    symbol=bar. symbol,
                    exchange=bar. exchange,
                    datetime=bar. datetime,
                    gateway_name=bar. gateway_name,
                    open_price=bar. open_price,
                    high_price=bar. high_price,
                    low_price=bar. low_price
                )     #创建 N 小时 bar
            else:     # N 小时 bar 合成中
                self. window_bar. high_price=max(
                    self. window_bar. high_price,
                    bar. high_price
                )     #更新 N 小时 bar 最高价
                self. window_bar. low_price=min(
                    self. window_bar. low_price,
                    bar. low_price
                )     #更新 N 小时 bar 最低价
                self. window_bar. close_price=bar. close_price     #更新 N 小时 bar 的收盘价
```

```
        self. window_bar. volume += bar. volume        #更新 N 小时 bar 的成交量
        self. window_bar. turnover += bar. turnover        #更新 N 小时 bar 的成交金额
        self. window_bar. open_interest=bar. open_interest        #更新 N 小时 bar 的未平仓量
        self. interval_count += 1        #已合成小时数增加 1 个小时
        if not self. interval_count % self. window:        #interval_count 能整除 window,N 小时 bar 合成完毕
            self. interval_count=0        #已合成小时数重设为 0
            self. on_window_bar(self. window_bar)        #调用策略里的 on_window_bar 函数
            self. window_bar=None        #N 小时 bar 设置为 None


def update_bar_daily_window(self, bar: BarData) - > None:
    #未进行初始化,创建日线 bar 对象
    if not self. daily_bar:
        self. daily_bar=BarData(
        symbol=bar. symbol,
        exchange=bar. exchange,
        datetime=bar. datetime,
        gateway_name=bar. gateway_name,
        open_price=bar. open_price,
        high_price=bar. high_price,
        low_price=bar. low_price
        )
    #否则更新日线 bar,更新最高价,最低价
    else:
        self. daily_bar. high_price=max(
            self. daily_bar. high_price,
            bar. high_price
        )
        self. daily_bar. low_price=min(
            self. daily_bar. low_price,
            bar. low_price
        )
    #更新日线 Bar 的收盘价、成交量、成交金额
    self. daily_bar. close_price=bar. close_price
    self. daily_bar. volume += bar. volume
    self. daily_bar. turnover += bar. turnover
    self. daily_bar. open_interest=bar. open_interest
    #检查日线 Ba 是否合成完毕
    if bar. datetime. time() == self. daily_end:
        self. daily_bar. datetime=bar. datetime. replace(
            hour=0,
            minute=0,
            second=0,
            microsecond=0
        )
        self. on_window_bar(self. daily_bar)        #调用 on_window_bar 函数
```

```
                self. daily_bar=None        #日线 bar 对象清空

        def generate(self):        #推送 1 分钟 bar 到策略的 on_bar 函数
            bar:BarData=self. bar
            if self. bar:
                bar. datetime=bar. datetime. replace(second=0, microsecond=0)
                self. on_bar(bar)        #调用策略里的 on_bar 函数,传入的是刚合成的 1 分钟 bar
            self. bar=None        #1 分钟 bar 重新设为空值
            return bar
```

八、K 线时间序列容器 ArrayManager 类

vnpy\trader\utility. py 模块定义了 K 线时间序列容器 ArrayManager 类，该类中的 update_ bar 函数用于将新的 1 分钟 K 线放入时间序列容器中。同时还定义了一些计算交易技术指标的函数，如 MACD 等。

```
    class ArrayManager(object):        #K 线时间序列容器,用于存放 K 线时间序列,并能计算相关技术指标
        def __init__(self, size: int=100):        #默认 size 为 100
            self. count: int=0        #已存入的 K 线数
            self. size: int=size        #时间序列容器可存储 100 根 bar
            self. inited: bool=False        #策略初始化完成状态,初始值为未完成 False
            self. open_array: np. ndarray=np. zeros(size)        #开盘价时间序列变量,初始值为 0 向量,
即 100 个 0
            self. high_array: np. ndarray=np. zeros(size)        #最高价时间序列变量,初始值为 0 向量
            self. low_array: np. ndarray=np. zeros(size)        #最低价时间序列变量,初始值为 0 向量
            self. close_array: np. ndarray=np. zeros(size)        #收盘价时间序列变量,初始值为 0 向量
            self. volume_array: np. ndarray=np. zeros(size)        #成交量价时间序列变量,初始值为 0 向量
            self. open_interest_array: np. ndarray=np. zeros(size)        #未平仓量时间序列变量,初始值为 0 向量

        def update_bar(self, bar: BarData):        #将 bar 添加到向量中
            self. count += 1        #已放入的 K 线数量加 1
            if not self. inited and self. count>=self. size:        #如果策略初始化未完成即 inited=False,
但已放入的 K 线数 count>=100
                self. inited=True        #设置策略初始化状态为已完成
            self. open_array[:-1]=self. open_array[1:]        #开盘价序列向前移动 1 项,例如 d=array
([1, 2, 3, 4, 5, 6]),则 d[:-1]=d[1:]后,则 d[:-1]= array([2, 3, 4, 5, 6]),d=array([2, 3, 4, 5, 6, 6])
            self. high_array[:-1]=self. high_array[1:]        #最高价序列向前移动 1 项
            self. low_array[:-1]=self. low_array[1:]        #最低价序列向前移动 1 项
            self. close_array[:-1]=self. close_array[1:]        #收盘价序列向前移动 1 项
            self. volume_array[:-1]=self. volume_array[1:]        #成交量序列向前移动 1 项
            self. open_interest_array[:-1]=self. open_interest_array[1:]        #未平仓量序列向前移动 1 项
            self. open_array[-1]=bar. open_price        #移项后开盘价序列最后一个值改为新到 bar 的开盘价
            self. high_array[-1]=bar. high_price        #移项后最高价序列的最后一个值改为新到 bar 的最高价
            self. low_array[-1]=bar. low_price        #移项后最低价序列的最后一个值改为新到 bar 的最低价
            self. close_array[-1]=bar. close_price        #移项后收盘价序列的最后一个值改为新到 bar 的收盘价
            self. volume_array[-1]=bar. volume        #移项后成交量序列的最后一个值改为新到 bar 的成交量
```

```
        self. open_interest_array[-1]=bar. open_interest        #移项后未平仓量序列的最后一个值
改为新到 bar 的未平仓量
    @property        #把下面的函数变为一个属性
    def open(self) -> np. ndarray:
        return self. open_array        #返回开盘价时间序列
    @property        #把下面的函数变为一个属性
    def high(self) -> np. ndarray:
        return self. high_array        #返回最高价时间序列
    @property        #把下面的函数变为一个属性
    def low(self) -> np. ndarray:
        return self. low_array        #返回最低价时间序列
    @property        #把下面的函数变为一个属性
    def close(self) -> np. ndarray:
        return self. close_array        #返回收盘价时间序列
    @property        #把下面的函数变为一个属性
    def volume(self) -> np. ndarray:
        return self. volume_array        #返回成交量时间序列
    @property        #把下面的函数变为一个属性
    def open_interest(self) -> np. ndarray:
        return self. open_interest_array        #返回未平仓量时间序列
    #以下函数是计算相关交易技术指标,来源于 TA-Lib 库,可参考 TA-Lib 库进行技术指标函
数扩展,为节省篇幅,以下只给出部分函数名:
    def sma(self, n: int, array: bool=False):                #移动平均值
    …………

    def ema(self, n: int, array: bool=False):                #滑动平均值
    …………

    def kama(self, n: int, array: bool=False):               #自适应均线
    …………

    def wma(self, n: int, array: bool=False):                #加权移动平均
    …………

    def apo(self, n: int, array: bool=False):                #价格振荡器指数
    …………

    def cmo(self, n: int, array: bool=False):                #钱德动量摆动指标
    …………

    def mom(self, n: int, array: bool=False):                #动量线
    …………

    def std(self, n: int, array: bool=False):                #标准差
    …………

    def obv(self, n: int, array: bool=False):                #OBV 能量潮指标
    …………

    def cci(self, n: int, array: bool=False):                #CCI 指标
    …………

    def rsi(self, n: int, array: bool=False):                #RSI 指标
    …………

    def macd(self,fast_period: int,slow_period: int,signal_period: int,array: bool=False):
    #MACD 指标
```

```
…………
def boll(self,n: int, dev: float, array: bool=False):#布林通道
…………
```

九、CTA 策略模板 CtaTemplate 类代码分析

CtaTemplate 类为所有 CTA 策略的父类，该策略模板提供了一系列以 on_ 开头的回调函数，用于接受事件推送，以及其他主动函数用于执行操作（委托、撤单、记录日志等）。所有开发的策略类，都必须继承 CtaTemplate 父类，然后在需要的回调函数中实现策略逻辑。例如，当收到 1 分钟 K 线推送时，我们需要计算技术指标，然后判断是否要执行交易。CtaTemplate 类中暴露给用户可自定义的函数如下。

def _ _init_ _()：参数包括引擎对象（回测 or 实盘）和参数配置字典。

def on_init（）：策略初始化时被调用，通常在这里加载历史数据回放（调用 onTick 或者 onBar）来初始化策略状态。

def on_start（）：策略启动时被调用。

def on_stop（）：策略停止时被调用，通常会撤销掉全部活动委托。

def on_tick（）：收到 tick 行情，推送到 BarGenerator 中合成 1 分钟 K 线，然后调用 on_bar 函数。

def on_bar（）：收到 1 分钟 bar，推送 bg. update_bar（bar），合成不同周期 K，或产生买卖信号。

def on_trader（）：收到成交时调用。

def on_order（）：收到委托回报时调用，用户可以缓存委托状态数据以便后续使用。

def on_stop_order（）：收到本地停止单状态变化时调用。

def buy（）：多开；调用 send_order 发送交易。

def sell（）：多平；调用 send_order 发送交易。

def short（）：空开；调用 send_order 发送交易。

def cover（）：空平；调用 send_order 发送交易。

def send_order（）：调用策略引擎接口，发送 send_order 下委托单。

def cancel_order（）：调用策略引擎接口，发送 cancel-oder 撤某个委托单。

def cancel_all（）：调用策略引擎接口，发送 cancel-all 撤所有委托单。

def write_log（）：发出 CTA 日志事件，会显示在 CTA 策略模块的监控界面上。

def get_engine_type（）：查询当前的运行引擎类型，是测试还是实盘。

def load_bar（）：从历史行情数据库中读取 bar 数据，调用 ctaEngine 的接口。

def load_tick（）：从历史行情数据库中读取 tick 数据，调用 ctaEngine 的接口。

def put_event（）：发出策略更新事件，通知 CTA 策略模块的监控界面更新策略的状态数据。

def send_email（）：发送交易信息到邮箱。

def sync_data（）：保存同步数据到硬盘。

具体代码文件为 C：\veighna_studio\Lib\site-packages\vnpy_ctastrategy\template. py，CtaTemplate 类的源代码分析如下：

（1）__init__ 函数。

```
class CtaTemplate(ABC):        #CTA 策略模板类
    parameters=[]      #策略参数列表,用户开发策略时须写出[]中的参数变量名
    variables=[]        #策略变量列表,用户开发策略时须写出[]中的策略变量名
    #初始化函数,用户开发策略时,策略中的__init__函数与这里的__init__函数相同
    def __init__(
        self,
        cta_engine: Any,        #cta_engine 对象
        strategy_name: str,      #策略实例名,是策略类的实例化
        vt_symbol: str,        #合约名称
        setting: dict,        #策略设置
    ):
        self. cta_engine: Any=cta_engine        #创建实例变量 self. cta_engine
        self. strategy_name: str =strategy_name        #创建实例变量 self. strategy_name
        self. vt_symbol: str=vt_symbol        #创建实例变量 self. vt_symbol
        self. inited: bool=False        #策略初始化为未完成 False
        self. trading: bool=False        #是否开始交易为 False
        self. pos: int=0        #策略初始仓位为 0
        self. variables=copy(self. variables)        #复制策略变量列表,以防止同一个策略类创建多
个策略实例来运行多个品种,需要防止策略实例的策略变量被其他实例策略实例的策略变量覆盖,原
因是同一个策略类可以创建多个策略实例,而这些实例的策略变量可能有所不同
        self. variables. insert(0, "inited")        #策略实例变量列表 variables 的第一个值为"inited"
        self. variables. insert(1, "trading")        #策略实例变量列表 ariables 的第二个值为" trading "
        self. variables. insert(2, "pos")        #策略实例变量列表 ariables 的第三个值为"pos "
        self. update_setting(setting)        #用内部的 update_setting 调入策略实例的参数设置
    def update_setting(self, setting: dict) - > None:        #用 setting 字典中的值更新策略参数
        for name in self. parameters:        #遍历参数列表中的参数名称
            if name in setting:        #如果该参数名在 setting 字典中存在
                setattr(self, name, setting[name])        #将策略实例中参数值设为与 setting 中对应的参数值
```

（2）获取策略类默认参数字典 get_class_parameters 函数，获取策略实例参数字典 get_parameters 函数，获取策略实例变量字典 get_variables 函数，获取策略实例数据 get_data 函数。这些函数策略模板已定义，策略只要继承了 CtaTemplate 类，就能在开发策略时直接调用这些函数。

```
    @classmethod        #classmethod 修饰符对应的函数不需要实例化,不需要 self 参数,可以直接
用 cls. 函数名调用相应函数, cls. 类变量名获取类属性
    def get_class_parameters(cls):        #获取策略类默认参数字典,并在其 cls 中传入策略的类名
        class_parameters={}        #策略类参数字典
        for name in cls. parameters:        #遍历策略类中的参数列表 parameters 中的参数名
            class_parameters[name]=getattr(cls, name)        #生成策略类参数字典,key 为参数名,
value 为参数值
        return class_parameters        #返回策略类参数字典,key 为参数名,value 为参数值
```

```
        def get_parameters(self):        #获取策略实例参数字典
            strategy_parameters = {}        #策略实例参数字典
            for name in self. parameters:        #遍历策略实例中的参数列表 parameters 中的参数名,而
不是遍历策略类中的参数列表
                strategy_parameters[ name] = getattr(self, name)        #生成策略实例参数字典,key 为
参数名,value 为参数值
            return strategy_parameters        #返回策略实例参数字典,key 为参数名,value 为参数值

        def get_variables(self):        #获取策略实例变量字典
            strategy_variables = {}        #策略实例变量字典
            for name in self. variables:        #遍历策略实例中的变量列表 parameters 中的参数名,而不
是遍历策略类中的参数列表
                strategy_variables[ name] = getattr(self, name)        #生成策略变量字典,key 为策略变
量名,value 为策略变量值
            return strategy_variables        #返回策略实例变量字典,key 为策略变量名,value 为策略变量值

        def get_data(self):        #获取策略实例数据
            strategy_data = {
                "strategy_name": self. strategy_name,
                "vt_symbol": self. vt_symbol,
                "class_name": self. __class__. __name__,
                "author": self. author,
                "parameters": self. get_parameters(),
                "variables": self. get_variables(),
            }        #定义策略实例数据 strategy_data 字典,key 为策略实例名、本地代码、策略类名、作
者、策略参数、策略变量
            return strategy_data        #返回策略实例数据字典
```

（3）策略回调函数 8 个，用@ virtual 进行修饰。修饰器函数 virtual 在 vnpy \ trader \ utility. py 中定义，其返回的是所修饰的函数，包括：on_init、on_start、on_stop、on_tick、on_bar、on_trader、on_order、on_stop_order。这些函数是在开发策略时必须自定义的，具体见双均线策略源码分析。

```
        @virtual        #声明下面的函数为回调函数
        def on_init(self):        #当策略初始化时,策略需要做的任务
            pass        #模板中为 pass,策略中需要用户自定义

        @virtual        #声明下面的函数为回调函数
        def on_start(self):        #当策略启动时,策略需要做的任务
            pass        #模板中为 pass,策略中需要用户自定义

        @virtual        #声明下面的函数为回调函数
        def on_stop(self):        #当策略停止时,策略需要做的任务
            pass        #模板中为 pass,策略中需要用户自定义

        @virtual        #声明下面的函数为回调函数
```

```
def on_tick(self, tick: TickData):    #当收到 tick 数据时,策略需要做的任务
    pass    #模板中为 pass,策略中需要用户自定义


@virtual    #声明下面的函数为回调函数
def on_bar(self, bar: BarData):    #当收到 1 分钟 bar 数据时,策略需要做的任务
    pass    #模板中为 pass,策略中需要用户自定义


@virtual    #声明下面的函数为回调函数
def on_trade(self, trade: TradeData):    #当收到成交数据时,策略需要做的任务
    pass    #模板中为 pass,策略中需要用户自定义


@virtual    #声明下面的函数为回调函数
def on_order(self, order: OrderData):    #当收到委托数据时,策略需要做的任务
    pass    #模板中为 pass,策略中需要用户自定义


@virtual    #声明下面的函数为回调函数
def on_stop_order(self, stop_order: StopOrder):    #当收撤单指令时,策略需要做的任务
    pass    #模板中为 pass,策略中需要用户自定义
```

（4）策略主动函数 14 个，包括：buy、sell、short、cover、send_order、cancel_order、cancel_all、write_log、get_engine_type、load_bar、load_tick、put_event、send_email、sync_data。这些函数策略模板已定义，策略只要继承了 CtaTemplate 类，就能在开发策略时直接调用这些函数。

```
#多单开仓
def buy(self, price: float, volume: float, stop: bool = False, lock: bool = False, net: bool = False):
    return self.send_order(Direction.LONG, Offset.OPEN, price, volume, stop, lock, net)    #调用
策略模板内部 send_order 函数发送买入开仓操作,交易方向 Direction.LONG 为多,开平仓
Offset.OPEN 为开仓,price 为委托买入价,volume 为委托买入量,stop 为是否停止单,lock 是否为锁仓,
net 为净单


#多单平仓
def sell(self, price: float, volume: float, stop: bool = False, lock: bool = False, net: bool = False):
    return self.send_order(Direction.SHORT, Offset.CLOSE, price, volume, stop, lock,net)    #调用
策略模板内部 send_order 函数发送卖出平仓,交易方向 Direction.SHORT 为空,开平仓 Offset.CLOSE
为平仓


#空单开仓
def short(self, price: float, volume: float, stop: bool = False, lock: bool = False, net: bool = False):
    return self.send_order(Direction.SHORT, Offset.OPEN, price, volume, stop, lock,net)    #调用策略模
板内部 send_order 函数发送卖出开仓,交易方向 Direction.SHORT 为空,开平仓 Offset.OPEN 为开仓


#空单平仓
def cover(self, price: float, volume: float, stop: bool = False, lock: bool = False, net: bool = False):
    return self.send_order(Direction.LONG, Offset.CLOSE, price, volume, stop, lock,net)    #调用策略模
板内部的 send_order 函数发送买入平仓,交易方向 Direction.LONG 为多,开平仓 Offset.CLOSE 为平仓
```

```
    #发送委托单
    def send_order(
        self,
        direction: Direction,   #交易方向:多(LONG),空(SHORT),净(NET)
        offset: Offset,   #开平仓:开(OPEN),平 CLOSE),平今(CLOSETODAY),平昨(CLOSEYESTERDAY),
NONE= ""
        price: float,       #委托价格
        volume: float,        #委托数量
        stop: bool = False,     #是否停止单,默认否
        lock: bool = False,      #是否锁仓,默认否
        net: bool = False
    ):    #发送委托单
        if self. trading:     #如果策略启动,开始交易,trading=True
            vt_orderids: list = self. cta_engine. send_order(
                self, direction, offset, price, volume, stop, lock, net
            )      #调用 cta_engine. send_order 函数发送委托单,其中 cta_engine 是 CtaEngine 类(vnpy_
ctastrategy \\engine. py 中定义)的实例化对象,并获得成委托单号列表 vt_orderids
            return vt_orderids
        else:     #如果不是实盘交易
            return[ ]      #返回空的委托单号列表,即不调用 cta_engine 的 send_order 函数发送委托单


    #撤销单个委托单
    def cancel_order(self, vt_orderid: str):
        if self. trading:      #如果策略启动,开始交易
            self. cta_engine. cancel_order(self, vt_orderid)      #调用 cta_engine. cancel_order 函数撤销委
托单号为 vt_orderid 的委托单


    #撤销所有委托单
    def cancel_all(self):
        if self. trading:   #如果策略启动,开始交易
            self. cta_engine. cancel_all(self)       #调用 cta_engine. cancel_all 函数撤销所有委托单


    #输出日志信息
    def write_log(self, msg: str):
        self. cta_engine. write_log(msg, self)        #调用 cta_engine. write_log 函数输出日志信息 msg


    #获取 cta_engine 类型是回测还是实盘交易
    def get_engine_type(self):
        return self. cta_engine. get_engine_type()       #调用 cta_engine. get_engine_type 函数获得引擎类型


    #获交易中合约的价格跳动
    def get_pricetick(self):
        return self. cta_engine. get_pricetick(self)    #调用 cta_engine. get_engine_type 函数获得价格跳动


    #获交易中合约的合约规模
    def get_size(self):
```

```
        return self. cta_engine. get_size(self)

    #加载历史 bar 数据,用于策略初始化,计算相关指标
    def load_bar(
        self,
        days: int,        #天数
        interval: Interval = Interval. MINUTE,   #bar 周期,默认为 1 分钟 bar
        callback: Callable = None,       #是否可回调
        use_database: bool = False       #是否从数据库导入
    ):
        if not callback:    #如果 callback 为指定
            callback = self. on_bar   #指定回调函数为策略中的 on_bar 函数
        bars: List[ BarData ] = self. cta_engine. load_bar(
            self. vt_symbol,
            days,
            interval,
            callback,
            use_database
        )     #调用 cta_engine. load_bar 函数,加载 days 天本地代码为 vt_symbol 合约 1 分钟历史 bar 数据
        for bar in bars:   #遍历 1 分钟 bars
            callback(bar)   #调用策略中的 on_bar 函数

    #加载历史 tick 数据,用于策略初始化,days 为天数,即调用 days 天的 tick 历史数据
    def load_tick(self, days: int):
        ticks: List[ TickData ] = self. cta_engine. load_tick(self. vt_symbol, days, self. on_tick)
        for tick in ticks:      #遍历 ticks
            self. on_tick(tick)#调用策略中的 on_tick 函数

    #把策略数据事件推送到图形界面进行数据显示更新
    def put_event(self):
        if self. inited:   #如果策略已经完成初始化
            self. cta_engine. put_strategy_event(self)       #调用 cta_engine. put_strategy_event 函数更新图
形界面中显示的数据

    #向指定邮箱发送信息,msg 为信息内容
    def send_email(self, msg):
        if self. inited:    #如果策略已经完成初始化
            self. cta_engine. send_email(msg, self)   #调用 cta_engine. send_email 函数向邮箱发送信息

    #向硬盘写入策略数据,便于以后重新启动策略时,这些数据不会丢失
    def sync_data(self):
        if self. trading:      #如果策略启动,开始交易
            self. cta_engine. sync_strategy_data(self)        #调用 cta_engine. sync_strategy_data 函数,将策
略数据写入硬盘
```

第二节　双均线策略

一、双均线策略原理

双均线策略是最简单的 CTA 策略，其运用场景是中长线交易，掌握好双均线策略有利于理解更加复杂的交易策略。

双均线策略的基本原理是，对于每一个交易日，都可以计算出前 N 天的移动平均值，把这些移动平均值连成一条线，就叫作 N 日移动平均线。双均线策略用到两条均线，分别是快均线（5 天均线）和慢均线（20 天均线）。当快均线上升穿过慢均线时，形成金叉，给出买入信号；反之，当快均线下跌穿过慢均线时，形成死叉，给出卖出信号。

二、双均线策略源码分析

CTA 策略代码都在 "C：\veighna_studio\Lib\site-packages\vnpy_ctastrategy\strategies" 文件夹内，因此双均线策略的源代码也在该文件夹内，其代码文件为 double_ma_strategy. py。对于用户自己开发的策略，可以放在 C：\veighna_studio\Lib\site-packages\vnpy_ctastrategy\strategies 文件夹内。也可以放在用户运行的文件内，如在 c：\users\administrator. vntrader 目录下创建 strategies 文件夹。

需要注意的是，策略文件命名是用下划线模式，如 double_ma_strategy. py，而策略代码中的策略类的命名采用驼峰式，如 DoubleMaStrategy。

【例 11-1】双均线策略的源码分析（double_ ma_ strategy. py）。

```
    # 导入 CtaTemplate 父类和 Interval, Direction, Offset, BarData, TickData, OrderData, TradeData,
StopOrder, EngineType 等数据类。BarGenerator 类包括 update_tick 函数、update_bar 函数,update_tick 函数
用于将 tick 数据合成 1 分钟单根 K 线,每走完 1 分钟 K 线,自动调用策略中的 on_bar 回调函数。update_bar
函数用于 1 分钟 K 线数据合成 windows 周期 N 分钟 K 线,每走完周期,自动调用 on_window_bar 回调函数。
ArrayManager 类包括 update_bar 函数及其他一些计算技术指标的函数,其中 update_bar 函数主要用于将新
的 K 线放入时间序列容器,其他计算指标的函数主要基于 TA- lib 这个经典技术指标计算库。
    from vnpy_ctastrategy import (
        CtaTemplate,
        StopOrder,
        TickData,
        BarData,
        TradeData,
        OrderData,
        BarGenerator,
        ArrayManager,
    )
class DoubleMaStrategy(CtaTemplate):
    author = "用 Python 的交易员"    # author 变量可不写,主要是为了便于知道策略开发者
    #以下为策略参数设置,策略参数是固定的(由策略开发者从外部指定)
```

```
        fast_window = 10    #快线周期数为 20
        slow_window = 20    #慢线周期数为 20
        #以下为策略变量设置,用于定义策略运行中的一些中间变量的初始值
        fast_ma0 = 0.0      #最近一个快线均值
        fast_ma1 = 0.0      #上一个快线均值
        slow_ma0 = 0.0      #最近一个慢线均值
        slow_ma1 = 0.0      #上一个慢线均值
```

parameters = ["fast_window", "slow_window"] #策略参数列表,需要写入策略的参数名称字符串,基于该列表中的内容,策略引擎会自动从缓存的策略配置 json 文件中读取策略配置,图形界面则会自动提供用户在创建策略实例时配置策略参数的对话框。

variables = ["fast_ma0", "fast_ma1", "slow_ma0", "slow_ma1"] #策略变量列表,写入策略的变量名称字符串,基于其中的内容,图形界面会自动更新显示(调用 put_event 函数时更新),策略引擎会在用户停止策略、收到成交回报时、调用 sync_data 函数时,将变量数据写入硬盘中的缓存 json 文件,用于程序重启后策略状态的恢复。

#__init__ 函数,用于创建实例时需要进行的初始化,初始化时需要传递 cta_engine、strategy_name、vt_symbol、setting 四个参数,分别对应 CTA 引擎对象、策略名称字符串、标的代码字符串、策略设置信息字典。注意其中的 CTA 引擎,可以是实盘引擎或者回测引擎,这样就可以很方便的实现一套代码同时跑回测和实盘。以上参数均由策略引擎在使用策略类创建策略实例时自动传入。

```
    def __init__(self, cta_engine, strategy_name, vt_symbol, setting):
        super().__init__(cta_engine, strategy_name, vt_symbol, setting)  #执行父类的初始化函数,使
得我们能够调用父类的属性。
        self.bg = BarGenerator(self.on_bar)   #创建 1 分钟 K 线合成器对象 bg
        self.am = ArrayManager()  #创建 K 线时间序列容器对象 am
```

on_init 函数,当用户点击策略管理界面上的【初始化】按钮,会调用策略中的 on_init 函数,完成加载历史数据回放,通过 load_bar(10)函数加载 10 天的 1 分钟历史数据(包括合约名称、开盘价、收盘价、最高价,最低价,时间间隔,成交量等)。这些 1 分钟历史数据用于计算策略变量的初始值,如计算 1 分钟 K 线下的 10 天均线指标值等等。

```
    def on_init(self):
        self.write_log("策略初始化")
        self.load_bar(10)   #加载 10 天 1 分钟 K 线,可修改为其它天数的 1 分钟 K 线,首先尝试使用
```
RQData API 从远端服务器获取取,前提是需要配置好 RQData 账号,同时该合约的行情数据在 RQData 上可以找到(主要是国内期货),若获取失败则会尝试在本地数据库中进行查找(默认为位于 .vntrader 文件夹下的 sqlite 数据库)。

on_start 函数,点击图形界面的【启动策略】按钮后,CTA 引擎会自动调用策略中的 on_start 函数,同时将策略的 trading 控制变量设置为 True,界面上的日志组件中就会出现相应策略启动日志信息。

```
    def on_start(self):
        self.write_log("策略启动")
        self.put_event()   #更新图形界面。必须调用 put_event 函数,来通知图形界面刷新策略状态
```
相关的显示(变量),如果不调用则界面不会更新。

on_stop 函数,当每日的交易时段结束后(国内期货一般是下午三点收盘后),需要点击 CTA

策略界面的【停止】按钮来停止策略的自动交易。此时 CTA 策略引擎会将策略的交易状态变量 trading 设为 False,撤销该策略之前发出的所有活动状态的委托,以及将策略 variables 列表中的参数写入到缓存 json 文件中,最后调用策略的 on_stop 回调函数执行用户定义的逻辑。

```python
def on_stop(self):
    self.write_log("策略停止")
    self.put_event()   #更新图形界面
```

on_tick 函数,当收到 Tick 数据时,调用 K 线合成器 BarGenerator 类中的 update_tick 函数合成 1 分钟 bar 数据。1 分钟 bar 数据合成完毕,会调用策略中的 on_bar 函数,其传入的参数为 1 分钟 bar。

```python
def on_tick(self, tick: TickData):
    self.bg.update_tick(tick)    #合成 1 分钟 bar,因为在 __init__ 函数中已创建的 bg 对象为 1 分钟
K 线合成器,并调用 on_bar 函数
```

on_bar 函数,如果策略买卖是在 1 分钟 bar 内部进行买卖实现的,如海龟策略或者一些突破策略,则需要在 on_tick 函数中进行实现。这里的双均线策略是以 1 分钟 bar 进行驱动的,策略买卖代码就在 on_bar 函数中实现。

```python
def on_bar(self, bar: BarData):    #新的 1 分钟 bar 到达,进行买卖逻辑判断
    am = self.am     #定义新的变量 am,纯粹是为了后面写代码时简洁
    am.update_bar(bar)      #调用 update_bar,将新的 1 分钟 bar 存入 am
    if not am.inited:       #如果不足 100 根 1 分钟 K 线,返回继续缓存
        return
    fast_ma = am.sma(self.fast_window, array=True)    #计算快速移动平均值,为 array 向量
    self.fast_ma0 = fast_ma[-1]    #最新的快速移动均值
    self.fast_ma1 = fast_ma[-2]    #上一个快速移动均值
    slow_ma = am.sma(self.slow_window, array=True)    #计算慢速移动平均值,为 array 向量
    self.slow_ma0 = slow_ma[-1]    #最新的慢速移动均值
    self.slow_ma1 = slow_ma[-2]    #上一个慢速移动均值
    cross_over = self.fast_ma0 > self.slow_ma0 and self.fast_ma1 < self.slow_ma1      #金叉
    cross_below = self.fast_ma0 < self.slow_ma0 and self.fast_ma1 > self.slow_ma1     #死叉
    if cross_over:      #金叉
        if self.pos == 0:    #如果当前没有仓位
            self.buy(bar.close_price, 1)    #开仓买入做多,委托价为传入 bar 的收盘价,买入 1 手
        elif self.pos < 0:    #如果当前持有空单
            self.cover(bar.close_price, 1)    #先平掉空单,买入价为传入 bar 的收盘价,买入 1 手
            self.buy(bar.close_price, 1)    #开仓买入做多,委托价为传入 bar 的收盘价,买入 1 手
    elif cross_below:    #死叉
        if self.pos == 0:    #如果当前没有仓位
            self.short(bar.close_price, 1)    #开仓卖出做空,卖出价为传入 bar 的收盘价,卖出 1 手
        elif self.pos > 0:    #如果当前持有多单
            self.sell(bar.close_price, 1)    #先平掉多单,卖出价为传入 bar 的收盘价,卖出 1 手
            self.short(bar.close_price, 1)    #开仓卖出做空,卖出价为传入 bar 的收盘价,卖出 1 手
    self.put_event()      #更新图形界面
```

#on_order 函数,委托回调函数,当我们发出一个交易委托后,这个委托每当有状态变化时,我们都会收到该委托最新的数据推送,这条数据就是委托回报。其中比较重要信息的是 status 委托状态(包

括：拒单、未成交、部分成交、完全成交、已撤单），我们可以基于委托状态实现更加细粒度的交易委托控制（算法交易）。这里我们的双均线策略由于逻辑较为简单，所以在 on_order 中没有任何操作。

```
def on_order(self, order: OrderData):
    pass


# on_trade 函数,成交回报函数,需要通知界面进行成交单界面更新。
def on_trade(self, trade: TradeData):
    self. put_event()


# on_stop_order 函数,停止单回报函数,也没有任何操作。
def on_stop_order(self, stop_order: StopOrder):
    pass
```

三、利用 Python 的 IDLE 进行策略编写与调试

（一）为 vnpy 安装 IDLE

vnpy 没有自带安装 IDLE，如果之前已经安装了 Python 的 IDLE，但由于默认运行路径不同，则需要重新安装与 vnpy 安装路径一致的 IDLE。具体方法是卸载原已安装的 Python，并在安装 vnpy 后运行 Python 安装程序（见图 11-3）。

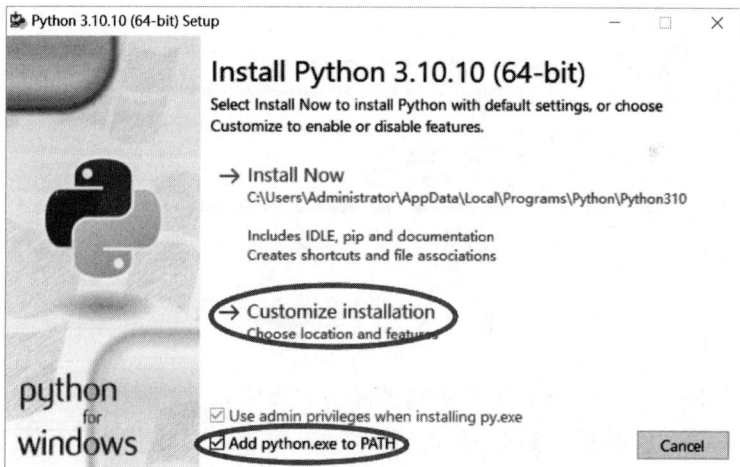

图 11-3　自定义安装 Python

勾选"Add Python 3. x to PATH"，点击自定义安装"Customize installation"（见图 11-4）。

勾选"td/tk and IDLE"，点击【next】，弹出如下窗口，选择安装路径为 C：\veighna_studio，点击【install】按钮即可（见图 11-5）。

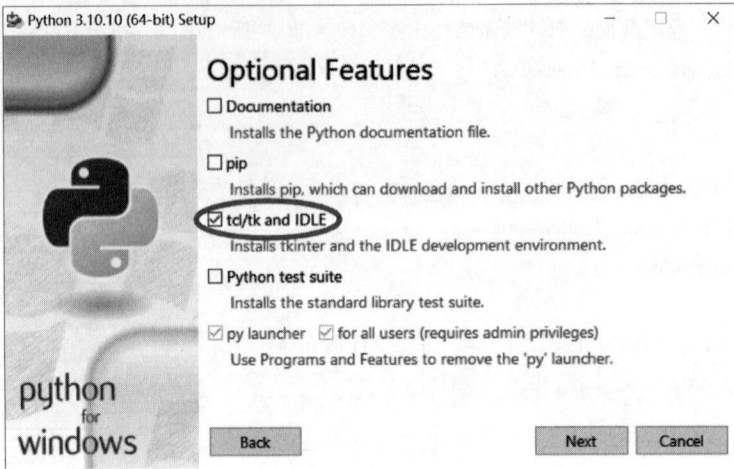

图 11-4　为 vnpy 安装 IDLE

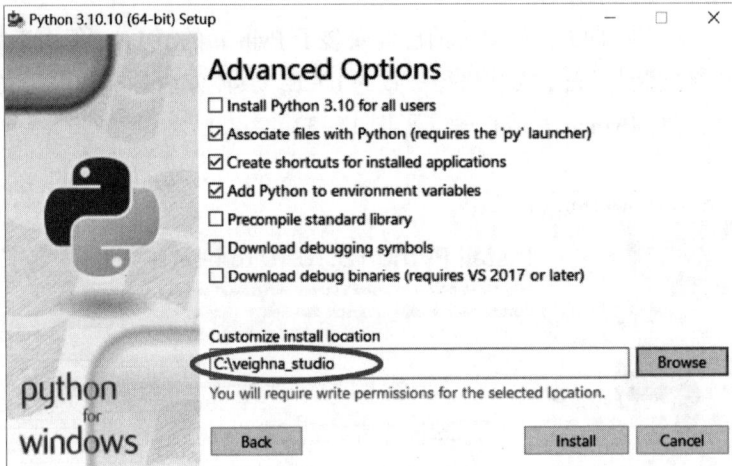

图 11-5　选择安装路径

(二) 利用 **Python** 的 IDLE 进行策略调试

利用 Python 的 IDLE 进行策略调试，策略文件可以存放于任何位置 (如桌面)，具体步骤如下。

首先，把编写好的策略放在桌面上，记得程序末尾须添加的回测程序代码。在这里，不妨将双均线策略文件 double_ma_strategy.py 放到桌面，然后点击开始菜单，打开 IDLE (见图 11-6)。需要注意的是，这时的 IDLE 是我们重新安装后的，更改后的安装目录为 C:\veighna_studio。

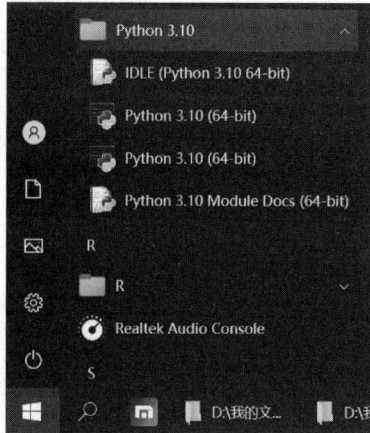

图 11-6　打开 IDLE

其次，通过 IDLE 打开桌面的 double_ ma_ strategy. py 文件（见图 11-7）。在此要特别提醒的是，策略尾部需要添加回测程序（调试后需删除）。

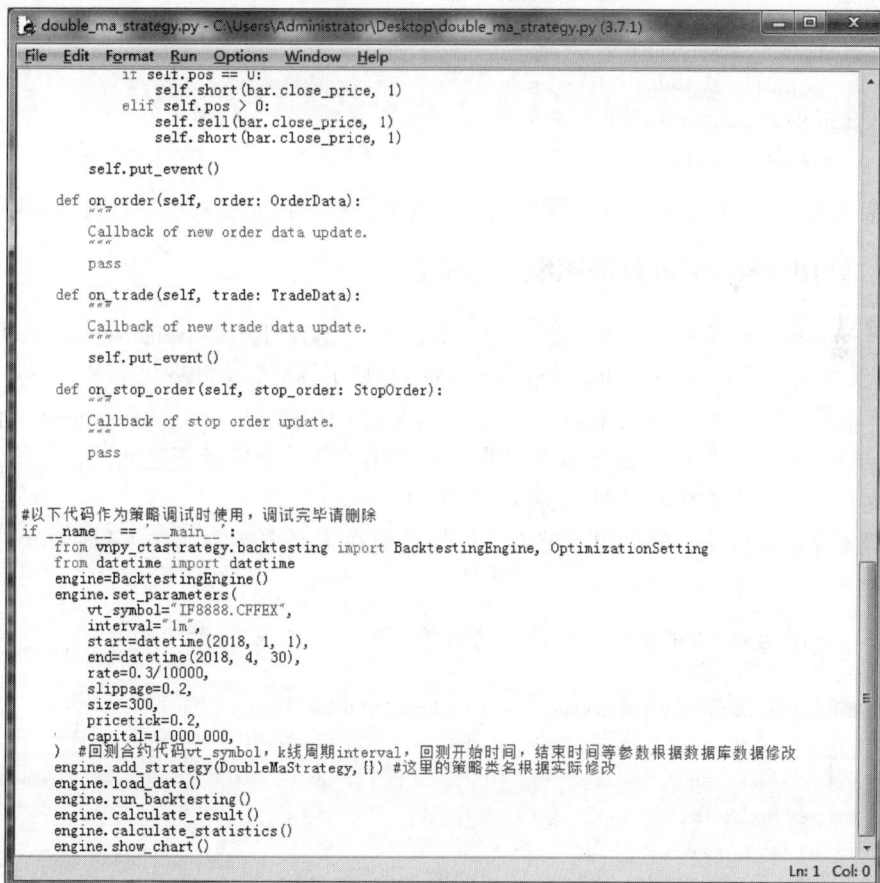

图 11-7　利用 IDLE 调试策略

【例11-2】双均线策略回测代码。

```
#以下代码作为策略调试时使用,调试完毕请删除
if __name__ == '__main__':
    from vnpy_ctastrategy. backtesting import BacktestingEngine, OptimizationSetting
    from datetime import datetime
    engine = BacktestingEngine()
    engine. set_parameters(
        vt_symbol = "IF8888. CFFEX",        #回测的合约品种
        interval = "1m",                    #回测 1 分钟 bar
        start = datetime(2018, 1, 1),       #回测开始时间
        end = datetime(2018, 4, 30),        #回测结束时间
        rate = 0. 3/10000,                  #交易费率
        slippage = 0. 2,                    #滑点
        size = 300,                         #交易手数
        pricetick = 0. 2,                   #最小价格跳动
        capital = 1_000_000,                #回测初始资金
    )      #上述参数根据数据库合约品种数据修改
    engine. add_strategy(DoubleMaStrategy,{})      #这里的 DoubleMaStrategy 策略类名可根据实际修改
    engine. load_data()
    engine. run_backtesting()
    engine. calculate_result()
    engine. calculate_statistics()
    engine. show_chart()
```

点击【Run】→Run module，即可运行和调试策略，在此基础上也可进行策略编辑。

四、利用 VScode 进行策略编写与调试

打开 VScode，选择工具栏的"文件-打开文件夹"，选择打开 C:\veighna_studio\Lib\site-packages 文件夹，其中的 vnpy_ctastrategy/strategies 存放了各种交易策略（见图 11-8）。

如果我们要自己编写新的策略，则在 VScode 界面中找到 vnpy_ catstrategy 文件夹下的 strategies 文件夹，右击 strategies 文件夹，在弹出的菜单中选择新建文件，并给新策略文件命名后，即可以编辑新的策略文件（见图 11-9）。

一旦策略编写完毕，要调试策略时，同样需要在策略末尾添加如下程序（调试后需删除）：

```
#以下代码作为策略调试时使用,调试完毕请删除
if _name_ == '_main_':
    from vnpy_ctastrategy. backtesting import BacktestingEngine, Optimization
Setting
    from datetime import datetime
    engine = BacktestingEngine()
    engine. set_parameters(
        vt_symbol = "IF8888. CFFEX",        #回测的合约品种
        interval = "1m",                    #回测 1 分钟的 bar
        start = datetime(2018, 1, 1),       #回测开始时间
```

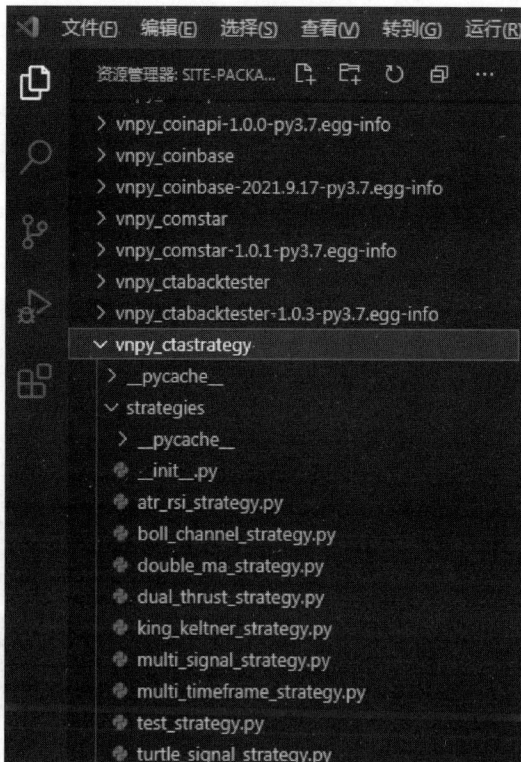

图 11-8　C：\veighna_studio\Lib\site-packages 文件夹

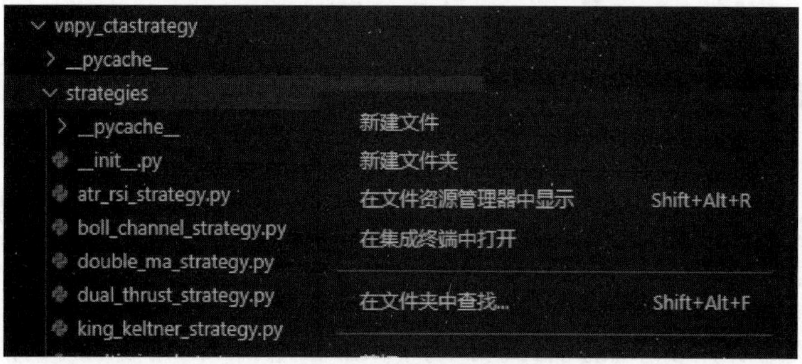

图 11-9　利用 VScode 新建策略文件

```
        end＝datetime(2018, 4, 30),              #回测结束时间
        rate＝0.3/10000,                         #交易费率
        slippage＝0.2,                           #滑点
        size＝300,                               #交易手数
        pricetick＝0.2,                          #最小价格跳动
        capital＝1_000_000,                      #回测初始资金
    )    #上述参数可根据数据库合约品种数据修改
engine.add_strategy(DoubleMaStrategy,{})        #这里的 DoubleMaStrategy 策略类名可根据实际修改
```

```
engine. load_data()
engine. run_backtesting()
engine. calculate_result()
engine. calculate_statistics()
engine. show_chart()
```

然后点击 VScode 界面右上角的三角形按钮即可运行策略进行回测（见图 11-10）。

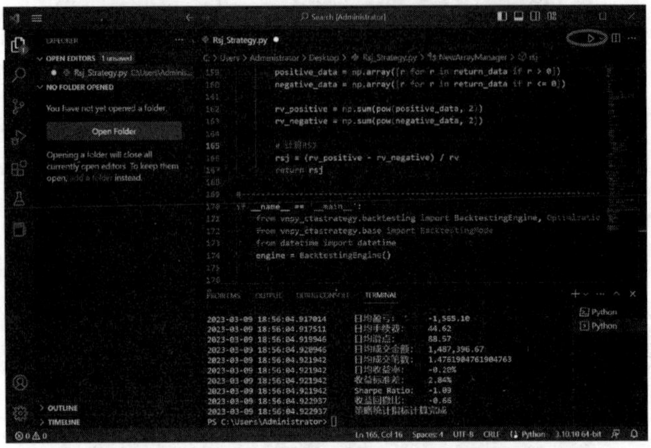

图 11-10 利用 Vscode 进行策略回测

第三节 Dual Thrust 策略

一、策略原理

Dual Thrust 是一个趋势跟踪系统，由迈克尔·查莱克（Michael Chalek）开发于 20 世纪 80 年代，曾被 *Futures Truth* 杂志评为最赚钱的策略之一。Dual Thrust 系统具有简单易用、适用度广的特点，其思路简单、参数很少，配合不同的参数、止盈止损和仓位管理，可以为投资者带来长期稳定的收益，被投资者广泛应用于股票、货币、贵金属、债券、能源及股指期货市场等方面。在 Dual Thrust 策略中，对于震荡区间的定义非常关键，而这也是该交易策略的核心和精髓。Dual Thrust 策略使用 Range = Max（HH−LC，HC−LL）来描述震荡区间的大小。其中，HH 是 N 日最高价的最高价，LC 是 N 日收盘价的最低价，HC 是 N 日收盘价的最高价，LL 是 N 日最低价的最低价。需要特别注意的是，如果是 1 分钟 K 线，则这里的 N 日指的是 N 个 1 分钟 K 线；如果是 5 分钟 K 线；则 N 日是指 N 个 5 分钟 K 线，以此类推。

首先，计算以下内容：①N 日最高价的最高价 HH，N 日收盘价的最低价 LC；②N 日收盘价的最高价 HC，N 日最低价的最低价 LL；③Range＝max（HH−LC，HC−LL）；④BuyLine＝Open+k1×Range；⑤SellLine＝Open+k2×Range。

其次，构造以下系统：①当价格向上突破上轨时，如果当时持有空单，则先平仓，再开多单；如果没有仓位，则直接开多单；②当价格向下突破下轨时，如果当时持有多单，则先平仓，再开空单；如果没有仓位，则直接开空单，如图 11-11 所示。

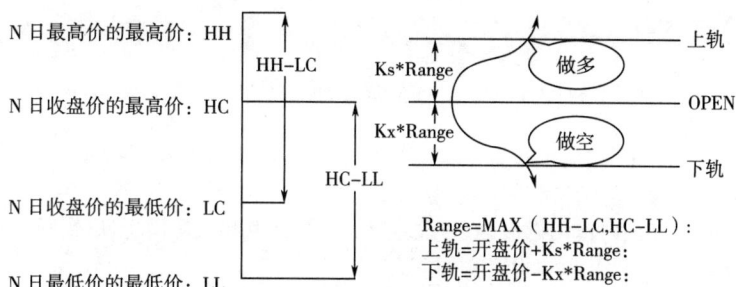

图 11-11　Dual Thrust 通道原理

Dual Thrust 针对多头和空头的触发条件，考虑了非对称的幅度，即做多和做空参考的 Range 可以选择不同的周期数，也可以通过参数 k1 和 k2 来确定。

- 当 k1<k2 时，多头相对容易被触发。
- 当 k1>k2 时，空头相对容易被触发。

因此，在使用该策略时，一方面，可以参考历史数据测试的最优参数；另一方面，则可以根据自己对后势的判断，或从其他大周期的技术指标入手，阶段性地动态调整 k1 和 k2 的值。Dual Thrust 策略三大要素如下所示。

（1）信号。当价格突破上下轨道的瞬间发出开仓信号。

（2）过滤。除原始的通道过滤外，还有额外的条件来力求过滤震荡行情。

- 设置上下轨，若价格在轨道内波动，则不产生交易信号。
- 每天规定多开交易只做一次，以避免在震荡行情中，因日内不断开平仓操作而损失手续费。
- 当 Tick 行情推送合成的分钟 K 线高于日开盘价时，判断交易方向为多头，并设置突破的停止买入单。同理，分钟 K 线低于日开盘价时判断交易方向为空头，设置突破的停止卖出单（停止单的意思是在分钟 K 线内，条件触发时立刻进行开平仓操作）。

（3）止损。固定点位止损策略，如多头仓位在价格下跌到下轨时自动平仓，空头仓位在价格突破到上轨时自动平仓。

二、Dual Thrust 策略源码分析

【例 11-3】Dual Thrust 策略的源代码分析（dual_ thrust_ strategy. py）。

```
from datetime import time      # datetime 是 Python 处理日期和时间的标准库,其中的 time()函数用
于创建时间,如 time(1, 2, 3)创建的时间是 01:02:03
from vnpy_ctastrategy import (
    CtaTemplate,
    StopOrder,
    TickData,
    BarData,
```

```
        TradeData,
        OrderData,
        BarGenerator,
        ArrayManager,
    )
class DualThrustStrategy(CtaTemplate):        #策略类名称,继承父类 CtaTemplate
    #策略参数
    fixed_size=1        #买入手数为 1 手
    k1=0. 4
    k2=0. 6        #国内市场做多的远远多于做空,向下跌幅大于向上涨幅,故通道上轨的宽度
(k1)要小于下轨的宽度(k2),所以设置 k1<k2
    #策略变量
    bars=[ ]        # K 线列表,存放日 K 线开盘价、收盘价、最高价、最低价
    day_open=0        #日开盘价
    day_high=0        #日最高价
    day_low=0        #日最低价
    day_range=0        #日震荡区间变量
    long_entry=0        #通道上轨变量
    short_entry=0        #通道下轨变量
    exit_time=time(hour=14, minute=55)        #确定收盘时间为 14:55:00(股指期货默认是 14:55)
    long_entered=False        #当天是否做多过,默认为否
    short_entered=False        #当天是否做空过,默认为否

    parameters=[ "k1", "k2", "fixed_size"]        #参数列表
    variables=[ "day_range", "long_entry", "short_entry"]        #策略变量列表

    def __init__(self, cta_engine, strategy_name, vt_symbol, setting):
        super().__init__(cta_engine, strategy_name, vt_symbol, setting)
        self. bg=BarGenerator(self. on_bar)        #创建 1 分钟 K 线合成器的对象 bg
        self. am=ArrayManager()        #创建 K 线时间序列容器的对象 am
        self. bars=[ ]        #通过初始化设置 bars 列表为空值,用于清除之前 bars 中存在的数据
    def on_init(self):
        self. write_log("策略初始化")
        self. load_bar(10)        #加载 10 天 1 分钟 K 线数据(包括合约名称、开盘价、收盘价、最高
价、最低价、时间间隔、成交量等)
    def on_start(self):
        self. write_log("策略启动")        #向界面输出策略启动日志信息
    def on_stop(self):
        self. write_log("策略启动")        #向界面输出策略停止日志信息
    def on_tick(self, tick: TickData):
        self. bg. update_tick(tick)        #合成 1 分钟的 bar,然后调用 on_bar 函数
    def on_bar(self, bar: BarData):        #新的 1 分钟 bar 到达,进行买卖逻辑判断
        self. cancel_all()        #取消之前所有未成交的委托单
        self. bars. append(bar)        #将新的 1 分钟 bar 添加到 bars 列表
        if len(self. bars) <= 2:        #如果少于或等于 2 根 1 分钟的 bar,则数据不足,直接返回继
续缓存数据
```

```
            return
        else:
            self. bars. pop(0)    #删除最前面的 bar 数据,保留上一个和当前的 bar 数据
        last_bar = self. bars[ - 2]    #取得上一个 bar 数据,如果是当天的第一个 1 分钟 K 线到
达,则取得的是昨天的最后一个 1 分钟 K 线
        if last_bar. datetime. date() ! = bar. datetime. date():    #如果是新的 1 天的第 1 根 1 分钟 K 线
            if self. day_high:    #如果已经初始化
                self. day_range = self. day_high − self. day_low    #计算昨天的波动范围
                self. long_entry = bar. open_price + self. k1*self. day_range    #计算通道上轨
                self. short_entry = bar. open_price − self. k2*self. day_range    #计算通道下轨
            self. day_open = bar. open_price    #取得当日开盘价的初始值
            self. day_high = bar. high_price    #取得单日最高价的初始值
            self. day_low = bar. low_price    #取得单日最低价的初始值
            self. long_entered = False    #当天第 1 根 1 分钟 K 线到达,这 1 分钟之内没有做多过
            self. short_entered = False    #当天第 1 根 1 分钟 K 线到达,这 1 分钟之内没有做空过
        else:    #如果新的 1 天以后的第 2 根及以后的 1 分钟 K 线
            self. day_high = max(self. day_high, bar. high_price)    #更新当日最高价
            self. day_low = min(self. day_low, bar. low_price)    #更新当日最低价
        if not self. day_range:    #如果 day_range 为 0,直接返回,不操作
            return
        if bar. datetime. time() < self. exit_time:    #还没到收盘时间
            if self. pos == 0:    #如果当前没有仓位
                if bar. close_price > self. day_open:    #当前的 1 分钟 K 线高于昨天开盘价
                    if not self. long_entered:    #如果当天到目前为止没有做过多
                        self. buy(self. long_entry, self. fixed_size, stop = True)    #开多单,买入
价格为 long_entry,买入手数为 fixed_size( 即 1 手),委托单类型为买入停止单
                else:    #当前的 1 分钟 K 线小于昨天开盘价
                    if not self. short_entered:    #如果当天到目前为止没有做过空
                        self. short(self. short_entry,self. fixed_size, stop = True)    #开空单,卖
出价格为 short_entry,卖出手数为 fixed_size( 即 1 手),委托单类型为卖出停止单
            elif self. pos > 0:    #如果当前持有多单
                self. long_entered = True    #设置当天是否已经做多过,为 True
                self. sell(self. short_entry, self. fixed_size, stop = True)    #平多头,委托价 short_entry
                if not self. short_entered:    #如果当天到目前为止没有做空过
                    self. short(self. short_entry, self. fixed_size, stop = True)    #开空单
            elif self. pos < 0:    #手头上有空单
                self. short_entered = True    #设置当天是否已经做空过,为 True
                self. cover(self. long_entry, self. fixed_size, stop = True)    #平空单
                if not self. long_entered:    #如果当天到目前为止没有做多过
                    self. buy(self. long_entry, self. fixed_size, stop = True)    #开多单
        else:    #到收盘时间
            if self. pos > 0:    #如果当前持有多单
                self. sell(bar. close_price*0. 99, abs(self. pos))    #平多单,卖价 = 上 1 分钟 K 线
收盘价*0. 99
            elif self. pos < 0:    #如果当前持有空单
```

```
                self. cover(bar. close_price*1. 01, abs(self. pos))        #平空单,买价=上 1 分钟 K
线收盘价*1. 01
            self. put_event()        #通知界面更新
        def on_order(self, order: OrderData):
            pass
        def on_trade(self, trade: TradeData):
            self. put_event()        #更新图形界面
        def on_stop_order(self, stop_order: StopOrder):
            pass
```

第四节　AtrRsi 策略

AtrRsi 策略主要依靠 ATR 和 RSI 两个技术指标生成交易信号,具体如下所述。

一、ATR 指标

(一) ATR 指标计算

平均真实波动范围(Average True Range,ATR)是由威尔斯·韦尔德(Welles Wilder)发明的。真实波幅(ATR)主要应用于了解价格的震荡幅度和节奏,在窄幅整理行情中用于寻找突破时机。通常情况下股价的波动幅度会保持在一定常态下,但是如果有主力资金进出时,价格波幅往往会加剧。另外,在股价横盘整理、波幅减少到极点时,也往往会产生变盘行情。真实波幅(ATR)正是基于这种原理而设计的指标。

对此,应先计算出当天的真实波幅 TR,由于一天的 TR 缺乏效率及代表性,韦尔德用 ATR 来更好地衡量市场的波动性。一般而言,市场常用的数据周期是 14 及 21。这意味着,如果投资者在日图看 ATR,14＝14 天;如果是在周图看 ATR,则 14＝14 周。

$$TR = \max \left[\text{(最高价-最低价)}, \text{abs(昨收-最高价)}, \text{abs(昨收-最低价)} \right]$$
$$\text{真实波幅(ATR)} = \text{(前 } N-1 \text{ 天的 TR+当天的 TR)} / N$$

(二) ATR 指标信号判断

除了通过用 ATR 的大小来直接判断市场波动性大小外,也可以通过对比当天平均真实波幅(ATR)和过去 N 天的平均波幅(ATRMa)来判断市场波动性趋势。至于用多少天来计算,不同的使用者习惯不同,10 天、20 天乃至 65 天都有,一般采用 20 日数据计算。

若 ATR >ATRMa,则说明市场波动性增大,趋势正在增强;若 ATR <ATRMa,则说明市场波动性减小,趋势开始减弱。

二、RSI 指标

(一) RSI 指标计算

相对强弱指标(Relative Strength Index,RSI)也是由韦尔德发明的。RSI 是一种用来评估"买卖盘双方力道强弱"情况的技术指标,买家是代表金钱的力量,卖家是代表持货的力量。若买方力量稍逊,价格就会向下发展;相反,若卖方力量不足,价格就会向上发展。RSI 指标的计算公式如下：

$$RSI = N\text{日内收盘涨幅的平均值}/（N\text{日内收盘涨幅均值}+N\text{日内收盘跌幅均值}）×100$$

以 14 日 RSI 指标为例，从当日起算，倒推包括当日在内的 15 个收盘价，以每一日的收盘价减去上一日的收盘价，得到 14 个数值，这些数值有正有负。这样，RSI 指标的计算公式具体如下：

$$A = 14 \text{个数字中正数之和}$$
$$B = abs（14 \text{个数字中负数之和}）$$
$$RSI（14）= A÷（A+B）×100$$

和其他指标的计算一样，由于选用的计算周期的不同，RSI 指标也包括日 RSI 指标、周 RSI 指标、月 RSI 指标、年 RSI 指标以及分钟 RSI 指标等各种类型。经常被用于股市研判的是日 RSI 指标和周 RSI 指标。

计算日 RSI 指标一般是以 5 日、10 日、14 日为一周期。另外也有以 6 日、12 日、24 日为计算周期。一般而言，若采用周期的日数短，RSI 指标反应可能比较敏感；日数较长，则该指标可能反应迟钝。目前，沪深股市中 RSI 所选用的基准周期为 6 日和12 日。

（二）**RSI** 指标信号判断

RSI 以 50 为中界线，大于 50 为多头行情，小于 50 为空头行情。一般而言，RSI 的数值在 80 以上和 20 以下为超买超卖区的分界线。当 RSI 值超过 80 时，表示整个市场力度过强，多方力量远大于空方力量，双方力量对比悬殊，多方大胜，市场处于超买状态，后续行情有可能出现回调或转势，此时投资者可卖出股票。当 RSI 值低于 20 时，则表示市场上卖盘多于买盘，空方力量强于多方力量，空方大举进攻后，市场下跌的幅度过大，已处于超卖状态，股价可能出现反弹或转势，此时投资者可适量建仓、买入股票。

此外，可以利用长短期 RSI 线的交叉情况进行市场研判，

短期 RSI 是指参数相对小的 RSI，长期 RSI 是指参数相对大的 RSI。例如，在 6 日 RSI 和 12 日 RSI 中，6 日 RSI 为短期 RSI，12 日 RSI 为长期 RSI。长短期 RSI 线的交叉情况可以作为我们研判行情的方法。

（1）当短期 RSI>长期 RSI 时，市场属于多头市场。

（2）当短期 RSI<长期 RSI 时，市场属于空头市场。

（3）当短期 RSI 线在低位向上突破长期 RSI 线时，一般为 RIS 指标的"金叉"，为买入信号。

（4）当短期 RSI 线在高位向下突破长期 RSI 线时，一般为 RSI 指标的"死叉"，为卖出信号。

（三）**RSI** 指标的缺点

RSI 指标在高档或低档有时会有钝化的现象，因此会发生过早卖出或买进的情况。RSI 只能作为一个警告信号，并不意味着市场必然朝这个方向发展，尤其在市场剧烈震荡时，超卖还是超买必须参考其他指标来进行综合分析，如利用长天期的 RSI 均线与RSI 线的关系来进行买卖信号判断，而不能仅依赖 RSI 的信号就做出买卖决定。背离走

势的信号通常都是事后历史，且有背离走势发生之后行情并无反转的现象存在。有时背离一两次才会发生真正反转，因此在这方面的研判中必须不断分析历史资料以积累经验。由于 RSI 是一种比率的指标，因此在趋势分析的能力上会较弱。当盘势进入横盘整理时，长短期的 RSI 也容易形成重复交叉的情形。

三、策略原理

该策略只用到两个技术指标。ATR 指标用于过滤，当 ATR>ATRMa 时，显示市场波动性增大，趋势正在增强。只有在市场出现趋势的时候做单（追涨杀跌），赢利的机会才会增大。RSI 指标则用于产生交易信号，当 RSI>规定上限时，开仓做多；反之，当 RSI<规定下限时，开仓做空。开仓之后就需要考虑如何赢利离场或者止损离场，该策略采用的是固定百分比点位的做法来移动止损。例如，当在 70 这个点位开仓后，行情一路走高至日高点 100，移动止损方面设定为 99%；当行情开始回落时，会在 99 这个点位自动平仓离场，从而把握住了 29 点的赢利。

AtrRsi 策略三大要素如下所示。

（1）信号：RSI 指标。

（2）过滤：ATR 指标。

（3）出场：固定百分百点位以移动止损。

四、AtrRsi 策略源码分析

【例 11-4】AtrRsi 策略的源代码分析（atr_ rsi_ strategy. py）。

```python
from vnpy_ctastrategy import (
    CtaTemplate,
    StopOrder,
    TickData,
    BarData,
    TradeData,
    OrderData,
    BarGenerator,
    ArrayManager,
)


class AtrRsiStrategy(CtaTemplate):
    #策略参数
    atr_length=22        #设置计算 ATR 指标的 N=22
    atr_ma_length=10      #设置计算 10 天的 ATR 移动平均
    rsi_length=5       #计算 RSI 指标的周期为 5 天
    rsi_entry=16       #开仓阈值
    trailing_percent=0. 8       #用于止盈止损的百分比
    fixed_size=1       #交易手数
    #策略变量
    atr_value=0       #当前 ART 值
    atr_ma=0       #当前 ATR 的移动均值
```

```python
        rsi_value=0      #当前 RSI 值
        rsi_buy=0        #RSI 多头上轨
        rsi_sell=0       #RSI 空头下轨
        intra_trade_high=0      #当天开仓后截至目前的最高价
        intra_trade_low=0       #当天开仓后截至目前的最低价
        parameters=["atr_length", "atr_ma_length", "rsi_length","rsi_entry", "trailing_percent", "fixed_size"]
        variables=["atr_value", "atr_ma", "rsi_value", "rsi_buy", "rsi_sell","intra_trade_high","intra_trade_low"]

        def __init__(self, cta_engine, strategy_name, vt_symbol, setting):
                        super().__init__(cta_engine, strategy_name, vt_symbol, setting)
            self.bg=BarGenerator(self.on_bar)
            self.am=ArrayManager()
        def on_init(self):
            self.write_log("策略初始化")
            self.rsi_buy=50 + self.rsi_entry       #RSI 开多上轨 66
            self.rsi_sell=50 - self.rsi_entry      #RSI 开空下轨 34
            self.load_bar(10)     #载入 10 天的 1 分钟 K 线
        def on_start(self):
            self.write_log("策略启动")
        def on_stop(self):
            self.write_log("策略停止")
        def on_tick(self, tick: TickData):
            self.bg.update_tick(tick)     #合成 1 分钟 bar,然后调用 on_bar 函数
        def on_bar(self, bar: BarData):
            self.cancel_all()
            am=self.am
            am.update_bar(bar)     #将新的 1 分钟 bar 放入 am,当满 100 根 K 线时,inited=True
            if not am.inited:     #如果时间序列容器 am 里不足 100 根 1 分钟 bar,则返回继续缓存 1 分钟 bar
                return
            atr_array=am.atr(self.atr_length, array=True)     #满足 100 根 1 分钟 bar,计算 ART 指标向量
            self.atr_value=atr_array[-1]     #取得最新的 ART 指标值
            self.atr_ma=atr_array[-self.atr_ma_length:].mean()     #计算后 atr_ma_length 个 ART 指标的均值,即计算 ART 移动平均值
            self.rsi_value=am.rsi(self.rsi_length)     #计算 RSI 值
            if self.pos == 0:     #如果当前没有仓位
                self.intra_trade_high=bar.high_price     #开仓以来的最高价=当前 1 分钟 bar 的最高价
                self.intra_trade_low=bar.low_price     #开仓以来的最低价=当前 1 分钟 bar 的最低价
                if self.atr_value > self.atr_ma:     #如果当前 ART 值大于 ART 移动均值,说明市场趋势正在增强
                    if self.rsi_value > self.rsi_buy:     #当前 RSI 值大于 RSI 上轨
                        self.buy(bar.close_price + 5, self.fixed_size)     #开多单,买入价为当前 1 分钟 bar 的收盘价+5 元,买入手数为 1 手
```

```
            elif self. rsi_value<self. rsi_sell:      #当前 RSI 值小于 RSI 上轨
                    self. short(bar. close_price − 5, self. fixed_size)      #开空单,开仓价为当前 1
分钟 bar 的收盘价- 5 元,买入手数为 1 手
        elif self. pos > 0:      #如果当前持有多单
            self. intra_trade_high=max(self. intra_trade_high, bar. high_price)      #更新开仓以来最高价
            self. intra_trade_low=bar. low_price      #更新开仓以来的最低价为当前 1 分钟 bar 最低价
            long_stop=self. intra_trade_high*(1 − self. trailing_percent / 100)      #计算多头止盈止损价格
                self. sell(long_stop, abs(self. pos), stop=True)      #发停止单以止盈止损价平多单
        elif self. pos < 0:      #如果当前持有空单
            self. intra_trade_low=min(self. intra_trade_low, bar. low_price)      #更新开仓以来最低价
            self. intra_trade_high=bar. high_price      #更新开仓以来的最高价为当前 1 分钟 K 线最高价
            short_stop=self. intra_trade_low*(1 + self. trailing_percent / 100)      #计算空头止盈止损价格
                self. cover(short_stop, abs(self. pos), stop=True)      #发停止单以止盈止损价平空单
        self. put_event()      #更新图形界面
    def on_order(self, order: OrderData):
        pass
    def on_trade(self, trade: TradeData):
        self. put_event()
    def on_stop_order(self, stop_order: StopOrder):
        pass
```

第五节　金肯特纳通道策略

一、策略原理

金肯特纳通道策略是一个典型的通道突破策略,即当价格突破通道上轨时做多,当价格走低突破通道下轨时做空。轨道计算的思路也相对简单,先计算移动均线(MA),并且统计 ATR 指标,设置一定的通道宽度偏差 X,计算通道上轨和下轨如下。

$$上轨 = MA + X \times ATR$$
$$下轨 = MA - X \times ATR$$

因为相对于标准差而言,ATR 指标能够捕捉到 K 线跳空高开或者跳空低开的情况,所以更适合于一些在短期内有较大波动的品种,如股指期货或者有"小股指"之称的螺纹钢。

金肯特纳通道策略三大要素如下所示。

(1)信号:价格突破上轨做多,突破下轨做空。

(2)过滤:若价格在通道内上下走动,则不进行开仓操作。

(3)出场:固定百分点数移动止损。

二、金肯特纳通道策略源码分析

【例 11-5】金肯特纳通道策略的源码分析(king_keltner_strategy. py)。

```python
from vnpy_ctastrategy import (
    CtaTemplate,
    StopOrder,
    TickData,
    BarData,
    TradeData,
    OrderData,
    BarGenerator,
    ArrayManager,
)
class KingKeltnerStrategy(CtaTemplate):
    #策略参数
    kk_length = 11
    kk_dev = 1.6       #通道宽度偏差
    trailing_percent = 0.8    #用于止盈止损的百分比
    fixed_size = 1      #交易手数
    #策略变量
    kk_up = 0        #通道上轨
    kk_down = 0       #通道下轨
    intra_trade_high = 0    #当天开仓后截目前的最高价
    intra_trade_low = 0     #当天开仓后截至目前的最低价

    long_vt_orderids = []      #多头委托单号列表
    short_vt_orderids = []      #空头委托单号列表
    vt_orderids = []     #所有委托单号列表

    parameters = ['kk_length', 'kk_dev', 'fixed_size']
    variables = ['kk_up', 'kk_down']

    def __init__(self, cta_engine, strategy_name, vt_symbol, setting):
        super().__init__(cta_engine, strategy_name, vt_symbol, setting)
        self.bg = BarGenerator(self.on_bar, 5, self.on_5min_bar)  #创建5分钟K线合成器对象
bg,传入的是on_bar函数,合成5分钟K线后调用的函数是on_5min_bar函数
        self.am = ArrayManager()    #创建K线时间序列容器
    def on_init(self):
        self.write_log("策略初始化")
        self.load_bar(10)     #载入10天的1分钟bar
    def on_start(self):
        self.write_log("策略启动")
    def on_stop(self):
        self.write_log("策略停止")
    def on_tick(self, tick: TickData):
        self.bg.update_tick(tick)     #合成1分钟bar,然后调用on_bar函数
    def on_bar(self, bar: BarData):
        self.bg.update_bar(bar)     #合成5分钟bar,并调用on_5min_bar函数
    def on_5min_bar(self, bar: BarData):
```

```
            for orderid in self. vt_orderids:
                self. cancel_order(orderid)      #取消之前的委托单
            self. vt_orderids. clear()       #清空委托单号集合
            am = self. am
            am. update_bar(bar)    #由于传入的 bar 为 5 分钟级别,因此这里是更新 5 分钟 bar 的时间序列
容器
            if not am. inited:      #如果 5 分钟 K 线不足 100 根,则返回继续缓存
                return
            self. kk_up, self. kk_down = am. keltner(self. kk_length, self. kk_dev)     #计算通道上下规
            if self. pos == 0:   #如果当前没有仓位
                self. intra_trade_high = bar. high_price      #开仓以来的最高价=当前 1 分钟 k 线的最高价
                self. intra_trade_low = bar. low_price       #开仓以来的最低价=当前 1 分钟 k 线的最低价
                self. send_oco_order(self. kk_up, self. kk_down, self. fixed_size)      #发送 OCO 订单,即同
时做多和做空的委托单,在满足条件时开仓
            elif self. pos > 0:      #如果当前持有多单
                self. intra_trade_high = max(self. intra_trade_high, bar. high_price)    #更新开仓时以来的最高
价
                self. intra_trade_low = bar. low_price    #更新开仓时以来的最低价为当前 5 分钟 K 线
的最低价
                vt_orderids = self. sell(self. intra_trade_high *  (1 - self. trailing_percent / 100),
                            abs(self. pos), True)       #发停止单以止盈止损价平多单,并创建委托
单号
                self. vt_orderids. extend(vt_orderids)     #将新委托单号放入委托单列表
            elif self. pos < 0:     #如果当前持有空单
                self. intra_trade_high = bar. high_price      #更新开仓时以来的最高价为当前 5 分钟 K 线
的最高价
                self. intra_trade_low = min(self. intra_trade_low, bar. low_price)      #更新开仓时以来的最
低价
                vt_orderids = self. cover(self. intra_trade_low *  (1 + self. trailing_percent / 100),
                            abs(self. pos), True)     #发停止单以止盈止损价平空单,并创建委
托单号
                self. vt_orderids. extend(vt_orderids)      #将新委托单号放入委托单列表
        self. put_event()   #通知界面更新
    def on_order(self, order: OrderData):
        pass
    def on_trade(self, trade: TradeData):
        if self. pos ! = 0:   #如果当前持有多单
            if self. pos > 0:   #如果是多头成交
                for short_orderid in self. short_vt_orderids:    #遍历空单号列表
                    self. cancel_order(short_orderid)      #撤销相应空单
            elif self. pos < 0:     #如果是空头成交
                for buy_orderid in self. long_vt_orderids:    #遍历多单号列表
                    self. cancel_order(buy_orderid)     #撤销相应多单
            for orderid in (self. long_vt_orderids + self. short_vt_orderids):
                if orderid in self. vt_orderids:
                    self. vt_orderids. remove(orderid)     #清空 vt_orderids 中的所有委托单号
```

```
        self. put_event()        #更新图形界面
    def send_oco_order(self, buy_price, short_price, volume):
        self. long_vt_orderids = self. buy(buy_price, volume, True)        #发出多单,创建多单号
        self. short_vt_orderids = self. short(short_price, volume, True)        #发出空单,创建空单号
        self. vt_orderids. extend(self. long_vt_orderids)        #将多单号放入 vt_orderids
        self. vt_orderids. extend(self. short_vt_orderids)        #将空单号放入 vt_orderids
    def on_stop_order(self, stop_order: StopOrder):
        pass
```

在上述代码中,OCO 委托的全称是"One Cancels the Other Order",意思是二选一委托,即在 K 线内同时发出止损买单和止损卖单:

（1）若价格突破上轨，则触发止损买单同时取消止损卖单。

（2）若价格突破下轨，则触发止损卖单同时取消止损买单。

这种挂单方式在国内交易所比较少见，多用于外汇市场。因为货币在短时间内会有很强的震荡，比较难以判断趋势，这时候就能体现 OCO 的优点。当盘整震荡的行情接近结束，而要进入一个上涨或下跌的趋势时，可用 OCO 挂单捕捉趋势。当发生重大行情时，如利率决议公布，若不确定接下来的行情，则可用 OCO 挂单。OCO 委托流程如下：

创建 3 个空的列表：buyOrderIDList、shortOrderIDList 和 ordList；

long_vt_orderids 用于缓存多单的委托，分别插入委托价格、合约手数；

short_vt_orderids 用于缓存空单的委托，分别插入委托价格、合约手数；

vt_orderids 用于缓存所有发出的委托单子，用 extend（）方法把上面两个列表添加进来。

第六节　布林带通道策略

一、策略原理

布林带通道策略是一个典型的通道突破策略，即当价格上涨突破通道上轨时做多，当价格走低突破通道下轨时做空。轨道计算的思路也相对简单，先计算移动均线（MA），并且统计标准差 STD，设置一定的通道宽度偏差 X，则：

$$上轨 = MA + X \times STD$$
$$下轨 = MA - X \times STD$$

布林带通道策略与金肯特纳通道策略类似，其区别仅仅在于把 ATR 指标换成了标准差。因为标准差统计的数据是基于 K 线收盘价的，它并不能捕捉到 K 线跳空高开或者跳空低开的情况，理论上更适合一些在短期内有较小波动的品种，如商品期货等。

1. 布林带通道策略三大要素

（1）信号：价格突破上轨做多，突破下轨做空。

（2）过滤：若价格在通道内上下走动，则不进行开仓操作。

（3）出场：固定百分点数以移动止损。

2. vnpy 中布林带通道策略三大要素

在传统布林带通道策略的基础上，如果加入 CCI 指标做过滤，并以 ATR 指标作为出

场，则策略的效果会好很多。故 vnpy 中布林带通道策略三大要素如下所示。

（1）信号：布林带通道突破开仓交易。

（2）过滤：CCI 指标。

（3）出场：结合 ATR 指标的移动止损。

二、CCI 指标

CCI 指标又叫顺势指标，其英文全名为 Commodity Channel Index，是由美国股市分析家兰伯特（Lambert）于 20 世纪 80 年代所创，是一种指导股市投资的中短线指标。CCI 指标是一种超买超卖指标。但它又不同于 KDJ，WR%等大多数超买超卖指标非常钝化现象，即 CCI 指标波动于正穷大到负无穷大之间，因此其不会出现指标的钝化问题，这有利于投资者更好地研判行情，特别是短期内暴涨暴跌的非常态行情。CCI 计算公式如下：

$$\text{CCI}（N\text{日}）=（\text{TP}-\text{MA}）\div\text{MD}\div0.015$$

其中：

$$\text{TP}=（\text{最高价}+\text{最低价}+\text{收盘价}）\div3$$
$$\text{MA}=\text{近}N\text{日收盘价的累计之和}\div N$$
$$\text{MD}=\text{近}N\text{日（MA}-\text{收盘价）的绝对值累计之和}\div N$$

0.015 为计算系数，N 为计算周期。

CCI 指标信号判断方式如下。

当 CCI > 0 时，判断多头趋势，K 线内用停止单做多。

当 CCI < 0 时，判断空头趋势，K 线内用停止单做空。

三、布林带通道策略源码分析

【例 11-6】布林带通道策略的源码分析（boll_ channel_ strategy. py）。

```python
from vnpy_ctastrategy import (
    CtaTemplate,
    StopOrder,
    TickData,
    BarData,
    TradeData,
    OrderData,
    BarGenerator,
    ArrayManager,
)
class BollChannelStrategy(CtaTemplate):
    #策略参数
    boll_window=18      #布林通道中轨为 18 天均线
    boll_dev=3.4        #布林通道宽度偏差
    cci_window=10       #CCI 为 10 日 CCI
    atr_window=30       #ART 指标为 30 日 ART
    sl_multiplier=5.2     #乘数,用于计算移动止盈止损价
    fixed_size=1        #买卖手数为 1 手
    #策略变量
```

```
        boll_up=0        #布林通道上轨
        boll_down=0      #布林通道下轨
        cci_value=0      #CCI 指标值
        atr_value=0      #ART 指标值
        intra_trade_high=0     #持仓期最高价
        intra_trade_low=0      #持仓期最低价
        long_stop=0      #多单止盈止损价
        short_stop=0     #空单止盈止损价

        parameters=["boll_window", "boll_dev", "cci_window","atr_window", "sl_multiplier", "fixed_size"]
        variables=["boll_up", "boll_down", "cci_value", "atr_value",
                "intra_trade_high", "intra_trade_low", "long_stop", "short_stop"]

        def __init__(self, cta_engine, strategy_name, vt_symbol, setting):
            super().__init__(cta_engine, strategy_name, vt_symbol, setting)
            self.bg=BarGenerator(self.on_bar, 15, self.on_15min_bar)      #创建 15 分钟 K 线合成器
对象 bg,传入的是 on_bar 函数;合成 15 分钟 K 线后调用的是 on_15min_bar 函数
            self.am=ArrayManager()
        def on_init(self):
            self.write_log("策略初始化")
            self.load_bar(10)
        def on_start(self):
            self.write_log("策略启动")
        def on_stop(self):
            self.write_log("策略停止")
        def on_tick(self, tick: TickData):
            self.bg.update_tick(tick)      #合成 1 分钟 bar,然后调用 on_bar 函数
        def on_bar(self, bar: BarData):      #传入的为 1 分钟 bar
            self.bg.update_bar(bar)      #合成 15 分钟 bar,然后调用 on_15min_bar 函数
        def on_15min_bar(self, bar: BarData):      #进行买卖逻辑判断,传入的为 15 分钟 bar
            self.cancel_all()      #撤销之前所有的委托单
            am=self.am
            am.update_bar(bar)      #调用 update_bar,将新的 15 分钟 K 线存入 am
            if not am.inited:      #如果 15 分钟 K 线数量不足 100 根,则返回继续缓存
                return
            self.boll_up, self.boll_down=am.boll(self.boll_window, self.boll_dev)      #布林通道上下轨
            self.cci_value=am.cci(self.cci_window)      #计算 CCI 指标值
            self.atr_value=am.atr(self.atr_window)      #计算 ART 指标值
            if self.pos == 0:      #如果当前没有仓位
                self.intra_trade_high=bar.high_price      #设置持仓期最高价为当前 15 分钟 bar 的最高价
                self.intra_trade_low=bar.low_price      #设置持仓期最低价为当前 15 分钟 bar 的最低价
                if self.cci_value > 0:      #如果 CCI 大于 0
                    self.buy(self.boll_up, self.fixed_size, True)      #开多单,委托价为布林通道上轨
                elif self.cci_value < 0:      #如果 CCI 小于 0
                    self.short(self.boll_down, self.fixed_size, True)      #开空单,委托价为布林通道下轨
```

```
        elif self. pos > 0:      #如果当前持有多单
            self. intra_trade_high=max(self. intra_trade_high, bar. high_price)      #更新持仓期最高价
            self. intra_trade_low=bar. low_price      #设置持仓期最低价为当前 15 分钟 bar 的最低价
            self. long_stop=self. intra_trade_high - self. atr_value*self. sl_multiplier      #多单移动
```
止盈止损价为持仓期高价减去一定乘数的 ATR 指标
```
            self. sell(self. long_stop, abs(self. pos), True)      #发停止单以止盈止损价平多单
        elif self. pos < 0:      #如果当前持有空单
            self. intra_trade_high=bar. high_price      #设置持仓期最高价为当前 15 分钟 bar 的最高价
            self. intra_trade_low=min(self. intra_trade_low, bar. low_price)      #更新持仓期最低价
            self. short_stop=self. intra_trade_low + self. atr_value*self. sl_multiplier      #空单移动
```
止盈止损价为持仓期最低价加上一定乘数的 ATR 指标
```
            self. cover(self. short_stop, abs(self. pos), True)      #发停止单以止盈止损价平空单
        self. put_event()      #更新图形界面
    def on_order(self, order: OrderData):
        pass
    def on_trade(self, trade: TradeData):
        self. put_event()
    def on_stop_order(self, stop_order: StopOrder):
        pass
```

第七节　跨时间周期策略

之前介绍的 CTA 经典策略的过滤、信号和出场都基于同一时间周期，但是在实际应用中，更长的 K 线周期能够过滤掉噪声，易于判断趋势；更短的 K 线周期能够充分利用短期的波动，易于找到合适的进出场位置。跨时间周期策略则结合了上述两者的特点，其适用范围会比单一周期策略更广。

一、策略原理

该策略结合了不同时间周期的优势。长时间周期则用于判断趋势，如在 15 分钟 K 线周期上，若快均线上穿慢均线形成金叉，则判断为上涨趋势；反之，若快均线下穿慢均线形成死叉，则判断为下跌趋势。短时间周期则用于具体入场信号生成，如基于 5 分钟 K 线周期：在上涨趋势中，若 RSI >规定上限，开仓做多；在下跌趋势中，若 RSI <规定下限，则开仓做空。当判断为上涨趋势结束或者 RSI<50 时，多头平仓；当判断为下跌趋势结束或 RSI >50 时，则空头平仓。跨时间周期策略的三大因素如下所示。

（1）过滤：15 分钟 K 线周期的双均线。

（2）信号：5 分钟 K 线周期的 RSI 信号。

（3）出场：不同时间周期任何一个条件不满足，则平仓离场。

二、跨时间周期策略源码分析

【例 11-7】跨时间周期策略的源码分析（multi_timeframe_strategy. py）。

```python
from vnpy_ctastrategy import (
    CtaTemplate,
    StopOrder,
    TickData,
    BarData,
    TradeData,
    OrderData,
    BarGenerator,
    ArrayManager,
)
class MultiTimeframeStrategy(CtaTemplate):
    #策略参数
    rsi_signal=20          #RSI 信号阈值
    rsi_window=14          #周期为 14 日的 RSI
    fast_window=5          #块线为 5 日
    slow_window=20         #慢线为 20 日
    fixed_size=1           #买卖手数 1 手
    #策略变量
    rsi_value=0            #RSI 指标值
    rsi_long=0            #RSI 上轨
    rsi_short=0          #RSI 下轨
    fast_ma=0            #快速均线
    slow_ma=0            #慢速均线
    ma_trend=0            #均线趋势,多头 1,空头-1


    parameters=["rsi_signal", "rsi_window","fast_window", "slow_window","fixed_size"]
    variables=["rsi_value", "rsi_long", "rsi_short","fast_ma", "slow_ma", "ma_trend"]


    def __init__(self, cta_engine, strategy_name, vt_symbol, setting):
        super().__init__(cta_engine, strategy_name, vt_symbol, setting)
        self.rsi_long=50 + self.rsi_signal       #RSI 上轨值 70
        self.rsi_short=50 - self.rsi_signal      #RSI 下轨值 30
        self.bg5=BarGenerator(self.on_bar, 5, self.on_5min_bar)    #创建 5 分钟 K 线合成器对象
        self.am5=ArrayManager()      #创建 5 分钟 K 线时间序列容器对象
        self.bg15=BarGenerator(self.on_bar, 15, self.on_15min_bar)     #创建 15 分钟 K 线合成器对象
        self.am15=ArrayManager()     #创建 15 分钟 K 线时间序列容器对象
    def on_init(self):
        self.write_log("策略初始化")
        self.load_bar(10)
    def on_start(self):
        self.write_log("策略启动")
    def on_stop(self):
        self.write_log("策略停止")
    def on_tick(self, tick: TickData):
        self.bg5.update_tick(tick)    #合成 1 分钟 bar,只需在一个 BarGenerator 中用 update_tick 合成
    def on_bar(self, bar: BarData):
```

```
        self. bg5. update_bar(bar)        #更新 5 分钟 K 线
        self. bg15. update_bar(bar)       #更新 15 分钟 K 线
    def on_5min_bar(self, bar: BarData):        #接收到 5 分钟 bar,进行买卖逻辑判断
        self. cancel_all()        #撤销之前所有的委托单
        self. am5. update_bar(bar)        #更新 5 分钟 K 线的时间序列容器
        if not self. am5. inited:        #若 5 分钟 K 线不足 100 根,则返回缓存
            return
        if not self. ma_trend:        #如果 ma_trend=0,说明不是多头趋势,返回
            return
        self. rsi_value=self. am5. rsi(self. rsi_window)        #计算 5 分钟的 RSI
        if self. pos == 0:        #如果当前没有仓位
            if self. ma_trend > 0 and self. rsi_value>=self. rsi_long:        #多头市场,且 RSI 突破上轨
                self. buy(bar. close_price + 5, self. fixed_size)        #开多单,委托价为上一 5 分钟
的收盘价+5 元
            elif self. ma_trend < 0 and self. rsi_value <= self. rsi_short:        #空头市场,且 RSI 突破下轨
                self. short(bar. close_price - 5, self. fixed_size)        #开空单,委托价为上一 5 分
钟的收盘价-5 元
        elif self. pos > 0:        #如果当前持有多单
            if self. ma_trend < 0 or self. rsi_value<50:        #空头市场,且 RSI<50
                self. sell(bar. close_price - 5, abs(self. pos))        #平多单,委托价为上一 5 分钟收盘价-5 元
        elif self. pos < 0:        #如果当前持有空单
            if self. ma_trend > 0 or self. rsi_value > 50:        #多头市场,且 RSI>50
                self. cover(bar. close_price + 5, abs(self. pos))        #平空单,委托价为上一 5 分钟
的收盘价+5 元
        self. put_event()        #更新图形界面
    def on_15min_bar(self, bar: BarData):
        self. am15. update_bar(bar)        #更新 15 分钟 K 线的时间序列容器
        if not self. am15. inited:        #如果 15 分钟 K 线不足 100 根,返回继续缓存
            return
        self. fast_ma=self. am15. sma(self. fast_window)        #计算 15 分钟 K 线的 5 日快速均线值
        self. slow_ma=self. am15. sma(self. slow_window)        #计算 15 分钟 K 线的 20 日慢速均线值
        if self. fast_ma > self. slow_ma:        #如果 15 分钟 K 线快速均线在慢速均线上方
            self. ma_trend=1        #设置市场趋势为多头市场
        else:        #否则,15 分钟 K 线快速均线在慢速均线的下方
            self. ma_trend=- 1        #设置市场趋势为空头市场
    def on_order(self, order: OrderData):
        pass
    def on_trade(self, trade: TradeData):
        self. put_event()
    def on_stop_order(self, stop_order: StopOrder):
        pass
```

第八节　多信号组合策略

简单的 CTA 策略会把信号生成和交易管理放在同一个类上，基于固定模式的逻辑判断结构，虽易于策略回测和参数优化，但不利于策略的扩展及提高复杂度。vnpy 提供的解决方案是把信号生成和交易管理两部分独立开来，信号生成模块是基于特定周期的 K 线数据，即计算技术指标，并通过其判断生成交易信号；而交易管理仅仅专注于下单算法领域，用于降低冲击成本，以更快、更好地获得成交价格。

一、策略原理

多信号组合策略的工作原理类似于股票的多因子 Alpha 策略的打分法，在接收行情推送时，各因子产生的交易信号可以看成分数，分数汇总后才进行下单交易。分数是交易管理的基准，如 1 分＝1 手多单，0 分＝不交易，−1 分＝1 手空单。当然，也可以给各因子以权重，分数汇总后高于一定阈值做多，低于一定阈值做空。更复杂的是加入机器学习模型，从大量因子中筛选出有效的因子池。

二、CTA 策略信号模板：CtaSignal 类

由于各个信号生成部分需要继承父类 CtaSignal 类，这里先介绍 CTA 策略信号模板 CtaSignal 类。在 vnpy_ctastrategy\template.py 模块中定义了 CtaSignal 类（CTA 策略信号模板）。

CtaSignal 类负责纯粹的信号生成，而不参与具体的交易管理。CtaSignal 类仅包含 5 个函数，分别是__init__、on_tick、on_bar、set_signal_pos 和 get_signal_pos。应该注意的是，set_signal_pos 通过内部逻辑运算来设置信号仓位，get_signal_pos 用于把计算好的信号仓位供外部调用。其中，带修饰器@ virtual 的两个回调函数如（on_tick、on_bar 为虚函数），需要用户自己填写相关代码。

```python
class CtaSignal(ABC):
    def __init__(self)-> None:
        self. signal_pos=0      #初始化时设置信号仓位为0

    @virtual
    def on_tick(self, tick: TickData) - > None:     #当接收到 tick 数据时的回调函数
        pass

    @virtual
    def on_bar(self, bar: BarData) - > None:      #当接收到 1 分钟 bar 数据时的回调函数
        pass

    def set_signal_pos(self, pos) - > None:     #设置信号仓位
        self. signal_pos=pos

    def get_signal_pos(self) - > None:       #供外部调用,获取信号仓位
        return self. signal_pos
```

三、目标持仓模板：**TargetPosTemplate** 类

在 vnpy_ctastrategy \ template. py 模块中定义了 TargetPosTemplate 类（目标持仓模板），它继承了 CTA 策略模板 CtaTemplate 类。

TargetPosTemplate 类仅包含 9 个函数，分别是_init_、on_tick、on_bar、on_order、check_order_finished、set_target_pos、trade、cancel_old_order、send_new_order。其中，带修饰器@ virtual 的 3 个回调函数（如 on_tick、on_bar、on_order）为虚函数，已经填写好代码，需要用户在策略中载入运行。

```python
class TargetPosTemplate(CtaTemplate):
    #目标持仓模板的基本变量
    tick_add=1        #委托时相对基准价格的超价
    last_tick=None        #最新 tick 数据
    last_bar=None        #最新 bar 数据
    target_pos=0        #目标仓位

    def _ _init _ _(self, cta_engine, strategy_name, vt_symbol, setting) - > None:
        super(). _init_(cta_engine, strategy_name, vt_symbol, setting)
        self. active_orderids=[ ]        #设置未成交的活动委托单列表
        self. cancel_orderids=[ ]        #设置取消委托单列表

        self. variables. append("target_pos")        #将目标仓位变量 target_pos 放入变量列表

    @ virtual
    def on_tick(self, tick: TickData) - > None:        #更新最新 tick,取消旧委托单,发送新的委托单
        self. last_tick=tick        #更新最新 tick
        if self. trading:        #如果 trading=True,即策略交易中
            self. trade()        #调用 trade 函数,取消旧委托单,发送新的委托单

    @ virtual
    def on_bar(self, bar: BarData) - > None:        #收到 1 分钟 bar,更新最新 bar
        self. last_bar=bar        #更新最新 bar

    @ virtual
    def on_order(self, order: OrderData) - > None:        #收到委托单,更新活动委托单列表和取消委托单列表
        vt_orderid=order. vt_orderid        #取得委托单号
        if not order. is_active():        #如果委托单不是尚未成交的活动委托单,则已全部成交
            if vt_orderid in self. active_orderids:        #如果现存活动委托单列表中已有该委托单
                self. active_orderids. remove(vt_orderid)        #在存活动委托单列表中删除该委托单
            if vt_orderid in self. cancel_orderids:        #如果现存取消委托单列表中已有该委托单
                self. cancel_orderids. remove(vt_orderid)        #在存取消委托单列表中删除该委托单

    def check_order_finished(self) - > None:        #检查全部委托单是否已成交
        if self. active_orderids:        #如果活动委托单列表不为空
```

```python
            return False        #返回全部委托单,完成状态为 False
        else:
            return True         #返回全部委托单,完成状态为 True

    def set_target_pos(self, target_pos) - > None:       #设置目标仓位
        self.target_pos = target_pos      #设置目标仓位
        self.trade()        #调用 trade 函数

    def trade(self) - > None:       #取消旧委托单,发送新的委托单
        if not self.check_order_finished():       #如果全部委托单还没有完成成交
            self.cancel_old_order()        #取消旧的委托单
        else:       #全部委托单已成交
            self.send_new_order()        #发送新的委托单

    def cancel_old_order(self) - > None:        #取消旧的委托单
        for vt_orderid in self.active_orderids:        #遍历尚未成交的活动委托单列表
            if vt_orderid not in self.cancel_orderids:        #如果尚未成交的活动委托单不在取消
委托单列表中
                self.cancel_order(vt_orderid)        #取消该活动委托单
                self.cancel_orderids.append(vt_orderid)        #将该委托单放入取消委托单列表中

    def send_new_order(self) - > None:        #发送新的委托单
        pos_change = self.target_pos − self.pos        #净仓位差额=目标仓位−已有仓位
        if not pos_change:        #如果净仓位差额=0,则返回,不发送新的委托单
            return

        long_price = 0        #多单买入价
        short_price = 0        #空单卖出价

        if self.last_tick:        #如果是最新的 tick
            if pos_change > 0:        #如果净仓位差额>0
                long_price = self.last_tick.ask_price_1 + self.tick_add        #计算开多单买入价格
                if self.last_tick.limit_up:        #若最新的 tick 是涨停价
                    long_price = min(long_price, self.last_tick.limit_up)        #取二者最小值
            else:        #如果净仓位差额<=0
                short_price = self.last_tick.bid_price_1 − self.tick_add        #计算开空单卖出价格
                if self.last_tick.limit_down:        #若最新的 tick 是跌停价
                    short_price = max(short_price, self.last_tick.limit_down)        #取二者最大值

        else:        #如果不是最新的 tick
            if pos_change > 0:        #如果净仓位差额>0
                long_price = self.last_bar.close_price + self.tick_add        #计算开多单买入价格
            else: #如果净仓位差额<=0
                short_price = self.last_bar.close_price − self.tick_add        #计算开空单卖出价格
```

```
if self. get_engine_type() == EngineType. BACKTESTING:      #如果引擎类型为回测引擎
    if pos_change > 0:      #如果净仓位差额>0
        vt_orderids=self. buy(long_price, abs(pos_change))      #开多单,并获取委托单号
    else:      #如果净仓位差额<=0
        vt_orderids=self. short(short_price, abs(pos_change))      #开空单,并获取委托单号
    self. active_orderids. extend(vt_orderids)      #将委托单列号添加到活动委托单列表中

else:      #如果引擎类型为实盘引擎
    if self. active_orderids:      #活动委托单列表不为空,即有委托单未成交时,返回继续等待成交
        return

    if pos_change > 0:      #如果活动委托单列表为空,即全部已成交,且净仓位差额>0
        if self. pos < 0:      #如果持有空头仓位
            if pos_change < abs(self. pos):      #如果净仓位差额<空单仓位
                vt_orderids=self. cover(long_price, pos_change)      #平空单,并获取委托单号
            else:      #如果净仓位差额>=空单仓位
                vt_orderids=self. cover(long_price, abs(self. pos))      #平空单,并获取委托单号
        else:      #如果持有多头仓位
            vt_orderids=self. buy(long_price, abs(pos_change))      #开多单,并获取委托单号
    else:      #如果活动委托单列表为空,即全部已成交,且净仓位差额<=0
        if self. pos > 0:      #如果持有多头仓位
            if abs(pos_change) < self. pos:      #如果净仓位差额<多头持仓仓位
                vt_orderids=self. sell(short_price, abs(pos_change))      #平多单,并获
                                                                         取委托单号
            else: #如果净仓位差额>=多头持仓仓位
                vt_orderids=self. sell(short_price, abs(self. pos))      #平多单,并获取委托单号
        else:      #如果持有空头仓位
            vt_orderids=self. short(short_price, abs(pos_change))      #开空单,并获取委托单号
    self. active_orderids. extend(vt_orderids)      #将委托单列号添加到活动委托单列表中
```

四、多信号组合策略源码分析

【例11-8】多信号组合策略的源码分析（multi_ signal_ strategy. py）。

```
from vnpy_ctastrategy import (
    StopOrder,
    TickData,
    BarData,
    TradeData,
    OrderData,
    BarGenerator,
    ArrayManager,
    CtaSignal,
    TargetPosTemplate
    )
class RsiSignal(CtaSignal):      #RsiSignal 信号类
```

```python
    def __init__(self, rsi_window: int, rsi_level: float):
        super().__init__()
        self.rsi_window = rsi_window        #RSI 指标周期数为 rsi_window
        self.rsi_level = rsi_level          #RSI 指标阈值
        self.rsi_long = 50 + self.rsi_level     #RSI 指标上轨
        self.rsi_short = 50 - self.rsi_level    #RSI 指标下轨
        self.bg = BarGenerator(self.on_bar)     #创建 1 分钟 K 线合成器对象
        self.am = ArrayManager()        #创建 1 分钟 K 线时间序列容器
    def on_tick(self, tick: TickData):      #接收到 tick 数据
        self.bg.update_tick(tick)       #合成 1 分钟 bar
    def on_bar(self, bar: BarData):         #接收到 1 分钟 bar
        self.am.update_bar(bar)         #更新 1 分钟 K 线时间序列容器
        if not self.am.inited:          #如果 1 分钟 K 线时间序列容器中的 1 分钟 K 线不足 100 根
            self.set_signal_pos(0)      #设置目标仓位为 0
        rsi_value = self.am.rsi(self.rsi_window)        #计算周期数为 rsi_window 的 RSI 指标值
        if rsi_value >= self.rsi_long:      #如果 RSI>RSI 上轨
            self.set_signal_pos(1)      #设置信号仓位为多头 1 手
        elif rsi_value <= self.rsi_short:       #如果 RSI<=RSI 下轨
            self.set_signal_pos(-1)     #设置信号仓位为空头 1 手
        else:       #否则,如果 RSI<=RSI 上轨,且 RSI>RSI 下轨
            self.set_signal_pos(0)      #设置信号仓位为 0 手


class CciSignal(CtaSignal):         # CciSignal 信号类
    def __init__(self, cci_window: int, cci_level: float):
        super().__init__()
        self.cci_window = cci_window        #CCI 指标周期数为 rsi_window
        self.cci_level = cci_level          #CCI 指标阈值
        self.cci_long = self.cci_level      #CCI 指标上轨
        self.cci_short = -self.cci_level    #CCI 指标下轨

        self.bg = BarGenerator(self.on_bar)     #创建 1 分钟 K 线合成器对象
        self.am = ArrayManager()        #创建 1 分钟 K 线时间序列容器
    def on_tick(self, tick: TickData):      #接收到 tick 数据
        self.bg.update_tick(tick)       #合成 1 分钟 bar,合成完毕后调用 on_bar 函数
    def on_bar(self, bar: BarData):         #接收到 1 分钟 bar
        self.am.update_bar(bar)         #更新 1 分钟 K 线时间序列容器
        if not self.am.inited:          #如果 1 分钟 K 线时间序列容器中的 1 分钟 K 线不足 100 根
            self.set_signal_pos(0)      #设置目标仓位为 0
        cci_value = self.am.cci(self.cci_window)        #计算周期数为 cci_window 的 CCI 指标值
        if cci_value >= self.cci_long:      #如果 CCI>CCI 上轨
            self.set_signal_pos(1)      #设置信号仓位为多头 1 手
        elif cci_value <= self.cci_short:       #如果 CCI<=CCI 下轨
            self.set_signal_pos(-1)     #设置信号仓位为空头 1 手
        else:       #否则,如果 CCI<=CCI 上轨,且 CCI>CCI 下轨
            self.set_signal_pos(0)      #设置信号仓位为 0 手
```

```
class MaSignal(CtaSignal):        #MaSignal 信号类
    def __init__(self, fast_window: int, slow_window: int):
        super().__init__()
        self.fast_window=fast_window        #设置快速均线周期数为 fast_window
        self.slow_window=slow_window          #设置慢速均线周期数为 slow_window
        self.bg=BarGenerator(self.on_bar, 5, self.on_5min_bar)      #创建 5 分钟 K 线合成器对象
        self.am=ArrayManager()      #创建 K 线时间序列容器对象,这里用于存放 5 分钟 K 线
    def on_tick(self, tick: TickData):        #接收到 tick 数据
        self.bg.update_tick(tick)        #合成 1 分钟 bar, 1 分钟 bar 合成完毕调用 on_bar
    def on_bar(self, bar: BarData):        #接收到 1 分钟 bar
        self.bg.update_bar(bar)        #合成 5 分钟 bar, 因为对象 bg 是 5 分钟 K 线合成器, 5 分钟
bar 合成完毕后调用 on_5min_bar
    def on_5min_bar(self, bar: BarData):      #接收到 5 分钟
        self.am.update_bar(bar)        #更新 5 分钟 K 线时间序列容器
        if not self.am.inited:        #如果时间序列容器中的 5 分钟 K 线不足 100 根
            self.set_signal_pos(0)        #设置目标仓位为 0
        fast_ma=self.am.sma(self.fast_window)        #计算快速均线
        slow_ma=self.am.sma(self.slow_window)          #计算慢速均线
        if fast_ma > slow_ma:        #如果快速均线>慢速均线,即上穿金叉
            self.set_signal_pos(1)        #设置信号仓位为多头 1 手
        elif fast_ma < slow_ma:        #如果快速均线<慢速均线,即下穿死叉
            self.set_signal_pos(-1)        #设置信号仓位为空头 1 手
        else:        #如果符合以上二者
            self.set_signal_pos(0)        #设置信号仓位为空头 0 手
```

五、创建策略类、设置策略参数和策略变量

定义好了多种信号类,下面就可以以这些信号类创建交易策略,这里将策略类名定为
MultiSignalStrategy,同时继承了目标仓位模板 TargetPosTemplate 类。

```
class MultiSignalStrategy(TargetPosTemplate):        # 策略类名称 MultiSignalStrategy
    #策略参数
    rsi_window=14        #RSI 指标周期数为 14
    rsi_level=20        #RSI 指标阈值
    cci_window=30        #CCI 指标周期数为 30
    cci_level=10        #CCI 指标阈值
    fast_window=5        #快速均线周期数为 5
    slow_window=20        #慢速均线周期数为 20
    #策略变量
    signal_pos={}        #信号目标仓位字典,由信号类和目标仓位构成字典键值
    parameters=["rsi_window", "rsi_level", "cci_window","cci_level", "fast_window", "slow_window"]
    variables=["signal_pos", "target_pos"]

    def __init__(self, cta_engine, strategy_name, vt_symbol, setting):
        super().__init__(cta_engine, strategy_name, vt_symbol, setting)
        self.rsi_signal=RsiSignal(self.rsi_window, self.rsi_level)        #创建 RsiSignal 信号类对象
```

```python
        self.cci_signal = CciSignal(self.cci_window, self.cci_level)        #创建 CciSignal 信号类对象
        self.ma_signal = MaSignal(self.fast_window, self.slow_window)        #创建 MaSignal 信号类对象
        #初始化信号目标仓位字,键分别为 rsi,cci,ma,值均为 0
        self.signal_pos = {
            "rsi": 0,
            "cci": 0,
            "ma": 0
        }

    def on_init(self):
        self.write_log("策略初始化")
        self.load_bar(10)
    def on_start(self):
        self.write_log("策略启动")
    def on_stop(self):
        self.write_log("策略停止")
    def on_tick(self, tick: TickData):
        super(MultiSignalStrategy, self).on_tick(tick)        #调用父类 TargetPosTemplate 的 on_tick
函数,撤销未成交委托单,如已成则下新委托单
        self.rsi_signal.on_tick(tick)        #调用 RsiSignal 类 on_tick 函数,合成 1 分钟 bar,调用 on_bar 函数
        self.cci_signal.on_tick(tick)        #调用 CciSignal 类 on_tick 函数,合成 1 分钟 bar,调用 on_bar 函数
        self.ma_signal.on_tick(tick)        #调用 MaSignal 类 on_tick 函数,合成 1 分钟 bar,调用 on_bar 函数
        self.calculate_target_pos()        #计算多信号策略的目标仓位
    def on_bar(self, bar: BarData):        #接收到 1 分钟 bar
        super(MultiSignalStrategy, self).on_bar(bar)        #调用父类 TargetPosTemplate 的 on_bar 函
数, 将最新的 1 分钟 bar 赋值给变量 last_bar
        self.rsi_signal.on_bar(bar)        #接收到 1 分钟 bar,计算信号类目标仓位
        self.cci_signal.on_bar(bar)        #接收到 1 分钟 bar,计算信号类目标仓位
        self.ma_signal.on_bar(bar)        #接收到 1 分钟 bar,计算信号类目标仓位
        self.calculate_target_pos()        #调用 calculate_target_pos 函数,计算多信号策略的目标仓位
    def calculate_target_pos(self):
        self.signal_pos["rsi"] = self.rsi_signal.get_signal_pos()        #RSI 信号目标仓位
        self.signal_pos["cci"] = self.cci_signal.get_signal_pos()        #CCI 信号目标仓位
        self.signal_pos["ma"] = self.ma_signal.get_signal_pos()        #Ma 信号目标仓位
        target_pos = 0        #目标仓位
        for v in self.signal_pos.values():        #遍历 signal_pos 字典中的值,即遍历目标仓位
            target_pos += v        #计算总的目标仓位
        self.set_target_pos(target_pos)        #调用父类 TargetPosTemplate 的 set_target_pos 函数,继
而调用 TargetPosTemplate 类中的 trade 函数,调用 cancel_old_order 函数取消旧委托单,send_new_order
函数发送新委托单
    def on_order(self, order: OrderData):
        super(MultiSignalStrategy, self).on_order(order)        #调用父类 TargetPosTemplate 的 on_order
函数,更新活动委托单列表,更新取消委托单列表
    def on_trade(self, trade: TradeData):
        self.put_event()
    def on_stop_order(self, stop_order: StopOrder):
        pass
```

本章小结

（1）用户开发的 CTA 策略，都必须继承父类 CTA 策略模板类（CtaTemplate）。

（2）vnpy 自定义的数据类有 Interval（K 线周期类）、Direction（交易方向类）、Offset（开平仓类）、BarData（K 线类数据）、TickData（tick 类数据）、OrderData（委托类数据）、TradeData（成交类数据）、StopOrder（停止单类数据）、EngineType（引擎类型类数据）等。这些常量和变量我们在进行策略设计的时候也需要用代码导入，便于传递给有关函数。

（3）BarGenerator 类用于将 tick 数据合成为 1 分钟 K 线数据，进而合成 N 分钟 K 线数据。

（4）ArrayManager 类是 K 线时间序列容器，用于存放多个 K 线，可用于计算技术指标。

（5）vnpy 策略文件以下划线模式命名，而策略代码中的策略类的命名采用驼峰式。

习　题

1. 设计一个 KDJ 交易策略，当 60 分钟的 K 线由下向上穿过 D 线为金叉买入，当 K 线自上而下穿过线 D 线为死叉卖出，并选择股指期货品种进行回测。

2. 选择 15 分钟和日线两个周期，以 MACD 作为交易指标，设计跨周期交易买卖策略，并选择股指期货品种进行回测。

第十二章
统计套利

统计套利作为许多大型投资银行和对冲基金的常规量化交易策略已经有了较长的历史。本章主要讲述统计套利的基本原理以及统计套利策略的开发和回测。

第一节 统计套利原理

一、统计套利概述

统计套利策略是指选择两只历史价格变动相关性较大的股票，当其价格走势发生分化时，做多价格被低估的股票，做空价格被高估的股票，并在未来二者价格走势再次趋同时进行反向操作，这样就可以获得两只股票价差收益。

2004 年，霍根（Hogan）等给出了统计套利的数学定义，即在初始成本为 0 的自融资交易策略下，定义 $v(t)$ 为基于无风险利率的收益现值，则 $v(t)$ 满足以下条件。

（1）$v(t) = 0$，表示初始成本为 0。

（2）$\lim\limits_{t \to \infty} E[v(t)] > 0$，表示只要投资期限足够长，则期望投资收益为正。

（3）$\lim\limits_{t \to \infty} P[v(t) < 0] = 0$，表示随着时间推移，投资收益亏损的概率趋于 0。

（4）若对于 $t > 0$，则 $\lim\limits_{t \to \infty} \dfrac{\text{var}[v(t)]}{t} = 0$，表示收益 $v(t)$ 的方差随着时间的推移会越变越小，即收益波动性越来越小。这说明统计套利还是存在一定的风险，即存在亏损的可能。

根据标的资产的关系不同，统计套利可分为跨期统计套利、跨市场统计套利、跨品种统计套利、期现统计套利等。

跨期套利是指利用具有相同标的资产的不同到期月份的期货合约构造投资组合进行的统计套利。当交易合约的价差偏离正常值一定程度时建仓，在卖出价格较高资产的同时买入价格较低的资产，待价差回归到正常水平时平仓，从而获得收益。

跨市场套利是对相同或相似的资产在不同市场间进行套利，其前提是不同市场的资金能够安全、自由流动，并且交易成本基本相同。

跨品种套利是指利用同一市场中不同品种交易资产间的相关性进行套利交易。

期现套利是指进行期货和现货价格的价差套利。

二、统计套利模型的建立

统计套利的基本思路是，基于交易资产价差序列的均值回复性及平稳性，在明确其具有长期稳定的协整关系之后，当价差均衡出现短暂偏离时进行对冲交易获取利润。因此，统计套利交易模型的设计包含了如下几个方面：首先，要选择合适的交易资产；其次，计算交易资产配比并得到价差序列，再次，选取恰当的模型对价差序列的波动性进行描述拟合；最后，利用价差序列的波动特征进行交易信号的构造。

交易资产的选择对统计套利的成败起着至关重要的作用，其基本要求是配对资产的流动性较高且配对资产间具有高度相关性，同时价格间存在长期均衡关系。

（一）构造配对交易对象

统计套利策略只能在有做空机制的市场中运用，这里选取螺纹钢 rb2005 和铁矿石 i2005 两个期货合约进行分析。获取 2019/10/15 日 21：00 时至 2020/3/30 日 14：10 时两个合约各自的 33551 根 1 分钟 K 线进行分析。一般而言，稳健的统计套利策略需要选择的配对交易有理论上的因果关系，由于存在因果关系，则长期均衡关系会比较稳定。例如，铁矿石和螺纹钢就存在产业链上的因果关系。

先分析 rb2005 与 i2005 的相关性，经计算二者相关系数为 0.936，属于高度相关，即二者走势相似程度较高，它们的收益率趋于相同。但简单的相关系数不能够表明它们之间是否存在着长期均衡关系，因而需要借助协整检验。

（二）确定配对交易量

当两个合约存在协整关系时，说明两个价格序列之间具有长期的均衡关系；其价格短暂的偏离会因为这种稳定关系不断得到修正，并逐渐回归到均值水平。

1. 平稳性检验

为方便实际交易操作，这里以 rb2005（上海期货交易所 INE）和 i2005（大商所 DCE）的原价格序列进行分析。采用 eviews 软件进行 ADF 检验，其中原序列采用截距和趋势项检验方式，一阶差分序列采用截距无趋势项检验方式（见表 12-1）。

表 12-1 ADF 检验结果

股价序列	检验方式	ADF	1%临界值	5%临界值	P 值	平稳性
rb2005	（c，t）	−2.015	−3.958	−3.41	0.5923	不平稳
Drb2005	（c，0）	−114.942	−3.43	−2.861	0.0001	平稳
i2005	（c，t）	−2.474	−3.958	−3.41	0.3411	不平稳
Di2005	（c，0）	−140.226	−3.43	−2.861	0.0001	平稳

从 ADF 检验可以看出，原价格序列是非平稳的，其一阶差分是平稳的。可以看出 rb2005 和 i2005 的价格序列都是一阶单整的，初步认定二者之间可能存在协整关系。

2. 协整检验

采用 EG 两步法来进行协整检验，分为如下两个步骤：

第一步，用最小二乘法建立 i2005 对 rb2005 的对数化价格序列的回归模型（见表 12-2）。

表 12-2　ln i2005 对 lnrb2005 的线性回归

变量	系数	标准误	t 值	P 值
常数项	−409.715	2.156	−190.059	0
lnrb2005	0.302	0.001	477.93	0

由回归结果可以得到 i2005 和 rb2005 收盘价的对数化序列的线性回归方程为：

$$\ln i2005_t = -409.715 + 0.302 \ln rb2005_t$$

对其残差序列作 ADF 平稳性检验，检验方式为无截距无时间趋势，检验结果表明残差序列平稳，即 rb2005 和 i2005 收盘价的对数化序列存在协整关系（见表 12-3）。

表 12-3　残差序列 ADF 检验

残差序列	ADF 值	1%临界值	5%临界值	P 值	平稳性
	−2.869	−2.565	−1.941	0.004	平稳

上述方法中也可以建立 rb2005 对 i2005 的价格序列的回归模型，然后进行残差序列平稳性检验，两种做法最后计算出的套利交易比例是相同的。

3. 误差修正模型

在检验得知 i2005 和 rb2005 收盘价的价格序列之间存在一定的协整关系之后，为了确定二者长期的均衡关系，接下来再对协整方程建立误差修正模型，模型结果如表 12-4 所示。

表 12-4　i2005 对 rb2005 的误差修正模型

变量	系数	标准误	t 值	P 值
常数项	−409.77	2.155	−190.131	0.000
i2005（−1）	0.41	0.124	3.307	0.001
rb2005	0.302	0.001	478.072	0.000
rb2005（−1）	−0.187	0.038	−4.913	0.000

得到误差修正模型：

$$i2005_t = -409.77 + 0.41 i2005_{t-1} + 0.302 rb2005_t - 0.187 rb2005_{t-1}$$

变形可得：

$$\Delta i2005_t = -409.77 + (0.41 - 1) i2005_{t-1} + 0.302 \Delta rb2005_t + (0.302 - 0.187) rb2005_{t-1}$$

$$\Delta i2005_t = -409.77 - 0.59 i2005_{t-1} + 0.302 \Delta rb2005_t + 0.115 rb2005_{t-1}$$

$$\Delta i2005_t = 0.302 \Delta rb2005_t - 0.59(i2005_{t-1} + 694.53 - 0.195 rb2005_{t-1})$$

可见，rb2005 和 i2005 收盘价的价格序列的长期均衡表达式为：

$$i2005_t = -694.53 + 0.1954 rb2005_t + \mu_t$$

从长期均衡角度，可构建价差序列：

$$spread_t = i2005 - 0.1954 rb2005_t$$

由此可以看出，只要上述价差超出一定范围，就可以卖出 1 吨的 rb2005 和 1 吨的

i2005 进行套利。现实中，期货最小交易手数为 1 手，铁矿石 i2005 是 1 手 100 吨，螺纹钢 rb2005 是 1 手 10 吨，因此买入 1 手 i2005，需要卖出 10 手 rb2005 进行对冲。

经过计算可得出，价差 spread 的均值为 -46.7663，标准差为 20.129，从价差序列（见图 12-1）可以看出，从 2019 年 10 月 15 日到 2020 年 3 月 30 日，i2005 与 rb2005 的价差序列 spread 始终在均值附近上下波动，也表现出了序列集聚性。这充分说明均值回归这一理论上的特性是的确存在的，统计套利策略是可以实施的。在不出现外部强烈干扰的情况下，该价差序列可以继续维持这种稳定的波动。

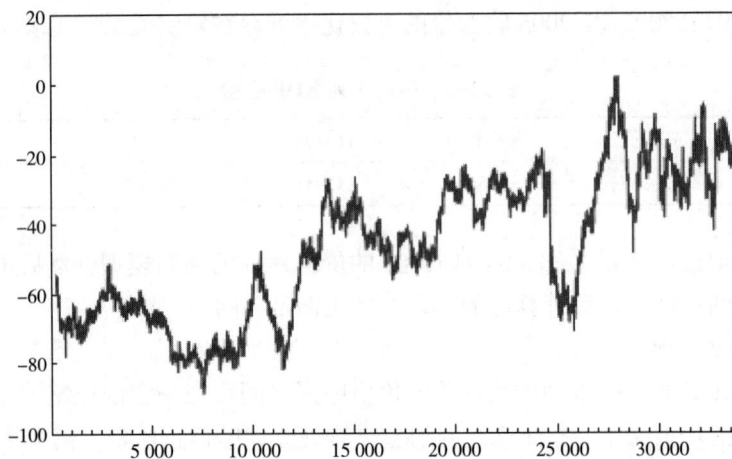

图 12-1　价差 spread 序列走势

（三）确定套利区间

若要在套利期间获得尽可能高的收益，则在何时买卖证券即确定套利区间就显得十分关键。套利区间的选择通常有三种方法，即固定参数法、GARCH 模型法和 O-U（Ornstein-Uhlenbeck）过程法。当价差一旦触发交易区间的边界，就立刻展开套利操作，即买进价格相对被低估的股票，卖出相对价格被高估的股票；当价差开始回归均值，穿过或在均值线附近时，则反向操作，即进行平仓操作来结束套利过程。固定参数法设定正负 0.75 倍的标准差为最大收益边界，正负 2 倍标准差为上下止损位。

具体的交易策略为：

当 spread 序列突破 $-46.7663 + 0.75 \times 20.129 \approx -31.67$ 时，认为 i2005 价格高估，卖出 i2005，同时买入 rb2005。当 spread 从正值向 0 值回归时，买入 i2005，同时卖出 rb2005 进行盈利平仓。当 spread 序列突破 $-46.7663 + 2 \times 20.129 \approx -6.51$ 时，买入 i2005，同时卖出 rb2005 进行止损平仓。

当 spread 序列突破 $-46.7663 - 0.75 \times 20.129 \approx -61.86$ 时，认为 i2005 价格低估，买入 i2005，同时卖出 rb2005。当 spread 从负值向 0 值回归时，卖出 i2005，同时买入 rb2005 进行盈利平仓。当 spread 序列突破 $-46.7663 - 2 \times 20.129 \approx -87.02$ 时，卖出 i2005，同时买入 rb2005 进行止损平仓。

第二节　vnpy 价差交易模块

价差交易针对的是关联程度高的品种，其实现方式可以是期现套利、跨期套利、跨市套利、跨品种套利等。从另一个角度来看，价差交易的标的物是价差，价差的统计特征是均值回归，即围绕某个数值上下波动，其盈利主要靠尖峰部分。

对于相关程度高的品种，如期货的近期合约和远期合约，可以做日内交易。对于简单的则可以设置固定阈值，如价差<买入阈值，买入价差（买入主动腿并且卖出被动腿完成对冲）；价差>卖出阈值，卖出价差（卖出主动腿并且买入被动腿完成对冲）。若价差并不严格遵守均值回归，或者在大周期上价差发生较大的偏离，但是在小周期上围绕着均值上下波动，则这两类可以使用布林带通道通道实现套利，如价差>布林带通道上轨，卖出价差；价差<布林带通道下轨，买入价差。

价差套利是指两个合约或多个合约之间的对冲，如买入一个合约，同时卖出另一个合约或多个合约。一般而言，套利时应该流动性小的合约（即主动腿）先成交，然后再交易流动性大的对冲合约（被动腿），这样才能确保套利成功。

一、模块构成

价差交易模块位于 C:\veighna_studio\Lib\site-packages\vnpy_spreadtrading 文件夹下面，主要由 7 部分构成，如图 12-2 所示。

strategies	2020/3/14 10:45	文件夹	
ui	2020/3/14 10:45	文件夹	
init.py	2019/11/14 21:14	Python File	1 KB
algo.py	2019/11/14 21:14	Python File	5 KB
backtesting.py	2020/3/11 9:57	Python File	21 KB
base.py	2020/2/8 22:06	Python File	15 KB
engine.py	2020/2/8 22:06	Python File	33 KB
template.py	2019/11/14 21:14	Python File	19 KB

图 12-2　spread_ trading 模块

strategies：系统自带的价差交易策略示例，如 basic_spread_strategy 的功能是只要设置好固定的阈值（buy、sell、short、cover），即可实现自动化交易。

ui：基于 PyQt5 的 GUI 图形应用。

algo：定义了主动对价成交算法。为了规避交易所设置挂撤单次数的上限，通用做法是牺牲点差来保证成交率。并且，价差交易也要求在主动腿完成交易后，被动腿要立刻跟上完成对冲。

backtesting：提供了价差交易策略的回测功能。

base：定义了价差交易模块中用到的一些基础设置，如主动腿和被动腿合约数据结构，以及由主动腿和被动腿合成的价差数据结构。

engine：定义了父类价差引擎，并且继承了父类的价差数据引擎、价差算法引擎、价差策略引擎。

template：包含了价差算法模板和价差交易策略模板。

二、统计套利策略 StatisticalArbitrageStrategy 源码分析

在 C:\veighna_studio\Lib\site-packages\vnpy_spreadtrading\strategies 文件夹下，有两个简单的价差交易策略模块 basic_spread_strategy. py 和 statistical_arbitrage_strategy. py（见图 12-3）。

图 12-3　价差策略文件夹 strategies

statistical_arbitrage_strategy. py 模块定义了一个对冲策略 StatisticalArbitrageStrategy，该策略采用布林通道原理，即中轨线 = 20 日的移动平均线，上轨线 = 中轨线 + 2 倍的标准差，下轨线 = 中轨线 - 2 倍的标准差。下面以该策略为例说明价差交易策略的开发。

【例 12-1】统计套利策略源码分析（statistical_arbitrage_strategy. py）。

```
from vnpy. trader. utility import BarGenerator, ArrayManager
from vnpy_spreadtrading import (
        SpreadStrategyTemplate,      #价差策略父类
        SpreadAlgoTemplate,      #价差算法父类
        SpreadData,      #价差数据类
        OrderData,      #委托单类
        TradeData,      #成交单类
        TickData,      #tick 数据类
        BarData      #bar 数据类
        )
class StatisticalArbitrageStrategy(SpreadStrategyTemplate):      #策略类名称,继承父类SpreadStrategyTemplate
        boll_window=20      #布林通道中轨采用 20 日移动均线
        boll_dev=2      #布林通道宽度偏差,为 2 倍标准差
        max_pos=10      #价差最大仓位
        payup=10      #超价,即超过委托价的数据
        interval=5      #下单时间间隔 5 分钟
        spread_pos=0. 0      #价差仓位
        boll_up=0. 0      #布林通道上轨
        boll_down=0. 0      #布林通道下轨
        boll_mid=0. 0      #布林通道中轨
        #策略参数写入参数列表
        parameters=[
```

```
        "boll_window",
        "boll_dev",
        "max_pos",
        "payup",
        "interval"
    ]
    #策略变量写入变量列表
    variables = [
        "spread_pos",
        "boll_up",
        "boll_down",
        "boll_mid"
    ]

    #策略初始化,初始化函数与父类 SpreadStrategyTemplate 的初始化函数相同
    def __init__(
        self,
        strategy_engine,
        strategy_name: str,
        spread: SpreadData,
        setting: dict
    ):
        #调用父类初始化函数,完成父类初始化
        super().__init__(strategy_engine, strategy_name, spread, setting)
        self.bg = BarGenerator(self.on_spread_bar)   #创建 K 线合成器对象,K 线合成完毕调用
on_spread_bar 函数进行逻辑判断
        self.am = ArrayManager()      #创建 K 线时间序列容器对象 am,便于计算相关技术指标
    def on_init(self):   #策略初始化
        self.write_log("策略初始化")
        self.load_bar(10)    #载入 10 天的 1 分钟价差历史数据,若策略用不到历史数据,则该
语句可删除
    def on_start(self):   #策略启动
        self.write_log("策略启动")
    def on_stop(self):   #策略停止
        self.write_log("策略停止")
        self.put_event()   #更新界面
    def on_spread_data(self):    #价差有变化时
        tick = self.get_spread_tick()   #调用 get_spread_tick 以获得价差 tick 数据
        self.on_spread_tick(tick)   #传入 tick 数据,调用 on_spread_tick 函数
    def on_spread_tick(self, tick: TickData):    #合成 1 分钟价差 bar
        self.bg.update_tick(tick)   #调用 K 线合成器 update_tick 函数,将价差 tick 合成 1 分钟价差 bar
    def on_spread_bar(self, bar: BarData):    #传入合成的 1 分钟价差 bar 数据,进行买卖逻辑判断
        self.stop_all_algos()    #停止之前的所有算法
        self.am.update_bar(bar)    #更新 1 分钟价 bar 时间序列容器
        if not self.am.inited:    #如果时间序列容器中 1 分钟价差 bar 线不足 100 根,则返回继续缓存
```

```
            return
        self. boll_mid=self. am. sma(self. boll_window)      #计算价差20天均线值
    #计算价差布林通道上下轨
        self. boll_up, self. boll_down=self. am. boll(
            self. boll_window, self. boll_dev)      #价差布林通道上下轨
        if not self. spread_pos:      #如果没有持有价差仓位
            if bar. close_price>=self. boll_up:      #当前1分钟价差bar收盘价突破布林通道上轨
                #启动价差空单算法
                self. start_short_algo(
                    bar. close_price−10,      #价差委托价格=1分钟价差bar收盘价−10
                    self. max_pos,      #价差最大仓位
                    payup=self. payup,      #超价
                    interval=self. interval      #价差下单时间间隔
                )  #调用SpreadStrategyTemplate类中的start_short_algo函数启动价差空单算法
            elif bar. close_price <= self. boll_down:      #当前1分钟价差bar收盘价突破布林通道下轨
                #启动价差多单算法
                self. start_long_algo(
                    bar. close_price + 10,      #价差委托价格=1分钟价差bar收盘价+10
                    self. max_pos,      #价差委托量=价差最大仓位
                    payup=self. payup,      #超价
                    interval=self. interval      #价差下单时间间隔
                )      #调用SpreadStrategyTemplate类中的start_long_algo函数启动价差多单算法
        elif self. spread_pos < 0:      #如果当前持有价差空头仓位
            if bar. close_price <= self. boll_mid:      #当前1分钟bar收盘价向下突破布林通道中轨
                #启动价差多单算法
                self. start_long_algo(
                    bar. close_price + 10,      #价差委托价格=1分钟价差bar收盘价+10
                    abs(self. spread_pos),      #价差委托量=价差所持空头仓位的绝对值
                    payup=self. payup,      #超价
                    interval=self. interval      #价差下单时间间隔
                )      #调用SpreadStrategyTemplate类中的start_long_algo函数启动价差多单算法
        else:      #如果当前持有价差多头仓位
            if bar. close_price>=self. boll_mid:      #当前1分钟bar收盘价向上突破布林通道中轨
    #启动价差空单算法
                self. start_short_algo(
                    bar. close_price−10,      #价差委托价格=1分钟价差bar收盘价−10
                    abs(self. spread_pos),      #价差委托量=价差所持多头仓位的绝对值
                    payup=self. payup,      #超价
                    interval=self. interval      #价差下单时间间隔
                )      #调用SpreadStrategyTemplate类中的start_short_algo函数启动价差空单算法
    def on_spread_pos(self):      #仓位发生变化
        self. spread_pos=self. get_spread_pos()      #获得最新仓位
        self. put_event()      #界面更新
    def on_spread_algo(self, algo: SpreadAlgoTemplate):      #当算法有更新
        pass
    def on_order(self, order: OrderData):      #当委托单状态发生变化
```

```
                pass
        def on_trade(self, trade: TradeData):      #当收到成交数据
                pass
        def stop_open_algos(self):      #停止开仓算法
            if self. buy_algoid:      #如果是买入开仓算法
                self. stop_algo(self. buy_algoid)      #停止买入开仓算法
            if self. short_algoid:      #如果是卖出开仓算法
                self. stop_algo(self. short_algoid)      #停止卖出开仓算法
        def stop_close_algos(self):      #停止平仓算法
            if self. sell_algoid:      #如果是卖出平仓算法
                self. stop_algo(self. sell_algoid)      #停止卖出平仓算法
            if self. cover_algoid:      #如果是买入平仓算法
                self. stop_algo(self. cover_algoid)      #停止买入平仓算法
```

三、利用 IDLE 进行价差交易策略回测

vnpy 价差交易回测有 K 线模式和 tick 模式。

对于 K 线回测模式，数据要求回测期内有每条腿的 K 线数据（1 分钟最佳），若有某条腿缺失一段，则所有腿的这一段数据都会被弃用。具体的数据来源可以利用 vnpy 的 CtaBacktester 下载或 Csv 载入。在价差计算方面，根据每条腿 K 线的收盘价数据，在回测过程中由回测引擎基于价差定义公式自动计算并推送给策略。

对于 tick 回测模式，数据要求是录制好的价差 Tick 盘口数据，具体做法是先在 SpreadTrading 模块中创建配置好价差，然后通过 DataRecorder 模块来进行 Tick 录制。本地代码填入 xx-spread. LOCAL，其中 xx-spread 为用户定义的价差名称，LOCAL 为固定交易所后缀（代表本地生成）。

这里我们采用 StatisticalArbitrageStrategy 策略进行 i2005 和 rb2005 两个合约的价差套利策略回测，利用 Python 的 IDLE 进行回测的源代码如下。

【例 12-2】利用 IDLE 进行 StatisticalArbitrageStrategy 策略回测。

```
from vnpy. trader. optimize import OptimizationSetting
from vnpy_spreadtrading. backtesting import BacktestingEngine
from vnpy_spreadtrading. strategies. statistical_arbitrage_strategy import StatisticalArbitrageStrategy      #从
策略模块 statistical_arbitrage_strategy. py 中导入策略类 StatisticalArbitrageStrategy
from vnpy_spreadtrading. base import LegData, SpreadData
from datetime import datetime

spread = SpreadData(
    name = "IF- Spread",
    legs = [ LegData("i2005. DCE"), LegData("rb2005. SHFE")],
    variable_symbols = {"A": "i2005. DCE", "B": "rb2005. SHFE"},
    variable_directions = {"A": 1, "B": - 1},
    price_formula = "A- 0. 1954* B",
    trading_multipliers = {"i2005. DCE":10,"rb2005. SHFE":- 1},
    active_symbol = "i2005. DCE",
```

```
        min_volume=1,
        compile_formula=False      #回测时不编译公式,compile_formula 传 False,从而支持多进程优化
    )    # 铁矿石 i2005 是 1 手 100 吨,螺纹钢 rb2005 是 1 手 10 吨,因此交易乘数为 10:1,其中-1 表
示对立合约
    engine=BacktestingEngine()
    engine. set_parameters(
        spread=spread,
        interval="1m",
        start=datetime(2019,10,15),
        end=datetime(2020,3,30),
        rate=0,
        slippage=0,
        size=1,
        pricetick=1,
        capital=1000000
    )
    engine. add_strategy(StatisticalArbitrageStrategy,{})      #修改为策略类名 MyTaoliStrategy
    engine. load_data()
    engine. run_backtesting()
    engine. calculate_result()
    engine. calculate_statistics()
    engine. show_chart()
```

回测程序代码分析如下。

（1）创建 SpreadData 类的对象 spread，创建价差回测引擎 BacktestingEngine 类的对象 engine。然后调用 BacktestingEngine 类的 set_parameters 函数，并设置回测参数，设置回测为 1 分钟 K 线 interval=" 1m"，开始时间为 2019 年 10 月 15 日，结束时间为 2020 年 3 月 30 日，交易费率 rate=0，滑点 slippage=0，每次成交量 size=1 手。由于铁矿石期货 ib2005 的最小价格变动为 0.5，螺纹钢 rb2005 的最小价格变动为 1，所以取最小价格变动 pricetick=1。初始回测资金 capital=1000000 元。

（2）通过已创建的价差回测对象 engine，调用 add_strategy（Statistical ArbitrageStrategy，{}）函数，传入的参数为 StatisticalArbitrageStrategy 和空字典 {}。调用 load_data 函数载入 1 分钟 K 线，调用 run_backtesting 函数进行回测，调用 calculate_result 计算回测结果，调用 calculate_statistics 函数计算回测统计指标，调用 show_chart 显示相关回测结果。

点击【Run】->Run Module，先加载历史数据，然后进行数据回放，得到回测结果（见图 12-4）。

可以看出利用通道策略进行统计价差套利，年化收益率为 0.45%，并不十分理想。

首个交易日:	2019-10-29
最后交易日:	2020-03-27
总交易日:	102
盈利交易日:	59
亏损交易日:	39
起始资金:	1 000 000.00
结束资金:	1 001 930.00
总收益率:	0.19%
年化收益:	0.45%
最大回撤:	-310.00
百分比最大回撤:	-0.03%
最长回撤天数:	11
总盈亏:	1 930.00
总手续费:	0.00
总滑点:	0.00
总成交金额:	82 807 650.00
总成交笔数:	2 946
日均盈亏:	18.92
日均手续费:	0.00
日均滑点:	0.00
日均成交金额:	811 839.71
日均成交笔数:	28.882 352 941 176 47
日均收益率:	0.00%
收益标准差:	0.01%
Sharpe Ratio:	4.08
收益回撤比:	6.24

图 12-4　利用 IDLE 输出价差回测结果

四、统计套利策略开发实例

（一）i2005 与 rb2005 统计套利策略源代码开发

继续利用前文中 i2005 与 rb2005 统计套利策略。

当 spread 序列突破 $-46.7663+0.75×20.129≈-31.67$ 时，认为 i2005 价格高估，卖出 i2005，同时买入 rb2005。当 spread 从正值向 0 值回归时，买入 i2005，同时卖出 rb2005 进行盈利平仓。当 spread 序列突破 $-46.7663+2×20.129≈-6.51$ 时，买入 i2005，同时卖出 rb2005 进行止损平仓。

当 spread 序列突破 $-46.7663-0.75×20.129≈-61.86$ 时，认为 i2005 价格低估，买入 i2005，同时卖出 rb2005。当 spread 从负值向 0 值回归时，卖出 i2005，同时买入 rb2005 进行盈利平仓。当 spread 序列突破 $-46.7663-2×20.129≈-87.02$ 时，卖出 i2005，同时买入 rb2005 进行止损平仓。

根据上述策略，设计如下策略代码。

【例 12-3】i2005 与 rb2005 统计套利策略（保存为 my_taoli_strategy.py）。

```
from vnpy.trader.utility import BarGenerator, ArrayManager     #导入K线合成器、K线时间序列容器
#导入价差策略父类 SpreadStrategyTemplat、价差算法父类 SpreadAlgoTemplate、价差数据类
SpreadData、委托单数据类 OrderData、成交单数据类 TradeData、tick 数据类 TickData、bar 数据类 BarData
from vnpy_spreadtrading import (
    SpreadStrategyTemplate,
    SpreadAlgoTemplate,
    SpreadData,
    OrderData,
```

```
        TradeData,
        TickData,
        BarData
        )

class MyTaoliStrategy(SpreadStrategyTemplate):        #策略类名称,继承父类 SpreadStrategyTemplate
    #策略参数
    max_pos=10        #价差最大仓位
    payup=10        #超价
    interval =1        #时间间隔 1 分钟
    #策略变量
    spread_pos=0. 0        #价差仓位
    #策略参数写入参数列表
    parameters=[ "max_pos", "payup"]
    #策略变量写入变量列表
    variables=[ "spread_pos"]
    #策略初始化,初始化函数与父类 SpreadStrategyTemplate 的初始化函数相同
    def _ _init_ _(
        self,
        strategy_engine,
        strategy_name: str,
        spread: SpreadData,
        setting: dict
        ):
        #调用父类初始化函数,完成父类初始化
        super(). _init_(
            strategy_engine, strategy_name, spread, setting
            )
        self. bg=BarGenerator(self. on_spread_bar)        #创建 K 线合成器对象,K 线合成完毕调用
on_spread_bar 函数进行逻辑判断
        self. am=ArrayManager()        #创建 K 线时间序列容器对象
        self. boll_up =- 46. 7663+0. 75* 20. 129        #统计套利通道上轨
        self. boll_down =- 46. 7663- 0. 75* 20. 129        #统计套利通道下轨
        self. boll_mid =- 46. 7663        #统计套利通道中轨
        self. bool_up_stop=- 46. 7663+2* 20. 129        #向上突破止损轨
        self. bool_down_stop=- 46. 7663- 2* 20. 129        #向下突破止损轨
    def on_init(self):
        self. write_log("策略初始化")
```

```python
        self. load_bar(10)        #载入 10 天的 1 分钟 K 线
    def on_start(self):
        self. write_log("策略启动")
    def on_stop(self):
        self. write_log("策略停止")
        self. put_event()
    def on_spread_data(self):        #价差有变化时
        tick=self. get_spread_tick()        #调用 get_spread_tick 获得价差 tick 数据
        self. on_spread_tick(tick)        #传入价差 tick 数据,调用 on_spread_tick 函数
    def on_spread_tick(self, tick: TickData):        #合成 1 分钟价差 K 线
        self. bg. update_tick(tick)        #调用 update_tick 函数将价差 tick 数据合成 1 分钟价差 K
线,合成完毕调用 on_spread_bar
    def on_spread_bar(self, bar: BarData):        #传入合成的 1 分钟价差 K 线,进行买卖逻辑判断
        #print(bar)
        self. stop_all_algos()        #停止之前的所有算法,立刻撤销在上 1 分钟未成交的所有委托
        self. am. update_bar(bar)        #更新 1 分钟价差 K 线时间序列容器
        if not self. am. inited:        #如果时间序列容器中 1 分钟价差 K 线不足 100 根,则返回继续缓存
            return
        if not self. spread_pos:        #如果没有持有价差仓位
            if bar. close_price>=self. boll_up:        #当前 1 分钟价差 bar 收盘价突破通道上轨
                #下空单
                self. start_short_algo(
                    bar. close_price - 10,
                    self. max_pos,
                    payup=self. payup,
                    interval=self. interval
                )
            elif bar. close_price <= self. boll_down:        #当前 1 分钟价差 bar 收盘价突破通道下轨
                #下多单
                self. start_long_algo(
                    bar. close_price + 10,
                    self. max_pos,
                    payup=self. payup,
                    interval=self. interval
                )
        elif self. spread_pos < 0:        #如果当前持有价差空头仓位
            if bar. close_price <= self. boll_mid or bar. close_price>=self. bool_up_stop:        #当前 1 分
钟价差 bar 收盘价向下突破通道中轨,或超过上止损轨
                #下多单平仓
                self. start_long_algo(
                    bar. close_price + 10,
                    abs(self. spread_pos),
                    payup=self. payup,
                    interval=self. interval
                )
```

271

```
        else:       #如果当前持有价差多头仓位
            if bar. close_price>=self. boll_mid or bar. close_price<=self. bool_down_stop:        #当前 1
分钟价差 bar 收盘价向上突破通道中轨,或超过下止损轨
                #下空单平仓
                self. start_short_algo(
                    bar. close_price -  10,
                    abs(self. spread_pos),
                    payup=self. payup,
                    interval=self. interval
                )
    def on_spread_pos(self):    #仓位发生变化
        self. spread_pos=self. get_spread_pos()    #获得最新价差仓位
        self. put_event()    #界面更新
    def on_spread_algo(self, algo: SpreadAlgoTemplate):    #当算法有更新
        pass
    def on_order(self, order: OrderData):    #当委托单状态发生变化
        pass
    def on_trade(self, trade: TradeData):    #当收到成交数据
        pass
    def stop_open_algos(self):    #停止开仓算法
        if self. buy_algoid:
            self. stop_algo(self. buy_algoid)
        if self. short_algoid:
            self. stop_algo(self. short_algoid)
    def stop_close_algos(self):    #停止平仓算法
        if self. sell_algoid:
            self. stop_algo(self. sell_algoid)
        if self. cover_algoid:
            self. stop_algo(self. cover_algoid)
```

将上述代码保存为 my_taoli_strategy. py，并放入 C：\veighna studio\Lib\site-packages\ vnpy_spreadtrading\strategies 文件夹下面（见图 12-5）。

名称	修改日期	类型	大小
__pycache__	2020/4/1 20:59	文件夹	
init.py	2019/9/19 17:00	Python File	0 KB
basic_spread_strategy.py	2019/11/14 21:14	Python File	5 KB
my_taoli_strategy.py	2020/4/1 20:58	Python File	6 KB
statistical_arbitrage_strategy.py	2019/11/14 21:14	Python File	5 KB

图 12-5　自开发价差套利策略放入价差策略文件夹

（二）**i2005** 与 **rb2005** 统计套利策略回测

编写策略回测源代码，并利用 IDLE 进行回测。

【例 12-4】利用 IDLE 对 i2005 与 rb2005 进行统计套利策略回测。

```
from vnpy. trader. optimize import OptimizationSetting
from vnpy_spreadtrading. backtesting import BacktestingEngine
from vnpy_spreadtrading. strategies. my_taoli_strategy import MyTaoliStrategy        #从策略模块 my_
taoli_strategy. py 中导入策略类 MyTaoliStrategy
from vnpy_spreadtrading. base import LegData, SpreadData
from datetime import datetime
spread = SpreadData(
    name = "IF- Spread",
    legs = [ LegData("i2005. DCE"), LegData("rb2005. SHFE")],
    variable_symbols = {"A": "i2005. DCE", "B": "rb2005. SHFE"},
    variable_directions = {"A": 1, "B": - 1},
    price_formula = "A- 0. 1954*B",
    trading_multipliers = {"i2005. DCE":10,"rb2005. SHFE":- 1},
    active_symbol = "i2005. DCE",
    min_volume = 1,
    compile_formula = False        #回测时不编译公式, compile_formula 传 False, 从而支持多进程优化
)        #铁矿石 i20051 手 100 吨, 螺纹钢 rb20051 手 10 吨, 因此交易乘数为 10:1, 其中- 1 表示对立合约
engine = BacktestingEngine()
engine. set_parameters(
    spread = spread,
    interval = "1m",
    start = datetime(2019,10,15),
    end = datetime(2020,3,30),
    rate = 0,
    slippage = 0,
    size = 1,
    pricetick = 1,
    capital = 1000000
    )
engine. add_strategy(MyTaoliStrategy,{})        #修改为策略类名 MyTaoliStrategy
engine. load_data()
engine. run_backtesting()
engine. calculate_result()
engine. calculate_statistics()
engine. show_chart()
```

回测结果如图 12-6 所示。

可见，采用固定上下轨做法的统计套利年化收益率并不理想。

首个交易日:	2019-10-29
最后交易日:	2020-03-27
总交易日:	102
盈利交易日:	39
亏损交易日:	45
起始资金:	1 000 000.00
结束资金:	1 000 490.00
总收益率:	0.05%
年化收益:	0.12%
最大回撤:	−400.00
百分比最大回撤:	−0.04%
最长回撤天数:	12
总盈亏:	490.00
总手续费:	0.00
总滑点:	0.00
总成交金额:	11 412 540.00
总成交笔数:	355
日均盈亏:	4.80
日均手续费:	0.00
日均滑点:	0.00
日均成交金额:	111 887.65
日均成交笔数:	3.480 392 156 862 745
日均收益率:	0.00%
收益标准差:	0.01%
Sharpe Ratio:	1.03
收益回撤比:	1.23

图 12-6 自开发策略回测结果

五、价差仿真交易

由于 CTP 提供仿真交易，因此对于 i2005 与 rb2005 的套利可以进行仿真模拟。如果不是期货，且接口 API 不提供仿真交易，则不能进行仿真模拟，而只能进行实盘交易。

（一）加载底层交易接口和上层应用

启动 VN Station，打开 VN Trader Pro 配置界面后，这里以铁矿石 i2005 与螺纹钢 rb2005 期货合约的统计套利为例。勾选 CTP 实盘接口和 SpreadTrading（多合约价差套利模块）（见图 12-7）。

图 12-7 配置 VN Trader

点击【启动】按钮后进入 VN Trader 主界面，点击【系统】→【连接 CTP】，连接 CTP 接口（见图 12-8）。

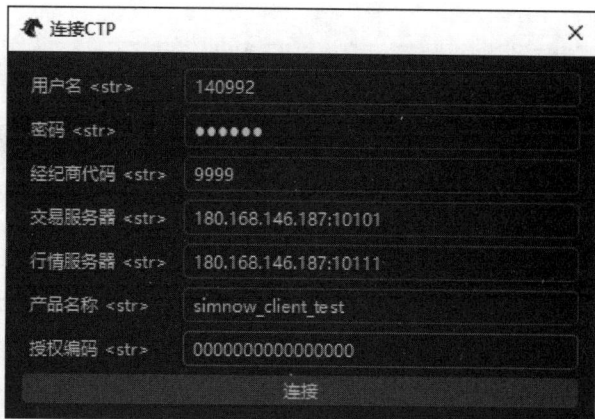

图 12-8　连接 CTP 接口

（二）打开价差交易界面

在 VN Trader 主界面，点击【功能】→【价差交易】，进入价差交易界面（见图 12-9）。

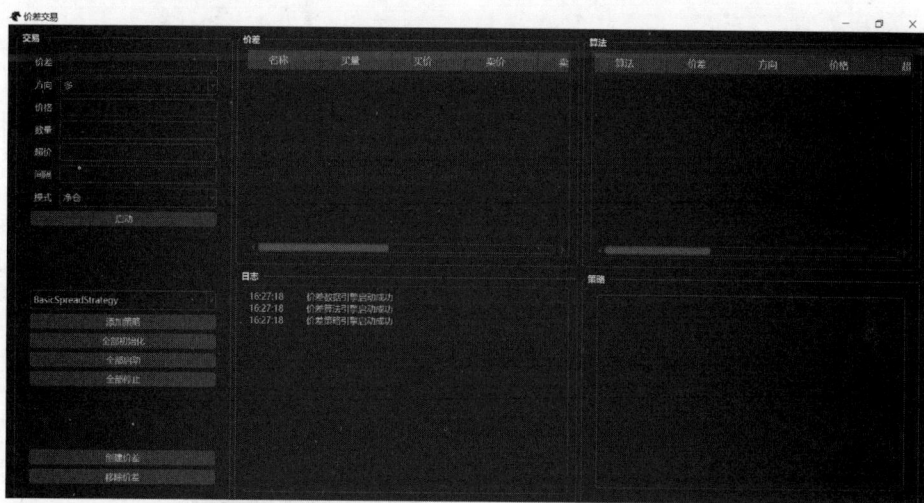

图 12-9　价差交易界面

价差交易界面可分成两部分：

交易部分：在创建好价差合约后，可以调用价差策略实现自动交易，也可以手动交易来调整仓位。

监控部分：可以查看实时价差合约行情信息、价差策略和价差算法执行情况，日志组件也会输出相关信息。

（三）创建价差

1. 寻找可组成价差的合约

回到 VN Trader，在菜单栏中点击【系统】→【连接 CTP】，连接上 CTP 后，点击菜单栏的【帮助】→【查询合约】按钮，弹出合约查询界面，在界面中找到我们用于价差交易的合约 i2005. DCE 和 rb2005. SHFE（见图 12-10）。

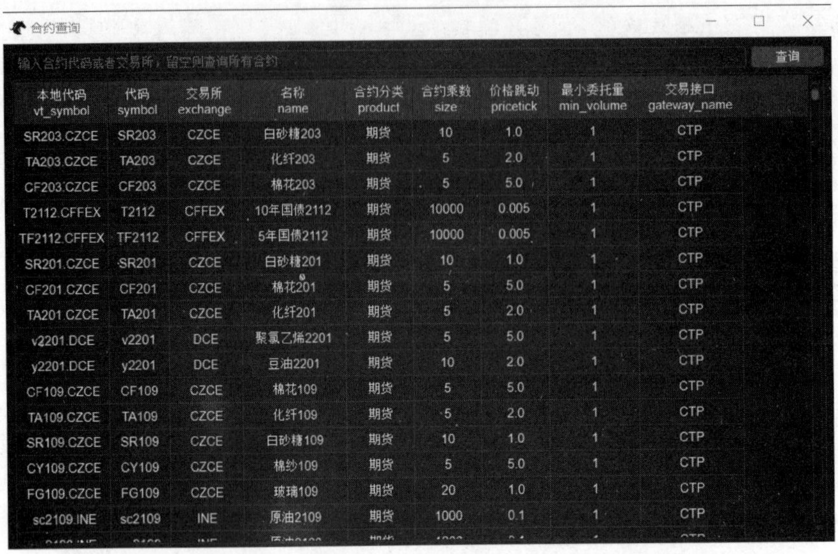

本地代码 vt_symbol	代码 symbol	交易所 exchange	名称 name	合约分类 product	合约乘数 size	价格跳动 pricetick	最小委托量 min_volume	交易接口 gateway_name
SR203.CZCE	SR203	CZCE	白砂糖203	期货	10	1.0	1	CTP
TA203.CZCE	TA203	CZCE	化纤203	期货	5	2.0	1	CTP
CF203.CZCE	CF203	CZCE	棉花203	期货	5	5.0	1	CTP
T2112.CFFEX	T2112	CFFEX	10年国债2112	期货	10000	0.005	1	CTP
TF2112.CFFEX	TF2112	CFFEX	5年国债2112	期货	10000	0.005	1	CTP
SR201.CZCE	SR201	CZCE	白砂糖201	期货	10	1.0	1	CTP
CF201.CZCE	CF201	CZCE	棉花201	期货	5	5.0	1	CTP
TA201.CZCE	TA201	CZCE	化纤201	期货	5	2.0	1	CTP
v2201.DCE	v2201	DCE	聚氯乙烯2201	期货	5	5.0	1	CTP
y2201.DCE	y2201	DCE	豆油2201	期货	10	2.0	1	CTP
CF109.CZCE	CF109	CZCE	棉花109	期货	5	5.0	1	CTP
TA109.CZCE	TA109	CZCE	化纤109	期货	5	2.0	1	CTP
SR109.CZCE	SR109	CZCE	白砂糖109	期货	10	1.0	1	CTP
CY109.CZCE	CY109	CZCE	棉纱109	期货	5	5.0	1	CTP
FG109.CZCE	FG109	CZCE	玻璃109	期货	20	1.0	1	CTP
sc2109.INE	sc2109	INE	原油2109	期货	1000	0.1	1	CTP

图 12-10　合约查询

2. 创建价差

点击【价差创建】按钮，会弹出创建价差界面（见图 12-11）。

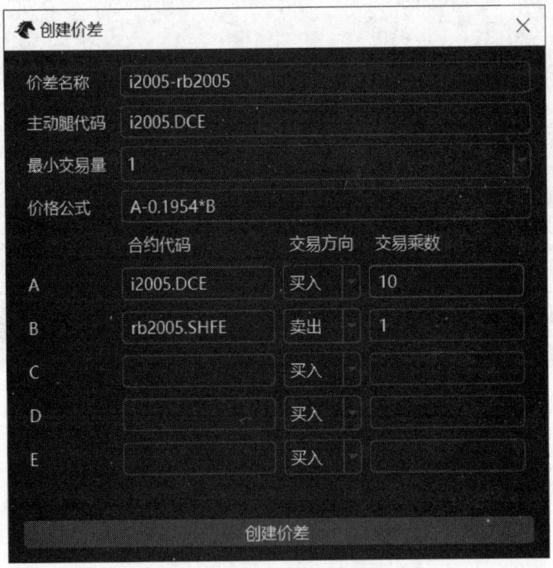

图 12-11　创建价差界面

价差名称：指的是用户定义的价差合约名称，建议起个带有描述性的名字，不要和已有的价差重复。

主动腿代码：当价差盘口价格满足条件时，先发出那条腿的本地代码。一般来说，价差交易原则上是主动腿完成交易后，立刻用被动腿进行对冲，故主动腿一般选择较为不活跃的合约，价格乘数和交易乘数均为正；被动腿一般选择较为活跃的合约，价格乘数和交易乘数均为负,当交易方向选择卖出后,交易乘数直接输入正数即可。

在 i2005. DCE 和 rb2005. SHFE 套利示例中,其价格乘数为 1:0.1954,即价差 = i2005-0.1954×rb2005。

由于铁矿石 i2005 是 1 手 100 吨,螺纹钢 rb2005 是 1 手 10 吨,因此交易乘数为 10:1。

设置好价差合约的参数后,点击下方的【创建价差】按钮,即可完成一个 i2005. DCE 和 rb2005. SHFE 之间的日历价差创建。

3. 监控价差合约

创建好价差后,【日志】组件会输出相关信息,【价差】组件也实时展示价差合约的行情信息(见图 12-12),价差合约由 base. py 的 SpreadData 类来负责。在示例中:

图 12-12 监控价差合约

【买价】= 1×i2005 买一价- 0.1954×rb2005 卖一价,即买一价差。

【买入量】= min(i2005 买一量,rb2005 卖一量),取最小值用于保证各合约能均能成交。

【卖价】= 1×i2005 卖一价- 0.1954×rb2005 买一价,即卖一价差。

【卖出量】= min(i2005 卖一量,rb2005 买一量)。

【净仓】=每条腿净持仓量对应价差持仓量中的较小值。

【定价】给出价差的计算公式,卖价和卖价就是根据该式进行计算的。

【交易】给出合约交易乘数是 10 手 i2005 和 1 手 rb2005 构成买卖策略交易量配对。

(四)加载一个实例

先选择使用的策略:MyTaoliSttategy,然后点击【添加策略】按钮,在弹出的界面中写入相关参数(见图 12-13)。

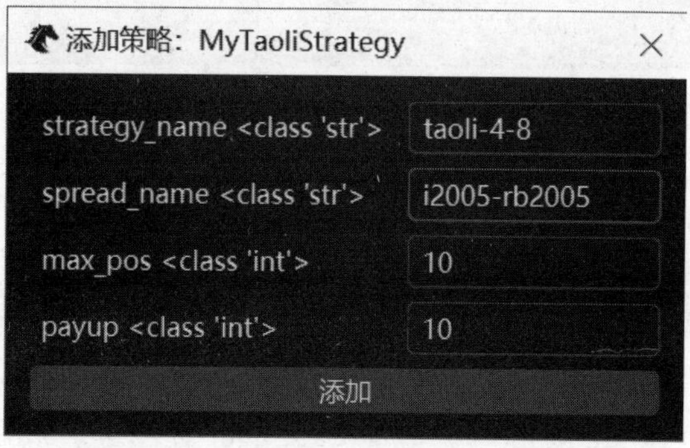

图 12-13 选择需要运行的策略

strategy_ name：为用户自定义的策略实例名称，这里不妨取 taoli-4-8；

spread_ name：为用于交易的价差合约，这里是输入我们刚创建的价差 i2005-rb2005；

max_ pos：为价差最大仓位；

payup：为超价的数值。

然后，点击【添加】按钮完成策略实例的创建（见图 12-14）。

图 12-14　创建的策略实例

（五）策略初始化

点击【初始化】按钮可以启动策略初始化工作，载入历史数据，完成相关指标计算（见图 12-15）。

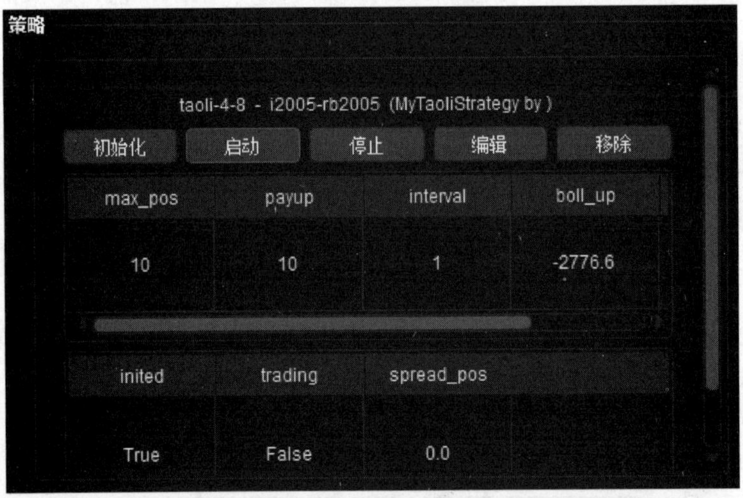

图 12-15　策略初始化

（六）策略的启动

点击【启动】按钮后，当实际价格差达到阈值时，在【日志】组件中可以看到相关委托单信息的输出（见图 12-16）。

策略启动后，如有成交信息，可在算法组件中看到价差成交情况（见图 12-17）。

同时，也可以在 VN Trade 窗口中查看成交单、委托单、资金、持仓等信息（见图 12-18）。

图 12-16 策略启动

图 12-17 算法组件

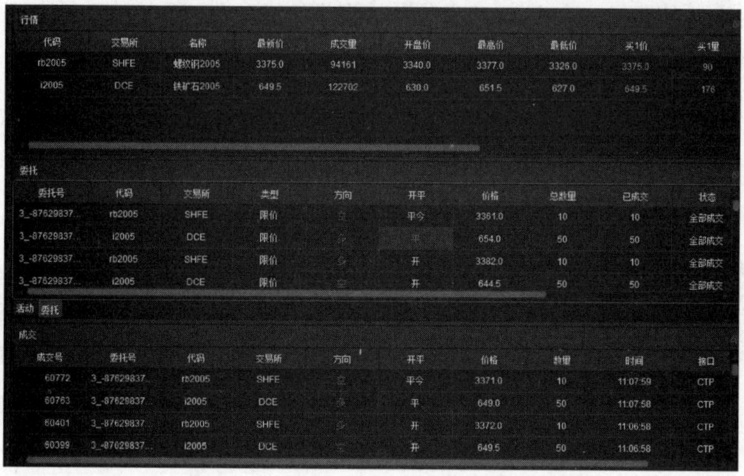

图 12-18 VN Trade 窗口显示运行信息

（七）策略的停止、编辑和移除

若要停止策略，点击【停止】按钮即可；【编辑】按钮用于修改策略参数；【移除】按钮用于移除该策略。

（八）手动干预交易

交易中如果需要，可发出委托立即成交和发出委托等待成交来进行手动操作。

1. 发出委托立即成交

例如，输入目标价差合约价格差-80，以超价5的形式，即-75的价位发出买入限价单。

点击【启动】，若限价单（-175）价位高于当前卖价，所以委托会立刻成交（见图12-19）。

图 12-19　手动买入

【日志】组件显示发出买入价差合约的顺序：发出 i2005 多头委托→i2005 委托成交→发出 rb2005 空头委托→rb2005 委托成交。价差交易必须遵循的逻辑是主动腿成交后才去用被动腿来对冲头寸，并且对冲必须尽可能即时完成，所以被动腿一般选择较为活跃的合约。

【价差】组件显示买入 1 手价差合约成交后，【净仓】从 0 变成 1；实际上，VN Trader【持仓】组件显示，i2005 合约多头持仓 1 手，rb2005 合约空头持仓 1 手。

【算法】组件显示本次委托 SpreadTaker 算法执行情况：成交数量 1 手，委托状态是完全成交。

2. 发出委托等待成交

若以-200的价位发出限价买入指令，由于当前买价卖价分别位于-157.5 和-150，所以委托状态是"未成交"。仅当卖价低于-200时，才出发该限价单，以超价5，即-145 去主动成交。

【日志】组件显示本次算法即 SpreadTaker 已经启动，但由于价格没有触发目标价位，因而算法在循环读秒中处于等待状态。

【算法】组件显示其委托状态为"未成交",要结束算法只需鼠标双击【SpreadTaker】单元格即可。

3. 撤销委托

鼠标双击完【SpreadTaker-00001】单元格后,在【日志】组件可以看到算法已经停止,【算法】组件显示委托状态由"未成交"变成"已撤销"(见图 12-20)。

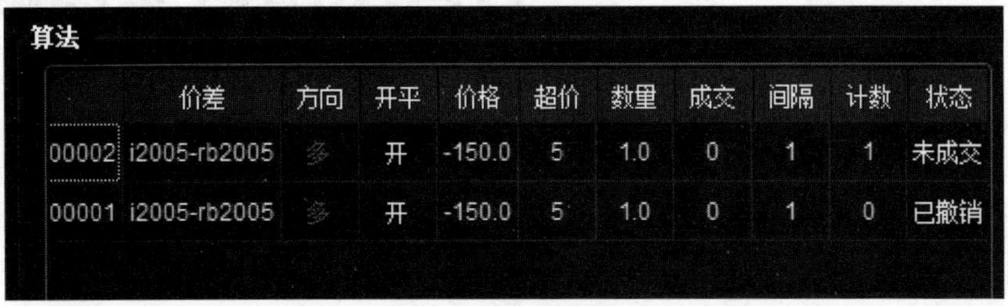

	价差	方向	开平	价格	超价	数量	成交	间隔	计数	状态
00002	i2005-rb2005	多	开	-150.0	5	1.0	0	1	1	未成交
00001	i2005-rb2005	多	开	-150.0	5	1.0	0	1	0	已撤销

图 12-20 撤销委托

❓ 本章小结

(1)统计套利是利用两个交易品种价格序列的长期均衡关系,因价差序列会呈现均值回归这一特性,且当价差偏离均值过多时进行套利。

(2)vnpy 的价差交易模块可以实现统计套利策略,并进行策略回测。

(3)可以利用不同的时间序列模型确定统计套利品种的长期协整关系。

(4)跨品种统计套利要求两个品种具有产业链上的因果关系。

(5)考虑到市场交易成本和交易制度差异,多数跨市场统计套利策略不具有可行性。

❓ 习 题

1. 根据产业链因果关系,设计相应的配对期货交易品种并进行协整检验。

2. 设计沪深 300 期现统计套利策略,并进行策略回测。

第十三章

多合约组合交易策略

在量化交易中，经常需要用一个策略同时交易多个品种，多合约组合交易策略模块就提供了这样的功能。本章主要讲述多合约组合交易策略的几个典型策略源码，并利用 Jupyter Notebook 进行多合约组合交易策略的回测。

第一节　多合约组合交易策略模块

一、模块构成

多合约组合交易策略模块位于 C：\ veighna _ studio \ Lib \ site – packages \ vnpy _ portfoliostrategy 文件夹下面，主要由 7 部分构成，如图 13-1 所示。

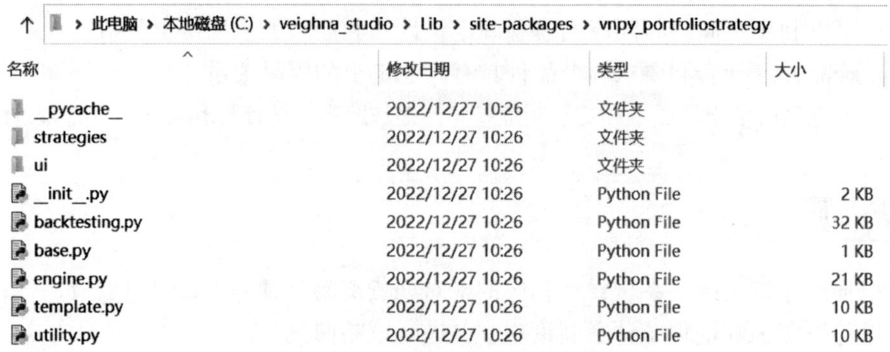

名称	修改日期	类型	大小
__pycache__	2022/12/27 10:26	文件夹	
strategies	2022/12/27 10:26	文件夹	
ui	2022/12/27 10:26	文件夹	
__init__.py	2022/12/27 10:26	Python File	2 KB
backtesting.py	2022/12/27 10:26	Python File	32 KB
base.py	2022/12/27 10:26	Python File	1 KB
engine.py	2022/12/27 10:26	Python File	21 KB
template.py	2022/12/27 10:26	Python File	10 KB
utility.py	2022/12/27 10:26	Python File	10 KB

此电脑 › 本地磁盘 (C:) › veighna_studio › Lib › site-packages › vnpy_portfoliostrategy

图 13-1　portfoliostrategy 模块

strategies：主要存放多合约交易策略。

ui：多合约组合策略交易界面图形插件，主要形成多合约交易界面。

backtesting：用于多合约组合交易策略回测。

base：主要定义了上层应用模块的名称、交易引擎类型（实盘或回测）。

engine：定义了组合策略引擎类，该类实现 RQData 数据接口初始化、处理委托、成交事件、发单、取消委托单、载入多合约 bar 历史数据、创建策略等功能。

template：定义了多合约交易策略的模板，用户在开发自己多合约交易策略时须继承该策略模板。

utility：定义了组合 K 线合成器 PortfolioBarGenerator 类，该类中有 update_tick（收到的 Tick 数据合成 1 分钟组合 bars）、update_bars（合成 N 分钟组合 bars 或 1 小时组合 bars）、update_bar_minute_window（合成 N 分钟 bars，由 update_bars 内部调用）、update_bar_hour_window（合成 1 小时 bars，由 update_bars 内部调用）、on_hour_bars（合成 N 小时 bars）等。

二、模块启动

进入 VN Trade 选择相应的模拟接口或实盘接口，上层应用选择多合约组合策略模块（见图 13-2）。

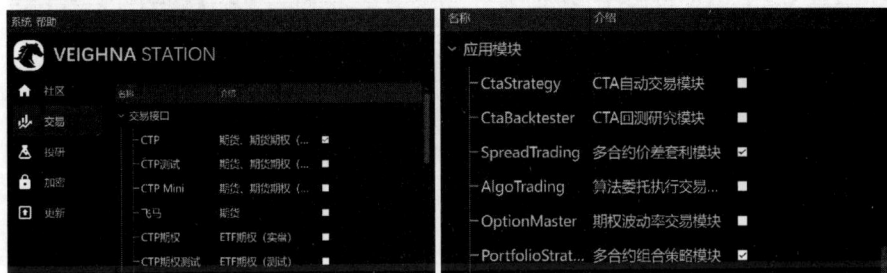

图 13-2 启动 VN Trade

启动 VN Trade 后，连接相关接口（这里连接 CTP 接口）（见图 13-3）。

图 13-3 连接 CTP 接口

三、查看合约

点击菜单栏"帮助"→"查询合约"，或者左侧功能导航栏的倒数第二个放大镜按钮，打开合约查询对话框（见图 13-4）。

本地代码 vt_symbol	代码 symbol	交易所 exchange	名称 name	合约分类 product	合约乘数 size	价格跳动 pricetick	最小委托量 min_volume	交易 gatew
sc2209.INE	sc2209	INE	原油2209	期货	1000	0.1	1	C
sc2106.INE	sc2106	INE	原油2106	期货	1000	0.1	1	C
eb2110.DCE	eb2110	DCE	苯乙烯2110	期货	5	1.0	1	C
eg2110.DCE	eg2110	DCE	乙二醇2110	期货	10	1.0	1	C
jd2110.DCE	jd2110	DCE	鸡蛋2110	期货	10	1.0	1	C
pg2110.DCE	pg2110	DCE	液化石油气2110	期货	20	1.0	1	C
ru2107C18000.SHFE	ru2107C18000	SHFE	天然橡胶2107	期权	10	1.0	1	C
ru2107P17000.SHFE	ru2107P17000	SHFE	天然橡胶2107	期权	10	1.0	1	C
ru2107P17250.SHFE	ru2107P17250	SHFE	天然橡胶2107	期权	10	1.0	1	C
ru2107P17500.SHFE	ru2107P17500	SHFE	天然橡胶2107	期权	10	1.0	1	C
ru2107P17750.SHFE	ru2107P17750	SHFE	天然橡胶2107	期权	10	1.0	1	C
ru2107P18000.SHFE	ru2107P18000	SHFE	天然橡胶2107	期权	10	1.0	1	C
ru2108C17000.SHFE	ru2108C17000	SHFE	天然橡胶2108	期权	10	1.0	1	C
ru2108C17250.SHFE	ru2108C17250	SHFE	天然橡胶2108	期权	10	1.0	1	C
ru2108C17500.SHFE	ru2108C17500	SHFE	天然橡胶2108	期权	10	1.0	1	C
ru2108P17000.SHFE	ru2108P17000	SHFE	天然橡胶2108	期权	10	1.0	1	C

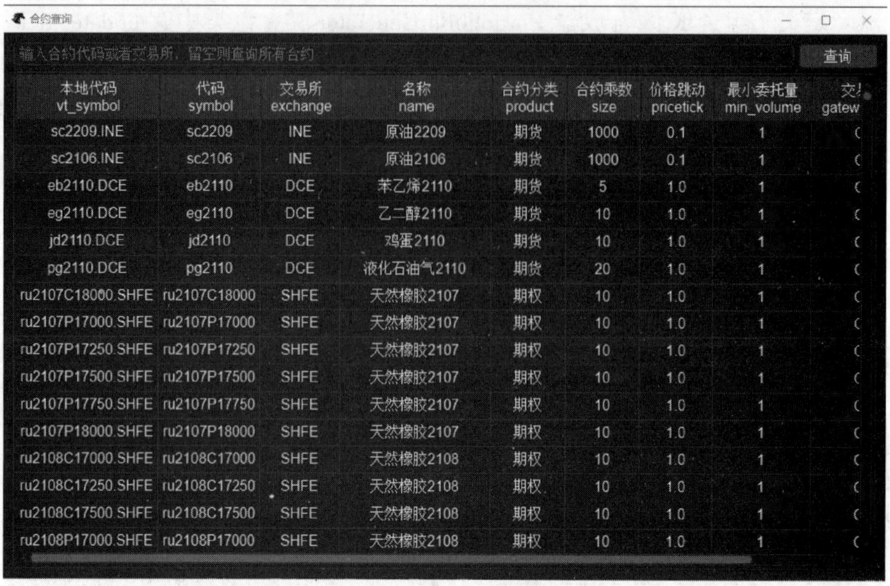

图 13-4　VnTrader 查看合约

点击右上角的【查询】按钮，显示当前 VN Trader 内部已连接的交易接口（CTP）上支持的所有可交易合约。

四、加载一个实例

点击菜单栏“功能”→“组合策略”，弹出组合策略交易窗口（见图 13-5）。

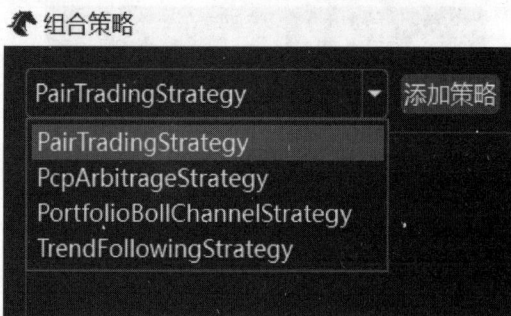

图 13-5　组合策略交易窗口

接下来，应基于之前开发好的策略来添加策略的实例：点击右上角的策略下拉框，找到 TrendFolloeingStrategy 或自己开发的策略（须放在 C：\veighna_studio\Lib\site-packages\vnpy_portfoliostrategy\trategies）。

点击【添加策略】按钮，出现策略实盘参数配置的对话框（见图 13-6）。

在此我们先要给策略实例一个名字，也就是 strategy_name 字段，注意每个实例的名称必须唯一，不能重复。然后指定要交易的合约 vt_symbol 字段（合约代码+交易所名称），合约名用英文逗号“,"隔开，中间不加空格。

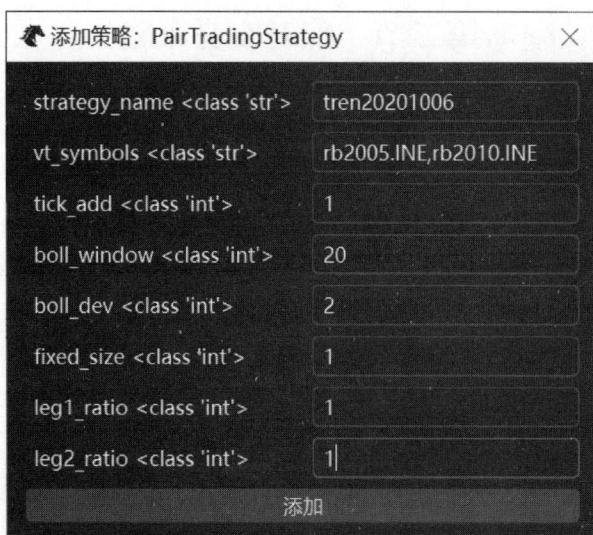

图 13-6　添加策略

点击【添加】按钮后，在左侧策略监控组件中，就能看到该策略实例（见图 13-7）。

图 13-7　实例化后的策略

五、策略仿真交易

之后即可点击【初始化】→【启动】按钮开始策略的仿真自动交易。

第二节　配对交易策略

一、策略原理

该策略的原理是计算 20 根 1 分钟价差（合约 1 与合约 2 的价差）的布林通道，如果价差突破布林通道上轨，则建仓（卖出合约 1，买入合约 2），如果价差跌破布林通道中轨则平仓。如果价差突破布林通道下轨，则建仓（买入合约 1，卖出合约 2），如果价差升破布林通道中轨则平仓。

策略源代码位于 C：\veighnastudio\Lib\site-packages\vnpyportfoliostrategy\strategies 文件夹下的 pair_trading_strategy.py 文件中。

二、配对交易策略源码分析

【例 13-1】配对交易策略的源码分析（pair_trading_strategy.py）。

```python
from typing import List, Dict      #导入列表和字典类型声明
from datetime import datetime      #导入时间计算模块
import numpy as np      #导入 numpy 模块
from vnpy_portfoliostrategy import StrategyTemplate, StrategyEngine      #导入组合策略类模板,策略引擎
from vnpy. trader. utility import BarGenerator      #导入 K 线合成器
from vnpy. trader. object import TickData, BarData      #导入 tick 数据类和 bar 数据类
class PairTradingStrategy(StrategyTemplate):      #定义类名,继承策略模板
    tick_add=1      #超价乘数,用于计算超价是最小价格跳动的倍数
    boll_window=20      #定义布林通道中轨 20 天均线
    boll_dev=2      #布林通道宽度偏差
    fixed_size=1      #买入手数
    leg1_ratio=1      #构建价差的合约 1 的比率
    leg2_ratio=1      #构建价差的合约 2 的比率
    leg1_symbol=" "      #合约 1 代码
    leg2_symbol=" "      #合约 2 代码
    current_spread= 0. 0      #当前价差
    boll_mid=0. 0      #布林通道中轨
    boll_down=0. 0      #布林通道下轨
    boll_up=0. 0      #布林通道上轨
    parameters=[
        "tick_add",
        "boll_window",
        "boll_dev",
        "fixed_size",
        "leg1_ratio",
        "leg2_ratio",
    ]
    variables=[
        "leg1_symbol",
```

```python
            "leg2_symbol",
            "current_spread",
            "boll_mid",
            "boll_down",
            "boll_up",
        ]
    def __init__(
        self,
        strategy_engine: StrategyEngine,        #策略引擎类名称
        strategy_name: str,        #策略名称
        vt_symbols: List[str],        #多合约代码列表
        setting: dict        #策略设置参数字典
    ) -> None:
        super().__init__(strategy_engine, strategy_name, vt_symbols, setting)        #初始化父类
        self.bgs: Dict[str, BarGenerator] = {}        #多合约bars的K线合成器字典,初始值为空
        self.last_tick_time: datetime = None        #上一个tick的时间
        self.spread_count: int = 0        #价差个数
        self.spread_data: np.array = np.zeros(100)        #生成100个价差为0的零向量,用于存放价差数据
        self.leg1_symbol, self.leg2_symbol = vt_symbols        #从列表vt_symbols中获取两个合约代码
        def on_bar(bar: BarData):        #如果某个合约合成了1分钟bar后需要进行处理,则可以在此定义
            pass
        for vt_symbol in self.vt_symbols:        #遍历合约列表
            self.bgs[vt_symbol] = BarGenerator(on_bar)        #创建各合约的K线合成器,回调函数为on_bar
    def on_init(self) -> None:
        self.write_log("策略初始化")
        self.load_bars(1)        #加载1天的各个合约1分钟历史数据
    def on_start(self) -> None:
        self.write_log("策略启动")        #当停止策略运行时,输出日志信息
    def on_stop(self) -> None:
        self.write_log("策略停止")        #当停止策略运行时,输出日志信息
    def on_tick(self, tick: TickData) -> None:        #定义收到合约tick数据时的操作
        if (
            self.last_tick_time
            and self.last_tick_time.minute != tick.datetime.minute
        ):        #如果上一根tick的分钟时间与新到的tick不在同一个分钟内,则新到tick为新bar的开始
            bars = {}        #创建空字典,用于存放各个合约的新1分钟bar
            for vt_symbol, bg in self.bgs.items():
                bars[vt_symbol] = bg.generate()        #合成各个合约的新1分钟bar,并放入bars字典
            self.on_bars(bars)        #调用on_bars函数进行买卖逻辑判断,传入的为合成完毕的bars
        bg: BarGenerator = self.bgs[tick.vt_symbol]        # bg为新到tick合约的K线合成器
        bg.update_tick(tick)        #更新该合约的bar,并调用on_bar函数
        self.last_tarick_time = tick.datetime        #更新最近一根tick时间
    def on_bars(self, bars: Dict[str, BarData]) -> None:        #收到刚合成完毕的组合合约的bars字典
        leg1_bar = bars.get(self.leg1_symbol, None)        #获取合约1的1分钟bar
        leg2_bar = bars.get(self.leg2_symbol, None)        #获取合约2的1分钟bar
        #如果某个合约数据缺少,则返回,不进行买卖操作
```

```
        if not leg1_bar or not leg2_bar:
            return
        #每5分钟运行一次
        if (leg1_bar. datetime. minute + 1) % 5:
            return
        #计算当前价差
        self. current_spread=leg1_bar. close_price*self. leg1_ratio − leg2_bar. close_price*self. leg2_ratio
        #更新价差向量
        self. spread_data[ :- 1]=self. spread_data[ 1:]
        self. spread_data[ -1]=self. current_spread
        #计算价差个数
        self. spread_count += 1
        if self. spread_count <= self. boll_window:        #如果价差数量不够计算布林通道,则返回
            return
        #计算价差的布林通道值
        buf: np. array=self. spread_data[ - self. boll_window:]        #获取最近的20个价差数据
        std=buf. std()        #计算价差的标准差
        self. boll_mid=buf. mean()        #计算价差的均值
        self. boll_up=self. boll_mid + self. boll_dev*std        #计算价差布林通道的上轨
        self. boll_down=self. boll_mid - self. boll_dev*std        #计算价差布林通道的下轨
        #计算新的目标仓位
        leg1_pos=self. get_pos(self. leg1_symbol)        #获取合约1的目前仓位
        if not leg1_pos:        #如果合约1没有持仓
            if self. current_spread>=self. boll_up:        #当前价差超过布林通道上轨,则需要开仓
                self. set_target(self. leg1_symbol, - self. fixed_size)        #合约1的目标仓位为做空1手
                self. set_target(self. leg2_symbol, self. fixed_size)        #合约2的目标仓位为做多1手
            elif self. current_spread <= self. boll_down:        #当前价差超过布林通道下轨
                self. set_target(self. leg1_symbol, self. fixed_size)        #合约1的目标仓位为做多1手
                self. set_target(self. leg2_symbol, - self. fixed_size)        #合约2的目标仓位为做空1手
        elif leg1_pos > 0:        #如果合约1持有多头仓位
            if self. current_spread>=self. boll_mid:        #当前价差超过布林通道中轨时,则需要平仓
                self. set_target(self. leg1_symbol, 0)        #合约1的目标仓位为0
                self. set_target(self. leg2_symbol, 0)        #合约2的目标仓位为0
        else:        #如果合约1持有空头仓位
            if self. current_spread <= self. boll_mid:        #当前价差跌破布林通道中轨时,则需要平仓
                self. set_target(self. leg1_symbol, 0)        #合约1的目标仓位为0
                self. set_target(self. leg2_symbol, 0)        #合约2的目标仓位为0
        self. rebalance_portfolio(bars)        #执行调仓交易
        self. put_event()        #推送更新事件
    #计算调仓委托价格(支持按需重载实现)
    def calculate_price(self, vt_symbol: str, direction: Direction, reference: float) - > float:
        pricetick: float=self. get_pricetick(vt_symbol)        #获取合约的最小价格跳动
        if direction == Direction. LONG:        #如果是多头买入
            price: float=reference + self. tick_add*pricetick        #超价为 ick_add*pricetick
        else:
```

```
price: float=reference − self. tick_add*pricetick
return price
```

第三节   趋势跟随策略

一、策略原理

该策略是通过计算各个合约的 20 天 1 分钟 ATR 指标值和 10 天 1 分钟的 ATR 指标移动值，来计算 5 天 1 分钟 RSI 指标值。

如合约当前无持仓，则当前 ATR 值>ATR 移动均值；若当前 RSI 值>RSI 上轨（66），则开多单买入 1 手；若当前 RIS 值<卖出下轨（34），则开空单卖出 1 手。

如合约当前持有多头仓位，且当前价小于等于多头止盈止损价时，则卖出平掉多头仓位。

如合约当前持有空头仓位，且当前价大于等于空头止盈止损价时，则买入平掉空头仓位。

策略源代码位于 C:\veighna_studio\Lib\site-packages\vnpy_portfoliostrategy\strategies 文件夹下的 trend_following_strategy. py 文件中。

二、趋势跟随策略源码分析

【例 13-2】趋势跟随策略源码分析（trend_ following_ strategy. py）。

```python
from typing import List, Dict        #导入列表和字典类型声明
from datetime import datetime        #导入时间模块
from vnpy. trader. utility import ArrayManager        #导入 K 线时间序列管理器
from vnpy. trader. object import TickData, BarData        #导入 tick 数据类和 bar 数据类
from vnpy. trader. constant import Direction        #导入合约交易方向类
from vnpy_portfoliostrategy import StrategyTemplate, StrategyEngine        #导入组合策略类模板,策略引擎
from vnpy_portfoliostrategy. utility import PortfolioBarGenerator        #导入多合约 bar 合成器类


class TrendFollowingStrategy(StrategyTemplate):        #定义类名 ATR- RSI 趋势跟踪策略,继承策略模板
    atr_window=22        #定义 ATR 指标计算为 20 天周期
    atr_ma_window=10        #定义 ATR 指标移动平均计算为 10 天移动平均
    rsi_window=5        #定义 RSI 指标为 5 天
    rsi_entry=16        #开仓阈值
    trailing_percent=0. 8        #用于止盈止损的百分比
    fixed_size=1        #交易手数
    price_add=5        #超价为 5 元
    rsi_buy=0        #RSI 指标买入上轨
    rsi_sell=0        #RSI 指标卖出下轨

    parameters=[
        "price_add",
```

```
            "atr_window",
            "atr_ma_window",
            "rsi_window",
            "rsi_entry",
            "trailing_percent",
            "fixed_size"
        ]
    variables = [
            "rsi_buy",
            "rsi_sell"
        ]

    def __init__(
        self,
        strategy_engine: StrategyEngine,        #策略引擎类名称
        strategy_name: str,        #策略名称
        vt_symbols: List[str],        #多合约代码列表
        setting: dict        #策略参数设置字典
    ) -> None:
        super().__init__(strategy_engine, strategy_name, vt_symbols, setting)        #初始化父类
        self.rsi_data: Dict[str, float] = {}        #各合约 rsi 值字典
        self.atr_data: Dict[str, float] = {}        #各合约 atr 值字典
        self.atr_ma: Dict[str, float] = {}        #各合约 atr 均值字典
        self.intra_trade_high: Dict[str, float] = {}        #各合约开仓以来的最高价字典
        self.intra_trade_low: Dict[str, float] = {}        #各合约开仓以来的最低价字典
        self.last_tick_time: datetime = None        #最近一根 tick 时间

        self.ams: Dict[str, ArrayManager] = {}        #创建多合约的 K 线时间序列容器空字典
        for vt_symbol in self.vt_symbols:        #遍历组合合约代码列表
            self.ams[vt_symbol] = ArrayManager()        #创建多合约的 K 线时间序列容器对象字典
        self.pbg = PortfolioBarGenerator(self.on_bars)        #创建多合约合成器对象,回调函数为 on_bars
    def on_init(self) -> None::
        self.write_log("策略初始化")
        self.rsi_buy = 50 + self.rsi_entry        #RSI 指标买入上轨位 66
        self.rsi_sell = 50 - self.rsi_entry        #RSI 指标卖出下轨位 34
        self.load_bars(10)        #载入 10 天历史数据,用于计算 ATR 和 RSI 指标
    def on_start(self) -> None:
        self.write_log("策略启动")
    def on_stop(self) -> None:
        self.write_log("策略停止")
    def on_tick(self, tick: TickData) -> None:
        self.pbg.update_tick(tick)        #当接收到合约的新 tick 数据时更新各个合约 K 线,并调
用 on_bars
    def on_bars(self, bars: Dict[str, BarData]) -> None:        #多合约 bars 有更新时,进行买卖逻辑判断
        # 更新 K 线计算 RSI 数值
        for vt_symbol, bar in bars.items():
```

```
            am: ArrayManager=self. ams[vt_symbol]
            am. update_bar(bar)
        for vt_symbol, bar in bars. items():
            am: ArrayManager=self. ams[vt_symbol]
            if not am. inited:
                return
            atr_array=am. atr(self. atr_window, array=True)
            self. atr_data[vt_symbol]=atr_array[-1]
            self. atr_ma[vt_symbol]=atr_array[-self. atr_ma_window:]. mean()
            self. rsi_data[vt_symbol]=am. rsi(self. rsi_window)
            current_pos=self. get_pos(vt_symbol)
            if current_pos == 0:
                self. intra_trade_high[vt_symbol]=bar. high_price
                self. intra_trade_low[vt_symbol]=bar. low_price
                if self. atr_data[vt_symbol] > self. atr_ma[vt_symbol]:
                    if self. rsi_data[vt_symbol] > self. rsi_buy:
                        self. set_target(vt_symbol, self. fixed_size)
                    elif self. rsi_data[vt_symbol] < self. rsi_sell:
                        self. set_target(vt_symbol, - self. fixed_size)
                    else:
                        self. set_target(vt_symbol, 0)
            elif current_pos > 0:
                self. intra_trade_high[vt_symbol]=max(self. intra_trade_high[vt_symbol], bar. high_price)
                self. intra_trade_low[vt_symbol]=bar. low_price
                long_stop=self. intra_trade_high[vt_symbol]*(1- self. trailing_percent / 100)
                if bar. close_price <= long_stop:
                    self. set_target(vt_symbol, 0)
            elif current_pos < 0:
                self. intra_trade_low[vt_symbol]=min(self. intra_trade_low[vt_symbol], bar. low_price)
                self. intra_trade_high[vt_symbol]=bar. high_price
                short_stop=self. intra_trade_low[vt_symbol]*(1 + self. trailing_percent / 100)
                if bar. close_price>=short_stop:
                    self. set_target(vt_symbol, 0)
        self. rebalance_portfolio(bars)
        self. put_event()


#计算调仓委托价格(支持按需重载实现)
    def calculate_price(self, vt_symbol: str, direction: Direction, reference: float) -> float:
        pricetick: float=self. get_pricetick(vt_symbol)        #获取合约的最小价格跳动
        if direction == Direction. LONG:        #如果是多头买入
            price: float=reference + self. tick_add*pricetick        #超价为 ick_add*pricetick
        else:
            price: float=reference − self. tick_add*pricetick
        return price
```

第四节　多合约组合交易策略回测

一、准备合约历史数据

在设计好多合约组合交易策略后，需要对策略的效果进行历史数据回测，为此需要先准备用于回测的历史数据。如前所述，可以通过 CSV 文件导入相关合约数据，也可以通过数据服务商（如 RQData）等下载相关合约，这里不再赘述。以下我们以下载的 rb2005. INE 和 rb2010. INE 为例，来说明如何进行多合约组合交易策略的回测。

二、利用 Python 的 IDLE 进行多合约组合交易策略回测

这里以配对交易策略的回测为例，选择数据库中的 rb2005 和 rb2010 两个合约进行配对交易策略回测，回测源代码如下。

【例 13-3】利用 IDLE 进行多合约组合交易策略回测（保存为 backtest. py）。

```python
from datetime import datetime
from importlib import reload
import vnpy_portfoliostrategy
reload(vnpy_portfoliostrategy)
from vnpy_portfoliostrategy import BacktestingEngine
from vnpy. trader. constant import Interval
import vnpy_portfoliostrategy. strategies. pair_trading_strategy as stg
reload(stg)
from vnpy_portfoliostrategy. strategies. pair_trading_strategy import PairTradingStrategy

engine = BacktestingEngine()
engine. set_parameters(
    vt_symbols = [ "rb2005. SHFE","rb2010. SHFE"],
    interval = Interval. MINUTE,
    start = datetime(2019, 10, 15),
    end = datetime(2020, 3, 29),
    rates = {
        "rb2005. SHFE":0/10000,
        "rb2010. SHFE":0/10000
    },
    slippages = {
        "rb2005. SHFE":0,
        "rb2010. SHFE":0
    },
    sizes = {
        "rb2005. SHFE":10,
        "rb2010. SHFE":10
    },
    priceticks = {
```

```
        "rb2005. SHFE":1,
        "rb2010. SHFE":1
    },
    capital＝1_000_000,
)

setting＝{
    "boll_window":20,
    "boll_dev":1,
}
engine. add_strategy(PairTradingStrategy, setting)
engine. load_data()
engine. run_backtesting()
df＝engine. calculate_result()
engine. calculate_statistics()
engine. show_chart()
```

打开 IDLE 运行上述代码，得到价差回测结果如图 13-18 所示。

```
首个交易日:       2019-10-16
最后交易日:       2020-03-27
总交易日:         111
盈利交易日:       86
亏损交易日:       23
起始资金:         1000000.00
结束资金:         1008830.00
总收益率:         0.88%
年化收益:         1.91%
最大回撤:         -560.00
百分比最大回撤:   -0.06%
最长回撤天数:     15
总盈亏:           8830.00
总手续费:         0.00
总滑点:           0.00
总成交金额:       79621870.00
总成交笔数:       2370
日均盈亏:         79.55
日均手续费:       0.00
日均滑点:         0.00
日均成交金额:     717314.14
日均成交笔数:     21.35135135135135
日均收益率:       0.01%
收益标准差:       0.01%
Sharpe Ratio:    8.87
收益回撤比:       15.77
```

图 13-18　价差回测结果

从中可以看出配对交易策略，年化收益率为 1.91%，并不十分理想。

❓ 本章小结

（1）多合约组合交易策略主要应用于一个策略同时交易多个品种的情形中。

（2）多合约组合策略需要加载实例后才能进行仿真交易。

（3）可以利用 Python 的 IDLE 进行多合约组合交易策略回测。

习　题

1. 以 MACD 指标为交易信号，设计一个多合约组合交易策略，并进行回测。
2. 查阅相关券商金融工程研报，设计一个多合约组合交易策略，并进行回测。

第十四章
深度强化学习交易策略

第一节　深度强化学习环境搭建

一、深度强化学习简介

深度学习（Deep Learning）是利用多层人工神经网络，建立函数逼近器，将输入信息数据通过函数逼近器，映射得到输出数据，以获得与实际结果差异最小的预测模型。

强化学习（Reinforcement Learning）是让智能体（agent，即运行强化学习算法的实体）通过与环境（environment）不断交互，每次对不同的行动（action）给予不同的奖励（reward），经过多次交互后，智能体会学习到一个较好的行动策略，从而获得更大的奖励。在强化学习中，如何设计奖励函数，显得尤为重要。

深度强化学习（Deep Reinforcement Learning，DRL）则是将对输入信号处理的深度学习与进行决策处理的强化学习相结合。先让智能体获取观察环境的状态，通过深度学习的信号处理，让智能体学会观察环境状态的特征；然后借由强化学习，由环境直接告诉智能体现在的状态，使之学会如何做决策。

二、深度强化学习环境搭建

（一）安装 **gym** 与 **stable_ baselines3**

Gym 是 OpenAI 推出的强化学习实验环境库，也是强化学习最常用的标准库。2021 年其接口从 gym 库变成了 gymnasium 库，目前 Gym 支持 Python 3.5 及以上版本。除了安装 Gym 之外，还需要安装相关的依赖包，包括 numpy、matplotlib 等。对于 Gym，可以使用 pip install gymnasium 命令进行安装（见图 14-1）。

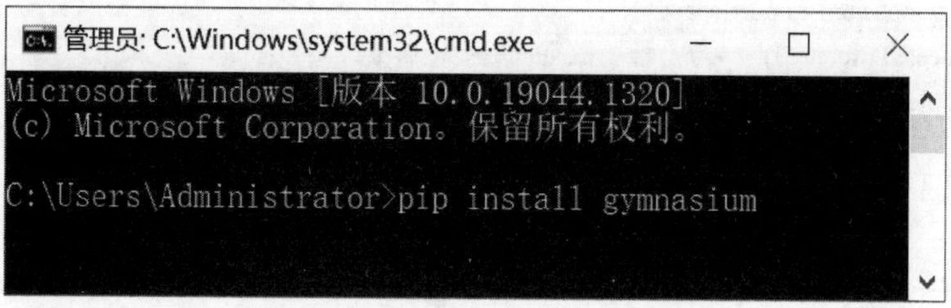

图 14-1　命令窗口安装 gymnasium

stable_ baselines3 是一个非常受欢迎的强化学习工具包，用户只需要定义清楚环境和算法，就能十分便捷地完成智能体的训练和评估。stable_ baselines3 使用 Gym 作为交互环境，包括 Gym 中提供的或者由用户自定义的环境（需要继承 gym. Env）。

stable_ baselines3 的安装比较简单，可以使用 pip install stable-baselines3 命令进行安装（见图 14-2）。

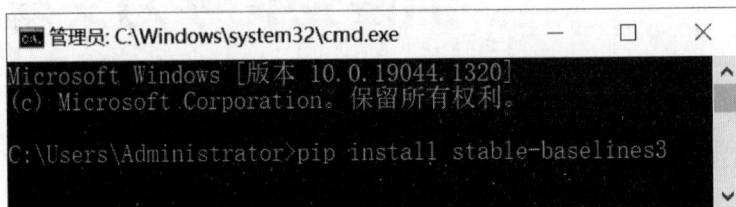

图 14-2　命令窗口安装 stable-baselines3

（二）安装 TA-Lib

TA-Lib，全称为"Technical Analysis Library"，即技术分析库，是 Python 金融量化的高级库，其涵盖了 150 多种指标，包括股票、期货交易软件中常用的技术分析指标，如 MACD、RSI、KDJ、动量指标、布林带等。如果安装了 vnpy，说明已经安装有 TA-Lib 库；如果没有，则可以使用 pip in stall Ta-Lib 命令进行安装（见图 14-3）。

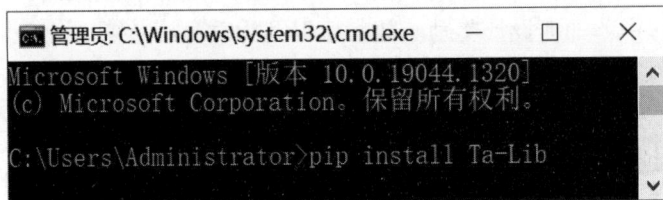

图 14-3　命令窗口安装 TA-Lib

（三）spaces. Discrete、spaces. Multi_ Discrete、spaces. Box

spaces. Discrete 和 spaces. Multi_Discrete 两个函数可以用于定义离散空间，如智能体的行动空间。spaces. Box 函数可以用于定义连续空间，如智能体的观察空间。

【例 14-1】离散空间与连续空间的定义。

```
#利用 spaces. Discrete 和 spaces. MultiDiscrete 定义离散空间
>>>import numpy as np
>>>from gymnasium import spaces
>>>b=spaces. Discrete(3)        #一维离散空间,值为{0, 1,2}
>>>b. sample()    #从 b 中随机抽样
1
>>>b. sample()        #从 b 中随机抽样
2
>>>b=spaces. MultiDiscrete([5, 10])        #二维离散空间,第一维度值[0,1,2,3,4],第二维度值[0,1,2,3,4,5,6,7,8,9]
```

```
>>>b. sample()      #从 b 中随机抽样
array([1, 3], dtype=int64)
>>>b. sample()      #从 b 中随机抽样
array([0, 1], dtype=int64)


#利用 spaces. Box 定义连续空间
>>>box=spaces. Box(low=0, high=5, dtype=np. float32)
>>>box. sample()
array([1. 9029243], dtype=float32)
>>>box=spaces. Box(low=0, high=1, shape=(3, 4), dtype=np. float32)      #box 为 3 行 4 列矩阵,值
在 0- 1 之间
>>>box. sample()
array([[0. 8783483 , 0. 9040398 , 0. 9302731 , 0. 63434327],
       [0. 68603486, 0. 6266019 , 0. 40252367, 0. 12679617],
       [0. 7451667 , 0. 32979944, 0. 98117125, 0. 85452443]], dtype=float32)
>>>box=spaces. Box(low=np. array([-1. 0, -2. 0]), high=np. array([2. 0, 4. 0]), dtype=np. float32)
# box 为 2 维变量,low 给出各维度的最小值,high 给出各维度的最大值
>>>box. sample()
array([1. 9784912, 2. 2138422], dtype=float32)
>>>box=spaces. Box(low=-np. inf, high=np. inf,shape=(2,3),dtype=np. float32)      #值在负无穷到
正无穷之间
>>>box. sample()
array([[-0. 9294862 ,   0. 45381063,   0. 2186606 ],
       [ 1. 3879031 ,   0. 8810025 , -1. 4612429 ]], dtype=float32)
```

第二节　智能体设计与训练

一、深度强化学习的常用算法

stable_baselines3 包内置了 dqn、ppo、a2c、ddpg、td3、sac 等包,对应于 DQN、PPO、A2C、DDPG、TD3、SAC 等算法。其中, DQN、PPO 适用于离散动作空间 (action); A2C、DDPG、TD3、SAC 适用于连续动作空间。

(一) DQN

DQN, 即深度 Q 网络 (Deep Q-network), 是一种用于离散动作空间的强化学习算法, 不能用于连续动作空间问题。该算法用一个只能处理离散型的价值函数 Q (s, a; w) 预测状态 s 下采取动作 a 获得的奖励, 该价值函数由神经网络来生成, 称为 Q 网络, w 是神经网络训练的参数。

1. DQN 算法

```
stable_baselines3 中,DQN 算法的语法如下:
DQN(
    policy,
    env,
```

```
        learning_rate=0.0001,
        buffer_size=1000000,
        learning_starts=50000,
        batch_size=32,
        tau=1.0,
        gamma=0.99,
        train_freq=4,
        gradient_steps=1,
        replay_buffer_class=None,
        replay_buffer_kwargs=None,
        optimize_memory_usage=False,
        target_update_interval=10000,
        exploration_fraction=0.1,
        exploration_initial_eps=1.0,
        exploration_final_eps=0.05,
        max_grad_norm=10,
        stats_window_size=100,
        tensorboard_log=None,
        policy_kwargs=None,
        verbose=0, seed=None,
        device='auto',
        _init_setup_model=True
        )
```

2. 各参数说明

policy：学习使用的网络，可选择"CnnPolicy" "DQNPolicy" "MlpPolicy" "MultiInputPolicy " "QNetwork"。

env：学习环境，即描述环境的各项指标。

learning_rate=0.0001：学习速率，控制神经网络权重更新的速度，影响收敛速度和稳定性。

buffer_size=1000000：存储过去经验的缓冲区大小，影响智能体从历史数据中学习的能力。

learning_starts=50000：在开始训练之前需要收集多少样本，避免过早更新网络。

batch_size=32：批量大小，每次网络更新时使用的样本数量，影响训练速度和稳定性。

tau=1.0：软更新系数，控制目标网络和主网络权重的同步速度，取值范围 0 到 1，默认值为 1 表示硬更新。

gamm=0.99：折扣因子，控制未来奖励的折扣程度，影响智能体对即时和未来奖励的重视程度。

train_freq=4：训练频率，每隔 train_freq 步更新一次模型，影响模型学习的速度和稳定性。

gradient_steps=1：1 表示执行与环境中与 rollout 步数相同的梯度步数。

replay_buffer_class = None：经验回放的缓冲区类型，影响智能体从历史数据中的学习。

replay_buffer_kwargs = None：自定义回放缓冲区的参数，如果为 None，则会自动选择。

optimize_memory_usage = False：控制是否启用内存优化的回放缓冲区，影响内存使用和复杂性。

target_update_interval = 10000：每隔 target_update_interval 个环境步，更新一次目标网络。

exploration_fraction = 0.1：控制在训练过程中降低探索率的速度。

exploration_initial_eps = 1.0：随机动作概率的初始值，影响智能体在早期阶段的探索程度。

exploration_final_eps = 0.05：随机动作概率的最终值，影响智能体在后期阶段的探索程度。

max_grad_norm = 10：梯度裁剪最大值，防止梯度爆炸，提高训练稳定性。

stats_window_size = 100：计算滚动统计数据时使用的窗口大小。

tensorboard_log = None：TensorBoard 的日志位置。如果为 None，则不记录日志。

policy_kwargs = None：创建策略时传递的额外参数。

verbose = 0：1 打印训练信息，0 不打印，2 打印调试信息。

seed = None：伪随机数生成器的种子，以实现实验的可重复性。

device = 'auto'：代码运行的设备（如 cpu、cuda 等），将其设置为 auto，代码将在 GPU 上运行（如果可用）。

_init_setup_model = True：实例创建时是否立即构建神经网络，影响模型初始化的方式。

（二）PPO

PPO（Proximal Policy Optimization）是一种用于离散空间的强化学习的策略优化算法，策略优化算法不再通过 Q 值函数来确定选择动作，而是直接学习策略本身，通过一组参数 θ 对策略进行参数化，并通过神经网络方法优化 θ，找到那些可能获得更多奖励的动作，使它们对应的概率更大。

stable_baselines3 中，PPO 算法的语法如下：

```
PPO(
policy: Union[str, Type[ActorCriticPolicy]],        #可选择"MlpPolicy" "CnnPolicy" "MultiInputPolicy"
env: Union[GymEnv, str],
learning_rate: Union[float, Schedule]=3e-4,
n_steps: int=2048,
batch_size: int=64,
n_epochs: int=10,
gamma: float=0.99,
gae_lambda: float=0.95,
clip_range: Union[float, Schedule]=0.2,        #Clipping 参数,可以是当前进度的函数剩余(从 1 到 0)
```

```
clip_range_vf: Union[None, float, Schedule]=None,      #值函数的剪裁参数
normalize_advantage: bool=True,
ent_coef: float=0. 0,
vf_coef: float=0. 5,
max_grad_norm: float=0. 5,
use_sde: bool=False,
sde_sample_freq: int=- 1,
target_kl: Optional[float]=None,      #限制更新之间的 KL 差异,防止因为剪裁不足以阻止大更新
stats_window_size: int=100,
tensorboard_log: Optional[str]=None,
policy_kwargs: Optional[Dict[str, Any]]=None,
verbose: int=0,
seed: Optional[int]=None,
device: Union[th. device, str]="auto",
_init_setup_model: bool=True,
)
```

(三)A2C

A2C（AdvantageActor-critic）即演员-评论家算法，只能用于连续动作空间问题。该算法认为，不同状态 s 有不同的价值，可以用状态值函数 $V(s)$ 来表示。同时，在状态 s 下采取行动 a 带来的价值为 $Q(s, a)$，因此可以计算出状态 s 下采取行动 a 带来的额外价值（优势函数）$A(s, a)$：

$$A(s, a) = Q(s, a) - V(s)$$

贝尔曼公式表明 Q 和 V 是可以互换的，即：

$$Q(s, a) = r + \gamma \times V(s')$$

其中，r 是立即回报，γ 是折扣系数，s' 表示下一个状态。

定义 TD-Error（时间差分误差）：

$$TD - Error = r + \gamma \times V(s') - V(s)$$

如此，优势函数即是 TD-Error 关于下一个状态 s' 的期望值。所以 Critic 网络不需要估计 Q，而是去估计 V。然后就可以计算出 TD-Error，也就是优势函数，然后最小化 TD-Error。

A2C 通过分别建立两个独立的神经网络，即 Actor 网络和 Critic 网络，其中 Actor 网络是 actor（行动者），用来和环境交互，输出动作（action）。Critic 网络是 critic（评价者），生成价值函数，用来评价 actor 网络所选动作的价值，在生成 TD_error 信号的同时指导 actor 网络的更新权重值。

stable_baselines3 中，A2C 算法的语法如下：

```
A2C(
    policy,        #可选择"MlpPolicy" "CnnPolicy" "MultiInputPolicy"
    env,
    learning_rate=7e- 4,
    n_steps: int=5,      #每次环境更新时运行的步数,步数通常计算为(训练数据大小/批量大小)
    gamma: float=0. 99,
    gae_lambda: float=1. 0,    #广义优势估计器权衡偏差与方差的因子,设置为 1 时相当于经典优势
    ent_coef: float=0. 0,      #损失计算的熵系数
```

```
        vf_coef: float=0. 5,        #损失计算的价值函数系数
        max_grad_norm: float=0. 5,
        rms_prop_eps: float=1e- 5,        #防止分母为 0
        use_rms_prop: bool=True,        #是否使用 RMSprop(默认)或 Adam 作为优化器
        use_sde: bool=False,        #是否使用广义状态相关探索 (gSDE),而不是动作噪声探索
        sde_sample_freq: int=- 1,        #使用 gSDE 时,每 n 步采样一个新的噪声矩阵
        normalize_advantage: bool=False,        #是否对优势值进行正态化处理
        stats_window_size: int=100,
        tensorboard_log: Optional[ str] =None,
        policy_kwargs: Optional[ Dict[ str, Any] ] =None,
        verbose: int=0,
        seed: Optional[ int] =None,
        device: Union[ th. device, str] ="auto",
        init_setup_model: bool=True,
        )
```

(四) DDPG

DDPG (Deep Deterministic Policy Gradient) 即深度确定性策略梯度算法,是一种用于连续动作空间的强化学习算法。它基于 DQN 算法,使用深度神经网络来逼近 Q 值函数和策略函数,从而实现连续动作的预测和优化。

DDPG 算法的主要思路是:将 Q 值函数和策略函数分别用一个深度神经网络来逼近,并使用经验回放和目标网络等技术来优化训练过程。其中,Q 值函数的输入为当前状态和动作,输出则为该状态下采取该动作的 Q 值;策略函数的输入为当前状态,输出则为该状态下采取的动作。

stable_ baselines3 中,DDPG 算法的语法如下:

```
DDPG(
        policy: Union[ str, Type[ TD3Policy] ],        #可选择"MlpPolicy" "CnnPolicy" "MultiInputPolicy"
        env: Union[ GymEnv, str],
        learning_rate: Union[ float, Schedule] =1e- 3,
        buffer_size: int=1_000_000,
        learning_starts: int=100,
        batch_size: int=100,
        tau: float=0. 005,
        gamma: float=0. 99,
        train_freq: Union[ int, Tuple[ int, str] ] =(1, "episode"),
        gradient_steps: int=- 1,
        action_noise: Optional[ ActionNoise] =None,        #动作噪声类型,有助于解决困难的探索问题
        replay_buffer_class: Optional[ Type[ ReplayBuffer] ] =None,
        replay_buffer_kwargs: Optional[ Dict[ str, Any] ] =None,
        optimize_memory_usage: bool=False,
        tensorboard_log: Optional[ str] =None,
        policy_kwargs: Optional[ Dict[ str, Any] ] =None,
        verbose: int=0,
        seed: Optional[ int] =None,
```

```
    device: Union[th. device, str]="auto",
    _init_setup_model: bool=True,
    )
```

（五）TD3

TD3 算法（Twin Delayed DDPG），是一种用于连续动作空间的强化学习算法。它在 DDPG 算法的基础上引入了双网络和延迟更新，从而进一步提升了算法的性能。使用两个价值 Critic 网络对动作-值进行评估，并取其中最小值当做实际值，从而抑制网络过估计问题。通过延迟更新，使得更新 Critic 网络的频率大于 Actor 网络。

stable_baselines3 中，TD3 算法的语法如下：

```
TD3(
    policy: Union[str, Type[TD3Policy]],      #可选择"MlpPolicy" "CnnPolicy" "MultiInputPolicy"
    env: Union[GymEnv, str],
    learning_rate: Union[float, Schedule]=1e-3,
    buffer_size: int=1_000_000,
    learning_starts: int=100,
    batch_size: int=100,
    tau: float=0.005,
    gamma: float=0.99,
    train_freq: Union[int, Tuple[int, str]]=(1, "episode"),
    gradient_steps: int=-1,
    action_noise: Optional[ActionNoise]=None,
    replay_buffer_class: Optional[Type[ReplayBuffer]]=None,
    replay_buffer_kwargs: Optional[Dict[str, Any]]=None,
    optimize_memory_usage: bool=False,
    policy_delay: int=2,        #策略网络在每步训练中,将于延迟 policy_delay 步后进行更新
    target_policy_noise: float=0.2,      #目标策略中高斯噪声的标准差(平滑噪声)
    target_noise_clip: float=0.5,        #目标策略平滑噪声的绝对值的限制
    stats_window_size: int=100,
    tensorboard_log: Optional[str]=None,
    policy_kwargs: Optional[Dict[str, Any]]=None,
    verbose: int=0,
    seed: Optional[int]=None,
    device: Union[th. device, str]="auto",
    _init_setup_model: bool=True,
    )
```

（六）SAC

SAC（Soft Actor-Critic）即柔性动作-评价，是 TD3 算法的拓展，是一种用于连续动作空间的强化学习算法。SAC 算法引入了熵优化和自适应温度参数等技术，以适应更复杂的任务。算法的网络结构有 5 个，即 1 个 actor 网络和 4 个 Critic 网络，4 个 Critic 网络包括状态价值估计 value 和 Target value 网络、动作-状态价值估计 Q0 和 Q1 网络。

actor 网络的输入为状态，输出为动作概率（离散动作空间）或者动作概率分布参数（连续动作空间）。critic 网络的输入为状态，输出为状态的价值。

SAC 算法通过最小化策略的熵来优化策略。熵是一个度量策略的不确定性的指标，通过最小化策略的熵，可以使策略更加均衡和多样化，从而有助于提高算法对于不同环境和任务的适应性。SAC 算法引入了自适应温度参数，通过优化温度参数的选择，可以在最大化预期累积奖励和最小化策略熵之间取得平衡。

stable_ baselines3 中，SAC 算法的语法如下：

```
SAC(
    policy: Union[str, Type[SACPolicy]],
    env: Union[GymEnv, str],
    learning_rate: Union[float, Schedule]=3e-4,
    buffer_size: int=1_000_000,
    learning_starts: int=100,
    batch_size: int=256,
    tau: float=0.005,
    gamma: float=0.99,
    train_freq: Union[int, Tuple[int, str]]=1,
    gradient_steps: int=1,
    action_noise: Optional[ActionNoise]=None,
    replay_buffer_class: Optional[Type[ReplayBuffer]]=None,
    replay_buffer_kwargs: Optional[Dict[str, Any]]=None,
    optimize_memory_usage: bool=False,
    ent_coef: Union[str, float]="auto",
    target_update_interval: int=1,        #每隔 target_network_update_freq 梯度步,更新目标网络。
    target_entropy: Union[str, float]="auto",        #学习 ent_coef 时的目标熵
    use_sde: bool=False,
    sde_sample_freq: int=-1,
    use_sde_at_warmup: bool=False,
    stats_window_size: int=100,
    tensorboard_log: Optional[str]=None,
    policy_kwargs: Optional[Dict[str, Any]]=None,
    verbose: int=0,
    seed: Optional[int]=None,
    device: Union[th.device, str]="auto",
    _init_setup_model: bool=True,
)
```

二、智能体设计

深度强化学习是一种机器学习，其中的智能体（agent）会感知环境（environment）的信息，并做出行动（action）；行动会进一步改变环境状态（state），且获得一定的奖励（reward）。

对于量化交易而言，交易环境（environment）可能是由一系列交易指标组成的。例如，交易环境有 100 个 60 分钟的 K 线的 open、high、low、close 以及各种技术指标等信息。

下面详细介绍交易智能体（agent）的设计。

（一）定义行动类型

通过创建枚举类 TradingEnvAction 类的方式定义各种交易动作，该类下定义了开多单、平多单、开空单、平空单、持单这五个操作类型。

（二）定义交易环境

定义交易环境类 TradingEnv 类，继承的父类为 gym.Env。TradingEnv 类下定义了如下函数。

_ _init_ _ 函数：对传入的历史交易数据进行缺失值处理，并设置提供给 agent 的动作空间（固定长度的历史数据时段个数）、初始账户资金数量、交易佣金比例、定义行动空间和观察空间（状态空间）。动作空间可以是一维的或多维的。例如，第一维表示买卖操作（开多单、平多单、开空单、平空单、持有），第二维表示买入的金额比例或数量。观察空间定义的是交易环境的各个维度（例如开盘价、收盘价、技术指标等）以及每个维度的取值范围。

reset 函数：初始化交易环境。设置初始账户资金、初始账户净值、初始仓位，同时调用 reset_session 函数进行回合初始化，并调用 next_observation 函数以获取下一个观察时段数据。

reset_session 函数：初始回合重置。从某一个时刻开始，每次向前走一步，直到走到最终时刻，即构成一个回合。

next_observation 函数：用于获取下一个观察空间（观察时段），假设当前走到第 20 步，则观察时段为当前及之前的 99 个时段，共 100 个时段数据（假设初始化时提供给 agent 观察的固定观察空间长度为 100）。

step 函数：步进函数。获取当前步数的交易价格，然后调用 take_action 函数进行交易决策，同时更新剩余步数（减少 1 步）和当前步数（增加 1 步），如剩余步数为 0，则一个回合走完。调用 reset_session 函数重新开始新的回合，然后调用 next_observation 函数获取下一个观察时段数据，计算出奖励 reward，并判断当前账户净值是否低于规定的数额，如果是则训练结束，可以重新训练智能体。

take_action 函数：做出交易决策行动。先获取决策类型（开多单、平多单、开空单、平空单、持有），再根据不同的决策类型，并根据当前的仓位情况（空仓、有多单、有空单）做出相应的买卖交易，更新账号净值。

三、智能体训练

智能体设计完毕后，即可利用历史交易数据对其进行训练。具体做法是：先读取用于训练的历史数据，然后计算交易环境需要的各个技术指标，再创建基于历史数据的训练环境，创建用于存储训练结果的文件夹。如果是首次训练，则创建相应的训练模型；如果是已经存在训练模型，则可以导入再次训练，这样可以不断选择不同的合约对智能体进行训练。最后，保存训练结果模型。

【例 14-2】量化交易智能体（agent）设计与训练（保存为 agent.py）。

```python
import os
import numpy as np
import pandas as pd
import gymnasium as gym
from gymnasium import spaces
from gymnasium.envs.classic_control import utils
from gymnasium.error import DependencyNotInstalled
from enum import Enum
import talib
from stable_baselines3.common.vec_env import DummyVecEnv
from stable_baselines3 import DDPG,A2C,PPO,TD3,SAC


#定义行动类型
class TradingEnvAction(Enum):
    BUY = 0       #开多单
    SELL = 1      #平多单
    SHORT = 2     #开空单
    COVER = 3     #平空单
    HOLD = 4      #持单


#定义交易环境,df 为历史数据,包括 open\close\high\low 等
class TradingEnv(gym.Env):
    def __init__(self,df,lookback_window_size=100):
        super(TradingEnv,self).__init__()
        self.df=df.dropna().reset_index()      #df 为历史数据,包括 open\close\high\low\技术指标等
        self.lookback_window_size=lookback_window_size      #回顾时间窗口,每次提供给 agent
的观察空间的固定长度,默认提供 100 个时段数据
        self.initial_balance=10000      #初始账户资金
        self.comimssion=0.00075         #交易佣金
        self.action_space=spaces.Box(low=0, high=5, dtype=np.float32)      #使用连续空间定义
行动空间,以便于利用 SAC、DDPG 等只用于连续空间的算法
        self.observation_space=spaces.Box(low=-np.inf,
                        high=np.inf,shape=(18,lookback_window_size+1),dtype=np.float32)
        #observation_space 为观察空间,定义 agent 可观察到环境的维度数,本例包括 18 维度,包
括 18 个技术指标,每个维度长度 lookback_window_size+1,每个维度数值在负无穷到正无穷之间,加 1
是因为后文的切片不包含终止索引位
        self.buy_price=0      #初始化买入价格
        self.short_price=0    #初始化卖出价格


    def reset(self,seed=None):      #初始化交易环境
        super().reset(seed=seed)
        self.balance=self.initial_balance      #初始账户资金
        self.net_worth=self.initial_balance    #初始账户净值
        self.position_held=0                    #初始仓位
        self._reset_session()                   #调用 reset_session 进行回合初始化
        return self._next_observation(),{}      #调用 next_observation 函数获取下一个观察时段数据
```

```python
    def _reset_session(self):        #重置为初始回合
        self.current_step=0          #重置当前步数为第0步,从第一个数据开始滚动提供固定长度
#的观察空间
        #初始回合剩余步数=数据长度-观察空间的固定长度。例如,10000个数据(索引0~
#999),每次提供100个历史数据,则初始回合剩余步数=899
        self.steps_left=len(self.df) - self.lookback_window_size - 1
        self.frame_start=self.lookback_window_size     #初始回合数据观察空间数据切片的起
#始位=观察空间的长度,即从第100个数据开始
        #训练智能体的数据=初始回合的数据切片起始位-观察空间长度:初始回合的数据切片
#起始位置+初始回合剩余步数
        self.df=self.df[self.frame_start - self.lookback_window_size:self.frame_start + self.steps_left]


    def _next_observation(self):        #获取下一个观察时段数据
        end=self.current_step+self.lookback_window_size+1        #结束位置=当前步数+观察时段
#长度+1,加1是因为后文的切片不包含终止索引位
        start=self.current_step         #起始位置
        obs=np.array([
        self.df['open'].values[start:end],
        self.df['high'].values[start:end],
        self.df['low'].values[start:end],
        self.df['close'].values[start:end],
        self.df['dif_1'].values[start:end],
        self.df['dif_2'].values[start:end],
        self.df['dif_3'].values[start:end],
        self.df['macd'].values[start:end],
        self.df['apo_array'].values[start:end],
        self.df['cmo_array'].values[start:end],
        self.df['mom_array'].values[start:end],
        self.df['trix24_array'].values[start:end],
        self.df['trix72_array'].values[start:end],
        self.df['cci_array'].values[start:end],
        self.df['slowk'].values[start:end],
        self.df['slowd'].values[start:end],
        self.df['rsi_14'].values[start:end],
        self.df['rsi_5'].values[start:end],
        ])        #共18个指标,获取各个环境维度指标的切片,构成新的样本观察时段数据
        return obs        #返回新的观察样本时段数据,共18个维度


    def step(self, action):        #步进一步,即从观察样本时段数据中选择下一个样本个体(某个时刻数据)
        current_price=self.df.loc[self.current_step, 'close']+0.01        #当前价格=当前步数时刻
#的收盘价+滑点
        self._take_action(action, current_price)        #调用_take_action进行决策行动
        self.steps_left -= 1        #剩余步数减1
        self.current_step += 1        #当前步数加1
        if self.steps_left == 0:        #剩余步数为0,一个回合的所有步数已走完,即已遍历所有
#的历史数据
```

```python
        self. balance += self. position_held *current_price      #账户资金=账户资金+持仓量* 当前价格
        self. position_held=0      #持仓重置为 0
        self. _reset_session()      #重新开始新的回合
    obs=self. _next_observation()      #调用_next_observation 获取下一个样本观察时段数据
    reward=self. net_worth      #奖励=当前净值
    done=self. net_worth <= 8000      #如果当前净值不足 8000,则游戏结束
    return obs, reward, done,False,{}      #返回下一个样本观察时段数据,奖励,游戏是否结束


def _take_action(self,action,current_price):      #决策行动
    action_type=int(action[0])      #行动类型
    if action_type==0 and abs(self. position_held)<=1:      #开多单,行动类型=0,且持仓量不超过 1 手
        if self. position_held>=0:      #无空单
            amount_buy=1      #开多单,买入数量 1 手
            self. buy_price=current_price*(1+self. comimssion)      #多单开仓成本价格
            self. position_held+=amount_buy      #持仓数量
        elif self. position_held<0:      #有空单
            amount_cover=abs(self. position_held)      #平空单,买入数量
            profit=amount_cover*(self. short_price- current_price*(1+self. comimssion))      #空单盈亏
            self. position_held+=amount_cover      #持仓数量
            self. balance+=profit      #账户资金
            amount_buy=1      #开多单,买入数量 1 手
            self. buy_price=current_price*(1+self. comimssion)      #多单开仓价格
            self. position_held+=amount_buy      #持仓数量
    elif action_type==1 and self. position_held>0:      #平多单,行动类型=1,且持有多头仓位
        amount_sell=self. position_held      #平多单,卖出数量
        profit=amount_sell*(current_price*(1- self. comimssion)- self. buy_price)      #多单盈亏
        self. position_held- =amount_sell      #持仓数量
        self. balance+=profit      #账户资金
    elif action_type==2 and abs(self. position_held)<=1:      #开空单,行动类型=2,且持仓量不超过 1 手
        if self. position_held<=0:      #无多单
            amount_short=1
            self. short_price=current_price*(1- self. comimssion)      #空单开仓价格
            self. position_held- =amount_short      #持仓数量
        elif self. position_held>0:      #有多单
            amount_sell=abs(self. position_held)      #平多单,卖出数量
            profit=amount_sell*(current_price*(1+self. comimssion)- self. buy_price)      #多单盈亏
            self. position_held- =amount_sell      #持仓数量
            self. balance+=profit      #账户资金
            amount_short=1
            short_price=current_price*(1- self. comimssion)      #空单开仓价格
            self. position_held- =amount_short      #持仓数量
    elif action_type==3 and self. position_held<0:      #平空单,行动类型=3,且持有空头仓位
        amount_cover=abs(self. position_held)      #平空单,买入数量
```

```
                profit=amount_cover*(self. short_price- current_price*(1+self. comimssion))      #空单盈亏
                self. position_held+=amount_cover #持仓数量
                self. balance+=profit #账户资金
            self. net_worth=self. balance #更新账户净值


#获取训练数据集,从桌面文件夹 agent 中读取 IF8888 沪深股指期货 1 分钟历史数据 .csv
    train_data=pd. read_csv(' C:/Users/Administrator/Desktop/agent/IF8888 沪深股指期货 1 分钟历史数
据 . csv' , sep=',' ,encoding=' gbk' )
    df= pd. DataFrame()
    open= train_data[' open' ]. astype(float). values
    high= train_data[' high' ]. astype(float). values
    close =train_data[' close' ]. astype(float). values
    low= train_data[' low' ]. astype(float). values
    volume =train_data[ "volume"]. astype(float). values


#计算技术指标,共 18 个
    df[' open' ]=open
    df[' high' ]=high
    df[' close' ]=close
    df[' low' ]=low
    df[' dif_1' ]=talib. EMA(np. array(close), timeperiod=12)- talib. EMA(np. array(close), timeperiod=26)
    df[' dif_2' ]=talib. EMA(np. array(close), timeperiod=26)- talib. EMA(np. array(close), timeperiod=78)
    df[' dif_3' ]=talib. EMA(np. array(close), timeperiod=78)- talib. EMA(np. array(close), timeperiod=234)
    df[' macd' ]=2*df[' dif_1' ]- 2*talib. EMA(np. array(df[' dif_1' ]), timeperiod=9)
    df[' apo_array' ] = talib. APO(np. array(close),12,26)
    df[' cmo_array' ]=talib. CMO(np. array(close),14)
    df[' mom_array' ]=talib. MOM(np. array(close),25)
    df[' trix24_array' ] = talib. TRIX(np. array(close),24)
    df[' trix72_array' ] = talib. TRIX(np. array(close),72)
    df[' cci_array' ] = talib. CCI(np. array(high),np. array(low),np. array(close),14)
    df[' slowk' ], df[' slowd' ]=talib. STOCH(df[' high' ], df[' low' ], df[' close' ], fastk_period=36,slowk_
period=9, slowk_matype=0, slowd_period=9, slowd_matype=0)
    df[' rsi_14' ]=talib. RSI(df[' close' ], timeperiod=14)
    df[' rsi_5' ]=talib. RSI(df[' close' ], timeperiod=5)


#创建训练环境
    train_df=df. dropna(). reset_index()      #删除因计算计算指标产生的缺失值
    train_env=DummyVecEnv([ lambda: TradingEnv(train_df)])


#从指定的桌面文件夹 agent 中导入已训练的智能体,或新创建智能体
    if os. path. exists("C:/Users/Administrator/Desktop/agent/model_PPO. zip"):      #目录中已存在训练过
的智能体
        print("成功导入模型")
        model=PPO. load(' C:/Users/Administrator/Desktop/agent/model_PPO. zip' , train_env)      #从指定目
录文件中导入经过训练的模型
```

```
else:
        model =PPO(' MlpPolicy' ,train_env, verbose=1)        #采用 PPO 或其他算法创建智能体,若数据量
大,则 DQN、DDPG、TD3、SAC 算法需要指定 buffer_size

#训练智能体并保存模型,保存在桌面文件夹 agent 中
model. learn(total_timesteps=50000)
model. save(' C:/Users/Administrator/Desktop/agent/model_PPO. zip' )        #训练后的模型保存到指定
目录文件中
```

运行上述程序,即可完成对智能体(agent)的训练并保存训练后的模型,在训练过程中,在一定步数后会产生一个训练指标,用来储存训练过程中的结果,图 14-4 是 PPO 的训练指标。

```
首个交易日:      2016-02-02
最后交易日:      2017-12-29
总交易日:        467
盈利交易日:      206
亏损交易日:      198
起始资金:        1000000.00
结束资金:        1564656.71
总收益率:        56.47%
年化收益:        29.02%
最大回撤:        -177321.44
百分比最大回撤:  -13.57%
最长回撤天数:    160
总盈亏:          564656.71
总手续费:        13503.29
总滑点:          25560.00
总成交金额:      450109560.00
总成交笔数:      426
日均盈亏:        1209.12
日均手续费:      28.91
日均滑点:        54.73
日均成交金额:    963832.03
日均成交笔数:    0.9122055674518201
日均收益率:      0.10%
收益标准差:      1.16%
Sharpe Ratio:    1.28
收益回撤比:      4.16
```

图 14-4　PPO 模型训练指标

其中时间方面的指标包括如下几个。

fps:表示每秒钟运行的帧数;

iteration:迭代次数;

clip_range:PPO 替代损失的削波因子的当前值;

time_elapsed:运行时间;

total_timesteps:总共运行步数。

训练方面的指标包括:

approx_kl:新旧策略间的平均 KL 差异(对于 PPO),用于估计差异程度;

clip_fraction:PPO 的代理损失的平均分数(高于 clip_range 阈值);

entropy_loss：熵损失；

explained_variance：解释方差；

learning_rate：策略更新的速度；

loss：总损失；

n_updates：总的更新次数；

policy_gradient_loss：策略损失；

std：标准差；

value_loss：价值损失。

至此，达到了设计交易智能体并通过一个合约品种训练智能体的目的。在此基础上，可以进一步通过其他品种继续训练智能体。

当然，也可以修改和完善奖励方式（reward）和交易环境的维度。在对智能体做进一步改进后，如果交易环境的维度和内容已经发生了变化，则需要先删除原先保存的结果模型，再进行智能体训练。

第三节 深度强化学习交易策略设计与回测

一、深度强化学习策略设计

智能体训练结束后，基于 vnpy 平台，我们可以设计利用智能体进行交易的策略。具体分析如下。

（一）加载需要模块

导入设计智能体时涉及的相关包和模块，主要包括导入 os、numpy、pandas、gymnasium、enum、talib 以及各种算法。

（二）导入 **vnpy** 的相关类和方法

主要从 vnpy_ctastrategy 包中导入 CtaTemplate、StopOrder、TickData、BarData、TradeData、OrderData、BarGenerator、ArrayManager 等类。

（三）定义策略类和相关函数

定义策略类名为 AgentStrategy，策略初始化需要导入 1 分钟 K 线的天数（init_days）。本例中没有设计策略参数变量和策略变量。

init 函数：创建 1 分钟 K 线生成器和时间序列容器对象。创建 60 分钟 K 线生成器和时间序列容器对象，时间序列容器对象分别用于存储 1 分钟 K 线和 60 分钟 K 线。创建变量 historydata 用于存放用于提供给智能体观察的历史数据。

on_init、on_start、on_stop 三个函数的功能与前面各章策略中的设计相同。

on_tick 函数：调用 update_tick 函数合成 1 分钟 bar，合成后调用 on_bar 函数。

on_bar 函数：接收到 1 分钟 bar，放入 1 分钟 K 线容器，同时合成 60 分钟 bar，一旦合成完毕则调用 on_window_bar 函数。

on_window_bar 函数：接收到 60 分钟 bar 后，先取消委托单，将新合成的 60 分钟 K 线放入 K 线容器，形成历史行情数据，为防止长时间交易或回测时提供给智能体的历史行情数据量过大，历史数据最多只存储最近 5 万个 K 线。之后则从历史数据中计算出技术指标，这些技术指标的名称与个数要匹配智能体交易环境中的名称与个数。

由于计算技术指标的原因，部分指标前几个周期会产生缺失值，因此需要做删除缺失值的处理，以确保所有指标均有数据。同时，由于在设计智能体时提供给智能体的观察空间长度为 lookback_window_size = 100，因此缺失值处理后的数据帧必须满 100 个时段数据后才能与智能体设计时的要求（空间长度 = 100）相匹配。在此程序会做进一步检查，以确保缺失值处理后的历史数据满足初始提供给智能体的空间观察长度的要求。

之后，采用 DummyVecEnv 函数创建当前的交易环境：从实际路径导入训练后的智能体，传入当前的交易环境，当前交易环境调用 reset（）函数。其中，交易环境 TradingEnv 类应在策略中进行定义，TradingEnv 类中只需要定义 init、reset、_next_ observation 这三个函数即可，而不需要定义 agent 设计中的其他函数，并且 init 函数、reset 函数只用定义策略环境中需要的变量和功能即可。

【例 14-3】深度强化交易策略（保存为 agent_ strategy. py）。

```
#加载需要的模块
import os
import numpy as np
import pandas as pd
import gymnasium as gym
from gymnasium import spaces
from gymnasium. envs. classic_control import utils
from gymnasium. error import DependencyNotInstalled
from enum import Enum
import talib
from stable_baselines3. common. vec_env import DummyVecEnv
from stable_baselines3 import DDPG,A2C,PPO,TD3,SAC

from vnpy_ctastrategy import (
    CtaTemplate,
    StopOrder,
    TickData,
    BarData,
    TradeData,
    OrderData,
    BarGenerator,
    ArrayManager,
    )
from vnpy. trader. utility import load_json

class AgentStrategy(CtaTemplate):
    init_days=20        #初始化数据所用的天数
    #参数列表
    parameters =[ ]
    #变量列表
```

```python
        variables = [ ]
        def __init__(self, cta_engine, strategy_name, vt_symbol, setting):
            super().__init__(cta_engine, strategy_name, vt_symbol, setting)
            self.bg1 = BarGenerator(self.on_bar)            #创建 1 分钟 K 线生成器对象
            self.am1 = ArrayManager()                       #创建 1 分钟 K 线时间序列容器对象

            self.bg_mins = BarGenerator(self.on_bar, 60,self.on_window_bar)   #创建 60 分钟 K 线生成器对象
            self.am_mins = ArrayManager()                   #创建 60 分钟 K 线时间序列容器对象
            self.historydata = pd.DataFrame(columns = ['open','high','low','close','volume'])

        def on_init(self):
            self.write_log("策略初始化")
            self.load_bar(self.init_days)
        def on_start(self):
            self.write_log("策略启动")
        def on_stop(self):
            self.write_log("策略停止")

        def on_tick(self, tick: TickData):
            self.bg1.update_tick(tick)      #合成 1 分钟 bar 并调用 on_bar 函数

        def on_bar(self, bar: BarData):
            self.cancel_all()          #取消之前的所有委托单
            am1 = self.am1
            am1.update_bar(bar)        #更新 1 分钟 K 线容器
            bg_mins = self.bg_mins.update_bar(bar)      #合成 60 分钟 bar,并调用 on_window_bar 函数

        def on_window_bar(self, bar: BarData):
            am_mins = self.am_mins
            am_mins.update_bar(bar)        #将新合成的 60 分钟 K 线放入 K 线容器
            if not am_mins.inited:         #如果时间序列容器里不足 100 根 60 分钟 K 线,则将数据存入
historydata 并返回
                self.historydata['open'] = am_mins.open
                self.historydata['high'] = am_mins.high
                self.historydata['low'] = am_mins.low
                self.historydata['close'] = am_mins.close
                self.historydata['volume'] = am_mins.volume
                return

            #为防止长时间交易或回测时历史行情数据量过大,历史数据中最多只存储最近 5 万个 K 线。
            new = {'open':am_mins.open[-1],'high':am_mins.high[-1],'low':am_mins.low[-1],'close':
am_mins.close[-1],'volume':am_mins.volume[-1]}
            self.historydata.loc[len(self.historydata)] = new
            if self.historydata.shape[0]>50000:
                self.historydata = self.historydata.iloc[-50000:]
                self.historydata = self.historydata.reset_index(drop=True)
```

```python
#获取数据集
trade_data=self. historydata
df= pd. DataFrame()
open= trade_data['open']. astype(float). values
high= trade_data['high']. astype(float). values
close =trade_data['close']. astype(float). values
low= trade_data['low']. astype(float). values
volume =trade_data["volume"]. astype(float). values

#计算技术指标,共18个
df['open']=trade_data['open']
df['high']=trade_data['high']
df['close']=trade_data['close']
df['low']=trade_data['low']
df['dif_1']=talib. EMA(np. array(close), timeperiod=12)- talib. EMA(np. array(close), timeperiod=26)
df['dif_2']=talib. EMA(np. array(close), timeperiod=26)- talib. EMA(np. array(close), timeperiod=78)
df['dif_3']=talib. EMA(np. array(close), timeperiod=78)- talib. EMA(np. array(close), timeperiod=234)
df['macd']=2*df['dif_1']- 2*talib. EMA(np. array(df['dif_1']), timeperiod=9)
df['macd_signal']=list(map(lambda x: int(x>0), df['macd']))
df['apo_array']= talib. APO(np. array(close),12,26)
df['cmo_array']=talib. CMO(np. array(close),14)
df['mom_array']=talib. MOM(np. array(close),25)
df['trix24_array']= talib. TRIX(np. array(close),24)
df['trix72_array']= talib. TRIX(np. array(close),72)
df['cci_array']= talib. CCI(np. array(high),np. array(low),np. array(close),14)
df['slowk'], df['slowd']= talib. STOCH(df['high'], df['low'], df['close'], fastk_period=36,slowk_period=9, slowk_matype=0, slowd_period=9, slowd_matype=0)
df['rsi_14']=talib. RSI(df['close'], timeperiod=14)
df['rsi_5']=talib. RSI(df['close'], timeperiod=5)

df=df. dropna()        #处理缺失值
if len(df)<=100:        #匹配智能体训练观察空间长度 lookback_window_size=100
    return
market_env=DummyVecEnv([lambda: TradingEnv(df)])        #创建交易环境
model=PPO. load(' C:/Users/Administrator/Desktop/agent/model_PPO. zip', market_env)        #从
实际路径导入训练后的智能体,传入当前的交易环境
obs=market_env. reset()
action, _states=model. predict(obs)
action_type=action[0]. astype(int)        #行动类型
if action_type==0 and abs(self. pos)<=1:  #开多单,且当前仓位量不超过1手,下同
    if self. pos>=0:        #没有空单
        self. buy(bar. close_price+10, 1)
    elif self. pos<0: #有空单
        self. cover(bar. close_price+10, 1)
        self. buy(bar. close_price+10, 1)
```

313

```python
        elif action_type==1 and self. pos>0:           #平多单
                self. sell(bar. close_price-10, 1)
        elif action_type==2 and abs(self. pos)<=1:     #开空单
            if self. pos<=0:      #没有多单
                self. short(bar. close_price-10, 1)
            elif self. pos>0:     #有多单
                self. sell(bar. close_price-10, 1)
                self. short(bar. close_price-10, 1)
        elif action_type==3 and self. pos<0:           #平空单
                self. cover(bar. close_price+10, 1)
        #发出状态更新事件
        self. put_event()


    def on_order(self, order: OrderData):
        pass
    def on_trade(self, trade: TradeData):
        pass
    def on_stop_order(self, stop_order: StopOrder):
        pass


#定义交易环境
class TradingEnv(gym. Env):
    def _init_(self,df,lookback_window_size=100):
        super(TradingEnv,self). _init_()
        self. df=df. dropna(). reset_index()   #df 为历史数据,包括 open\close\high\low\技术指标等
        self. lookback_window_size=lookback_window_size     #回顾时间窗口,与 agent 一致
        self. action_space=spaces. Box(low=0, high=5, dtype=np. float32)     #用连续空间定义行
动空间,以便于利用 SAC、DDPG 等只用于连续空间的算法
        self. observation_space=spaces. Box(low=- np. inf,high=np. inf,shape=(18,lookback_window_
size+1),dtype=np. float32)     #观察空间 18 维度,与 agent 一致


    def reset(self,seed=None):     #初始化交易环境
        return self. _next_observation(),{}     #调用 next_observation 函数
    def _next_observation(self):     #获取下一个观察时段数据,长度为 lookback_window_size=100
        end=len(self. df)     #结束位置
        start=len(self. df)- self. lookback_window_size- 1     #起始位置
        obs=np. array([
        self. df[' open' ]. values[ start:end],
        self. df[' high' ]. values[ start:end],
        self. df[' low' ]. values[ start:end],
        self. df[' close' ]. values[ start:end],
        self. df[' dif_1' ]. values[ start:end],
        self. df[' dif_2' ]. values[ start:end],
        self. df[' dif_3' ]. values[ start:end],
        self. df[' macd' ]. values[ start:end],
```

```
            self. df['apo_array']. values[start:end],
            self. df['cmo_array']. values[start:end],
            self. df['mom_array']. values[start:end],
            self. df['trix24_array']. values[start:end],
            self. df['trix72_array']. values[start:end],
            self. df['cci_array']. values[start:end],
            self. df['slowk']. values[start:end],
            self. df['slowd']. values[start:end],
            self. df['rsi_14']. values[start:end],
            self. df['rsi_5']. values[start:end],
        ])      #共18个指标,获取各个环境维度指标的切片,构成新的样本观察时段数据
        return obs      #返回新的观察样本时段数据,共18个维度
```

二、深度强化学习策略回测

在策略文件(agent_ strategy. py)末尾添加如下回测代码。

【例14-4】深度强化学习交易策略回测代码。

```python
if __name__ == '__main__':
    from vnpy_ctastrategy. backtesting import BacktestingEngine, OptimizationSetting
    from vnpy_ctastrategy. base import BacktestingMode
    from datetime import datetime
    engine = BacktestingEngine()
    engine. set_parameters(
        vt_symbol = "IF8888. CFFEX",
        interval = "1m",
        start = datetime(2016,1,1),
        end = datetime(2017,12,30),
        rate = 0. 3/10000,
        slippage = 0. 2,
        size = 300,
        pricetick = 0. 2,
        capital = 1_000_000,
        )
    engine. add_strategy(AgentStrategy, {})
    engine. load_data()
    engine. run_backtesting()
    df = engine. calculate_result()
    engine. calculate_statistics()
    engine. show_chart()
```

运行上述代码,即可得到回测结果(见图14-5)。

```
首个交易日：        2016-02-02
最后交易日：        2017-12-29
总交易日：          467
盈利交易日：        206
亏损交易日：        198
起始资金：          1000000.00
结束资金：          1564656.71
总收益率：          56.47%
年化收益：          29.02%
最大回撤：          -177321.44
百分比最大回撤：    -13.57%
最长回撤天数：      160
总盈亏：            564656.71
总手续费：          13503.29
总滑点：            25560.00
总成交金额：        450109560.00
总成交笔数：        426
日均盈亏：          1209.12
日均手续费：        28.91
日均滑点：          54.73
日均成交金额：      963832.03
日均成交笔数：      0.9122055674518201
日均收益率：        0.10%
收益标准差：        1.16%
Sharpe Ratio：      1.28
收益回撤比：        4.16
```

图 14-5　回测结果

　　需要指出的是，强化学习策略的盈利能力是否稳健，与智能体训练中的交易品种数量和时间长短有关。对于回测结果也需要理性对待，不同的交易品种、不同的回测时间长度等都会影响策略的盈利情况。只有再经过诸多交易品种的回测，并且在盈利能力稳健的情况下，才能说明经我们训练得到的智能体或许是稳健的。

❓ 本章小结

　　（1）深度强化学习是深度学习和强化学习的结合，是一种无监督学习。

　　（2）深度强化学习需要搭建的环境包括 gym 与 stable_ baselines3，其中 gym 接口已升级为 gymnasium 库。此外，为便于设计量化交易环境，还需要安装技术分析库 TA-Lib。

　　（3）stable_baselines3 包内置了 DQN、PPO、A2C、DDPG、TD3、SAC 等算法。其中，DQN、PPO 适用于离散动作空间；A2C、DDPG、TD3、SAC 适用于连续动作空间。

　　（4）在智能体的设计中，环境的维度和奖励的设计是影响智能体学习的重要因素，需要充分谋划。此外，在训练智能体时应尽量采用大量交易品种进行长时间的训练，以提高智能体稳健性。

　　（5）在深度强化学习策略设计时，策略内部交易环境的设计应当与智能体设计时的环境相匹配。

　　（6）深度强化学习策略的稳健性与智能体的训练密切相关，应当在大量训练智能体的基础上，再通过多品种回测来检验策略盈利的稳健性。

习　题

1. 练习导入 gymnasium 库，并进行离散空间和连续空间的定义，通过抽样显示抽取的空间状态值。

2. 针对设计的智能体，采用其他算法（A2C、DDPG、TD3、SAC）等进行训练，并保存训练模型，同时对该模型的盈利能力进行回测。

3. 借助深度强化学习策略，并采用其他合约品种进行回测，以分析、比较智能体的稳健性。

## 第十五章

期权交易

期权是一种非线性的金融衍生品，因此希腊值在期权交易中占有重要地位。本章主要讲述期权交易策略的开发与回测，以及利用期权电子眼进行仿真交易。

第一节　vnpy 期权交易模块

一、模块构成

期权交易模块位于 C：\veighna_studio\Lib\site-packages\vnpy_optionmaster 文件夹下面，主要由 8 部分构成，如图 15-1 所示。

图 15-1　option_ master 模块

ui：期权交易界面图形插件，主要形成如下期权交易界面（见图 15-2）。

图 15-2　option_ master 交易界面

pricing：主要存放了期权的几个定价模型，包括美式期权定价的二叉树 Binomial-Tree 模型（binomial_tree. py）、欧式期货期权（股指期货期权）的 Black-76 模型（black_76. py）和欧式股票期权（ETF 期权）的 Black-Scholes 模型（black_scholes. py）。

为加快定价模型的运行速度，使用 Cython 把 py 文件转成 pyd 文件（见图 15-3）。

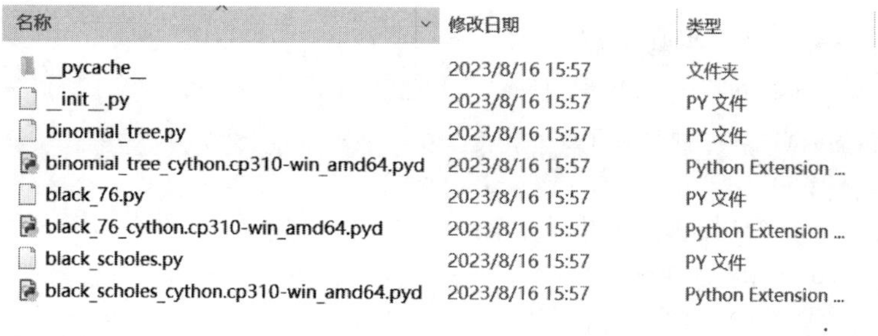

图 15-3　期权定价 pricing 包

algo：定义了期权电子眼算法 ElectronicEyeAlgo 类，用于实现期权自动化交易。

base：主要定义了用于计算期权净持仓、多空单位等的 InstrumentData 类，以及计算期权隐含波动率、计算现金希腊值、计算持仓希腊值等功能的 OptionData 类，并添加了期权链、更新标的物成交数据等功能的 UnderlyingData 类。

engine：定义了期权引擎 OptionEngine 类、期权对冲引擎 OptionHedgeEngine 类、期权算法引擎 OptionAlgoEngine 类。

time：设定全年交易日为 240 天，并且利用 exchange_calendars 库获取查询上海证券交易所的证券交易日历，定义了计算用于期权到期剩余天数的 calculate_days_to_expiry 函数。

二、期权交易策略开发

进行期权交易需要同时用到上层应用的 option_master 模块和 portfolio_strategy 模块（多合约交易模块）。由于期权交易需要同时交易多个合约，因此期权交易策略文件需要放到 C:\veighnastudio\Lib\site-packages\vnpy_portfoliostrategy\strategies 文件夹下面。在这里我们以 pcp_ arbitrage_ strategy. py 期权交易策略为例阐述期权交易策略的开发，该策略是利用期权合成期货，然后与期货现货进行价差套利。

【例 15-1】pcp_arbitrage_strategy. py 源代码分析。

```python
from typing import List, Dict      #导入类型声明模块

from datetime import datetime       #导入时间计算模块

from vnpy. trader. utility import BarGenerator, extract_vt_symbol      #导入K线合成器,合约代码提取器

from vnpy. trader. object import TickData, BarData      #导入tick和bar数据类

from vnpy. trader. constant import Direction      #导入交易方向

from vnpy_portfoliostrategy import StrategyTemplate, StrategyEngine      #导入多合约交易策略模板和引擎


class PcpArbitrageStrategy(StrategyTemplate):      #策略类名称
    entry_level=20      #价差买卖位置
    price_add=5      #超价
    fixed_size=1      #买入手数
    strike_price=0      #期权行权价格
```

```
    futures_price=0      #期货价格
    synthetic_price=0       #合成期货价格
    current_spread=0       #当前价差
    futures_pos=0       #期货仓位
    call_pos=0       #看涨期权仓位
    put_pos=0       #看跌期权仓位
    futures_target=0       #期货目标仓位
    call_target=0       #看涨期权目标仓位
    put_target=0       #看跌期权目标仓位
    #定义参数列表
    parameters=[
        "entry_level",
        "price_add",
        "fixed_size"
    ]
    #定义变量列表
    variables=[
        "strike_price",
        "futures_price",
        "synthetic_price",
        "current_spread",
        "futures_pos",
        "call_pos",
        "put_pos",
        "futures_target",
        "call_target",
        "put_target",
    ]
    #初始化函数
    def __init__(
        self,
        strategy_engine: StrategyEngine,
        strategy_name: str,
        vt_symbols: List[str],
        setting: dict
    ):
        #父类初始化函数
        super().__init__(strategy_engine, strategy_name, vt_symbols, setting)
        self.bgs: Dict[str, BarGenerator]={}       #多合约K线合成器空字典
        self.last_tick_time: datetime=None       #最近tick数据的时间
        #获取合约信息
```

```python
        for vt_symbol in self.vt_symbols:        #遍历合约列表 vt_symbols
            symbol, _ = extract_vt_symbol(vt_symbol)        #获取合约代码、交易所代码
            if "C" in symbol:
                self.call_symbol = vt_symbol        #看涨期权合约代码
                _, strike_str = symbol.split("-C-")        #适用于 CFFEX 股指期权/DCE 商品期权
                self.strike_price = int(strike_str)        #看涨期权行权价
            elif "P" in symbol:
                self.put_symbol = vt_symbol        #看跌期权合约代码
            else:
                self.futures_symbol = vt_symbol        #期货合约代码
            def on_bar(bar: BarData):        # on_bar 函数不做任何动作
                pass
            self.bgs[vt_symbol] = BarGenerator(on_bar)        #创建各个合约的 K 线合成器
    def on_init(self):        #策略初始化
        self.write_log("策略初始化")
        self.load_bars(1)        #从数据库载入 1 天的 1 分钟历史数据
    def on_start(self):        #启动策略时输出日志信息
        self.write_log("策略启动")
    def on_stop(self):        #停止策略时输出日志信息
        self.write_log("策略停止")
    def on_tick(self, tick: TickData):        #收到 tick 数据
        if (
            self.last_tick_time
            and self.last_tick_time.minute != tick.datetime.minute
        ):        #若已经存在最近的 tick 数据且该 tick 的分钟时间与新到 tick 不在同一分钟内,则
bar 合成完毕
            bars = {}        #创建 bars 空字典,用于存放多合约的新 1 分钟 bar
            for vt_symbol, bg in self.bgs.items():        #遍历各个合约的 K 线合成器字典
                bars[vt_symbol] = bg.generate()        #合成该合约的新 1 分钟 bar,并将其放入
bars 字典之中
            self.on_bars(bars)        #调用 on_bars 函数进行买卖逻辑判断
        bg: BarGenerator = self.bgs[tick.vt_symbol]        #获取与单个合约对应的 K 线合成器
        bg.update_tick(tick)        #接收到 tick 数据时继续合成该合约的 1 分钟 bar
        self.last_tick_time = tick.datetime        #更新最近的 tick 时间
    def on_bars(self, bars: Dict[str, BarData]):        #当多合约的 bars 更新时,进行买卖逻辑判断
        self.cancel_all()        #取消之前的合约委托单
        #计算 PCP 价差
        call_bar = bars[self.call_symbol]        #看涨期权 bar
        put_bar = bars[self.put_symbol]        #看跌期权 bar
        futures_bar = bars[self.futures_symbol]        #期货 bar
        self.futures_price = futures_bar.close_price        #期货当前 bar 价格
        self.synthetic_price = call_bar.close_price - put_bar.close_price + self.strike_price        #合
成期货价格=看涨期权价格-看跌期权价格+行权价
        self.current_spread = self.synthetic_price - self.futures_price        #当前价差=合成期货价
格-期货价格
        #计算目标仓位
```

```
            futures_target: int=self.get_target(self.futures_symbol)        #合成期货目标仓位
            if not futures_target:    #若当前期货无仓位
                if self.current_spread > self.entry_level:    #当前价差升破卖出位置,卖合成期货,买期货
                    self.set_target(self.call_symbol, -self.fixed_size)      #看涨期权目标仓位=卖出1手
                    self.set_target(self.put_symbol, self.fixed_size)        #看跌期权目标仓位=买入1手
                    self.set_target(self.futures_symbol, self.fixed_size)       #期货目标仓位=买入1手
                elif self.current_spread < -self.entry_level:    #当前价差跌破买入位置,买合成期货,卖期货
                    self.set_target(self.call_symbol, self.fixed_size)        #看涨期权目标仓位=买入1手
                    self.set_target(self.put_symbol, -self.fixed_size)        #看跌期权目标仓位=卖出1手
                    self.set_target(self.futures_symbol, -self.fixed_size)       #期货目标仓位=卖出1手
            elif futures_target > 0:    #若当前期货为多头仓位
                if self.current_spread <= 0:        #当前价差跌破0位置,平仓
                    self.set_target(self.call_symbol, 0)     #看涨期权目标仓位=0手
                    self.set_target(self.put_symbol, 0)      #看跌期权目标仓位=0手
                    self.set_target(self.futures_symbol, 0)      #期货目标仓位=0手
            else:    #若当前期货为空头仓位
                if self.current_spread>=0:    #当前价差升破0位置,平仓
                    self.set_target(self.call_symbol, 0)     #看涨期权目标仓位=0手
                    self.set_target(self.put_symbol, 0)       #看跌期权目标仓位=0手
                    self.set_target(self.futures_symbol, 0)      #期货目标仓位=0手
            #执行调仓交易,下委托单
            self.rebalance_portfolio(bars)
            #更新策略状态
            self.call_pos=self.get_pos(self.call_symbol)     #更新看涨期权仓位
            self.put_pos=self.get_pos(self.put_symbol)      #更新看跌期权仓位
            self.futures_pos=self.get_pos(self.futures_symbol)    #更新期货仓位
            self.call_target=self.get_target(self.call_symbol)     #更新看涨期权目标仓位
            self.put_target=self.get_target(self.put_symbol)      #更新看跌期权目标仓位
            self.futures_target=self.get_target(self.futures_symbol)    #更新期货目标仓位
            self.put_event()    #更新界面


    #计算调仓委托价格(支持按需重载实现)
    def calculate_price(self, vt_symbol: str, direction: Direction, reference: float) -> float:
        if direction == Direction.LONG:     #交易方向为多
            price: float=reference + self.price_add#委托买入价=参考价格+超价
        else:    #交易方向为空
            price: float=reference - self.price_add      #委托卖出价=参考价格-超价
        return price     #返回调仓委托价格
```

三、期权交易策略回测

(一) 准备回测合约的历史数据

首先,准备合约历史数据,具体可通过历史数据管理模块查看数据库中已有的数据或下载相关用于回测的合约历史数据。在这里,我们采用已经下载的 IF2303、IO2303-C-4300、IO2303-P-4300 三个合约的 CSV 文件进行数据导入,先将这三个 CSV 文件

用记事本打开，并修改第一行的表头（见图15-4）。

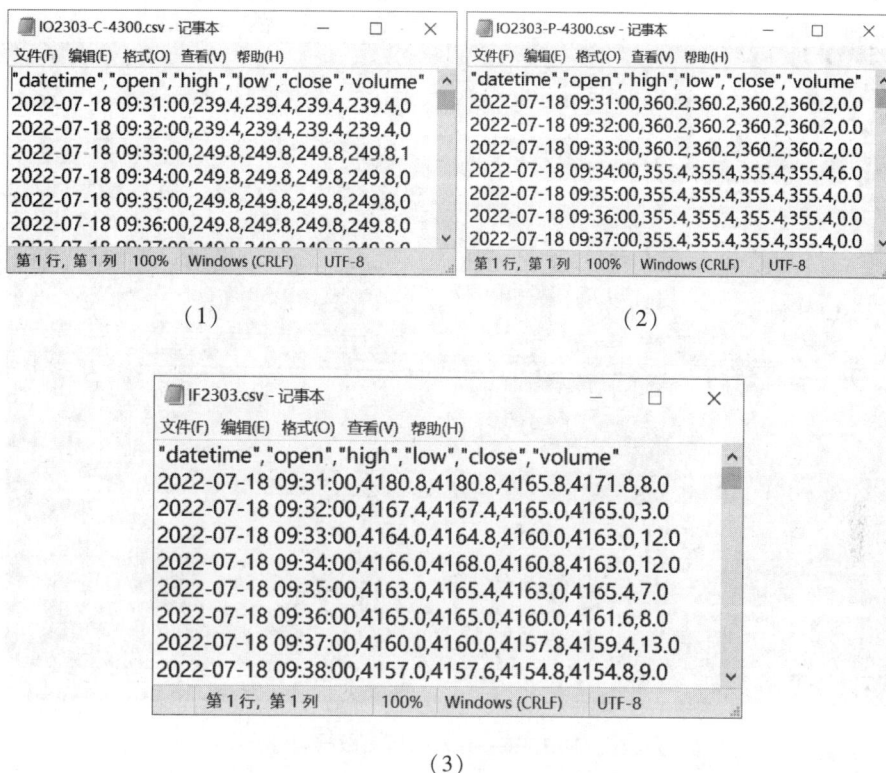

（1）

（2）

（3）

图 15-4　修改 CSV 文件表头

其次，点击 VN Trade Pro 进入配置界面，选择历史数据管理模块，启动后进入历史数据管理模块，点击【导入数据】，导入上面的三个合约的历史数据，由于 IF2303 是中金所的交易品种，这里的交易所选择 CFFEX（见图15-5）。

图 15-5　导入 CSV 文件

通过历史数据管理模块可以查看已导入的历史数据（见图15-6）。

数据	本地代码	代码	交易所	数据量	开始时间	结
∨ 分钟线						
	FG.CZCE	FG	CZCE	26316	2021-12-10 21...	202
	IF2204.CFFEX	IF2204	CFFEX	1584	2022-02-21 09...	202
	IF2209.CFFEX	IF2209	CFFEX	1584	2022-02-21 09...	202
	IF2303.CFFEX	IF2303	CFFEX	26760	2022-07-18 09...	202
	IF8888.CFFEX	IF8888	CFFEX	175200	2016-01-05 09...	20
	IO2206-C-450...	IO2206-C-4500	CFFEX	48000	2021-06-21 09...	202
	IO2206-C-460...	IO2206-C-4600	CFFEX	48000	2021-06-21 09...	202
	IO2206-C-470...	IO2206-C-4700	CFFEX	48000	2021-06-21 09...	202
	IO2206-P-450...	IO2206-P-4500	CFFEX	48000	2021-06-21 09...	202
	IO2206-P-460...	IO2206-P-4600	CFFEX	48000	2021-06-21 09...	202
	IO2206-P-470...	IO2206-P-4700	CFFEX	48000	2021-06-21 09...	202
	IO2303-C-430...	IO2303-C-4300	CFFEX	26760	2022-07-18 09...	202
	IO2303-P-430...	IO2303-P-4300	CFFEX	26760	2022-07-18 09...	202
	SA.CZCE	SA	CZCE	26316	2021-12-10 21...	202
	i2005.DCE	i2005	DCE	33551	2019-10-15 21...	202
	rb2005.SHFE	rb2005	SHFE	33551	2019-10-15 21...	202
	rb2010.SHFE	rb2010	SHFE	33551	2019-10-15 21...	202
— 小时线						
— 日线						

图15-6 导入的历史数据

（二）利用 Python 的 IDLE 进行期权交易策略回测

这里以 pcp_ arbitrage_ strategy 为例，运行数据库中的 2022 年 1 月 1 日至 2022 年 12 月 30 日的历史数据进行回测，回测源代码如下。

【例 15-2】 利用 IDLE 对 pcp_arbitrage_strategy 策略进行回测（保存为 backtest. py）。

```
engine=BacktestingEngine()
engine. set_parameters(
    vt_symbols=[ "IF2303. CFFEX","IO2303- C- 4300. CFFEX","IO2303- P- 4300. CFFEX"],
    interval=Interval. MINUTE,
    start=datetime(2022, 1, 1),
    end=datetime(2022,12, 30),
    rates={
        "IF2303. CFFEX": 0. 6/10000,
        "IO2303- C- 4300. CFFEX": 0,
        "IO2303- P- 4300. CFFEX": 0
    },
    slippages={
        "IF2303. CFFEX": 0. 1,
        "IO2303- C- 4300. CFFEX": 0. 1 + 2/100,
        "IO2303- P- 4300. CFFEX": 0. 1 + 2/100
    },
```

```
sizes = {
    "IF2303. CFFEX": 300,
    "IO2303- C- 4300. CFFEX": 100,
    "IO2303- P- 4300. CFFEX": 100
},
priceticks = {
    "IF2303. CFFEX": 0. 2,
    "IO2303- C- 4300. CFFEX": 0. 2,
    "IO2303- P- 4300. CFFEX": 0. 2
},
capital = 1_000_000,
)


setting = {}
engine. add_strategy(PcpArbitrageStrategy,setting)
engine. load_data()
engine. run_backtesting()
df = engine. calculate_result()
engine. calculate_statistics()
engine. show_chart()
```

打开 IDLE 运行上述代码，回测结果如图 15-7 所示。

首个交易日：	2022-07-19
最后交易日：	2022-12-28
总交易日：	111
盈利交易日：	64
亏损交易日：	41
起始资金：	1 000 000.00
结束资金：	1 285 583.65
总收益率：	28.56%
年化收益：	61.75%
最大回撤：	-25 596.92
百分比最大回撤：	-2.21%
最长回撤天数：	5
总盈亏：	285 583.65
总手续费：	20 546.35
总滑点：	15 690.00
总成交金额：	358 923 280.00
总成交笔数：	871
日均盈亏：	2 572.83
日均手续费：	185.10
日均滑点：	141.35
日均成交金额：	3 233 543.06
日均成交笔数：	7. 846 846 846 846 847
日均收益率：	0.22%
收益标准差：	0.78%
Sharpe Ratio:	4.41
收益回撤比：	11.16

图 15-7 回测结果

第二节　vnpy 期权仿真交易

一、打开期权交易初始化配置界面

启动 VN Station，打开 VN Trader Pro 的配置界面后，这里以股指期权和商品期权为例。勾选相关期权接口（本例选择 CTP 接口）和 OptionMaster 期权波动率交易模块应用（见图 15-8）。

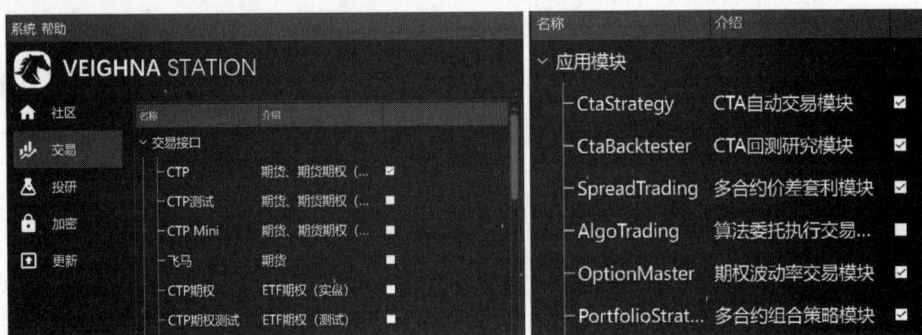

图 15-8　启动 VN Trader

点击【启动】按钮后进入 VN Trader 主界面，然后点击【系统】→连接 CTP（见图 15-9）。

图 15-9　连接 CTP 接口

连接后，点击菜单栏【功能】→期权交易，进入期权初始化配置界面（见图 15-10）。【期权产品】下拉框中会显示当前已连接的交易接口上可选的期权产品组合。注意，底层接口必须支持期权合约的交易，这里才会有对应期权产品的显示，否则是不会有任何信息的。这里的 510050_O.SSE 表示上交所的上证 50ETF（代码 510050）的股票期权。

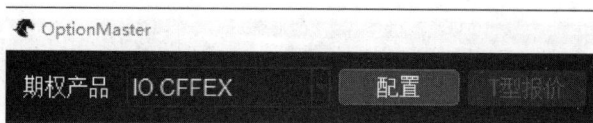

图 15-10 期权交易模块

点击【配置】按钮后，弹出所示的组合配置对话框，在这里选择要用的期权定价模型，如 Black-76 欧式期货期权（股指期权）、Black-Scholes 欧式股票期权（ETF 期权）、Binomial-Tree 二叉树美式期货期权（或美式商品期权），设置期权定价中用到的无风险利率，以及每个期权链定价所用的标的物合约。由于这里是上证 50ETF 股票期权，因此选择 Black-Scholes 欧式股票期权定价模型（见图 15-11）。

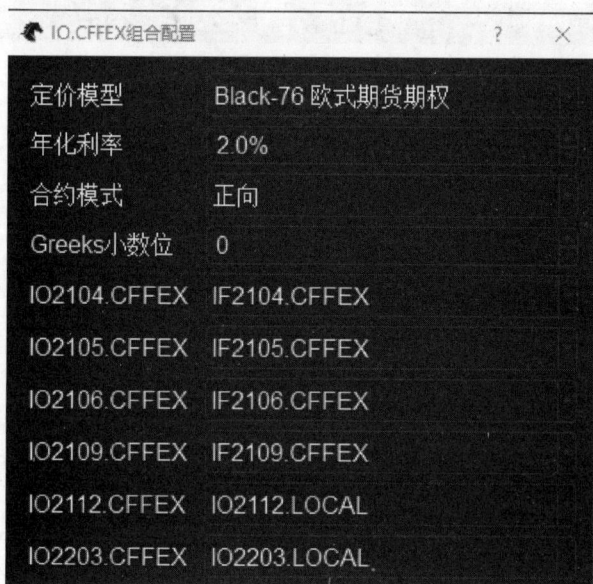

图 15-11 设置期权定价模型

年化利率为定价模型中用到的无风险折现利率。

合约模式为正向，包括 ETF 期权、期货期权、股指期权等大多数产品。

Greeks 小数位为显示希腊值时保留的小数位数。

期权链对应的定价标的：只有选择了标的物的期权链，才会被加入交易组合。

点击底部的【确认】按钮，完成期权组合的初始化，此时管理界面上的【配置】按钮会被锁定，而其他按钮则会被激活。

二、T 型报价

T 型报价是期权交易中最常用的行情显示方式，中间白色的一列为行权价，左侧为看涨期权，右侧为看跌期权（见图 15-12）。

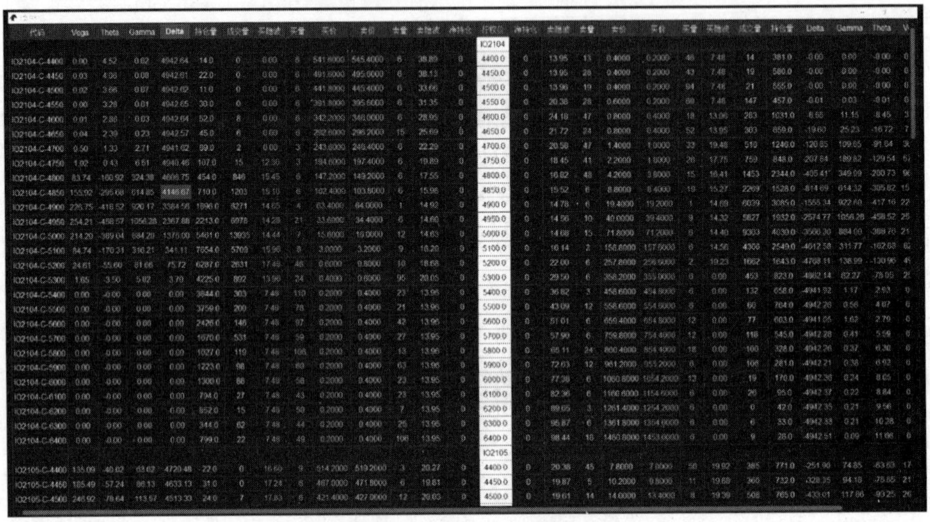

图 15-12　期权 T 型报价

在图 15-12 中，除了由交易接口推送过来的原始行情数据外（买卖价格、挂单数量、成交量、持仓量等），还包含了实时计算的买卖价隐含波动率和每个期权的现金希腊值。

传统意义上的理论希腊值，直接基于期权定价模型计算，衡量的是当某一变量发生变化时期权价格的变化情况。这种方法从数学的角度容易理解，但是从交易员的实盘使用来说却十分麻烦。

假设某个 50ETF 期权合约的 Delta 数值，使用 Black-Scholes 期权定价公式计算出来的结果为 0.548 2，这意味着每当 ETF 价格上涨 1 元时，该期权的价格应该上涨 0.548 2 元。

然而，50ETF 的当前价格大约是 3 元，上涨 1 元就意味着足足超过 30% 的涨幅，因此对交易员来说，仅仅知道"标的物价格上涨 30% 期权能赚 0.548 2 元"还不够简单清晰。所以在实践中，专业期权交易员更多使用的是现金希腊值，其衡量的是当某一变量发生 1% 变化时，该期权对应的现金盈亏情况。还是以上面的这个 50ETF 期权合约为例，其现金 Delta 为：

$$0.548\ 4\ (理论\ Delta) \times 3\ (标的价格) \times 10\ 000\ (合约乘数) \times 1\% = 165$$

这里的 165，意味着每当 ETF 价格上涨 1% 时，持有 1 手该期权合约的盈利金额是 165 元，实盘交易中以此来判断某个合约当前的风险水平要方便得多。

除了 Delta 数据外，理论 Gamma/Theta/Vega 等希腊值也可以同样转化为更加直观的现金希腊值。

三、快速交易

点击管理界面的【快速交易】按钮，即可打开手动下单窗口，在下图中的【代码】编辑框中输入合约代码后回车，即可显示该合约的行情盘口数据。或者在 T 型报价组件上，寻找到好的交易机会后，双击单元格即可完成合约代码的自动填充和行情显示（见图 15-3）。

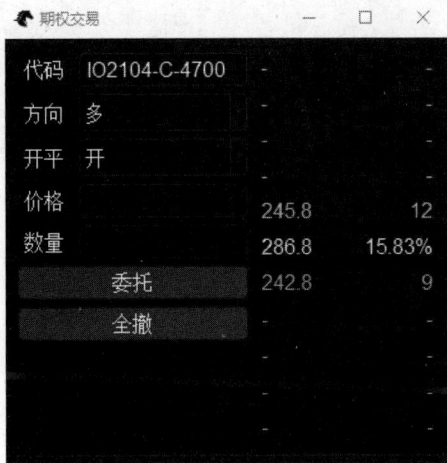

图 15-13　期权手动交易

选好方向、开平，输入价格、数量后，点击【委托】按钮即可立即发出交易委托，点击【全撤】按钮则可一次性将当前处于活动状态的委托（未成交、部分成交）全部撤单（见图 15-14）。

图 15-14　期权成交与委托界面

四、持仓希腊值

有了现金希腊值，可以在交易前方便、直观地了解某一期权合约的风险水平。但在交易完成后，持有多个期权和标的物时，我们更需要做的是持仓希腊值来跟踪当前整个账户的期权风险暴露：

$$持仓希腊值 = 现金希腊值 \times 合约持仓$$

点击管理界面的【持仓希腊值】按钮，打开希腊值风险监控窗口，如图 15-15 所示。

图 15-15 中的持仓希腊值的风险，分为单合约、期权链、期权组合三个层次统计，

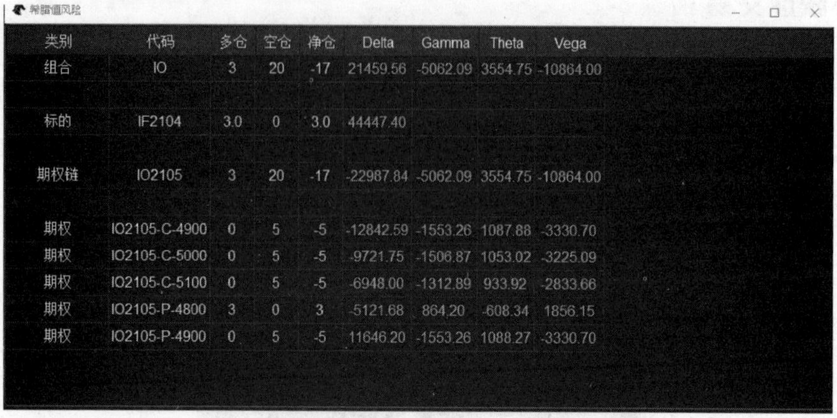

希腊值风险

类别	代码	多仓	空仓	净仓	Delta	Gamma	Theta	Vega
组合	IO	3	20	-17	21459.56	-5062.09	3554.75	-10864.00
标的	IF2104	3.0	0	3.0	44447.40			
期权链	IO2105	3	20	-17	-22987.84	-5062.09	3554.75	-10864.00
期权	IO2105-C-4900	0	5	-5	-12842.59	-1553.26	1087.88	-3330.70
期权	IO2105-C-5000	0	5	-5	-9721.75	-1506.87	1053.02	-3225.09
期权	IO2105-C-5100	0	5	-5	-6948.00	-1312.89	933.92	-2833.66
期权	IO2105-P-4800	3	0	3	-5121.68	864.20	-608.34	1856.15
期权	IO2105-P-4900	0	5	-5	11646.20	-1553.26	1088.27	-3330.70

图 15-15　持仓希腊值

以方便交易者结合各种不同类型的波动率交易策略使用（如做多近月波动率、做空远月波动率）。

五、升贴水监控

点击管理界面的【升贴水监控】按钮，打开期权链定价升贴水校准幅度的监控窗口，可以看出期权与其标的物的升贴水情况（见图 15-16）。

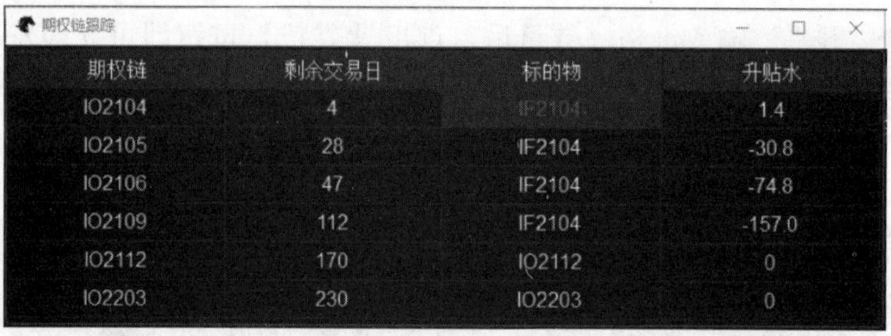

期权链跟踪

期权链	剩余交易日	标的物	升贴水
IO2104	4	IF2104	1.4
IO2105	28	IF2104	-30.8
IO2106	47	IF2104	-74.8
IO2109	112	IF2104	-157.0
IO2112	170	IO2112	0
IO2203	230	IO2203	0

图 15-16　期权升贴水

六、波动率曲线

点击管理界面的【波动率曲线】按钮，打开当前的市场波动率曲线监控图表（见图 15-17）。

每个期权链会包括以下三条曲线。

向上箭头：该月份看涨期权的 1 档盘口隐含波动率中值，即买 1 价和卖 1 价盘口波动率的均值。

向下箭头：该月份看跌期权的 1 档盘口隐含波动率中值。

小圆点：该月份定价波动率的数值，定价波动率用于希腊值计算和电子眼交易，通过后面的【波动率管理】组件来设置。

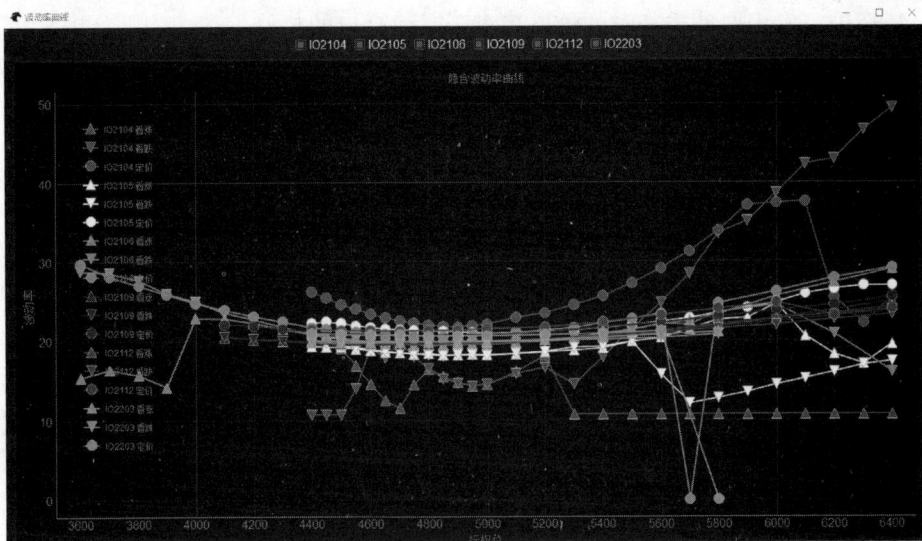

图 15-17　期权隐含波动率曲线

七、Delta 对冲

点击管理界面的【Delta 对冲】按钮，打开交易组合的 Delta 自动对冲功能（见图 15-18）。

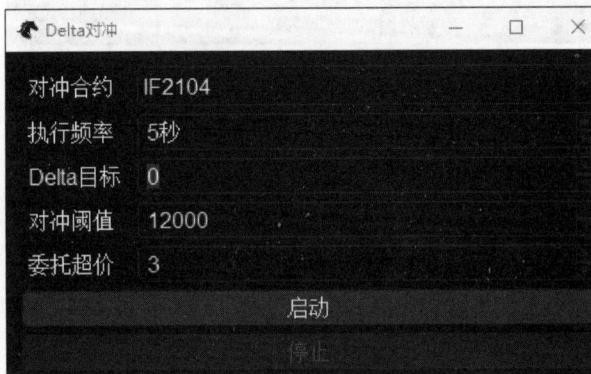

图 15-18　Delta 自动对冲

对冲标的：可以选择投资组合内的任意一个标的物合约。

执行频率：多久执行一次检查，判断是否要执行对冲。

Delta 目标：如果触发对冲，判断将 Delta 值对冲到多少。

选择 0，即为保持整体组合的 Delta 中性。

选择正数，即为保持整体组合的 Delta 多头敞口。

选择负数，即为保持整体组合的 Delta 空头敞口。

Delta 范围：判断当仓位类型的 Delta 值偏离上述 Delta 目标超过多少时，触发对冲任务。

委托超价：发出对冲委托时的价格相对于对面盘口的超价。

点击【启动】按钮即可启动自动对冲功能，当读秒达到执行间隔时即会执行一次检查，如果满足条件则会启动 TWAP 算法执行对冲操作。

点击【停止】按钮即可停止自动对冲功能的运行。

八、情景分析

点击管理界面的【情景分析】按钮，打开交易组合整体持仓风险的压力测试和情景分析功能（见图 15-19）。

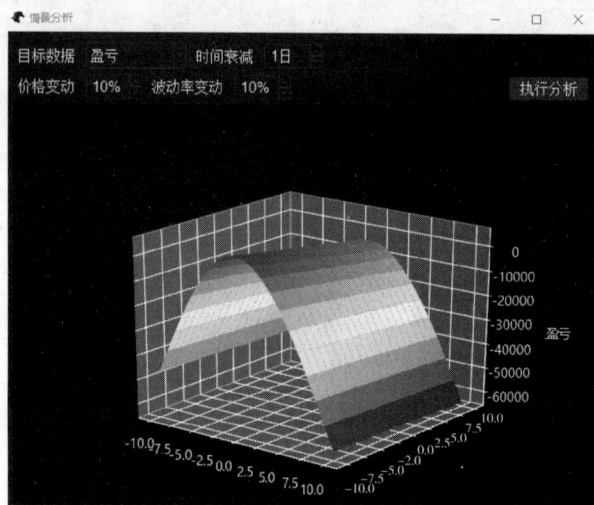

图 15-19　情景分析曲面

目标数据：支持盈亏、Delta、Gamma、Theta、Vega。

时间衰减：交易日的衰减天数。

价格变动：分析中价格的涨跌变动范围，假设单前价格为 100，变动为 10%，则范围为 90~110。

波动率变动：分析中波动率的涨跌变动范围，假设当前波动率为 20%，变动为 10%，则范围为 10%~30%。

点击【执行分析】按钮后，压力测试引擎会根据当前的交易组合持仓，以及每个情景下的价格和隐含波动率情况，从而计算对应的目标数据，并将结果绘制为 3D 曲面。

九、波动率管理

点击管理界面的【波动率管理】按钮，打开定价波动率管理界面（见图 15-20）。

对当前市场的隐含波动率曲线形态有所了解后，交易员需要根据自己的判断，使用图 15-20 中的波动率管理组件，来设置定价参考波动率，作为后续电子眼交易算法的定价依据。

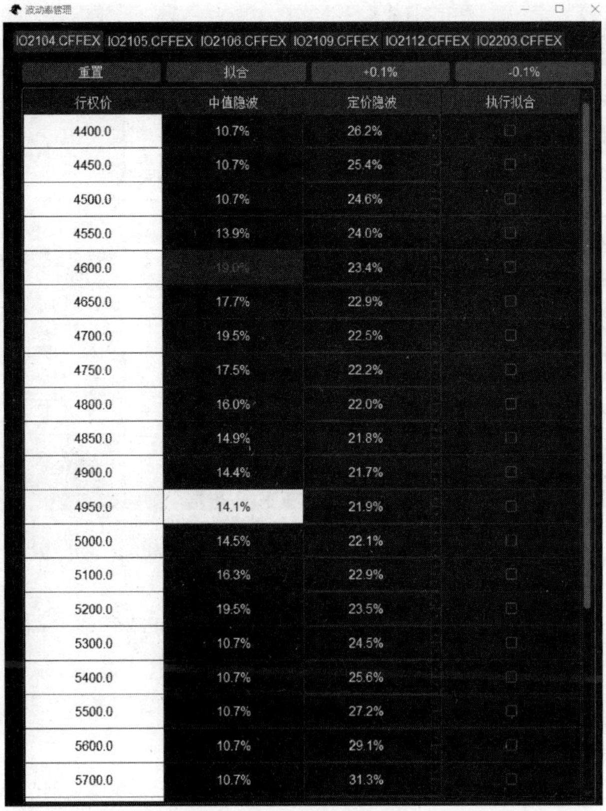

图 15-20　波动率管理

先进行定价曲线的初始化，点击顶部的【重置】按钮，将当前该行权价的虚值期权的中值隐波，映射到定价隐波上。

映射完成后可以在波动率图表中查看当前的定价波动率曲线形状。如果某一行权价的定价隐波和整体曲线相比存在不平滑的情况，则可以基于相对平滑的行权价的定价隐波对其进行拟合。

在组件表格中的【执行拟合】列，勾选要执行拟合的行权价勾选框，勾选完成后点击顶部的【拟合】按钮，即可基于 OptionMaster 内置的 Cubic Spline（三项式差值）算法来执行波动率曲线的拟合。

拟合完成后如果还存在不满意的部分，则可以通过【定价隐波】列的滚动框来进行手动微调，点击上下箭头每次上升或者下跌 0.1%，或者也可以直接输入想要修改的数值。

当因为对波动率曲线高低的整体观点而需要对曲线进行整体平移时，可以通过组件顶部的【+0.1%】和【-0.1%】按钮，来对所有行权价的定价波动率进行平移调整。

十、电子眼

点击管理界面的【电子眼】按钮，打开交易组合的电子眼自动套利算法功能（见图 15-21）。

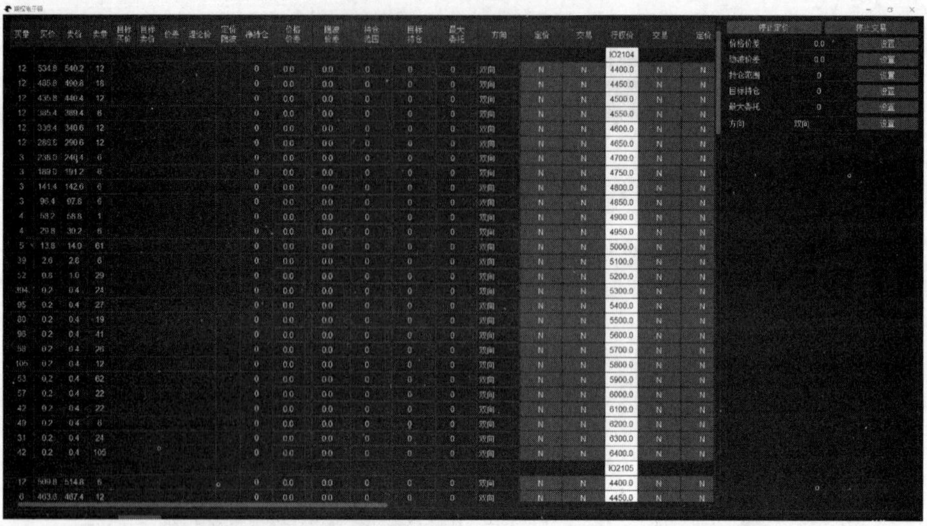

图 15-21　期权电子眼自动套利

电子眼界面类似 T 型报价，分为左右区域，中间的白色为行权价，左侧为看涨期权，右侧为看跌期权，每个期权上对应存在一个独立的电子眼交易算法。

电子眼算法的执行流程如下。

（1）基于定价波动率，计算期权的理论价。

（2）计算目标买卖的价差：

$$隐波价差的价格值 = 隐波价差 \times 期权理论\ Vega\ 值$$
$$交易价差 = \max（价格价差，隐波价差的价格值）$$

（3）计算目标买卖价：

$$目标买价 = 理论价 - 交易价差 / 2$$
$$目标卖价 = 理论价 + 交易价差 / 2$$

以做多交易为例，当盘口卖 1 价格低于目标买价时，触发买入信号。

（4）计算本轮委托量：

$$算法持仓上限 = 目标持仓 + 持仓范围$$
$$剩余多头可交易量 = 算法多头持仓上限 - 前净持仓$$
$$本轮委托量 = \min（剩余多头可交易量，卖 1 量，最大委托量）$$

（5）使用目标买价和本轮委托量，发出对应的交易委托。

配置好算法参数后，点击该行【定价】列的按钮启动算法的定价计算（见图 15-22）。

在图 15-22 中，当【定价】和【交易】按钮为 N 时，代表算法当前未启动该任务；为 Y 时，代表算法已在执行对应的任务。此时点击【交易】列的按钮，即可启动算法的交易执行，当价格和持仓满足条件时就会自动发出交易委托，详细的算法运行状态日志信息可以通过右侧日志区域进行监控。

买量	买价	卖价	卖量	目标买价	目标卖价	价差	理论价	定价隐波	净持仓	价格价差	隐波价差	持仓范围	目标持仓	最大委托	方向	定价	交易	行权价
42	0.2	0.4	22						0	0.0	0.0	0	0	0	双向	N	N	6100.0
49	0.2	0.4	6						0	0.0	0.0	0	0	0	双向	N	N	6200.0
37	0.2	0.4	24						0	0.0	0.0	0	0	0	双向	N	N	6300.0
42	0.2	0.4	105						0	0.0	0.0	0	0	0	双向	N	N	6400.0
																		102105
12	508.4	513.6	6						0	0.0	0.0	0	0	0	双向	N	N	4400.0
12	460.4	466.4	6						0	0.0	0.0	0	0	0	双向	N	N	4450.0
1	417.0	420.4	6						0	0.0	0.0	0	0	0	双向	N	N	4500.0
6	371.6	375.4	2						0	0.0	0.0	0	0	0	双向	N	N	4550.0
1	329.0	332.0	8						0	0.0	0.0	0	0	0	双向	N	N	4600.0
9	286.8	291.0	20						0	0.0	0.0	0	0	0	双向	N	N	4650.0
2	248.4	251.8	9						0	0.0	0.0	0	0	0	双向	N	N	4700.0
1	212.2	215.0	6						0	0.0	0.0	0	0	0	双向	N	N	4750.0
2	179.2	181.2	3						0	0.0	0.0	0	0	0	双向	N	N	4800.0
2	149.2	151.2	2						0	0.0	0.0	0	0	0	双向	N	N	4850.0
1	123.8	124.6	6	123.2	124.2	1.0	123.6	18.20	-5	1.0		10	5	1	双向	Y	N	4900.0
1	101.0	101.8	9	100.8	101.8	1.0	101.4	18.30		1.0	0.1	10	5	2	双向	Y	N	4950.0
4	80.8	81.6	5	80.4	81.4	1.0	80.8	18.20	3	1.0		10	5	2	双向	Y	N	5000.0
2	51.0	51.4	5	50.0	51.0	1.0	-50.6	18.30		1.0		10	5	1	双向	Y	N	5100.0
16	30.6	31.4	1						0	0.0	0.0	0	0	0	双向	N	N	5200.0
13	17.8	18.4	12						0	0.0	0.0	0	0	0	双向	N	N	5300.0
2	10.4	10.8	27						0	0.0	0.0	0	0	0	双向	N	N	5400.0
1	6.6	6.8	3						0	0.0	0.0	0	0	0	双向	N	N	5500.0
44	3.6	4.4	39						0	0.0	0.0	0	0	0	双向	N	N	5600.0
35	2.8	3.2	19						0	0.0	0.0	0	0	0	双向	N	N	5700.0
21	2.2	2.6	10						0	0.0	0.0	0	0	0	双向	N	N	5800.0

图 15-22　期权电子眼算法定价

本章小结

（1）期权定价模型包括美式期权定价的二叉树模型、欧式股指期货期权定价模型和欧式股票期权（ETF 期权）的 Black-Scholes 模型。

（2）可以通过 Python 的 IDLE 对期权交易策略进行回测。

（3）期权量化交易会同时交易大量的不同行权价的期权、不同行权月份的期权以及标的物。

（4）期权量化交易主要集中在波动率交易策略上，为此需要通过定价公式来实时反推隐含波动率。

习　题

1. 设计利用期权合成期货，然后与期货现货进行价差套利的策略，并进行回测。

2. 设计利用期权进行蝶式套利，并进行回测。